General Development Strategy of Beijing

Essay Collection in Honor of the 20th Anniversary of the Founding of Beijing Development Institute, Peking University

大国首都方略

北京大学首都发展研究院建院20周年纪念文集

北京大学首都发展研究院 编著

科学出版社

北 京

图书在版编目（CIP）数据

大国首都方略:北京大学首都发展研究院建院 20 周年纪念文集 / 北京大学首都发展研究院编著. —北京：科学出版社，2019.3

ISBN 978-7-03-060672-3

Ⅰ. ①大… Ⅱ. ①北… Ⅲ. ①区域经济发展-北京-文集 ②区域经济发展-协调发展-华北地区-文集 Ⅳ. ①F127.1-53 ②F127.2-53

中国版本图书馆 CIP 数据核字（2019）第 037057 号

责任编辑：石 卉 吴春花 / 责任校对：孙婷婷
责任印制：张克忠 / 封面设计：有道文化

科学出版社 出版
北京东黄城根北街 16 号
邮政编码：100717
http：//www.sciencep.com
天津市新科印刷有限公司 印刷
科学出版社发行 各地新华书店经销
*
2019 年 3 月第 一 版 开本：720×1000 1/16
2019 年 3 月第一次印刷 印张：27 3/4
字数：560 000
定价：198.00 元
（如有印装质量问题，我社负责调换）

序

2019年是新中国成立70周年、纪念“五四运动”100周年，是全面建成小康社会的攻坚之年，也是深入贯彻落实习近平总书记视察北京重要讲话精神，实施北京城市总体规划，开启发展新征程的关键之年。作为北京大学服务北京建设发展的重要窗口和枢纽，北京大学首都发展研究院也于2019年迎来了建院20周年。

1999年3月，为了更好地发挥北京大学智库优势、全方位服务首都发展，也为了推动市校合作、政产学研一体，北京市政府与北京大学决定共建北京大学首都发展研究院（简称首发院）。

20年来，首发院始终扎根北京、服务北京，不仅是北京又好又快发展的见证者、亲历者，更是实践者、奉献者。紧紧围绕着“建设一个什么样的首都，怎样建设首都”的时代课题，聚焦首都改革发展中的核心问题、关键问题、重大问题，开展深入研究，积极建言献策，取得了丰硕的成果。

协力共建谋发展，服务落地见实效。作为北京首都高端智库试点单位，首发院积极协调整合校内外资源，在中关村科技园区规划、北京申办和承办2008年奥运会、科技北京、首都可持续发展、首都圈建设、北京建设世界城市等政策研究和咨询方面，充分发挥了智囊团和思想库作用。多项政策建议和研究成果得到了中央领导和北京市领导的肯定。首发院依托北京大学深厚的人文底蕴和学术积淀，为北京创建了“北京大学国子监大讲堂”国学讲堂，自2007年以来开设公益讲座近200讲，学员遍布全市各区，弘扬了中华优秀文化，优化了市民文化生活品质，提升了城市文化品位。

深度融入新战略，扬帆起航再出发。中国特色社会主义进入新时代后，以习近平同志为核心的党中央高瞻远瞩、科学谋划，提出了京津冀协同发展战略，明确了北京城市战略定位。这是北京大学立足北京、融入北京、服务北京的新方向、新目标。2015年9月，北京大学决定以首发院为核心，联合京津冀三地高校，成立了京津冀协同发展联合创新中心。首发院“小核心、大网络”的组织构架有效整合了校内外专家资源，打造了一支聚焦首都研究的跨学科、跨学校的高水平智库队伍。首发院积极助力京津冀协同发展规划、京津冀空间规划、北京城市总体规划、北京城市副中心规划、河北雄安新区规划等重大决策；围绕疏解北京非首都功能、北京城市副中心建设、雄安新区建设等关键命题，推出了一系列研究成果，为北京“四个中心”功能建设和京津冀协同发展提供了智力支持，体现了新担当、新作为、新贡献。

二十载春华秋实，新时代砥砺前行。习近平总书记指出，智力资源是一个国家、一个民族最宝贵的资源。一个大国的发展进程，既是经济等硬实力提高的进程，也是思想文化等软实力提高的进程。作为国家软实力的重要载体，中国的智库建设将迎来黄金时代。传承着爱国报国的光荣传统，肩负着助力发展的时代使命，北京大学于2018年12月成立了北京大学智库工作领导小组，在首发院等成功实践的基础上，继续深化体制机制改革，创新组织形式，整合优质资源，重点建设一批党和政府信得过、用得上的，具有较大影响力和国际知名度的高端智库；逐步形成定位明晰、特色鲜明、布局合理的北京大学特色智库体系，造就一支坚持正确政治方向、德才兼备、富于创新精神的公共政策研究和决策咨询队伍，努力在咨政建言、理论创新、社会服务、公共外交上发挥更重要的作用。

新时代是奋斗者的时代。奋斗就是要服务、要奉献，这是首发院的初心，也是北京大学的初心。北京大学将紧密围绕首都“四个中心”的城市战略定位，一如既往地支持首发院的发展，把握正确方向，在“新型”上做文章，加强改革创新，突出问题导向和自身特色，多做独创性研究和长期积累研究，为首都的发展尽心出力，为国家发展贡献力量，努力成为具有全球影响力的“百年思想库”；将全力投身“三城一区”建设，协同推进重大科技任务，服务构建高精尖经济结构，服务首都城市精细化管理，将世界一流大学建设与国际一流的和谐宜居之都建设紧密结合起来，实现大学与城市的同进步、共成长，在服务北京经济社会发展的道路上谱写新的篇章，为建设国际一流的和谐宜居之都做出新的贡献。

郝　平

北京大学校长

2019年3月

前　言

1999 年 3 月，北京大学成立了以服务首都重大科学决策为使命的首都发展研究院。北京大学首都发展研究院是北京市政府与北京大学共建的服务于首都发展的研究咨询机构，是北京市与北京大学全方位合作的重要平台。首发院的宗旨是协调与整合北京大学资源、发挥智囊团和思想库的作用，具有学术研究、决策咨询、人才培养、国际交流四大职能。作为联结北京大学和北京市的桥梁与纽带，首发院从一开始就肩负了诸多的历史使命和担当，在 20 年来的首都发展重大战略决策中发挥了不可或缺的思想库和智囊团的重要作用。无论是中关村科技园区发展，还是北京建设世界城市等重大决策；无论是首都圈建设，还是京津冀协同发展战略规划，都有首发院不同程度的贡献。

北京大学一直高度重视首发院的发展和壮大，首发院成为为数不多的学校直属机构之一。首任首发院院长由时任北京大学常务副校长迟惠生教授担任、常务副院长由原城市与环境学系主任杨开忠教授担任。2015 年 9 月，在北京大学的支持下以首发院为核心，联合京津冀三地五家高校成立了京津冀协同发展联合创新中心。北京大学在 2018 年 12 月成立了北京大学智库工作领导小组，进一步加强了对包括首发院在内的智库机构的支持和领导力度。20 年来作为共建机构的北京市政府给予了首发院大力支持和帮助，多位北京市领导莅临北京大学共商共建首发院事宜，北京市政府研究室、北京市科学技术委员会作为北京市联系单位，以及具有诸多研究项目合作关系的北京市发展和改革委员会等北京市部门均对首发院的发展给予了具体支持。2017 年 9 月，首发院获批成为北京市首批首都高端智库试点单位，北京市委宣传部、北京市社会科学界联合会和北京市首都高端智库理事会就北京大学高端智库发展建设工作给予了具体指导和支持。

作为一个不间断致力于首都发展战略研究的最高学府实体研究机构，首发院 20 年来开展了多领域、多维度、多尺度、多类型的决策咨询研究，承担了从国家到地方的政策研究项目多达 300 余项，已经成长成为具有广泛政策影响力和知名度的，以首都发展战略研究为特色的新型高端智库。

探索大国首都发展的一般规律并致力于在战略层面提供决策方略是一项重大工程，更是首发院的重大历史使命。本书是首发院建院 20 周年纪念文集，它汇集了首发院建院以来探索大国首都发展规律的部分研究成果，是对首发院 20 年来相关研究工作的回顾与总结。本书由四大部分构成，分别为回顾与展望篇、理论与方法篇、首都发展战略篇、京津冀协同发展战略篇。本书总结了新中国成立以来，特别是改革开放以来，作为大国首都北京的发展历程与特征，并在综合分析和结合相关规划的基础上，提出了大国首都发展的若干战略和首发院的发展愿景。本书主要包括城市与区域发展的理论与方法、大国首都及京津冀区域发展战略和规划研究等，内容涉及世界城市、首都圈、土地利用、空间模拟、城市治理、人口与就业、产业发展、科技创新、生态环境建设等，除回顾与展望篇和个别论文外均为已经发表的学术或政策论文，反映出首发院对于不同时期热点政策问题的关注及其研判。

本书尽管不足以完全反映首发院多年来的政策研究成果，更难以汇集 20 年来所有首发院研究人员在政策研究领域的独到见解，但我们也努力汇集首发院在一些重点领域的开创性研究贡献，如在国内率先提出首都圈建设以及北京建设世界城市等，这些研究工作体现了首发院研究人员在学术理念上的前瞻性和参与实际决策咨询时的战略思考。

本书的编撰得到了北京大学校领导、首发院历届领导以及相关人员的大力支持，在此我代表首发院和具体编撰人员向各位领导、各位老师表示诚挚的感谢和崇高的敬意。部分论文发表时间较久远，因此需要进行必要的修订，感谢论文作者的积极配合和新的贡献。感谢科学出版社长期支持首发院的成果出版和传播工作，感谢本书的责任编辑石卉、吴春花等的辛勤劳作和贡献。

本书力图反映首发院对大国首都发展战略的认识，并展现首发院 20 年来的政策咨询成果，但限于理论水平与实践经验，书中难免存在不足之处，望广大读者批评指正。

李国平

2019 年 3 月

目　录

京津冀协同发展战略篇

附　录

回顾与展望篇

首都一般是指一国中央政府所在的城市，是国家的政治地理中心，政治活动是其基本职能。首都的基本功能是为中央政府实现对国家疆域控制和管理提供最有效的空间支撑[①]。首都是具有双重意涵的特殊城市，一方面是作为国家政治中心的象征性意涵，另一方面是作为一般大都市的普遍性意涵，其作为国家政治管理与权利中心和民族国家象征的功能，应该说是首都城市区别于非首都城市的本质特征[②]。北京作为新中国首都，区别于所有国内其他城市，应当以更高标准的“新首善观”确保国家首都职能的发挥[③]。它除了有一般城市所具有的功能外，还有作为全国政治中心的政治功能。就首都而言必须优先政治功能，政治功能需要其他功能来支撑。北京作为国家首都，又是一座超大型城市，有着不同于一般城市的特殊性[④]。首都因兼有城市和支配国家权力的双重意义，自然比一般城市具有更为复杂的政治经济结构，并且更容易成为吸引世界眼球的高度敏感城市。首都发展战略因此已经不仅仅是一个城市的局部性战略，更是一个代表国家形象、政策发展态势和影响国家整体发展的国家战略。北京大学首都发展研究院二十年来不断致力于探索大国首都方略，使命重大而光荣。本篇结合首发院多年来研究首都发展的相关积累，试图在全图景展示首都发展历程及认识一般发展规律的基础上，结合对首都发展相关规划的梳理以及参照其他大国首都发展规划等，提出新时代大国首都发展的使命、愿景及其重大战略问题，进而总结在大国首都重大发展战略问题研究中首发院的历史贡献及其新的担当。

---

① 杨开忠，李国平，等. 持续首都——北京新世纪发展战略. 广州：广东教育出版社，2000：1.

② 彭兴业. 首都城市功能研究. 北京：北京大学出版社，2000：1-4.

③ 吴良镛. 北京城市发展模式转型的战略思考. 北京规划建设，2012（03）：6-11.

④ 文魁. 北京城市发展的十大关系. 城市管理与科技，2017，19（01）：15-17.

大国首都：七十年发展变化及其阶段性特征分析

李国平[①]

一、北京城市功能定位及其变迁

在城市发展历程中，北京在不同时期被赋予了不同的城市职能，今天的北京不仅是世界著名古都，更是我国的政治中心、文化中心、国际交往中心和科技创新中心，也逐渐发展成为现代化的国际大都市。

新中国成立以来到《北京城市总体规划（2016 年—2035 年）》发布之前，北京先后开展了六次总体规划（或草案）的编制[②]。针对不同历史时期城市发展的要求，规划多次对城市功能定位进行修正和调整，因此成为指导首都发展的总纲领[③]。

第一次为 1953 年编制完成了《改建与扩建北京市规划草案的要点》。该草案将北京的城市性质定位为我国政治、经济、文化的中心，以及我国强大的工业基地和科学技术的中心，以中心区作为中央首脑机关所在地，将行政中心设在旧城中心部位，四郊开辟大工业区和大农业基地，规划二十年左右城市人口规模达到 500 万人、城市用地面积扩大到 600 平方公里，成为第一个五年计划期间北京城市建设的基本方案。

第二次为 1958 年编制完成并发布了《北京城市建设总体规划初步方案》。该方案进一步强调了变消费性城市为生产性城市、建设大工业城市的定位。规划进一步确定了北京的定位，即北京是中国的政治中心和文化教育中心，并应迅速建成一个现代化的工业基地和科学技术中心。1962 年，北京市委指出，北

---

① 作者简介：李国平，北京大学首都发展研究院院长，北京大学首都高端智库首席专家，教授，研究方向为经济地理学、区域经济学、城市与区域规划、首都区域研究。

② 杨保军. 北京城市定位与空间嬗变. 中国建设信息化，2009（02）：6-11.

③ 李国平，王立，孙铁山，等. 面向世界城市的北京发展趋势研究. 北京：科学出版社，2012：1-4.

京已经实现了由消费性城市向生产性城市的转变，正式进入了以重工业为主导的工业化阶段。

第三次为 1973 年编制的《北京市建设总体规划方案》。该方案提出把北京建成一个具有现代工业、现代农业、现代科学文化和现代城市设施的清洁的社会主义首都。城市定位没有发生实质性变化，仍是延续大力发展工业这一方向。但该方案已经明确指出北京城市发展中出现的若干问题：城市规模过大和工业过于集中带来了严重缺水、环境污染、用地紧张等。

第四次为 1982 年编制的新一轮《北京城市建设总体规划方案》。该方案成为北京城市规划建设的转折点。该方案对北京的城市定位进行了调整，明确北京的城市性质是全国的政治中心和文化中心，取消了“经济中心”的提法，并提出了严格控制城市规模，坚持“分散集团式”城市布局，发展远郊卫星城，严格控制城市人口规模的城市发展目标。同时，强调经济发展要适应和服从于城市性质，要调整经济结构，重点发展能耗低、用水少、占地少、运输量少和不污染扰民的工业，对现有重工业进行技术升级改造，同时也提出要改变工业过度集中在市区的状况。

第五次为 1993 年编制的《北京城市总体规划（1991 年至 2010 年）》。该规划再次对北京的城市定位进行了调整，进一步明确北京的城市性质是伟大社会主义中国的首都，全国的政治中心和文化中心，世界著名的古都和现代国际城市，并提出发展适合首都特点的经济，调整产业结构和布局，大力发展高新技术和第三产业，明确提出城市发展要实行“两个战略转移”的方针，即全市城市发展重点要逐步从市区向广大郊区转移，市区建设要从外延扩展向调整改造转移，并将历史文化名城保护纳入总体规划，把城市基础设施现代化和环境建设放在突出位置。这是首次在城市总体规划中突出北京城市的国际功能，提出建设全方位对外开放的现代化国际城市的目标，充分反映了在国际交往和对外开放不断扩大的时代背景下，首都建设和发展的客观要求。

第六次为 2002 年编制完成并发布的《北京城市总体规划（2004 年—2020 年）》。该规划进一步明确了北京的城市定位为“国家首都、世界城市、文化名城、宜居城市”。在该规划中，北京的首都职能、居住功能和文化特色得到强调，并进一步明确提出要将世界城市作为北京城市建设的努力目标，在市域空间结构上为“两轴两带多中心”。

2017 年编制完成并发布的《北京城市总体规划（2016 年—2035 年）》，关于北京城市发展的战略定位为政治中心、文化中心、国际交往中心、科技创新中心，发展目标为建设国际一流的和谐宜居之都，即“四心一都”，确定的空间结构为“一核一主一副、两轴多点一区”，致力于改变单中心集聚的发展模式，构建北京新的城市发展格局。规划提出，到 2035 年初步建成国际一流的和谐宜居之都，成为拥有优质政务保障能力和国际交往环境的大国首都；到 2050 年全面建成更高水平的国际一流的和谐宜居之都，成为具有广泛和重要国际影响力的全球中心城市。

二、经济发展历程及其发展阶段判断

新中国成立以来，北京经济发展经历了五个阶段，历经了以服务经济到服务工业经济再到服务经济的结构转变，即第Ⅰ阶段（1949～1977 年），消费性城市向重工业城市转型阶段；第Ⅱ阶段（1978～1993 年），“退二进三”的结构调整阶段；第Ⅲ阶段（1994～2000 年），服务业主导的经济格局基本形成阶段；第Ⅳ阶段（2001～2013 年）内部结构优化与极化发展阶段；第Ⅴ阶段（2014 年至今）走向均衡与高质量发展阶段[①]（图 1）。

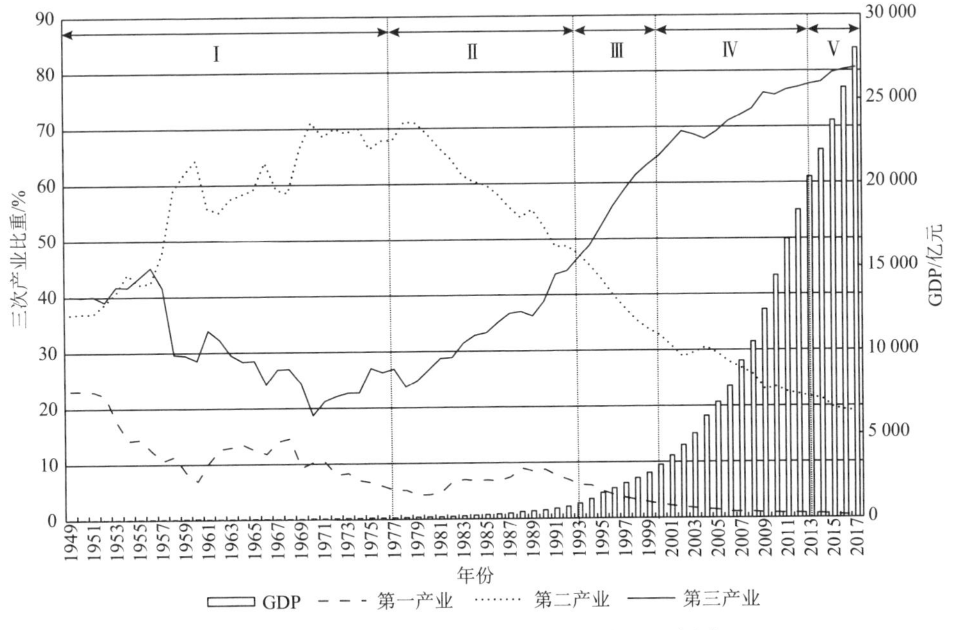

图 1　1949～2017 年北京经济发展阶段示意图

数据来源：《新中国六十年统计资料汇编》和《北京统计年鉴 2018》

① 李国平，王立，孙铁山，等. 面向世界城市的北京发展趋势研究. 北京：科学出版社，2012：106-109.

1. 第Ⅰ阶段（1949～1977 年）：消费性城市向重工业城市转型

新中国成立后，尤其是“一五”时期之后，北京实行优先发展重工业的发展战略。新中国成立后的近 30 年，北京实现了“变消费性城市为生产性城市”的目标，建成了包括首钢集团、中国石化燕山石化公司等大型工业生产企业或工业集聚区，工业尤其是重工业成为北京的主导产业，1977 年第二产业比重约为 70%。

2. 第Ⅱ阶段（1978～1993 年）：“退二进三”的结构调整

改革开放以后，北京开始对发展重工业为主的经济发展战略进行调整，寻求通过调整产业结构来缓解重工业体系与北京城市性质和功能之间的矛盾，解决资源短缺、空气污染、交通拥堵等城市问题。经济建设结束了长期以来片面发展工业的局面，着力退出第二产业，积极发展第三产业。1994 年末第三产业比重重新超过第二产业比重，三次产业结构由 1978 年的 5.2∶71.1∶23.7 调整为 1993 年的 5.9∶45.2∶48.9，经济结构调整取得了明显进展。

3. 第Ⅲ阶段（1994～2000 年）：服务业主导的经济格局基本形成

20 世纪 90 年代中后期，随着北京经济发展思路的全面调整，工业结构和布局调整进一步加大，北京城市经济结构发生了巨大变化。截至 2000 年，北京 GDP 超过 3000 亿元，第三产业比重提高到 64.8%，“三、二、一”的经济结构已经确立。但重工业的发展痕迹在这一阶段仍然比较明显，化工、冶金、建材、重型机械等“三高”工业行业占全市工业增加值的比重仍然较高。

4. 第Ⅳ阶段（2001～2013 年）：内部结构优化与极化发展

21 世纪以来，北京经济发展的调整思路也不再局限于产业结构调整，而是将目光投向三次产业内部的结构优化与升级。现代制造业、高新技术产业、生产性服务业等高端产业在北京产业结构中的地位上升，逐步成为北京的主导产业，这奠定了北京高端产业带动总体产业发展的方向。与此同时，北京的极化问题进一步加剧，人口持续增加，2013 年常住人口已经达到 2114.8 万人，2001～2013 年人口增加 729.7 万人[①]，加剧了北京特别是中心城区的资源环境压力，

①《北京统计年鉴 2014》。

也成为北京“大城市病”问题愈加严重的主要原因。

5. 第Ⅴ阶段（2014 年至今）：走向均衡与高质量发展

2014 年以来，伴随着京津冀协同发展上升到国家战略，北京城市发展方向开始了新一轮的大调整大变革。主要体现在：变增量发展为减量发展，变粗放发展为集约发展，变集聚为扩散（疏解），开始迈入均衡与高质量发展阶段。常住人口增速变缓或转增为减，经济增长率仍然在 6%以上，2017 年 GDP 比上年增长 6.7%[①]，产业结构不断升级，环境质量明显好转。2017 年北京常住人口开始减少，近三年北京常住人口一直维持在 2170 万人左右（2015 年为 2170.5 万人，2016 年为 2172.9 万人，2017 年为 2170.7 万人）[②]；2017 年 $PM_{2.5}$ 的浓度为 58 微克/米^3，比 2013 年下降 35.6%[③]。

三、首都发展的阶段性特征及驱动力

北京既是我国典型的超大城市，也是国家首都，其发展既要遵循超大城市发展的一般性规律，也要符合自身的规律特点，正确判定和认识首都经济社会发展阶段的特征及驱动力，是诊断首都发展问题、促进首都可持续发展的基础。

（一）北京自 2013 年起就已进入后工业化发达经济阶段

关于城市发展阶段的理论，比较有代表性的是钱纳里工业化阶段理论。钱纳里将工业经济发展阶段划分为准工业化阶段（初级产品生产阶段）、工业化阶段（细分为工业化初级阶段、中级阶段、高级阶段三个阶段）、后工业化阶段（细分为后工业化初级阶段、高级阶段两个阶段）三大发展阶段和六个细分发展阶段，评价指标为人均 GDP。人均 GDP 是一个能够较好地反映发展水平的综合性指标，但衡量一个国家或地区的工业化水平，还应该包括产业结构、工业结构、就业结构和空间结构等指标。陈佳贵等构建了人均 GDP、三次产业结构、工业结构、城市化率和就业结构五个指标，并将发展阶段分为前工业化阶段、

①《北京统计年鉴 2018》。
② 李国平. 2019 京津冀协同发展报告. 北京：科学出版社，2019：4.
③《北京市政府工作报告 2014》和《北京市政府工作报告 2018》。

工业化实现阶段（细分为工业化初期、中期、后期）、后工业化阶段三大阶段五个细分阶段[①]。笔者认为工业结构[制造业增加值占总商品增加值比重（工业结构）]不是合适的指标，主要在于伴随着工业化阶段的发展，制造业的比重可能是下降的，而并非一直上升。同时，发展阶段的判断，不仅可以测算工业化的发展，而且可以测算综合发展水平，因此在具体测算中，加入了恩格尔系数，主要是考虑到恩格尔系数可代表城市消费结构，能够进一步体现城市发展阶段的综合特征。本文构建的关于工业化发展阶段的评价指标分别为人均 GDP、三次产业增加值结构、人口城镇化率、劳动就业结构、消费性支出结构。人均 GDP 作为经济发展水平的表征，是衡量经济发展阶段的核心指标，这里的人均 GDP 标志值依据美国经济研究局 2009 年 GDP 折算系数，将钱纳里 1970 年美元基准标志值换算为 2009 年美元标准；在结构化指标方面，同时纳入了三次产业增加值结构和劳动就业结构，将指示经济结构的增加值结构作为主要辅助指标，将指示人口结构的劳动就业结构作为一般辅助指标；人口城镇化率、消费性支出结构作为一般辅助指标纳入测算，其中劳动就业结构采用第一产业就业比重；消费性支出结构采用恩格尔系数。发展阶段仍划分为六个细分阶段，只是为了更细致地刻画工业化阶段的差别，将工业化阶段从三个细分阶段增加到四个细分阶段（分别为初期、中期、成熟期、发达期）、后工业化阶段从两个细分阶段调整到一个，即后工业化发达经济阶段（表 1）。

表 1　工业化发展阶段标志值

基本指标		初级产品生产阶段	工业化阶段				后工业化发达经济阶段
			初期	中期	成熟期	发达期	
		Ⅰ	Ⅱ（1）	Ⅱ（2）	Ⅱ（3）	Ⅱ（4）	Ⅲ
人均GDP/美元	1970 年	140～280	280～560	560～1 120	1 120～2 100	2 100～3 360	3 360～5 040
	2009 年	614～1 228	1 228～2 456	2 456～4 911	4 911～9 208	9 208～14 733	14 733～22 100
三次产业增加值结构		$A>I$	$A>20\%$，$A<I$	$A<20\%$，$I>S$	$A<10\%$，$I>S$	$A<10\%$，$I<S$	$A<5\%$，$I<S$
人口城镇化率		30%以下	30%～40%	40%～50%	50%～60%	60%～75%	75%以上
劳动就业结构（第一产业就业比重）		60%以上	60%～45%	45%～35%	35%～20%	20%～10%	10%以下

① 陈佳贵，黄群慧，钟宏武. 中国地区工业化进程的综合评价和特征分析. 经济研究，2006（06）：4-15.

续表

基本指标	初级产品生产阶段	工业化阶段				后工业化发达经济阶段
		初期	中期	成熟期	发达期	
	Ⅰ	Ⅱ（1）	Ⅱ（2）	Ⅱ（3）	Ⅱ（4）	Ⅲ
消费性支出结构（恩格尔系数）	60%以上	60%～55%	55%～48%	48%～40%	40%～30%	30%以下

注：2009 年美元人均 GDP 标准值，依据美国经济研究局网站数据获得的 GDP 折算系数计算而来；三次产业增加值结构，A 为第一产业增加值比重，I 为第二产业增加值比重，S 为第三产业增加值比重；基本指标选取参考钱纳里工业化阶段理论和陈佳贵等《中国工业化进程报告（1995～2010）》

划分标准有五大指标，自然会出现不是所有指标都在一个阶段内的现象，因此需要换算成综合指数。综合指数测算采用分指标计算得分，进而加权合成综合指数的方式。分阶段各指标得分阈值（表 2），其中初级产品生产阶段分值为 0～20；工业化阶段分值为 20～80，共分为初期、中期、成熟期、发达期 4 个阶段；后工业化发达经济阶段为 80～100。其中，每个阶段的最小值为阶段分值的基准值，作为各阶段分值的基础分；各分类指标实际值达到该阶段标志值，则计算指标得分，再根据各分指标权重合成计算综合指数 K，K 值在 0～20，则判定为初级产品生产阶段，在 20～80 判定为工业化阶段，在 80～100 判定为后工业化发达经济阶段。分指标权重分别设定，因为人均 GDP 是阶段判定的核心指标，计算权重最终定为 0.5；三次产业增加值结构为主要辅助指标，计算权重定为 0.2；其他三个指标（人口城镇化率、劳动就业结构、消费性支出结构）权重均为 0.1。

表 2　各发展阶段分值

项目	初级产品生产阶段	工业化阶段				后工业化发达经济阶段
		初期	中期	成熟期	发达期	
	Ⅰ	Ⅱ（1）	Ⅱ（2）	Ⅱ（3）	Ⅱ（4）	Ⅲ
分值	0～20	20～35	35～50	50～65	65～80	80～100
基准值	0	20	35	50	65	80

1）分指标测算

采用阶段阈值法计算不同发展阶段的指标得分，计算公式如下：

$$\theta_j = a_{ij} + \frac{x - \min_{ij}}{\max_{ij} - \min_{ij}} \Delta a_{ij} \quad (i = 1, 2, \cdots, 5) \tag{1}$$

式中，θ_j 为单个指标分值；a_{ij} 为该指标阶段分值的基准值；x 为该指标的实际分值；$\min_{ij}$ 和 $\max_{ij}$ 分别为该指标阶段标志值的最小值和最大值，i 代表不同发展阶段，j 代表不同指标；Δa_{ij} 为不同阶段分值的差值，Ⅰ、Ⅲ阶段为 20，Ⅱ阶段为 15。劳动就业结构和消费性支出结构为反向指标，$\min_{ij}$ 和 $\max_{ij}$ 分别为阶段标志值的最小值和最大值。

三次产业增加值结构按照以下公式计算：

$$\theta_j = a_{ij} + \beta \tag{2}$$

式中，Ⅰ、Ⅱ（1、2、3）阶段，$\beta=0$；Ⅱ（4）阶段，$\beta=15\frac{S-I}{S+I}$；Ⅲ阶段，$\beta=20\frac{S-I}{S+I}$。

2）K 指数测算

采用加权合成法计算各年工业化进程的综合指数，计算公式如下：

$$K = \sum_{j=1}^{n} \theta_j W_j \tag{3}$$

式中，K 为工业化进程综合指数；W_j 为各单个指标的权重；j 代表不同指标；n 代表指标个数。

改革开放以来，北京人均 GDP 水平不断提升，但由于是换算成 2009 年美元标准，个别年份出现下降，产业结构不断优化，人口城镇化率持续上升，农业就业人口占总就业人口比重逐步降低，恩格尔系数不断减小，具体指标如表 3 所示。

表 3　1978～2017 年北京各指标原始数据

年份	人均 GDP /元	第一产业比重/%	第二产业比重/%	第三产业比重/%	人口城镇化率/%	劳动就业结构/%	消费性支出结构/%
1978	3 979.66	5.15	71.14	23.71	54.96	28.3	58.7
1983	4 451.98	6.99	61.55	31.46	58.63	21.2	58.8
1984	4 369.32	6.83	60.34	32.83	59.07	20.0	56.8
1993	3 339.84	6.06	47.35	46.59	74.73	10.4	47.8
1994	2 512.24	5.89	45.19	48.91	75.20	11.0	46.4
1998	3 494.96	3.28	35.36	61.36	76.89	11.5	41.1
1999	3 855.45	2.93	33.87	63.20	77.29	12.1	39.5
2000	4 125.32	2.51	32.68	64.81	77.54	11.8	36.3

续表

年份	人均 GDP /元	第一产业比重/%	第二产业比重/%	第三产业比重/%	人口城镇化率/%	劳动就业结构/%	消费性支出结构/%
2001	4 398.25	2.18	30.81	67.01	78.06	11.3	36.2
2002	4 811.53	1.91	28.97	69.12	78.56	10.0	33.8
2003	5 215.72	1.68	29.70	68.62	79.05	8.9	31.7
2004	5 821.00	1.45	30.72	67.83	79.53	7.2	32.2
2005	6 427.78	1.27	29.08	69.65	83.62	7.1	31.8
2006	7 193.11	1.09	26.99	71.91	84.33	6.6	30.8
2007	8 264.86	1.03	25.48	73.49	84.50	6.5	32.2
2008	9 375.63	1.01	23.63	75.36	84.90	6.4	33.8
2009	9 799.00	0.97	23.50	75.53	85.01	6.2	33.2
2010	10 051.55	0.88	24.01	75.11	85.96	6.0	32.1
2011	11 051.29	0.84	23.09	76.07	86.23	5.5	31.4
2012	11 736.88	0.84	22.70	76.46	86.2	5.2	31.3
2013	12 347.16	0.79	21.61	77.61	86.30	4.9	31.1
2014	13 252.88	0.73	21.25	78.02	86.40	4.5	30.8
2015	14 068.70	0.59	19.68	79.73	86.51	4.2	22.4
2016	14 638.18	0.51	19.26	80.23	86.50	4.1	21.5
2017	14 591.10	0.43	19.01	80.56	86.45	3.9	20.2

数据来源：《北京统计年鉴 2018》

注：劳动就业结构采用第一产业就业比重；消费性支出结构采用恩格尔系数，2012 年及以前的消费性支出结构来自城镇居民恩格尔系数，2012 年以后为全市居民恩格尔系数；由于四舍五入数据存在误差，下同

根据表 3 数据进行了测算，结果如表 4 所示。1978 年以来，北京城市发展阶段可划分为以下四个阶段：1978～1983 年的工业化中期阶段，1984～2001 年的工业化成熟期阶段，2002～2012 年的工业化发达期阶段，2013 年开始为后工业化发达经济阶段。

表 4　1978～2017 年北京工业化发展阶段划分及各指标得分

发展阶段	综合指数 *K* 值	年份	人均 GDP	三次产业增加值结构	人口城镇化率	劳动就业结构	消费性支出结构
Ⅱ（2）	47.26	1978	44.31	57.44	57.44	56.70	36.95
	49.95	1983	47.20	62.95	62.95	63.80	36.80

续表

发展阶段	综合指数 K 值	年份	人均 GDP	三次产业增加值结构	人口城镇化率	劳动就业结构	消费性支出结构
Ⅱ（3）	50.19	1984	46.69	63.61	63.61	65.00	39.80
	51.70	1993	40.40	87.10	79.73	74.60	53.30
	49.39	1994	35.34	87.80	80.16	74.00	55.40
	57.09	1998	41.14	90.34	81.51	73.50	63.35
	58.51	1999	43.29	90.94	81.83	72.90	65.75
	59.41	2000	44.86	82.03	82.03	77.30	70.55
	63.84	2001	46.48	82.45	82.45	78.05	70.70
Ⅱ（4）	65.80	2002	48.90	82.85	82.85	80.00	74.30
	67.25	2003	50.75	83.24	83.24	82.20	77.45
	68.50	2004	52.79	83.62	83.62	85.60	76.70
	70.06	2005	54.83	86.90	86.90	85.80	77.30
	71.87	2006	57.49	87.46	87.46	86.80	78.80
	73.66	2007	61.19	87.60	87.60	87.00	76.70
	75.54	2008	65.02	87.92	87.92	87.20	74.30
	76.48	2009	66.60	88.01	88.01	87.60	75.20
	77.36	2010	67.88	90.31	88.77	88.00	76.85
	78.23	2011	68.94	90.87	88.98	89.00	77.90
	79.76	2012	71.87	91.06	88.96	89.60	78.05
Ⅲ	80.79	2013	73.52	91.26	89.04	90.28	78.35
	82.16	2014	75.98	91.41	89.12	90.94	78.80
	84.73	2015	78.20	92.13	89.21	91.52	91.40
	85.70	2016	79.74	92.94	89.20	91.86	92.75
	85.88	2017	79.61	93.63	89.16	92.18	94.70

（二）北京城市发展的五大特征

后工业化发达经济阶段的共性特征为城市进入以知识经济为主导的发展阶段，人民生活水平逐步进入富裕阶段；知识代替自然资源成为最重要的生产要素，制造业比重大幅下降，信息和创新服务业等高端生产性服务业成为经济发展的主导产业，创新成为经济发展的核心动力；消费驱动的经济发展特点更加突出，消费需求的多元化程度不断提升；区域化发展成为城市空间发展的主要特点，在全球网络中的地位不断提升。

北京城市发展不仅符合后工业化发达经济阶段城市的共性特点，还有其独特性，现阶段北京城市发展表现出五大特征[①]。

（1）经济发展转为质量优先，发展速度从高速转向中高速。“十二五”时期，北京 GDP 年均增长率为 7.5%，根据国际经验，伴随着北京由工业化发达期进入后工业化发达经济阶段，总体经济发展速度将逐步平缓下降，经济发展品质将会持续提高。2016 年和 2017 年 GDP 年均增长率分别为 6.8%和 6.7%，经济增速稳定在 6%～7%。按常住人口计算，2017 年全市人均 GDP 为 12.9 万元，人民生活水平进入富裕阶段[②]。

（2）经济结构以服务业内部优化为主导，“高精尖”经济结构正在形成。2017 年第三产业占 GDP 比重达到 80.6%，第三产业比重增长速度明显放缓，但内部结构优化的步伐逐步加快，金融、信息、科技服务业合计占 GDP 比重超过 35%，优势行业对全市经济增长的贡献率合计超过七成[②]。经济结构高端化趋势明显，“高精尖”经济结构正在形成。

（3）基本公共服务资源供给能力大大增强，正在着力改写优质公共服务资源配置不均衡和城乡差别过大状况。“十一五”时期开始，北京公共投资已经从中心城区（城六区）转向远郊区，教育、医疗、文化、体育等基本公共服务资源和各类社会民生服务资源的供给能力大大增强，正在努力改写远郊区优质公共服务资源配置不足的状况。北京城乡差别明显低于全国平均水平，但 2017 年农村居民人均可支配收入也仅相当于城镇居民人均可支配收入的 39%，城乡差别仍然过大。

（4）空间布局逐渐从向心集聚转为向外扩散。北京经济空间布局已具有多中心空间结构的雏形，围绕城市副中心以及昌平、顺义、大兴、亦庄、房山、怀柔等新城，形成了城市新的产业集聚空间；但城市中心区集聚效应仍然明显，制造业迁出后，距市中心 20 公里以内的城市中心重新被第三产业占据，导致中心城区服务功能持续集中，加剧了城市中心区过度拥挤的单中心问题。

（5）随着非首都功能疏解，以首都为核心的具有全球影响力的世界级城市群正在形成。随着针对京津冀区域的国家顶层设计《京津冀协同发展规划纲要》的实施，围绕非首都功能疏解，京津冀协同发展进入高速发展时期，交通一体化、生态环境保护、产业升级转移等重点领域正在快速有序推进。

---

① 李国平，张杰斐，首都经济转型特征、动力机制及对策. 中国流通经济，2015，29（08）：40-46.

②《北京统计年鉴 2018》。

（三）北京城市发展呈五力驱动态势

北京城市发展驱动力来源既有后工业化发达经济阶段的共性动力：创新、消费、区域化，也有科技、文化、改革三大城市发展动力的互相作用。综合起来，北京城市发展将呈现出深化改革开放、提升发展质量、建设宜居之都、落实城市功能定位、推进多中心发展的五力驱动态势，这五种力量在未来相当长时间将主导城市的发展。

1. 深化改革开放

通过不断探索市场在资源配置中起决定性作用的改革路径，北京各类企业对于发展的内生性需求将得到全面激发，将促进混合所有制经济的发展，民营企业也将发挥新的推动作用，从而不断创造出新的经济增长点、新的市场和新的就业形态，民营总部经济也将迎来新的发展，使政府引导、企业主导的发展方式得到深化，成为推动北京城市经济增长的动力源泉。

2. 提升发展质量

尽管北京已经进入后工业化发达经济阶段，但是仍处于该阶段的起步期，与进入后工业化发达经济阶段的国际化大都市相比，北京在经济规模总量、人均GDP水平、产业结构、劳动生产率水平等方面存在较大差距。北京应围绕后工业化发达经济阶段赋予的使命，不断满足高品质的生活消费需求，提升发展质量和效率，通过经济结构调整释放发展潜能，促进北京经济的平稳、高质量、持续发展。

3. 建设宜居之都

随着生活水平的提高，人们对于生态环境的要求也大幅提高，资源与环境的压力日渐加大，据内部报告预测[①]，2030年北京水资源需求在46亿立方米左右，有11亿多立方米的缺口。尽管北京的生态效率很高，但大气污染等生态环境问题对城市生态文明建设的影响越来越大。压力即动力，这将为推动城市发展方式转变提供巨大的动力和需求。人口压力将进一步促进产业向人口依赖度低、附加值高的高端产业调整；水资源短缺和资源外向依赖度高，城市生态环

---

① 李国平，等. 面向2030年的首都水战略研究报告（北京大学首都发展研究院，北京市委研究室城市处. 北京市人民政府专家咨询委员会咨询研究课题，2013年6月）。

境质量差，将促使产业向低水耗、低能耗的绿色产业发展，同时将促进绿色环保的高科技产业的发展，促进技术与管理的创新；人们对于高品质生活的追求，将促进高端消费需求的增加，以及城市基础设施和管理水平的提升，从而加速培育出新的经济增长点。

4. 落实城市功能定位

北京城市功能的进一步明确，将会促使北京将城市中不符合城市功能定位的高污染、高耗能、人口依赖度高的产业转移出去，城市发展将进一步聚焦于低碳绿色的高端服务业、技术密集型产业、高科技产业等高附加值产业。全国科技创新中心与文化中心的城市功能定位，将进一步强化科技创新与文化创新作为北京城市发展核心动力的地位和作用，以驱动城市“高精尖”经济结构的加快形成。

5. 推进多中心化发展

为了缓解中心城区的压力，北京市域多中心发展也将提速，中心城区部分占地规模大、人口依赖度高的批发零售和物流等传统服务业的经济功能向新城及京外区域转移，一方面会创造大量就业机会，另一方面将吸纳人口同步转移，形成多中心发展，为新城及京外区域带来大量投资与消费需求。同时，通过多中心发展，可以有效解决城乡发展不均衡问题，进一步释放远郊区和乡镇的发展潜能，促进经济高质量增长。《京津冀协同发展规划纲要》提出要建设以首都为核心的世界级城市群，北京的多中心化发展与京津冀世界级城市群建设将是一个一体化互动的过程，这也将为北京发展提供持续的动力。

四、新时代首都发展面临的新问题和新挑战

（一）经济发展水平不断提高，但发展质量与效率不高问题仍然突出

新中国成立以来，北京经济总量持续上升，2008 年经济总量规模超过 1 万亿元，2014 年经济总量规模超过 2 万亿元，2017 年经济总量规模达到 2.8 万亿元。但 GDP 年均增长率逐年下降，自 2011 年开始，北京 GDP 年均增长率低于 10%，2017 年为 6.7%。与此同时，北京人均 GDP 增长率在 2011 年下降到 3.8% 的较低水平后，2012 年以后逐步回升，2017 年达到 6.7%。从发展趋势来看，

人均 GDP 呈现逐年增加的趋势，2010 年北京人均 GDP 超过 1 万美元，迈入中等发达经济体行列[①]。2017 年，北京 GDP 达到 2.8 万亿元，人均 GDP 达到 12.9 万元。

从全球城市的总体发展趋势来看，北京经济总量增长的空间仍然很大。与纽约都市圈、伦敦都市圈、东京都市圈[②]等相比，北京在经济规模上还存在较大差距，其中大伦敦地区的经济总量大约是北京的两倍，而纽约都市圈、东京都市圈的经济总量是北京的 3～4 倍。从经济发展趋势来看，北京经济发展还有较大的发展空间，意味着未来很长一段时间内，北京还会保持较高的发展速度。但根据纽约、伦敦、东京三大全球城市的发展经验，当经济总量达到一定水平后，经济增长速度会有所下降，经济发展的品质仍会不断提高。

与此同时，北京的劳动生产率与发达国家和城市相比仍有较大差距。2012 年，北京的劳动生产率为 16.4 万元/人，仅为世界主要发达国家（德国、日本、法国、美国和英国）平均劳动生产率的 1/3 左右。要建设全球中心城市，北京需要做出更多的努力。

就产业结构而言，北京产业结构不断调整优化，但高端高效化程度亟须提升。从三次产业结构的演变过程来看，第三产业比重逐年上升，由 2000 年的 64.5%上升到 2017 年的 80.6%。第二产业比重和第一产业比重均逐年下降，第二产业比重由 2000 年的 32.7%下降到 2017 年的 19.0%。第一产业比重则在 2017 年降至 0.4%[③]。结合国际化大都市产业结构演进的规律，随着北京产业结构的深入调整升级，第三产业比重，尤其是高端服务业比重还将进一步提高，产业内部高端化、高效化趋势将日趋明显，部分专家学者提出应在北京的“城市性质”中，明确补充强调“首都北京是以高端服务业为主体的国家经济中心城市”[④]。

（二）科技创新已经成为城市发展的核心驱动力，但创新发展潜力仍未能充分释放

随着北京产业结构的调整与优化升级，科技研发投入逐年增加，科技创新

---

① 李国平，张杰斐. 首都经济转型特征、动力机制及对策. 中国流通经济，2015，29（08）：40-46.

② 与北京相比，纽约、伦敦、东京的面积较小，仅相当于或小于北京城市中心区的范围，因而考虑到区域可比性，本研究选取纽约都市圈，大伦敦地区、东京都市圈作为与北京进行对比分析的研究空间单元；其中从面积来看，纽约都市圈和东京都市圈的面积与北京相当，但是大伦敦地区仅相当于北京城八区的范围。

③《北京统计年鉴 2018》。

④ 陆大道. 京津冀城市群功能定位及协同发展. 地理科学进展，2015，34（03）：265-270.

对经济社会发展的推动作用越来越显著，进而又促进三次产业的转型升级，但也存在科技创新资源潜力尚待进一步挖掘等问题。主要体现在以下几个方面。

一是科技研发经费支出逐年上升。北京 R&D 经费支出逐年上升，2016 年北京 R&D 经费支出达到 1479.8 亿元，比 2011 年增长 58%，占 GDP 比重为 6% 左右[①]（2016 年上海 R&D 经费支出为 1030.0 亿元，占 GDP 比重为 3.8%[②]），位居全国首位，高于发达国家平均水平。

二是伴随着北京对创新活动的支出与投入越来越多，创新驱动引领的产业结构不断进行转型升级，经济高端化趋势日趋增强。2016 年新经济实现增加值 8132.4 亿元，比上年增长 10.1%，占全市 GDP 比重为 32.7%，比上年提高 0.6 个百分点；高技术产业增加值占新经济比重为 69.4%；战略性新兴产业实现增加值为 3824.3 亿元，比上年增长 10.7%，占新经济比重为 47%[③]。创新驱动经济增长方式基本形成，北京经济高端化和服务化发展趋势也日渐明显，呈现出科技创新带动现代农业快速发展、驱动首都制造业转型升级的发展趋势。

三是科技服务业的经济贡献率逐年增加，北京科学研究和技术服务业增加值由 2000 年的 123 亿元增加到 2016 年底的 2077.9 亿元，增长趋势明显；占 GDP 比重则由 2000 年的 3.9%上升到 2016 年的 8.3%[①]，对地区经济增长的贡献率逐渐上升，远高于上海等国内其他城市。

四是“研发在中心，制造在郊区”的产业价值链空间分工特征显著。价值链是指一种商品或服务在创造过程中所经历的从原材料到最终产品的各个阶段，或者是一些群体共同工作的一系列工艺过程[④]。价值链活动对要素条件的要求存在差异，即不同价值链环节对于劳动力、技术、投资、生产规模等要求是不同的，如产业的研制阶段对技术与投资的要求很高，生产阶段则需要大规模的投资和劳动以降低生产成本。区域间要素禀赋与竞争能力存在差异，因此价值链活动在区域间就存在分工。在北京市域范围内，创新链的空间分工呈现“研发在中心，制造在郊区”的结构。从研发环节来看，科技服务业高度集聚在北京中心城区，尤其是朝阳、海淀和丰台集聚特征显著，占全市比重分别为

---

①《北京统计年鉴 2017》。

② 2016 年上海市国民经济和社会发展统计公报. http://www.shanghai.gov.cn/nw2/nw2314/nw2318/nw26434/u21aw1210720.html[2018-12-03].

③ 北京市 2016 年国民经济和社会发展统计公报. http://www.bjstats.gov.cn/tjsj/tjgb/ndgb/201702/t20170227_369467.html[2018-12-03].

④ 李国平，卢明华. 北京高科技产业价值链区域分工研究. 地理研究，2002（02）：228-238.

29.62%、29.17%、15.37%，三区占比接近全市的 3/4，而生态涵养发展区科技服务业占全市比重不足 1%。科技服务业区位熵大于 1.5 的街道（乡镇），即其发展具有比较优势的街道（乡镇）也集中分布在中心城区，重点集聚在朝阳、海淀和丰台[①]。从制造环节来看，制造业就业人口比重分布显示出北京制造业郊区化特征显著，城市发展新区拥有最高比重的就业人口，制造业就业人口比重达 64.05%，大兴、通州、顺义、昌平制造业就业人口比重均在 10%以上。城市功能拓展区制造业就业人口比重为 22.73%，首都功能核心区就业人口比重最小，为 1.13%[②]。制造业正在经历从城市中心区向郊区转移的分散化过程。

五是科技创新资源潜力尚待进一步挖掘。尽管北京是我国科技创新资源最为富集的区域，对科技创新进行了大量的投入，且正处于相对快速的发展阶段。但与发达国家和地区相比，北京乃至全国为推动创新而做出的工作仍存在较大差距。目前，北京的科技创新成果数量均低于纽约、伦敦、东京等全球城市。上海科学技术情报研究所联合汤森路透（北京）共同发布的《2015 国际大都市科技创新能力评价》报告，从创新态势、创新热点、创新质量、创新主体、创新合力五个维度评估了上海、北京、深圳、纽约、伦敦、巴黎、东京、柏林、首尔、波士顿等国际大都市的科技创新能力。报告显示，还没有在科学、技术、产业三个层面都达到创新高度的城市，纽约在科学研究和技术开发方面较强，但在产业创新方面较弱。中国城市的自主创新能力较弱，但相比于上海和深圳，北京的科学研究能力最强。衡量创新能力最重要的指标是 PCT（《专利合作条约》）专利及论文的数量和质量。2017 年，全球拥有 PCT 专利数量最多的城市中，东京遥遥领先，深圳位居第二。从创新质量来看，波士顿、纽约和柏林位居前三，中国城市整体靠后。从科技成果转移来看，波士顿是产学研结合能力最强的城市，大量知名高校与研究机构的聚集为波士顿、纽约等城市营造了良好的科学研究与技术开发环境。就北京等中国城市而言，论文大多来自高校和研究机构，向产业转化的能力亟须提升[③]。

---

① 李国平，席强敏，王婧媛，等. 首都发展报告 2017——创新驱动产业转型升级与布局优化. 北京：科学出版社，2017：158-160.

② 李国平，席强敏，王婧媛，等. 首都发展报告 2017——创新驱动产业转型升级与布局优化. 北京：科学出版社，2017：169-172.

③《2017 国际大都市科技创新能力评价》上海创新合力排名靠前. http://www.sohu.com/a/199959492_100007808 [2018-12-03].

（三）单中心发展模式、过密与过疏并存、职住分离等城市空间发展问题仍然突出

1. 城市空间结构仍未打破单中心发展模式

北京产业空间布局已具多中心空间结构雏形，经济活动逐步由城市中心区向远郊区扩散，但城市发展仍由城市中心大团主导，单中心的空间发展模式仍未打破。北京市第三次全国经济普查数据显示，中心城区（城六区）拥有71.8%的就业人口，集聚了全市绝大部分的经济活动，当前北京的产业空间布局仍然是强中心结构，即由单中心主导，还未形成真正意义上的多中心均衡发展的空间格局，经济活动分布不均衡，中心城区和远郊地区差距较大，这也是城市运行压力较大的主要原因[①]。制造业迁出后，20公里以内的城市中心重新被第三产业占据，导致中心城区服务功能持续集中，加剧了城市中心区过度拥挤的单中心问题。与首都功能核心区和城市功能拓展区较为临近的城市发展新区已呈现出与中心城区连片发展的趋势，如果不能有效地抑制中心城区规模的扩张，一些郊区的集聚中心最终将与城市中心大团融合，导致城市产业空间格局仍难打破单中心聚焦、中心城区外延的发展模式。

2. 经济功能布局过密与过疏并存

北京经济发展不平衡的问题比较突出，功能布局过密与过疏并存。中心城区经济贡献显著，远郊区发展水平相对滞后，经济增速呈现圈层化趋势。

从各区GDP占全市GDP比重来看，城市功能拓展区同样占全市GDP比重较高，其中，2015年，海淀、朝阳占全市GDP比重均超过20%；首都功能核心区中的西城、东城分别位居第三位、第四位；城市发展新区中的顺义占全市GDP比重达6.26%，在全市排名第五；其他各区比重均低于5%；生态涵养发展区由于地形与发展定位因素，其占全市GDP比重基本都在1%以下（最高的怀柔也仅为1.02%）[②]。首都功能核心区的东城、西城，城市功能拓展区的海淀、朝阳，以及城市发展新区的顺义人均GDP水平较高，其中东城、西城尤其突出。各区人均GDP水平与其占全市GDP比重基本一致。北京各区GDP年均增长率大致呈现三个圈层，首都功能核心区、城市功能拓展区GDP年均增长率相对

---

① 吴爱芝，李国平. 北京：打造国家中心城市多中心、网络化空间结构. 北京规划建设，2017（01）：11-15.
②《北京统计年鉴2016》。

较低，而城市发展新区，如通州、顺义等增长较快，生态涵养发展区部分区域在不同年份增长较慢。

从产业布局来看，北京制造业已表现出明显的郊区化趋势，城市发展新区已成为北京制造业发展的主要空间，六成以上的制造业活动在此集中；其次为城市功能拓展区，2015 年就业人口占全市比重为 22.73%；制造业已基本从首都功能核心区退出，就业人口占全市比重仅为 1.13%①。从总体上看，北京的制造业高度分散到远郊区，并集中在郊区平原地区，呈现出由昌平、顺义、通州、大兴构成的“C”形环状集聚形态，并沿京承、京平高速形成两条新的发展带延展。但是在制造业持续向城市发展新区集聚的同时，远郊区发展制造业的空间已相对有限，建设用地不足已经成为制约远郊区制造业发展的关键掣肘。目前，北京的经济发展呈现单中心集聚的态势，多中心网络化体系尚未成型。未来，应当平衡区域发展，增强区域间的经济联系，逐步向多中心网络化过渡。

3. 职住分离现象日益严重

北京的职住分离现象日益严重，居住-就业存在较明显的空间错位。人口郊区化进程较快，而大部分产业仍集中分布在城市中心。首都功能核心区职远大于住，城市发展新区则是住大于职。从总体上看，人口居住分布相对于经济布局、公共服务资源分布等的不匹配特征显著。人口居住和就业的空间错位，带来了中心城区大量的交通流量，进而带来城市交通拥堵和环境恶化等问题。

在居住方面，从常住人口占比来看，北京人口主要集中在城市功能拓展区，2015 年该功能区已集中了全市近 50%的人口。2015 年，城市功能拓展区与城市发展新区的总常住人口为全市常住人口的 81.06%，且仍有扩大的趋势（图 2）。

从人口密度分布来看，北京各功能区呈现圈层化分布，其中首都功能核心区人口密度最高，2015 年，东城、西城常住人口密度均超过 20 000 人/公里^2，为 23 953 人/公里^2。生态涵养发展区人口密度最低，其中延庆人口密度不足 200 人/公里^2，不到全市平均水平的 20%①。

从就业方面来看，首都功能核心区过度集中了产业活动，城市发展新区对产业的集聚能力则相对不足，进而导致整体上人口居住-就业的不平衡。就业人口集中分布于中心城区，城市发展新区与生态涵养发展区的比重明显偏低。因

---

①《北京统计年鉴 2016》。

此，人口出现郊区化趋势，而产业活动依然呈现单中心集聚，导致大量就业人口每天通勤往返，出现了严重的职住分离局面。

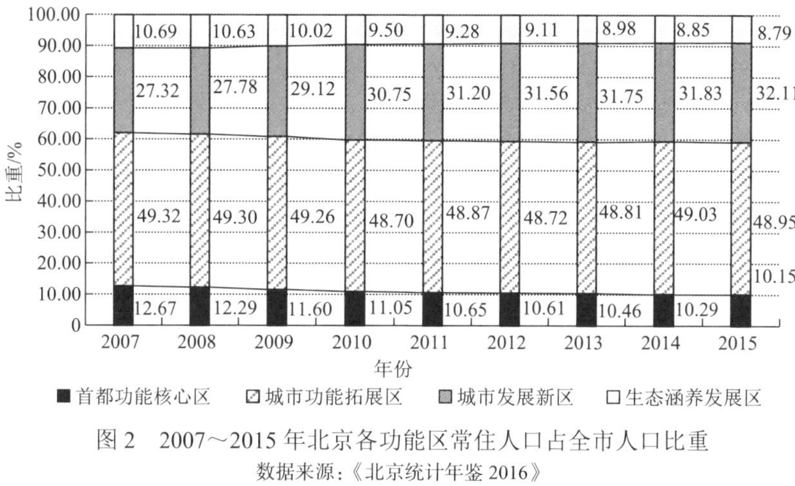

图 2　2007～2015 年北京各功能区常住人口占全市人口比重

数据来源：《北京统计年鉴 2016》

（四）公共服务资源供给能力不足、发展水平不高及布局不合理问题仍然存在

尽管北京各类社会民生服务资源供给能力已经得到了长足提升，但从需求端来看，对公共服务资源的消费需求增长速度仍十分可观，部分领域甚至超过供给增速。随着全市城乡居民总体收入水平的大幅提升，社会公众对公共服务资源需求的品质和多元化程度也将随之提高，现有的公共服务资源供给对这一发展趋势的回应性不足。

北京公共服务资源配置存在较大的区域差异。在城乡居民收入方面，2017 年，北京城镇居民人均可支配收入为 62 406 元，农村居民人均可支配收入为 24 240 元，农村居民仅相当于城镇居民的 38.8%，城乡差别仍然很大。同时，城镇居民人均可支配收入与农村居民人均可支配收入差距有扩大的趋势，从 2000 年的 45.8∶100 到 2017 年的 38.8∶100，收入绝对差也从 5667 元扩大到 38 166 元[①]。在基本社会保障方面，北京现有的城乡居民医疗保险体系、养老保险体系统筹层次较低，尚未有效实现全市统筹。在教育和医疗卫生资源方面，特别是在优质资源的空间分布上，北京呈现出明显的区域集中态势。全市一半

①《北京统计年鉴 2018》。

以上的三级甲等医院集中在东城、西城和朝阳三个区，而北京协和医院、首都医科大学附属北京同仁医院等三级甲等医院则大多集中分布在三环以内的城市中心区域，城市核心区之外的优质医疗资源较少。教育领域也存在类似的趋势，全市著名的优质中小学教育资源大多集中在东城、西城和海淀三个区。

综合来看，当前北京城乡发展差距大、优质公共服务资源分布不均的总体局面与《北京城市总体规划（2016 年—2035 年）》的总体发展目标还存在较大差距，更难以达到建设国际一流的和谐宜居之都的发展要求。

（五）人口、资源与环境之间的矛盾仍然突出

北京是一个人口和经济功能高度密集的地区，人均占有资源少，资源匮乏一直是制约北京发展的限制要素。统筹人口与资源环境，把握首都城市战略定位，提升城市发展质量和人居环境质量，实现城市可持续发展，是北京建设国际一流的和谐宜居之都的必然要求。

北京常住人口从 2000 年的 1363.6 万人增长到 2016 年的 2172.9 万人[①]，年均增长率约为 2.95%。巨大的人口规模，给城市建设和发展带来了诸多问题。合理控制人口规模，形成与资源环境协调发展的格局，是北京发展的主要目标之一。随着人口调控的加强，近年来人口增长速度有所放缓，人口素质稳定提高。北京要建设全球中心城市，需进一步提高人口，尤其是外来人口素质，以扩大北京在全球的影响力和号召力。

北京人均资源匮乏，资源利用效率有待提升，而资源状态反映了一个地区的发展潜力。北京 2016 年耕地面积为 21.63 万公顷，较 2009 年减少了 1.09 万公顷。从人均水平来看，由于北京人口的快速增长和耕地面积的小规模减少，北京年末人均实有耕地面积一直处于下降趋势。2001 年北京人均耕地面积为 248 公顷/万人，2015 年则降低到 101 公顷/万人。北京人均耕地面积远低于全国平均水平，2001 年全国人均耕地面积为 1019 公顷/万人，北京不到全国平均水平的 1/4；2015 年北京更是只有全国平均水平的 1/10，差距进一步扩大（图 3）。

北京地处温带半干旱、半湿润季风气候区，多年平均降水量为 585 毫米，时空分布极不均匀，降水年际间丰枯交替，连丰、连枯时有发生。由于总体降水量不高且不稳定，北京自产水资源量较低，且年际变化大。从水资源构成来

---

①《北京统计年鉴 2017》。

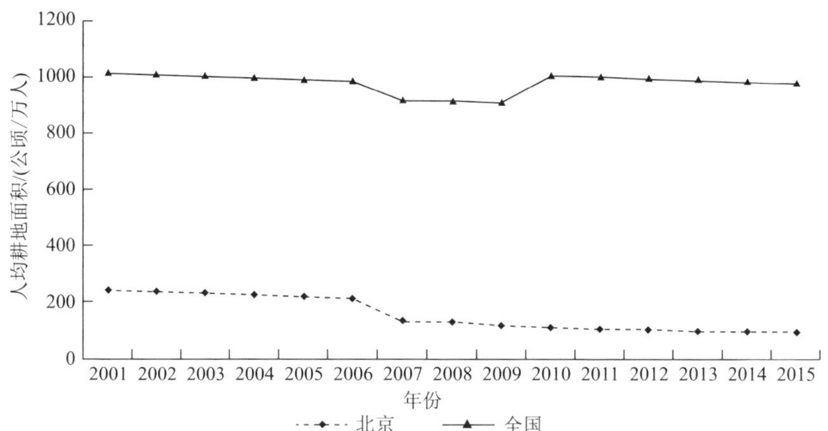

图 3 2001～2015 年北京人均耕地面积状况与全国比较

数据来源：2001～2008 年数据来自《北京统计年鉴 2010》和《中国统计年鉴 2010》，2009～2015 年数据来自《北京统计年鉴 2016》和《中国统计年鉴 2016》

看，2015 年北京地表水资源量为 9.3 亿立方米，占水资源总量的 34.7%；地下水资源量为 17.4 亿立方米，占水资源总量的 64.9%。2015 年北京人均水资源量为 123.8 立方米，比上年增加 28.9 立方米。从变化趋势来看，2001～2015 年人均水资源量呈波动中下降的趋势，从 2001 年的 139.7 立方米下降到 2015 年的 123.8 立方米（图 4）。2015 年全国人均水资源量为 2039.2 立方米，北京仅为全国的 1/16 左右。

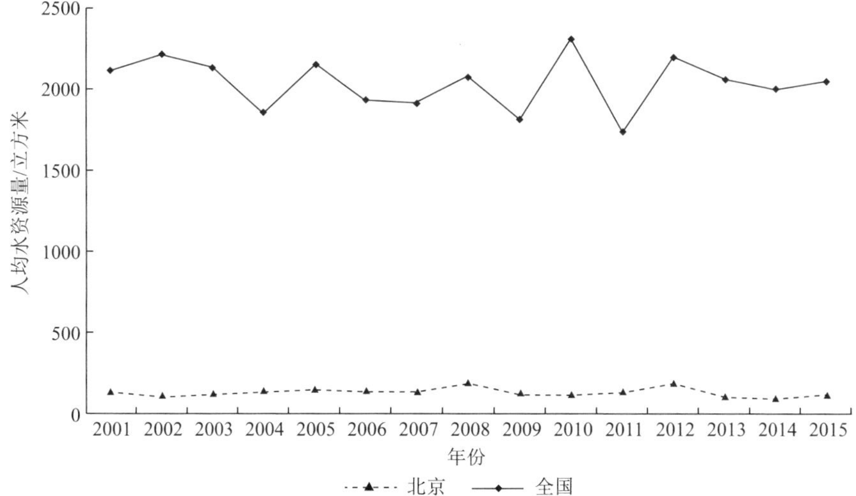

图 4 2001～2015 年北京人均水资源与全国比较

数据来源：《北京统计年鉴 2016》和《中国统计年鉴 2016》

近年来，特别是京津冀协同发展上升为国家战略以来，北京生态建设和环境保护工作取得了显著成效。北京生态建设和环境质量状况持续好转，《2017年北京市环境状况公报》显示，2017 年，北京空气中主要污染物年平均浓度全面下降，$PM_{2.5}$ 年平均浓度值为 58 微克/米^3，比 2013 年下降 35.6%；水环境也在逐步改善，各类污染物浓度普遍降低，劣 V 类水质比重下降，其中水库水质较好，湖泊水质次之，河流水质相对较差；土壤环境质量、声环境质量、辐射环境质量、生态环境状况良好。但由于城市人口规模大、功能集中，污染排放总量大、排放区域集中，以及整体区域环境容量有限，达到建设成为国际一流的和谐宜居之都对生态环境质量的要求还有很大差距，因此生态建设和环境治理依然任重道远。

大国首都：面向新时代的使命、愿景及其战略

李国平　杨　艺①

一、新时代首都北京发展的历史方位

（一）国家和首都关于两个阶段发展目标及其分析

党的十九大报告指出，从现在到二〇二〇年，是全面建成小康社会决胜期。我们既要全面建成小康社会、实现第一个百年奋斗目标，又要乘势而上开启全面建设社会主义现代化国家新征程，向第二个百年奋斗目标进军。综合分析国际国内形势和我国发展条件，从二〇二〇年到本世纪中叶可以分两个阶段来安排。第一个阶段，从二〇二〇年到二〇三五年，在全面建成小康社会的基础上，再奋斗十五年，基本实现社会主义现代化。第二个阶段，从二〇三五年到本世纪中叶，在基本实现现代化的基础上，再奋斗十五年，把我国建成富强民主文明和谐美丽的社会主义现代化强国（表 1）。

表 1　国家分两阶段实现第二个百年目标

时间	分阶段目标	具体表现
2020～2035 年	在全面建成小康社会的基础上，再奋斗十五年，基本实现社会主义现代化	经济实力、科技实力将大幅跃升，跻身创新型国家前列；人民平等参与、平等发展权利得到充分保障，法治国家、法治政府、法治社会基本建成，各方面制度更加完善，国家治理体系和治理能力现代化基本实现；社会文明

① 作者简介：李国平，北京大学首都发展研究院院长，北京大学首都高端智库首席专家，教授，研究方向为经济地理学、区域经济学、城市与区域规划、首都区域研究；杨艺，北京大学政府管理学院，区域经济学硕士研究生。

续表

时间	分阶段目标	具体表现
2020～2035年		程度达到新的高度，国家文化软实力显著增强，中华文化影响更加广泛深入；人民生活更为宽裕，中等收入群体比例明显提高，城乡区域发展差距和居民生活水平差距显著缩小，基本公共服务均等化基本实现，全体人民共同富裕迈出坚实步伐；现代社会治理格局基本形成，社会充满活力又和谐有序；生态环境根本好转，美丽中国目标基本实现
2035～2050年	在基本实现现代化的基础上，再奋斗十五年，把我国建成富强民主文明和谐美丽的社会主义现代化强国	物质文明、政治文明、精神文明、社会文明、生态文明将全面提升，实现国家治理体系和治理能力现代化，成为综合国力和国际影响力领先的国家，全体人民共同富裕基本实现，我国人民将享有更加幸福安康的生活，中华民族将以更加昂扬的姿态屹立于世界民族之林

展望未来，全球化将进一步深入发展，新的生产方式、产业形态、商业模式和经济增长点不断形成。新一轮科技革命和产业变革蓄势待发，人工智能等新一代信息技术、生命与健康科学、新能源、新材料等成为引领科技发展的重要领域。与此同时，全球经济面临再平衡和产业格局再调整、保护主义抬头、全球经济贸易增长乏力等方面的挑战。但可以确信的是未来30年，中国将成为全球规模最大的经济体，将在全球经济和全球治理中发挥举足轻重的作用，京津冀、长三角地区的发展水平将接近或赶超纽约都市圈、东京都市圈等世界级城市群的发展水平①。北京作为中国首都，经济与社会发展水平可达到或超过纽约、东京、伦敦，成为全球顶级城市。着眼于两个阶段目标，北京必须展现出作为大国首都的风范和应有的担当。作为大国首都的责任就是引领未来、成为全球中心城市，在全球政治、经济、文化活动和分工体系中发挥全方位的领导力、影响力和控制力。

（二）新时代北京城市发展战略定位及发展目标

《京津冀协同发展规划纲要》中将建设以首都为核心的世界级城市群作为京津冀四大整体功能定位中的第一个。世界级城市群的核心是首都北京，也一定是一个全球城市，《北京城市总体规划（2016年—2035年）》中也将北京城市发展目标锁定为到2050年要全面建成更高水平的国际一流的和谐宜居之都，使

① 李国平. 中国会成为全球最大经济体吗？人民论坛，2017（14）：19-21.

其成为具有广泛和重要国际影响力的全球中心城市。《北京城市总体规划（2016年—2035年）》要求落实城市战略定位、建设大国首都、放眼京津冀谋划首都未来、划定三条红线、统筹三生空间、着力改善民生等[①]。

1. 城市尺度："四心一都"

根据《北京城市总体规划（2016年—2035年）》，北京的城市战略定位为"四心"，即全国政治中心、文化中心、国际交往中心、科技创新中心，而北京的发展目标则为"一都"，即建设国际一流的和谐宜居之都。作为首都，北京也和大多数首都城市一样因其强大的政治核心职能引发和拓展了更加复杂、综合和强大的城市经济职能，但政治核心职能，即政治中心的地位是最重要的，是"都"，而城市经济职能是"城"，因此需要处理好"都"和"城"的关系。北京作为首都需要把握好"都"和"城"的关系，"都"是核心，"城"是支撑，"城"的发展是为了更好地支撑"都"这一核心。政治功能是北京的核心功能，这是与国内其他所有城市的最大区别。北京作为首都，"四个中心"是其重要的战略定位。强化政治功能的核心地位毋庸置疑，其他城市功能也是综合性首都不可或缺的重要功能，但其规模和结构必须服从于政治功能。作为城市功能更多的应该是强调发展质量和效益，退出不适合在北京发展的产业和功能，建立"高精尖"的城市经济和功能结构，在保持适度人口与城市经济规模的前提下获得高水平的创新发展。

《北京城市总体规划（2016年—2035年）》确定的发展目标是建设国际一流的和谐宜居之都。北京作为国家首善之区，和谐宜居是其基本要求。面向未来，北京应积极应对各种生态环境和气候变化方面的挑战，大幅提升生态环境质量，全力打造山清水秀的生态空间，从根本上解决北京目前处于"和谐但不宜居"的状况。

2. 区域尺度：京津冀世界级城市群的"核心"

《京津冀协同发展规划纲要》将京津冀的整体功能定位为四个，其中第一个是建设以首都为核心的世界级城市群，因此可以理解为北京就是京津冀世界级城市群的"核心"，自然也是京津冀地区的核心。在京津冀地区中，北京早在

---

① 石晓冬，杨明，和朝东，等. 新版北京城市总体规划编制的主要特点和思考. 城市规划学刊，2017（06）：56-61.

2013年就进入了后工业化阶段，反映经济社会发展的各项指标都显示北京在京津冀地区发展中处于中心地位，北京是全国的政治中心、文化中心、国际交往中心和科技创新中心，自然也是京津冀地区上述四个方面的中心。不仅如此，北京还是京津冀地区的人口中心、经济中心、交通中心等。这些年来，北京一直是全国，特别是京津冀地区各种经济要素和经济功能的集聚中心，虹吸效应极其强大，导致北京中心城区，特别是核心区（东城和西城）人口和功能过度集中，进而产生了严重的"大城市病"，而周边地区（主要是河北）成为"大树底下不长草"的典型代表，与我国东部沿海其他地区相比，其经济发展水平和发展速度与自身良好的区位条件和资源禀赋极不相称。京津冀协同发展战略要求通过在京津冀地区建设世界级城市群，来促进京津冀地区的协同和共同发展。北京作为世界级城市群的核心城市，需要自身的高质量发展，不断增加其全球影响力、控制力，以及对于城市群其他区域的辐射力和带动力，努力改变"单中心集聚"状态，在京津冀地区通过优化空间结构来探索区域优化发展模式。早在1979年，吴良镛就提出要将京津唐地区融为一体的规划构思，指出在解决北京的问题时，要运用区域性视角①。

3. 全球尺度：全球中心城市（顶级的全球城市）

《北京城市总体规划（2016年—2035年）》就北京在全球体系中的地位方面，提出的目标是到2050年成为具有全球影响力的大国首都，具有广泛和重要国际影响力的全球中心城市。全球城市（global cities，部分学者也称之为世界城市）一直以来在国际城市研究中占有重要地位。代表性学者如霍尔（Hall）在其1966年的著作《世界城市》（The World Cities）中提出，世界城市是那些已对全世界或大多数国家发生全球性经济、政治、文化影响的国际第一流大都市。世界城市研究集大成者弗里德曼（Friedmann）认为，世界城市的形成过程是"全球控制能力"的生产过程，而这种控制能力主要是指对全球经济的控制力，其产生取决于特定部门的集中和快速增长，包括跨国公司总部、国际金融、国际交通和通信、高级商务服务等；弗里德曼还系统划分了世界城市的等级体系，根据世界城市连接区域的大小，划分出四个等级的世界城市。全球城市研究学者萨森（Sassen）认为，全球化过程中金融产业和生产性服务业的快速增长、国际化以及向特定城市的集中，使这些城市成为全球生产服务和创新的中

① 吴唯佳，吴良镛，王凯，等. 特大城市地区如何引领实现百年目标. 城市规划，2018，42（03）：87-89.

心，从而获得管理和协调全球经济的战略能力。她把这些生产服务高度集中，服务于全球资本运行的战略性地区称为全球城市，以强调它们在全球化中独一无二的地位。其后，英国学者泰勒（Taylor）及其领导的全球化和世界城市（The Globalization and World Cities，GaWC）小组提出“世界城市网络”的概念，并对“世界城市网络”进行了迄今最为深入详尽的研究。总之，全球城市是指在全球城市体系中具有重要地位的城市，是那些人口与经济规模大、经济发展水平高、创新能力强、对全球经济和社会具有广泛影响的城市。北京定位于全球中心城市，一定是顶级的全球城市，应该按照这一发展目标增强其在全球城市体系中的地位，强化其影响力、控制力和辐射力，必须使能够产生全球影响力、控制力和辐射力的金融服务业、科技服务业、商务服务业、跨国公司总部得到大发展、大提升。

二、首都北京与全球城市的比较

（一）北京已经成为世界城市网络中重要的枢纽城市和具有较强全球竞争力的大国首都

1. 北京已经成为世界城市网络中的重要枢纽城市

泰勒及其领导的 GaWC 小组将世界城市看作是彼此连接的网络体系中的“全球服务中心”，并使用全球生产服务（包括金融、保险、会计、广告、法律、咨询等）企业办公机构的全球网络来刻画世界城市网络[①]。2018 年 11 月 13 日，GaWC 官方网站介绍，该机构发布的名册是以 175 家先进生产性服务业公司在世界各大城市中的办公网络为指标，对世界 707 座城市进行排名。GaWC 小组以六大“高级生产性服务业机构”在世界各大城市中的分布为指标，对世界城市进行排名。六大行业主要包括银行、保险、法律、咨询管理、广告和会计，关注的是该城市在全球活动中具有的主导作用和带动能力。六大行业的国际性机构在城市中分布得越多、等级越高，城市的得分就越高，就越容易被 GaWC 小组认为是有影响力的世界城市。北京在该排名中的地位快速上升，2004 年进入 α–位置，2008 年进入 α+位置，在 2018 年跃居第四位，仅次于伦敦、纽约和香港（表 2）。

① 李国平，王立，孙铁山，等. 面向世界城市的北京发展趋势研究. 北京：科学出版社，2012：15-19.

表 2 2004～2018 年北京在 GaWC 榜单（α 档）中的地位变化

城市等级	城市名称					
	2004 年	2008 年	2010 年	2012 年	2016 年	2018 年
α++	伦敦	伦敦	伦敦	伦敦	伦敦	伦敦
	纽约	纽约	纽约	纽约	纽约	纽约
α+	香港	香港	香港	香港	新加坡	香港
	巴黎	巴黎	巴黎	巴黎	香港	北京
	东京	新加坡	新加坡	新加坡	巴黎	新加坡
	新加坡	东京	东京	上海	北京	上海
		悉尼	上海	东京	东京	悉尼
		米兰	芝加哥	北京	迪拜	巴黎
		上海	迪拜	悉尼	上海	迪拜
		北京	悉尼	迪拜		东京
α	多伦多等	马德里等	米兰、北京等	芝加哥等	悉尼等	米兰等
α−	墨西哥、吉隆坡、布宜诺斯艾利斯、旧金山、北京等	华沙等	迈阿密等	首尔等	都柏林等	阿姆斯特丹等

数据来源：GaWC 官方网站，http://www.lboro.ac.uk/gawc/gawcworlds.html

2. 北京已经成为具有较强全球竞争力的大国首都

作为改革开放四十年中国经济社会发展典范以及城镇化进程中超大城市的代表，北京在全球城市体系中的地位快速上升，城市竞争力大幅提升，已经成为具有较强竞争力的全球城市。根据中国社会科学院发布的《全球城市竞争力报告 2014—2015》，北京的全球城市竞争力年度排名为全球第八，仅次于伦敦、纽约、东京、巴黎、新加坡、香港和上海，全球首都城市竞争力排名第五，仅次于伦敦、东京、巴黎和新加坡，亚洲城市竞争力排名第五，仅次于东京、新加坡、香港和上海[①]。由此可见，北京已经成为世界排名靠前的具有较强全球竞

① 倪鹏飞，丁如曦，彼得 · 卡尔 · 克拉索，等. 世界之半：丝绸之路城市网. 北京：中国社会科学出版社，2016：25，47，74.

争力的大国首都城市。

（二）北京与三大全球城市经济领域的差距与不足

北京与三大全球城市相比，还存在较大差距与不足，这不仅体现在经济发展质量和效益方面，还体现在创新、环境、空间和治理方面。本文仅从经济总量、产业结构、金融服务能力、国际经济交流水平等方面进行对比分析。

1. 经济总量存在一定差距

就 2017 年北京与三大全球城市经济发展总量的比较而言，北京最低，为 4146 亿美元，不足纽约的一半，就人均水平而言，北京只相当于三大全球城市的 1/5～1/3（表 3）。为考虑空间尺度上的可比性，比较的对象应该是纽约都市圈、伦敦都市圈和东京都市圈①，与纽约都市圈相比，2017 年纽约都市圈为 17 177.12 亿美元，是北京的 4.14 倍②。从经济发展趋势来看，北京经济发展还有较大的发展空间，意味着未来很长一段时间内，北京还会保持较高的发展速度。但根据三大全球城市的发展经验，当经济总量达到一定水平后，经济增长速度会有所下降，经济发展的质量会不断提高。

表 3　2017 年纽约、伦敦、东京和北京的经济总量和人均水平比较

指标		纽约	伦敦	东京	北京
经济总量	经济总量/亿美元	9 007	5 535	7 590	4 146
	北京与各城市经济总量的比值/%	46.03	74.91	54.62	100.00
人均水平	人均 GDP/美元	105 840	58 135	71 335	19 095
	北京与各城市人均 GDP 的比值/%	18.04	32.85	26.77	100.00

资料来源：智研咨询集团发布的《2017—2023 年中国共享经济市场深度评估及投资前景评估报告》

2. 产业结构有待进一步高端化

20 世纪 60 年代后，三大全球城市都经历了制造业衰退和经济重组，三大

① 与北京相比，纽约、伦敦、东京的面积较小，仅相当于或小于北京城市中心区的范围，因而考虑到区域可比性，选取纽约都市圈、伦敦都市圈、东京都市圈作为与北京进行对比分析的研究空间单元，面积分别是 21 482 平方公里、12 109 平方公里和 13 562 平方公里。

② 数据来源于美国政府官方网站，经公开数据计算得到，https://www.bea.gov/data/economic-accounts/regional。

全球城市的就业增长向服务业转移，服务业在经济结构中的比重大幅上升，产业结构的服务化和高级化态势明显。与此相比较，北京在90年代也经历了产业结构的快速转变，在90年代中期实现了产业结构由“二、三、一”向“三、二、一”的转型，第三产业在经济结构中的比重快速上升。2017年北京第三产业占GDP比重已达到80%，初步具备全球城市经济结构特征。但未来北京产业结构仍有优化调整的空间，尤其是第三产业内部结构，高级生产性服务业比重明显偏低，距离全球城市标准仍有很大差距。从北京和大伦敦地区的经济结构比较可以看出，21世纪以来，大伦敦地区第一产业比重可以忽略不计，第二产业比重从1998年的14.7%下降至2014年的10.25%，第三产业比重则由85.29%上升至89.75%。大伦敦地区产业结构已趋于稳定，而北京的产业结构调整步伐则相对更快，第一产业比重从1998年的3.2%下降至2014年的0.7%，2014年其第三产业比重仅为77.9%[①]，落后于大伦敦地区1998年的水平。可见，未来北京第三产业发展仍有很大空间，结构调整仍将继续。

3. 金融服务能力需加强

伦敦、纽约、东京作为顶级全球城市的最突出特征是其作为全球金融和服务中心的重要地位。作为近代工业革命的发源地，英国是19世纪的全球经济中心，依赖其庞大的殖民体系和雄厚的工业基础，成就了伦敦的全球金融中心地位。尽管纽约、东京相继崛起成为全球经济中心，伦敦的国际竞争力受到挑战，但伦敦通过快速产业升级和结构重组，实现了工业经济向服务经济的转变，保持着全球金融中心的地位。第二次世界大战后，美国经济实力迅速增长，在全球经济中占有全面优势，纽约作为全球金融、商业、贸易中心的地位得到加强，并发展成为全球最大的货币金融市场和股票市场、跨国商业银行和金融机构的集中地[②]。20世纪80年代，随着日本扩大对外直接投资，尤其是向亚洲国家投资的加快，日本逐步发展了国际导向的跨国经济体系，东京成为控制亚洲经济进而影响全球经济的重要管理中心。随着经济社会的全球化发展，许多日本企业将总部留在东京，增强了东京总部集聚优势，强化了其全球经济控制中心和金融中心的地位[③]。萨森的研究结果显示，生产性服务业，尤其是金融业的集

---

①《北京统计年鉴2015》。

② 袁海琴. 全球化背景下国际大都市的中心发展. 上海：同济大学硕士学位论文，2006.

③ 沈金箴. 东京世界城市的形成发展及其对北京的启示. 经济地理，2003（04）：571-576.

聚与快速增长是伦敦、纽约、东京作为全球城市的重要特征。对全球资本的控制能力，使三大全球城市在全球经济中具有不可替代的地位。

北京作为首都，是中国的金融管理中心，也是资金调控和清算中心，是国内金融监管机构、国有商业银行总部和多数股份制商业银行总部、全国性保险公司总部和资产管理公司总部数量最多的城市。北京具有发展金融业的优势条件，但目前国际化程度仍较低，未来仍需努力寻求从国家金融中心向国际金融中心的转变，北京与三大全球城市的差距显而易见。

4. 国际经济交流水平仍需提高

作为全球城市，伦敦、纽约、东京不仅是全球经济控制中心、信息交换中心，同时也是国际经济交流中心。三大全球城市都具有连接全球的重要国际空港和港口。纽约有三个国际机场，分别为纽约约翰·菲茨杰拉德·肯尼迪国际机场、纽瓦克自由国际机场和拉瓜迪亚机场。伦敦的航空运输也十分发达，有希思罗国际机场和盖特威克机场，希思罗国际机场位于伦敦西郊，是欧洲客运量最大的机场。伦敦港是英国最大的港口，也是世界著名的港口之一，包括皇家码头区、印度和米尔沃尔码头区、蒂尔伯里码头区共三个商用码头。长期以来，伦敦一直是全球最大的航运市场，全球所有的主要航运、造船和租船公司都在此设立代表机构。

2018 年北京首都国际机场的旅客吞吐量超过 1 亿人次，成为世界第二个旅客吞吐量超过 1 亿人次的世界第二大机场，加之 2019 年内北京大兴国际机场将建成，两大机场的运力将超过大多数国际城市的水平。但北京不临海，缺乏水运港口，会对建设全球中心城市形成一定的制约。

国际经济交流中心的地位也体现在国际交往活动上，如承办大型国际赛事、举办国际会议、成为重要国际旅游目的地等，北京在成功举办奥运会后，国际交往活动日益频繁，国际声望和地位有很大提升，北京作为中国首都在国际政治中的地位也在上升。但是，全球城市在国际交流，尤其是国际政治的影响力往往更直接地反映在其拥有国际组织的数量上，如纽约是世界上最大的国际组织——联合国总部的所在地，此外还是联合国开发计划署、联合国儿童基金会等国际组织的总部所在地。东京也拥有 12 个联合国机构，伦敦也是许多国际组织总部所在地[①]。在此方面，北京与三大全球城市的差距明显，还有很大的提

① 刘玉芳. 北京与国际城市的比较研究. 城市发展研究，2008（02）：104-110.

升空间。

（三）全球城市发展路径与经验对北京发展的借鉴和启示

纽约、伦敦、东京在产业转型升级、大都市区空间结构、人口发展与布局、生态环境可持续发展方面都有各自的发展路径及其可借鉴的经验。

1. 城市定位和创新引领下的产业转型升级，是进入后工业化阶段全球城市发展的典型特征

在全球城市中，无论是伦敦、纽约，还是东京都经历了城市定位变化，并伴随着以制造业为主的产业结构向以服务业，尤其是生产性服务业为主的产业结构转型升级过程，创新引领是后工业化阶段产业结构转型的基本特征。

第二次世界大战后，伦敦制造业就业人数急剧下降，仅1961～1988年就减少了100万人。同样，20世纪70年代和80年代，纽约进入制造业衰退的高峰期，1965年纽约制造业就业人口接近就业总人口的1/4，而到1988年时已低于就业总人口的1/10。70年代，由于石油危机、美日贸易摩擦和日元升值等因素，东京的制造业发展也逐渐趋缓。制造业衰退为服务业成长提供了发展空间，特别是随着80年代后信息技术革命和经济全球化进程的加速，三大全球城市的就业增长向服务业转移，服务业在经济中的比重大幅上升，尤其是金融保险业、信息服务业、商务服务业等生产性服务业快速集聚，使三大全球城市稳居全球服务中心的地位。当然，产业结构的服务化并不意味着制造业的完全退出，一些技术与艺术水平高、创新能力强、高附加值的制造业仍然占有一定地位，如纽约的服装业、东京的都市型工业和大伦敦地区的通信技术等高新技术产业等。

2. 多中心、网络化发展是全球城市区域空间发展的主要方向，也成为解决“大城市病”问题的一剂良方

城市发展规律表明，如同经济增长总是伴随经济结构的升级，城市空间扩张往往也伴随空间结构的优化和调整，即从单中心结构向多中心结构转变。主要的全球城市区域，如伦敦都市圈、纽约都市圈、东京都市圈等，都经历了城市功能升级以及由单中心扩张向多中心、网络化发展模式的转变。城市空间结

构向多中心网络化发展是全球城市区域空间发展与布局的特点。以日本首都圈为例，其空间形态经历了由“一极集中”向“多核多圈层”结构的转变。日本首都圈是通过规划的方式引导城市的产业升级与布局调整的成功典范。其先后编制的五次规划对日本首都圈空间结构和功能格局的形成起到了重要的引导作用，从第三次规划开始致力于发展多极构造的广域都市复合体，形成多核多圈型的地域结构，第五次规划再次强调了建立区域多中心城市的“分散型网络结构”空间格局，并不断推进东京都功能转移，通过分工协作增强区域发展能力。就东京都市圈而言，致力于发展相对自立的都市圈、业务核心城市来实现东京都市圈内的多中心、网络化发展。

大都市区的多中心网络化发展有助于全球城市解决与缓解“大城市病”。“大城市病”是指一个城市因规模过大而出现的人口拥挤、住房紧张、交通堵塞、环境污染等问题。城市功能布局过度集中在大城市中心城区，呈现单中心集聚的“过密”现象，是产生“大城市病”的根本原因。多中心、网络化的城市空间结构是特大城市治理交通拥堵、环境污染、房价高涨等“大城市病”的首要选择，伦敦、纽约、东京等全球城市都有各自的实践。例如，伦敦于 20 世纪 40 年代起为解决人口过于密集问题，通过新城建设运动、建设具有“反磁力吸引中心”作用的外围新城等疏散中心区工业和人口。纽约为解决快速城市化过程中出现的“大城市病”，在其周边建设一系列城市次中心或卫星城镇，来摆脱单中心集聚，实现多中心发展。东京都市圈更是通过打造“中心区-副中心-业务核心”的多中心多圈层结构，来避免单中心集聚，以缓解“大城市病”。全球城市这些多中心发展的措施对于解决由单中心集聚而导致的“大城市病”问题起到了一定作用。

3. 人口发展具有阶段性，长远而整体的政策规划有利于引导人口合理分布

全球城市人口发展大都经历了人口规模快速增长到趋于稳定甚至衰退的过程，人口的分布也呈现由集中在中心城区，逐步分散到郊区的过程，甚至出现逆城市化过程。伦敦人口发展经历了城市化、郊区化、逆城市化和再城市化的阶段，不同阶段面临不同的问题，政府综合运用法律、规划和政策措施引导人口合理布局。伦敦政府制定了《绿带法》，引导城市人口向郊区转移；改变原同心圆封闭布局的规划模式，建设快速干线疏散人口，并利用政策支持新城发展，

推动郊区化进程；为防止内城的衰落，关注伦敦的内城改造；发展金融服务业，吸引高端劳动力和资金向伦敦集中。东京都的人口在第二次世界大战后大致经历了恢复性增长、快速增长、人口稳定和缓慢增长四个阶段，20 世纪 90 年代后期的缓慢增长一直持续至今。根据 2015 年 2 月发布的《创造未来——东京都长期展望》，东京都人口还可以持续增长到 2025 年，届时预计达到 1398 万人，之后将转入人口减少阶段，并且到 2045 年东京都年龄超过 65 岁的老龄人口占比预计将高达 31.3%。为适应这些变化，东京都通过规划建设低碳、安全、集约、智慧的可持续都市，致力于实现东京都成为全球第一城市与市民生活城市的发展目标。

4. 生态环境可持续发展成为全球城市的核心发展理念和主要目标

随着城市化进程的加速，越来越多的超大城市出现了难以控制的生态环境问题，这些问题严重制约着大城市的可持续发展。伦敦、纽约、东京等全球城市在发展过程中，也在不同程度上遇到了生态破坏、环境污染等问题，其中伦敦曾经是世界上污染最严重的城市之一，因此，这些全球城市逐步意识到生态建设和环境保护的重要性，努力通过立法、管理与创新技术、优化城市能源消费结构、宣传教育促进公众参与等手段促进生态建设改善城市环境质量。由于采取了综合治理措施，至 20 世纪 90 年代初，伦敦空气质量已经达标。特别是进入 21 世纪，国际上对理想城市的认知已发生变化，幸福、宜居、绿色、低碳成为国际化大都市发展的新理念。21 世纪伦敦环境保护的战略目标是通过改善环境和基础设施等，使其成为世界可持续发展的示范性城市。伦敦于 2015 年 3 月发布了最新版的《伦敦规划——伦敦空间发展战略》，提出要使伦敦达到最高环境标准和生活质量，并引领世界应对 21 世纪城市挑战，特别是气候变化的挑战，成为低碳节能的世界级环保城市。纽约制定了《纽约规划——一个强大而公正的城市》，针对城市土地、水、空气质量、气候变化、能源等发展问题，提出了一系列的解决措施和办法。2015 年 2 月发布的《创造未来——东京都长期展望》中提出，在生态环境建设领域引领世界走向高能效，到 2030 年能量消耗降低 30%，并建设绿色城市。三大全球城市都将应对气候变化和生态环境可持续发展确定为城市未来发展的核心理念和重要目标。

三、国际大都市发展规划及其愿景

确定首都城市发展愿景，需要站在全球视野上，深入了解对标城市（纽约、伦敦、东京三大全球城市）的发展规划或展望。近年来，纽约、伦敦、东京三大全球城市先后发布了各自的城市发展规划或展望（表 4），可以为我们探索和确定北京未来发展方向以及明确北京在顶级全球城市中的历史方位提供参考。

表 4　纽约、伦敦、东京三大全球城市的发展规划或展望

城市	规划年份	总体目标	具体目标
纽约	2015～2050 年	一个强大而公正的纽约	①增长和繁荣的城市； ②公正和公平的城市； ③可持续的城市； ④有弹性的城市
伦敦	2011～2036 年	顶级全球城市	①有效应对经济和人口增长挑战的城市； ②国际竞争力强、成功的城市； ③拥有多样、强大、保障和便捷可达的街区的城市； ④让人愉悦的城市； ⑤低碳节能的世界级环保城市； ⑥轻松、安全、方便，所有人能找到工作、机会和设施的城市
东京	2015～2030 年	世界第一城市	①举办史上最佳的奥运会和残奥会； ②实现东京的可持续发展

数据来源：Mayor de Blasio Releases One New York: The Plan for a Strong and Just City. http://www1.nyc.gov/office-of-the-mayor/news/257-15/mayor-de-blasio-releases-one-new-york-plan-strong-just-city/#/0[2018-12-10]；The London Plan — The Spatial Development Strategy for London Consolidated with Alterations since 2011. https://www.london.gov.uk/what-we-do/planning[2018-12-10]；Creating the future — The Long-term Vision for Tokyo. https://www.seisakukikaku.metro.tokyo.jp/tokyo_vision/vision_index/index.html [2018-12-10]

（一）纽约

在纽约经济整体繁荣的背后，居住成本持续升高，收入不平衡日益加剧，贫困人口和无家可归的人员数量仍然居高不下，道路、地铁、下水道和桥梁等城市核心基础设施正在不断老化，保障性住房供不应求，清洁空气和水源仍然没有实现。为此，纽约市政府于 2015 年 4 月发布了名为《纽约规划——一个强大而公正的城市》的规划，旨在到 2050 年，建设“一个强大而公正的纽约”。具体提出以下四个城市愿景。

（1）增长和繁荣的城市。纽约将继续作为世界最有活力的经济体，成为全球经济的领导者，提供高品质、多元化的就业。规划指出，GDP 增长要高于全国平均水平，家庭收入中位数在 5.2 万美元基础上有所增加，就业岗位由 416.6 万个增至 498.6 万个，创新产业就业岗位比重由 15%增至 20%等。

（2）公正和公平的城市。纽约将拥有一个包容的、公平的经济，提供高收入的工作并为所有人提供拥有尊严和有保障生活的机会。具体量化指标包括由当前 370 万处于或接近贫困线的市民到 2025 年有 80 万人脱离贫困，婴儿死亡率由 0.46%降至 0.37%等。

（3）可持续的城市。纽约将是世界上最可持续的大城市和应对气候变化方面的全球领导者。具体量化指标包括废弃物排放总量减少 90%，温室气体排放量减少 80%，实现城市垃圾“零填埋”目标，空气质量在美国主要城市中的排名由第四名上升至第一名，$PM_{2.5}$ 浓度到 2030 年减少 20%等。

（4）有弹性的城市。纽约将通过增强社区、社会和经济的弹性，使每个街区更加安全，以应对气候变化的影响和 21 世纪的其他威胁。具体量化指标包括社区可达的紧急避难所人口容量增至 12 万人，市民志愿者人数比例增至 25%，海防工程岸线总长度增加，滨海生态系统修复面积增加等。

（二）伦敦

伦敦于 2015 年 3 月发布了最新版的《伦敦规划——伦敦空间发展战略》，以大伦敦（Greater London）为规划对象，2036 年建设成为一个“顶级全球城市”，为其公民和企业增加更多的发展机会，达到最高环境标准和生活质量，并引领世界应对 21 世纪城市的挑战，特别是气候变化的挑战，成为全球城市领军者。规划提出将伦敦打造成以下六个城市分目标：①有效应对经济和人口增长挑战的城市；②国际竞争力强、成功的城市；③拥有多样、强大、保障和便捷可达的街区的城市；④让人愉悦的城市；⑤低碳节能的世界级环保城市；⑥轻松、安全、方便，所有人能找到工作、机会和设施的城市。

为此，《伦敦规划——伦敦空间发展战略》在城市空间布局、人口、经济、应对气候变化四大领域提出了具体的战略方针（表 5）。

表 5 《伦敦规划——伦敦空间发展战略》的领域与战略方针

领域	战略方针
城市空间布局	①确保伦敦保留并扩展其全球业务，形成全球的创新、教育、研究、文化和艺术发展中心；确保伦敦在英国城市网络中发挥独特作用，支持欧洲和英国的经济、环境和社会发展，进而成长为卓越的全球城市。 ②伦敦都市圈将加强区域内合作，推动地方当局和机构就英格兰东部和东南部的安全可持续发展管理展开充分协商。 ③利益相关者应制定最有效的跨界工作安排和分组，并监测实施计划，以解决次区域的基础结构等问题。 ④提高外伦敦的生活质量；通过因地制宜的开发框架壮大地方经济，改善交通条件。 ⑤改善内伦敦独特的环境、社区和公共领域，确保合适的工作空间，改善生活质量。 ⑥在伦敦的中央活动区（CAZ）推行全球战略，支持不同区域的融合与交流，形成世界上最具吸引力和竞争力的商业核心之一
人口	①保护和加强满足特定群体和社区需要的设施与服务。 ②政府将与伦敦行政区的志愿和社区部门合作，减少健康不平等现象，改善所有伦敦人的健康状况。 ③建设更多的住房，以负担得起的价格，满足伦敦居民的住房需求。目标是在 2015～2025 年，整个伦敦都市圈共新建 423 887 套住房。 ④制定住房发展规划时应根据预期儿童人口予以评估；出台补充规划为儿童和年轻人的娱乐与非正式娱乐提供指导。 ⑤政府将和市镇、相关机构寻求合作，实现最大化的保障性住房供应，确保伦敦平均每年有至少 17 000 套保障性住房。其中，60%的保障性住房供给应以社会可承受的租金出租，40%的保障性住房收取中等租金或进行销售
经济	①促进经济的持续发展和日益多样化，保证合适的工作空间类型、规模和成本，为中小企业、志愿和社区部门提供配套的基础设施与环境支持。 ②释放过剩的工业用地指标，并在适当的位置提供社会基础设施，包括废物管理设施、交通设施、物流和批发市场，为城市中心的复兴做出贡献。 ③支持伦敦的旅游经济，促进其增长，充分考虑游客的商业和休闲需求，改善旅游产品的供应范围和质量。在 2036 年之前，努力增加 40 000 个酒店房间，其中至少应有 10%配有轮椅。 ④支持创新和研究，大力推广伦敦作为研究地点，鼓励在首都经济发展中应用研究成果。 ⑤与战略合作伙伴（主要是伦敦企业伙伴关系）合作，改善伦敦人的就业机会，消除就业障碍，解决低参与劳动力市场的问题
应对气候变化	①到 2025 年，伦敦的二氧化碳排放量减少 60%（低于 1990 年的水平）。预计大伦敦管理局、伦敦行政区和其他组织将为实现这一战略目标做出贡献。 ②明确各类建筑的二氧化碳减排目标，提高在国家建筑法规中所列的目标排放率（TER）。 ③到 2024 年，伦敦 25%的热量和电力通过局部分散能源系统生成。 ④到 2030 年，中央活动区的面积增加至少 50%，到 2050 年进一步增加。 ⑤到 2026 年，实现零生物降解和可循环废物处理

（三）东京

2015年2月，《创造未来——东京都长期展望》发布，目标年为2030年。规划中提出了东京都发展的战略总目标：让东京都成为“世界第一城市，即能为居民提供最大幸福的城市”，能使人感到“出生在东京，生活在东京，在东京度过晚年十分幸福”，并在社会福利、经济活力、城市基础设施、艺术文化振兴等各方面超过伦敦、纽约、巴黎等城市。

为实现以上目标，需达到的具体目标及相关战略主要有两个层面：一是举办史上最佳的奥运会和残奥会；二是实现东京的可持续发展（表6）。

表6 《创造未来——东京都长期展望》的具体内容

愿景	维度	量化指标
举办史上最佳的奥运会和残奥会	奥运会赛事筹备	2020年完成奥运场馆和主要观光景点周边的无障碍设计；2023年基本完成日客流量10万人次以上的78个国营和私营铁路站点的屏蔽门安装，确保国际游客的舒适和安全；2019年完成安装约100个行人电子标牌；2020年全部14家都立医院提供多语种医疗服务
	先进的基础设施	完善首都圈及周边地区的道路交通基础设施。从新宿到羽田国际机场所需时间从40分钟缩短至20分钟；从关越高速到东名高速所需时间从60分钟缩短至12分钟；羽田国际机场全年起降航班从44.7万架次增至约49万架次；自行车道总长度达到264公里
	独有的待客之道	东京人志愿活动参与率从24.6%增至40%；城市志愿者人数达到10 000人，旅游业志愿者人数达到3000人；年入境游客总量从681万人次增至1800万人次；举办国际会议数量从228场增至330场
	公共安全保障	确保高等级的抗灾能力，学校、医院等城市建筑100%完成抗震加固；95%以上住宅完成抗震加固；2020年所有住房和工作场所储备应急食物；保护居民不受犯罪和其他危险的侵害，1296所公立小学学区路线覆盖监控摄像头；登记注册的预防犯罪志愿者团体从约600个增至900个
实现东京的可持续发展	引领世界走向高能效	到2030年，能量消耗降低30%
	扩大可再生能源使用	到2024年，可再生电能的使用比重由2012年的6%增至20%，光伏太阳能发电达到1000兆瓦
	建立氢能社会	到2020年，燃料电池汽车达到6000辆，燃料电池公交车超过100辆，氢能站35个，家用燃料电池15万块
	绿色、天蓝与水秀城市	城市拥有公园和绿地等丰富的绿色环境、保护稀有动植物的栖息地、保持洁净的滨水环境和良好的空气质量，到2023年$PM_{2.5}$实现100%达标

四、面向建设全球中心城市的若干战略

北京到 2050 年将建设成为宜居城市和全球中心城市，笔者认为应该将提质增效、创新引领、民生优先、绿色生存、空间优化作为最为优先的五大发展战略。

（一）提质增效战略——着力打造高质量发展典范

2017 年北京人均 GDP 折合美元为 1.9 万，只相当于对标城市（纽约、伦敦、东京等全球城市）的 1/5～1/3，为实现到 2050 年成为全球中心城市的目标，人均 GDP 水平至少要增加到对标城市当前的人均 GDP 水平，因此在相当长的时期保持经济中速增长是必需的。但这个增长只能在不增地、不增人的前提下实现，提质增效就成为北京经济发展的必然选择，这也将是北京经济高质量发展的基本保证。减量发展归根结底就是高质量发展。需要继续优化调整产业结构，在加大服务业发展上下功夫，需要通过疏解中心城区部分城市功能到远郊区各个新城和科技园区等实现产业空间布局的优化，一方面振兴远郊区经济，支撑北京经济可持续发展，另一方面缓解中心城区压力，从而更好地发挥其首都功能。

首都减量发展是系统性、全局性、前瞻性的战略工程，是以“减”求“进”、谋定后动的智慧方略。减量发展涉及北京经济城市发展的方方面面，包括结构升级、业态疏解、功能转型、空间重构、产业匹配等多个维度①。产业结构转型升级是高质量发展的重要保证，北京服务业占 GDP 比重已经超过 80%，但仍有优化调整的空间，尤其是第三产业内部结构。考虑到北京未来的发展目标是全球中心城市，因此一定要强调生产性服务业，特别是金融服务业和科技服务业的发展与质量提升。通过产业疏解实现空间重构是高质量发展的重要支撑。北京为解决“大城市病”问题，需要疏解部分城市功能，尤其是中心城区的城市功能，但为了保持经济平稳增长，对于部分重要的高端服务业不是不发展而是易地加快发展。以金融业为例，该行业是北京增加值所占比重最高的行业，也是最具国内外竞争力的行业，因此必须保持稳定发展。但由于目前北京的金融集聚区主要在海淀区的金融街和朝阳区的中央商务区，金融集聚区作为发展金融产业和创新金融业态的核心地域，是北京要着力打造的重点区域，但从首

① 李国平. 2019 京津冀协同发展报告. 北京：科学出版社，2019：18-19.

都减量发展的大局出发，对金融集聚区的发展建设，也要主动出击，积极引导金融溢出，在中心城区以外的区域（包括北京城市副中心运河商务区等）建立北京新的金融集聚区。科技服务业也是北京具有优势和未来抢占全球产业竞争制高点的重要行业。科技服务业目前主要集中在海淀、朝阳和西城等中心城区，在中心城区的减量发展要与非中心城区的增量发展紧密结合，特别是将在中心城区高度密集的科技服务业转移到远郊区，如科技研发产业加速向昌平未来科学城、怀柔科学城以及亦庄、顺义、房山等区域转移；北京的设计业基础好、水平高、竞争力强，但高度集中在西城和海淀，因此应该加速向外围疏解转移，结合北京城市副中心建设，在通州台湖形成"设计之都"新平台。

（二）创新引领战略——着力打造科技创新枢纽城市

党的十九大报告指出，创新是引领发展的第一动力，是建设现代化经济体系的战略支撑；坚定不移贯彻新发展理念，坚决端正发展观念、转变发展方式，发展质量和效益不断提升；要瞄准世界科技前沿，强化基础研究，实现前瞻性基础研究、引领性原创成果重大突破。上述均是作为全国科技创新中心的北京义不容辞的责任。《京津冀协同发展规划纲要》要求京津冀地区要成为全国创新驱动经济增长新引擎，并打造协同创新共同体。《北京城市总体规划（2016年—2035年）》提出，北京将建设全国科技创新中心，到2020年初步建成具有全球影响力的科技创新中心；到2035年成为全球创新网络的中坚力量和引领世界创新的新引擎；到2050年成为世界主要科学中心和科技创新高地。此外，还提出以"三城一区"（即聚焦中关村科学城，突破怀柔科学城，搞活未来科学城，创新型产业集群和"中国制造 2025"创新引领示范区）为主平台，优化科技创新布局。

按照北京建设全国科技创新中心的定位及其要求，特别是实现到2035年成为全球创新网络的中坚力量这一目标，必须使北京在全球创新网络中占据重要位置，必须成为全球创新枢纽城市。科技创新枢纽城市是指在国际或区域的科技创新网络体系中，一个城市的科技创新体系应具备科技资源凝聚力、科技要素整合力、科技创新辐射力、科技能力协同力，具有不可替代的国际或区域的科技创新节点。科技创新枢纽城市具有枢纽性、创新驱动性、流动性和开放性等特点。北京建立科技创新枢纽城市是对其在世界、国家科技体系构建中的功能定位。

1. 北京打造科技创新枢纽城市的基础与机遇

北京打造科技创新枢纽城市具备良好的基础与机遇，一是改革开放四十年来，中国奠定了坚实的经济基础，成为举世公认的推动世界经济发展的引擎，作为中国首都，建设科技创新枢纽城市是北京面临的前所未有的历史机遇；二是北京是全国高端科技人才最密集的地区，科技人员总量位居全国前列，科技成果丰硕；三是北京打造的科技创新枢纽是国际科技创新网络系统中的子系统，两者关系密切，北京作为一个节点，人才流、技术流作为主导流带动资金流、信息流、物资流在北京聚集、转化与辐射。

2. 北京打造科技创新枢纽城市存在的问题

北京也存在制约建设科技创新枢纽城市的一些问题，一是亟待统筹推进，需要市政府主管部门、行政单位乃至中央部委的支持和协调；二是北京作为全球科技创新枢纽网络的节点，科技创新成果水平距离国际高水平仍有差距；三是科技成果产业化有待提升；四是创新链、产业链、功能链等融合不够充分。

3. 北京打造科技创新枢纽城市的若干对策

第一，对北京科技创新枢纽城市进行战略定位。北京打造科技创新枢纽城市应以科技创新资源的集聚力、科技创新要素的整合力、科技创新成果的辐射力、科技创新能力的协同力这四大能力展开。构建科技创新驱动发展新格局，建立资源共享、优势互补、分工协作的区域创新体系，强化首都全国科技创新中心的地位和作用，打造具有主动权的国际科技发展极。

第二，构建“三城两翼一区”协同创新模式，优化科技创新功能布局。“三城”包括中关村科学城、怀柔科学城和未来科学城；“两翼”即北京城市副中心和雄安新区；“一区”则为创新型产业集群和“中国制造 2025”创新引领示范区。“三城”科技创新资源丰富，创新条件优厚，应聚焦中关村科学城，突破怀柔科学城，搞活未来科学城，发挥创新策源地的溢出和带动作用，成为科技创新枢纽城市的核心和引领者。“两翼”为首都科技创新功能的拓展地，其中北京城市副中心重点拓展首都科技创新核心功能，通过“同城化”模式，在北京市域内优化科技创新资源的布局，成为北京建设全国科技创新中心的有效支撑；雄安新区则面向整个京津冀区域，以“一体化”模式，建设独立的科技创新城市，从而辐射带动整个京津冀地区的创新发展。“一区”重在科技成果产业化和打造创新型产业集群[①]。

第三，持续提升科技创新枢纽的集聚力、整合力、辐射力与协同力。一是建立科技创新枢纽平台。科技创新枢纽平台包括道路交通设施、航空港、信息通信设施等基础平台，资本市场、技术市场、人才市场、成果转化市场、标准评估市场等在内的操作平台，以及大型科研仪器设备共享平台、创业投资合作平台、知识产权信息共享与交易平台等在内的服务平台。二是完善科技创新枢纽的机制。继续完善科技创新投入、资源共享、人才吸引、技术转移、考核评估科技创新机制。三是提升科技创新枢纽的功能。强化科技创新枢纽资源的整合、集聚、辐射与协同能力，加大与国内重点区域、城市圈、城市带的科技合作，强化资源集聚和有效利用，在更大范围内推动科技成果的转移和产业化，辐射带动全国甚至全球科技创新的发展。

第四，营造科技创新枢纽的城市文化氛围。一是提高公众科技创新素养，培养公众，特别是青少年的创新意识和实践能力；二是弘扬北京科技创新文化，逐步形成鼓励创新、宽容失败的文化氛围，树立科技创新中心特有的文化价值观，塑造和提升城市科技创新精神。

（三）民生优先战略——着力解决发展不平衡问题

党的十九大报告提出要坚持以人民为中心。改善居民生产生活条件，满足居民日益增长的对美好生活的需求，自然是作为首善之区的大国首都优先发展的重大战略。北京作为首都和超大城市，经济基础好，城市化水平高，基础设施较完善，但公共服务资源供给能力，尤其是优质公共服务资源供给能力不足、发展水平不高及布局不合理问题仍然存在；尽管北京是我国省级行政区中内部区域之间和城乡之间差别较小的地区之一，但差别仍然存在，需要北京在解决发展不充分的过程中着力解决发展的不平衡问题。

首都北京必须将民生优先作为重大发展战略，在城市发展过程中，必须将原有的效率优先兼顾公平转向公平优先兼顾效率。从国际大都市未来发展规划或愿景中也能看到，这些国际大都市都将公正公平，以及解决贫富差异和城乡差异作为最重要的政策支点。面向未来，笔者认为首都必须毫不动摇地坚持以均衡发展为核心理念，实现社会公共服务的优质化和均等化，不断缩小城乡和区域差距，全面提升社会发展软实力。

---

① 李国平. 2019 京津冀协同发展报告. 北京：科学出版社，2019：18.

1. 提高居民收入水平，缩小城乡间、阶层间的收入差距

相对于经济增长速度，北京城乡居民收入的增长速度仍然比较缓慢，城乡收入差距不断扩大，因而需努力提高居民收入水平，缩小城乡间、阶层间的收入差距。需要建立和不断完善最低工资制度，并建立起全行业的工资增长机制，全面提升人均收入水平，确保人均收入增速不低于 GDP 增速；增加就业机会和调整就业结构，确保失业率始终保持在较低水平；提高社会保险、城乡居民最低生活保障标准。提高企业普通职工、一线职工、中低收入阶层、离退休人员等社会群体的收入水平，逐步缩小阶层间的收入差距；通过农村土地制度的改革完善，增强农民从土地上获取收入的能力，将提升农民收入，特别是财产性收入作为工作重点，切实提升农民收入水平，以缩小城乡居民的收入差距。

2. 实现公共服务优质化

积极引导社会力量以兴办实体等形式举办高规格、高质量的公共活动，加快现代科技在公共服务领域的应用，提高公共事业的信息化和网络化水平，提供高质量、高水平的公共服务。要推进教育的现代化和国际化，促进医疗服务的高质化发展，提升文化软实力及国际影响力。

3. 推进基本公共服务均等化

为城乡居民提供机会均等、水平大致相当的基本公共服务。积极推进基本公共服务的均等化发展，逐步消除城乡、区域、阶层间的差别，保障居民都享有一定标准之上的基本公共服务。推进教育的均等化发展，构建覆盖城乡，布局合理的学前教育、义务教育、职业教育等公共服务体系，优化城乡优质教育资源配置，促进城乡教育质量整体水平的提升。促进医疗服务的均等化发展，完善农村医疗服务体系，建立健全农村三级医疗卫生服务网络，推进城区的优质医疗资源向郊区扩展，实现北京不同地区之间基本医疗服务的“均等化”。推动社会保障的均等化发展，促进城乡养老保险一体化，促进城乡医疗保险一体化，促进城乡社会救助一体化，整合社会福利政策和资源，基本实现普惠性社会福利体系。强化文化服务的均等化发展，保障城乡居民都能享受到更高水平的公共文化服务。

（四）绿色生存战略——着力建设宜居城市

建成国际一流的和谐宜居之都是北京到 2050 年最为重要的发展目标，也是首都发展质量的最重要标准。改革开放四十年来，北京经济社会发展取得了巨

大的进步，已经迈入后工业化发达经济阶段。然而，过度追求发展速度忽视发展质量、重视经济建设忽视生态建设、追求效率优先等，使得北京出现了比较严重的“大城市病”问题，特别是环境污染问题直接困扰着城市发展和市民的生产生活。京津冀协同发展战略实施以来，北京的环境污染防治工作成效显著，2018 年 $PM_{2.5}$ 浓度为 51 微克/米^3，2018 年比 2013 年下降 42.7%，但 $PM_{2.5}$ 浓度超过国家标准（35 微克/米^3）46%[①]，近年来以雾霾等大气污染为代表的环境问题仍然是北京在建设和谐宜居之都过程中最棘手的问题。因此，必须要确立绿色生存战略，继续加大节能减排力度，推动自身以及与周边地区的生态环境协同治理，重点推进以下几个方面的工作。

一是要在控制能源消费总量、优化能源结构的同时，拓展节能减排的广度和深度。通过产业结构调整，减少能源消耗；通过优化能源结构，提升新能源和可再生能源占能源消费总量比重，减少碳排放。拓展节能的广度，节能减排工作的重点不应仅局限于工业节能，而应涵盖节能的所有领域，对于北京而言，生活节能和服务业节能更为重要。相比于其他城市，北京的节能标准和水平都较高，但还有潜在的空间，要加大节能减排的深度，特别是需要制定更加有利于节能减排的税收和财政政策，包括能源或与能源有关的二氧化碳税、污染罚款、公共效益收费等方面的税费政策，以及赠款和补贴、补贴审计、贷款（包括公共贷款和创新基金）、特殊技术的税费减免等财政政策。

二是要加大节水力度，控制用水总量和治理水环境污染。坚持量水发展理念，“以水定人、以水定产、以水定城”，执行最严格的水资源利用标准，加大各个行业，尤其是生活节水力度。加强水资源开发利用控制红线管理，严格实行用水总量控制。建立用水总量控制、用水效率控制和水功能区限制纳污控制“三条红线”管理制度，以及水资源管理责任和考核制度。严格地下水管理和保护，禁止严重超采区新增各类取水，逐步削减超采量，提升地下水位。严格控制排污总量，严格水功能区监督管理，加强水功能区和区界水质水量监测；开展点源污染治理，依法取缔超标入河湖排污口；推广清洁生产，防止面源污染。

三是要推动自身以及与周边地区的大气环境污染协同治理。就北京自身而言，通过煤改气、煤改电等方式，推进各类燃煤设施和农村地区散煤采暖的清洁能源改造，控制燃煤污染物排放；通过增加公共交通出行比例，控制机动车总量并减少出行量，发展新能源汽车，提高新车排放标准和车用油品标准等实

① 2018 年 1 月 4 日上午，北京市环境保护局新闻发布会（北京市环境监测中心副主任刘保献的汇报内容）。

现交通领域的节能减排；通过技术升级和管理提升等途径，削减工业污染排放总量；强化民众节能减排意识和养成低碳生活习惯，实现生活减排。就区域而言，推进京津冀三地以及周边地区跨区域的责任共担、利益共享、协商统筹等大气污染联防联控机制。制定配套的法规、规章、环境标准等细化大气污染防治的相关规则，建立跨区域大气污染数据共享、信息通报联防联动机制；拓展区域联防联控的适用范围；明确各地相应机构的职责，并赋予其相对独立的权利；建立奖惩机制和问责制度，以此促进联防联控工作的顺利执行。

四是要大幅扩大绿色空间，加强生态建设力度。结合中心城区疏解计划对城市建成区进行整治，腾退空间以加大“留白增绿”的面积和比例，增加公园绿地和小微绿地的面积。建成区外围重点建设好第一道绿化隔离地区城市公园和第二道绿化隔离地区郊野公园环，增强绿地生态功能和休闲服务功能。加大生态涵养发展区生态建设投入力度，携手京津冀，共同推动环首都森林湿地和国家公园建设，共建绿色生态空间。

（五）空间优化战略——着力推进多中心网络化发展

作为大国首都，北京应立足发展实际，突出特色，打造在政治、科技、文化、社会、生态等方面具有广泛和重要国际影响力的全球中心城市，即以大国首都为特色的全球中心城市。作为超大城市的北京，避免单中心集聚，发展多中心网络化大都市是优化城市空间结构的重要战略[①]。为此，需要打造“一核一主一副、两轴多点一区”的空间格局，处理好“都”与“城”的关系，推动城市空间向多中心、网络化发展，加强产业布局与人口分布的协调，提高“四个中心”的服务能力和水平，进一步强化作为北京核心功能的政治功能，将北京建设成为国际一流的和谐宜居之都。

1. 打造“一核一主一副、两轴多点一区”格局，深化“一核两翼”差异化功能布局

新中国成立以来，特别是改革开放以来，作为首都的北京一方面在履行政治核心功能方面取得了巨大的成绩，为国家发展做出了贡献；另一方面也发展成为具有综合和强大的城市经济功能，且人口达 2170 万人的超大城市。《北京城市总体规划（2016 年—2035 年）》要求形成“一核一主一副、两轴多点一区”

---

① 李国平，杨军，等. 网络化大都市——杭州市域空间发展新战略. 北京：中国建筑工业出版社，2009：66-86.

的空间格局。

打造“一核一主一副、两轴多点一区”的空间格局，将有助于北京空间结构的优化。同时，考虑到作为北京非首都功能集中承载地的雄安新区和北京城市副中心共同构成北京发展的“新两翼”,北京的多中心发展必须包含雄安新区。北京城市副中心和雄安新区作为“新两翼”，主要是起到疏解承接非首都功能和扩展首都功能的作用，其发展重在处理好“一核两翼”的关系。北京城市副中心作为“一核两翼”中北京市域内的“一翼”，是北京疏解中心城区人口，特别是核心区人口，实现由单中心空间结构向多中心空间结构转变，推动首都空间科学发展，进而解决交通拥挤、环境污染等“大城市病”问题的重要举措[①]。城市副中心是城市核心区以外城市经济流的高效集聚区，是城市新兴服务业的集中分布区，是城市人口和生产要素向外扩散过程中的新节点，是城市空间结构分散化过程中城市核心区的外延部分。在功能内涵上，既是对核心区主要功能的有力补充，又具备自身主导的功能特色；在等级规模上，是仅次于城市核心区的综合性城市区域。北京城市副中心定位于国际一流和谐宜居之都示范区、京津冀区域协同发展示范区、新型城镇化示范区，应坚持高端化和高效化，按照绿色、宜居、人文、智慧的要求，建设成为服务首都和承接首都城市功能的重要空间载体，并将着力发展公共行政、商务服务、文化旅游和科技创新四大功能。

雄安新区作为“一核两翼”中北京市域外的“一翼”，要重点打造北京非首都功能疏解集中承载地，培育创新驱动发展新引擎，规划建设一座以新发展理念引领的现代新型城区。一方面，通过承接部分事业性服务机构和企业总部以及部分教育、医疗、培训机构等社会服务功能，助力北京中心城区，特别是“一核”发挥好首都核心功能；另一方面，通过汇聚创新要素，培育自身创新驱动发展能力，建设创新新区（城市），成为京津冀世界级城市群中的一个枢纽城市或节点城市。“一核两翼”是一个整体，因此应加强协同互动，形成差别化定位与分工合作错位发展的新格局，共同着力提升优化首都功能，并以此为基础，加速将北京建设成为国际一流的和谐宜居之都[②]。

2. 在空间上处理好“都”和“城”的关系

“都”和“城”，一方面可理解为政治功能和城市功能；另一方面可理解为

---

① 李国平. 空间结构是影响城市发展的重要因素. 北京日报，2017-08-28.

② 李国平. 加强“一核两翼”协同发展. 北京日报，2017-07-31.

主要承接政治功能的特定空间（即包括东城和西城在内的首都功能核心区）和主要承载城市功能的特定空间（即北京全市域）。

强化政治功能的核心地位毋庸置疑，城市功能也是综合性首都不可或缺的重要功能，但其规模和结构必须服从于政治功能。在空间安排上，优先保障政治功能，加大力气疏解非首都功能，特别是“一核”的非首都功能。

3. 推动城市空间结构向多中心、网络化方向发展

北京的市域空间发展应为多中心、网络化模式，要加大对远郊区平原地区的开发力度，打造承接人口和经济活动同步转移的远郊新城，促进城市空间格局由单中心向多功能区域共同支撑的多中心空间格局转变。应大力发展郊区新城，使其成为中心城区外围相对独立的有一定集聚规模和能力的经济次中心，发挥有效抑制中心大团蔓延的“反磁力”功能。未来应重点建设昌平、亦庄、大兴、怀柔、密云、房山等远郊新城，形成优势互补、各具特色的经济结构和布局。

同时，加强多中心之间的空间交互作用和空间联系强度，形成网络化的空间形态。要完善、强化物质性网络（交通、通信线路网络）和非物质性网络（虚拟网络、要素流动网络、地方生产网络）建设，在市域范围内加快形成包括高速铁路、轻轨、高速公路、城市快速通道等在内的网络化路网格局，促进中心城区、各个新城等各节点之间的人员、物质、信息流动。

4. 增强产业布局与人口分布的协调性

对于中心城区而言，应努力实现生产性服务业和制造业的融合，应选择与制造业有关的研发、设计、融资、咨询等服务领域进行渗透，以自身的集聚经济优势推进远郊区制造业的发展。对于远郊区而言，按照新城市主义的相关原则，功能区一定要有产业作为支撑，并伴有完善的配套设施和服务。远郊区应积极承接中心城区转移的制造业等相关产业，合理进行产业布局，通过远郊区产业布局的方式（如休闲产业、医疗、教育产业的重新整合），吸引中心城区人口到远郊区居住和就业，达到人口迁移的目标，实现就近就业，从根本上缓解纯通勤给交通带来的压力[①]。

加快引导产业向东部和南部、北部，以及沿京承、京平高速形成的两条新发展带上集聚和疏解。在东部发展带内形成东北和东南方向两条产业发展轴，

---

① 吴爱芝，李国平. 北京：打造国家中心城市多中心、网络化空间结构. 北京规划建设，2017（01）：11-15.

增强亦庄向东部和南部地区的辐射带动作用，并进一步向廊坊和天津地区延伸，同时增强顺义向东北部地区的辐射带动作用，沿京承、京平高速继续向东北方向拓展；大力发展北部研发服务和高技术产业带，统筹海淀和昌平两地资源，推进研发服务、信息服务等高端产业集聚，加速促进高新技术成果孵化转化；积极发展南部高端制造业和战略性新兴产业发展带，有效整合亦庄、大兴为主体的城市南部产业空间资源，拓展北京经济技术开发区范围，并与房山高端制造和科技创新产业联动发展。

要合理引导人口地区分布，统筹考虑城市职住关系与空间布局，特别是要加强中心区人口的疏解。积极探索整体转移的新模式，鼓励部分行政办公、教育、科研、医疗等现有和新增功能向新城等远郊区进行疏解，打造承接人口和产业活动同步转移的远郊新城，以此引导中心城区人口的疏解。优先引导东城、西城的过度集聚人口向通州、大兴、顺义等人口重点集聚区转移，缓解核心区人口与资源环境发展之间的矛盾，促进北京人口均衡格局的形成。

5. 引导各区差异化发展，逐步缩小区域差距

引导各区按照功能定位差异化、特色化发展。围绕强化首都“四个中心”的功能定位和布局优化调整，建设国际一流的和谐宜居之都，结合区位、产业基础、发展水平、比较优势和竞争优势，确定各区差异化的发展定位，引导各区按照功能定位差异化、特色化发展，逐步缩小区域差距，实现整体效能最大化。中心城区作为承载首都“四个中心”功能的核心区域，远郊区则应作为承接中心城区功能和人口疏解、支撑“四个中心”建设的重点区域。

北京市域功能分区要积极与《京津冀协同发展规划纲要》的空间布局方案相衔接。纲要将北京平原地区归入中部核心功能区，而将北京山区纳入西北部生态涵养发展区。加大对平原地区和山区差异化定位的力度，将怀柔、密云、门头沟、平谷、延庆等地的平原地区从生态涵养发展区中剥离出来，通过加大对这五个区 30%左右的平原地区的集约开发，带动远郊区的发展，促进多中心格局的形成[①]。

① 吴爱芝，李国平. 北京：打造国家中心城市多中心、网络化空间格结构. 北京规划建设，2017(01)：11-15.

大国首都：重大发展战略问题研究咨询中的首发院及其新担当

李国平　李平原　刘　翊[①]

1999 年 3 月，首发院在世纪之交作为首都发展研究智库应运而生，作为北京政府和北京大学共同成立的决策研究机构，从其成立伊始就担负着探索首都发展战略和政策的历史使命。首发院在首都发展研究院理事会的领导下，在首任院长迟惠生教授（时任北京大学常务副校长）的带领下，深入并广泛地参与了首都发展各个重要阶段重大发展问题的研究决策咨询工作，尤其是超前开展了诸多开创性、引领性政策研究。首发院成立伊始，就开展了中关村地区发展战略规划与空间布局相关研究，这些研究对制定中关村科技园区发展战略和规划起到了重要的技术与研究支撑作用。其后在科技奥运、首都圈发展、世界城市建设、科技创新中心建设、京津冀协调发展、北京城市副中心规划建设、河北雄安新区规划建设，以及北京与各区的发展规划等方面都开展了有高度、接地气的、卓有成效的决策咨询研究，已经成为在首都决策咨询领域中走在前列的高端智库。首发院还将继续为北京建设国际一流的和谐宜居之都和全球中心城市提供决策咨询服务，以更好地发挥作为首都高端智库的作用。

首发院已经形成城市与区域科学理论和方法研究、首都发展战略研究、京津冀协同发展研究三大优势和特色领域，并将继续长期聚焦于这些领域，在首都发展的重大战略问题研究和政策咨询方面要有所担当、有所贡献。

---

① 作者简介：李国平，北京大学首都发展研究院院长，北京大学首都高端智库首席专家，教授，研究方向为经济地理学、区域经济学、城市与区域规划、首都区域研究；李平原，北京大学首都发展研究院副院长，博士，研究方向为公共政策、现当代中国政治研究、政府治理；刘翊，北京大学首都发展研究院院长助理，高级工程师，研究方向为城乡规划、区域经济、公共管理、首都发展研究。

一、城市与区域科学理论与方法研究

城市与区域科学是指导城市与区域发展的重要理论支撑，也是研究制定首都发展政策的依据。首发院核心团队成员先后主持了 20 余项有关城市与区域科学研究的国家社会科学基金项目、国家自然科学基金项目、国家科技支撑计划项目，发表相关学术著作数百篇（部），在多个领域引领了我国城市与区域科学研究工作。

（一）扎实的研究工作积累

1. 区域发展理论和方法研究

首发院是中国区域科学协会秘书处的挂靠单位，北京大学区域经济学科教师均为首发院的核心研究人员，区域经济发展理论和方法研究一直是首发院学术研究中的重点领域，也是支撑服务政府决策的基础。在该领域中，众多首发院研究人员主持承担了多项国家重大重点项目，包括杨开忠教授主持的国家社会科学基金重大项目“新区域协调发展理论与政策研究”，国家自然科学基金重点项目“我国产业集聚演进与新动能培育发展研究”；李国平教授主持的国家社会科学基金重大项目“产业转移与我国区域空间结构优化研究”，国家自然科学基金项目“我国区域空间结构演化机理、影响因素及其优化研究”；林坚教授主持的研究阐释党的十九大精神国家社会科学基金专项“区域-要素统筹：新时代国土空间开发保护制度研究”；沈体雁教授主持的国家社会科学基金重大项目“中国产业集群地图系统（CCM）建设与应用研究”，国家自然科学基金项目“中国经济密度空间格局与演化机制研究”、“信息化对中国区域经济差异的影响研究”和“基于双边匹配理论的企业区位配置模型与区位市场设计”；陆军教授主持的国家社会科学基金重点项目“高铁时代区域经济协调发展重点与支撑政策研究”等。杨开忠教授因提出区域分工转型的系统理论和政策，率先开拓了基于中国经验的区域经济发展理论与政策，为“中国经济结构调整理论”（2012年获中国经济理论创新奖）做出了贡献。杨开忠教授率先在国家自然科学基金项目支持下开展中国新经济地理学研究，近年来又积极倡导新空间经济学。《中国西部大开发战略》（杨开忠等著）基于西部大开发经验提出“4D”空间格局区域经济发展理论暨西部空间格局不经济学说，该书自出版以来受到社会的持久关注。《改革开放以来中国区域发展的理论与实践》（杨开忠主编）

对中国改革开放三十年来区域发展理论和重大实践进行了全方位的梳理与总结。《产业转移与中国区域空间结构优化》（李国平等著）揭示了产业转移和区域空间结构优化的内在机理，提出了面向2020年的我国区域空间格局优化方向及其路径。

2. 城市区域演化模拟和计算研究

首发院在国内率先开展城市区域演化模拟和计算研究。杨开忠教授主持了国家自然科学基金国际（地区）合作与交流项目“全球化、信息化和可持续发展条件下的城市与区域发展”，薛领教授主持了国家自然科学基金青年科学基金项目“城市演化集成模型与模拟系统研究”和国家自然科学基金项目“我国区域城镇化过程、机理与模式的非均衡动态研究”，沈体雁教授主持了国家自然科学基金青年科学基金项目“2008 年奥运会的城市增长效应与控制：一个集合性时空动态建模方法”。首发院研究团队在国内外学术期刊发表数十篇相关学术论文，并在以下方面取得新进展。

一是建立了基于 agent 的城市空间演化模型及模拟系统 UrbanSwarm。首发院计算实验课题组长期从事城市与区域系统分析、空间演化模型与模拟研究，在国内较早从复杂性科学（sciences of complexity）的视角，探讨了城市和区域作为复杂空间系统的概念、性质、演化的过程与机制，探索了基于 agent 建模（agent-based modeling，ABM）的地理计算实验方法，发表了“基于自主体（agent）的单中心城市化动态模拟”等学术论文，提出了一种融合自组织理论和新经济地理学理论的城市/区域空间格局演化动态模型。新经济地理学创始人之一的藤田昌久（Masahisa Fujita）教授在第二届发展中国家区域科学国际会议发言中及有关函件中称该课题组做出了中国该领域最耀眼的工作。

二是提出了空间经济学与计算经济学整合的非均衡动态模拟模型。近年来，首发院研究团队开发了模拟平台 NEG-UrbanSwarm，开始尝试空间经济学演绎模型与基于 agent 计算经济学的整合模拟，并通过计算实验，考察商业企业、消费者、政府等大量微观 agent 的区位选择和相互作用，“动态地”观察和讨论消费需求、交通成本、区域间和区域内商品与服务的替代弹性、商业固定成本投入的“持续”变化对城市和区域多中心空间结构的影响过程与动态规律，发表了“中国大都市多中心空间演化过程的非均衡动态模拟”、“商业中心地的微观机理与动态模拟：基于 agent 的探索”等学术论文，提出了空间经济学演绎模型与推导→基于 agent 的计算实验→实证分析与计量检验→政策分析与评估的“狭义融合”与“广义融合”两种研究路径。藤田昌久教授认为，这是对新经济地理学动态化研究的新探索，是对传统经济学的静态和比较静态分析的超越。

3. 城镇化与土地管理理论研究

城镇化与土地管理理论研究一直是首发院研究的重点领域，也是首发院在区域经济研究领域中的突出特色。目前，涉及的研究领域包括结合新经济地理学和城市经济学的区域城镇化与城市成长管理研究，城镇土地和住宅发展研究，都市圈空间结构研究，特大城市研究，大都市区土地城镇化的空间绩效研究，以及城市规划和治理研究等。首发院核心团队成员主持承担了多项国家自然科学基金项目、国家社会科学基金项目、国家科技支撑计划项目的研究工作。国家自然科学基金项目主要包括杨开忠教授主持的国家自然科学基金重点项目“我国区域城镇化管理的系统研究”，冯长春教授主持的国家自然科学基金项目“中小城市房地产空间地域差异及市场运行机制研究”、“城市土地储备、整理、开发与土地利用结构优化研究”，李国平教授主持的国家自然科学基金项目“我国大都市圈空间结构演化过程、机理及模拟研究”和“中国超大城市规模与空间结构的综合效应研究”，林坚教授主持的国家自然科学基金项目“大都市区内土地城镇化的时空差异及其动力机制研究——以北京为例”和“大都市区土地城镇化的空间绩效研究：以北京为例”，张波副教授主持的国家自然科学基金青年科学基金项目“城市群高速发展条件下城市空间成长管理研究——以环渤海和长江三角洲地区为例”和国家自然科学基金项目“城市成长管理政策对住房价格的影响机制与政策绩效评价研究”，孙铁山副教授主持的国家自然科学基金青年科学基金项目“中国特大城市人口-就业空间演化与互动机制研究”和国家自然科学基金项目“中国特大城市多中心空间发展的模式、效应及动力机制——多城市比较和实证”等。国家社会科学基金项目主要包括陆军教授主持的国家社会科学基金青年项目“中国大都市区域城镇化中的财税竞争问题及其治理”，孙铁山副教授主持的国家社会科学基金青年项目“我国都市圈空间组织的经济绩效与空间结构优化研究”。冯长春教授主持了该领域多项国家科技支撑计划项目，包括“十五”国家重大科技攻关计划项目“国家科技示范小城镇综合评价指标体系研究”和“中国小城镇土地市场研究”，以及“十五”国家科技攻关计划项目“小城镇建设中的经济与产业结构分析”、“十一五”国家科技支撑计划重大项目“村镇空间规划与土地利用关键技术研究”、“十二五”国家科技支撑计划重点项目“村镇区域空间规划与集约发展关键技术研究”和“十二五”国家支撑计划重点项目“村镇区域土地利用规划智能化系统开发”等。杨开忠教授作为联合国邀请的中国唯一代表，出席了联合国经济及社会理事会在联合国总部举行召开的主题为“可持续城镇化”的综合会议，并在第三阶段会上发表了题为“中国城镇化模式的转变”的演讲。李国平教授等著的《网络化大都市——杭州市域空间发展新战略》对多中心、网络化的城镇空间发展现象和模式进行了系统总结，所倡导的发展多中心的网络化大都市已经成为我国许多特大城市的空间发展模式。该书被陆大道院士评价为“我国城市区域规划与城镇化研究中一部有价值的著作”，以及“为探索我国新型城镇化道路做出了有益的尝试”。

4. 区域可持续发展理论和方法研究

长期以来，首发院研究团队致力于研究人口、资源和环境问题以及人地关系问题，在区域可持续发展理论和方法方面不断探索，主持承担了多项重要研究项目，也取得了很大进展。杨开忠教授联合主持了国家自然科学基金重点项目“中国可持续发展管理理论与政策研究”和国家自然科学基金国际（地区）合作与交流项目“城市化，数字经济与环境可持续性”，冯长春教授主持了科技部863计划项目“城市水体水质改善和生态恢复相适配的景观工程建设”、水体污染控制与治理科技重大专项项目“滇池流域水污染治理与富营养化综合控制技术及示范项目” 中的“流域社会经济结构调整及水污染综合防治中长期规划研究”，李国平教授主持了国家自然科学基金项目“夕阳产业地域的形成、演变与持续发展研究——以东北为例”和国家重点基础研究发展计划（973计划）专题任务“全球变化下国际产业分工趋势和新经济地理格局分析的基本理论与趋势预测”，沈体雁教授主持了水体污染控制与治理科技重大专项子课题“城市水污染治理监管体系及支撑技术研究与示范”，李虹教授主持了国家社会科学基金重大项目“国际能源新形势对中国发展与战略环境影响研究”和国家自然科学基金项目“中国可再生能源补贴机制的有效性及体系创新构建——基于含生命周期与空间布局的经济-能源-环境-社会系统视角”，蔡满堂副教授主持了水体污染控制与治理科技重大专项项目“流域水生态保护目标制定技术研究”等。

首发院在国内率先将地理空间纳入可持续发展理论；“生态足迹分析理论与方法”率先开创了中国生态足迹研究，研制了基于生态足迹的“生态文明指数”，

2009 年以来连续发布“中国省市区生态文明指数排名”，引起了社会各界的广泛关注。“关于意愿调查价值评估法在我国环境领域应用的可行性探讨——以北京市居民支付意愿研究为例”，率先把意愿调查价值评估法与空间分析结合起来，较早地实现了该方法在城市和区域尺度环境污染损失评估中的应用。杨开忠教授曾担任联合国开发计划署和中国政府“中国地方可持续发展能力建设”项目中方专家，并承担了中国科学技术协会“十一五”重大决策咨询项目“环渤海地区 2006—2015 年经济社会发展环境承载力研究”。李虹教授致力于中国资源型城市转型研究，出版了《中国资源型城市转型预警指数：基于转型能力、压力的各地级市转型预警评价 2017》和《中国资源型城市创新指数：各地级市创新能力评价 2017》等专著。

（二）重要学术、政策影响及其奖励

（1）李国平参与的“我国城镇化发展模式研究”项目，其研究成果《关于遏制冒进式城镇化和空间失控的建议》（中国科学院陆大道院士主持）（2006 年）上报国务院，获得温家宝总理批示；

（2）冯长春获得 2007 年国土资源科学技术奖一等奖（率先发展地区土地调查与评价关键技术研究）；

（3）林坚获得 2007 年国土资源科学技术奖一等奖（基于空间分异理论的城镇土地质量评价、收益分析及应用——新增建设用地土地有偿使用费和土地出让平均纯收益征收标准体系研究）；

（4）冯长春获得 2009 年国家科学技术进步奖二等奖（受污染水体生态修复关键技术研究与应用）；

（5）刘翊获得 2010 年度国家发展和改革委员会优秀研究成果奖三等奖（国家城市管理综合配套改革相关对策措施研究）；

（6）林坚曾就完善我国土地管理制度问题为十七届中共中央政治局第三十一次集体学习授课；

（7）林坚获得 2013 年度国土资源科学技术奖一等奖（多层次建设用地节约集约利用评价技术体系创建与应用）；

（8）林坚获得 2015 年华夏建设科学技术奖二等奖［《城市用地分类与规划建设用地标准》（GB50137-2011）］；

（9）冯长春获得 2016 年国土资源科学技术奖二等奖（山地城镇土地集约利用关键技术与应用示范）；

（10）冯长春获得2015年世界华人不动产学会最佳建言献策奖一等奖（利用农村集体土地建设公租房和共有产权住房，有利于建立统一的城乡建设用地市场和城镇保障房供应体系）；

（11）林坚发表的论文“土地发展权、空间管制与规划协同”于2017年被评选为改革开放40年|40篇“影响中国城乡规划进程学术论文”之一；

（12）林坚发表的论文“探索建立面向新型城镇化的国土空间分类体系”获得“2017年金经昌中国城市规划优秀论文奖”提名奖；

（13）林坚获得2018年国土资源科学技术奖二等奖（面向国土空间治理的土地利用统筹协调关键技术研究与示范应用）；

（14）杨开忠提出的“空间距离不经济”、“4D”空间格局区域发展理论以及生态文明指数均产生了广泛的学术影响。

（三）未来研究方向

围绕城市与区域科学研究的前沿和中国城市与区域发展的重大理论研究需求，继续深化现有研究，主要研究方向如下。

（1）进一步丰富区域经济发展的理论和方法，探索新时代下区域发展的新规律、新模式、新方法。深化“新”新地理学理论、方法和政策，将经济地理和经济增长理论结合起来，发展新经济地理增长、“新”新经济地理增长理论与政策，探索新空间经济学，为中国区域及城市实现可持续发展，优化城市规模、产业及空间结构提供科学基础。

（2）进一步深化基于agent建模的复杂性城市区域理论和方法，将计算空间经济学与新经济地理学、“新”新经济地理学的前沿研究相融合，为建立京津冀空间大数据分析平台及其政策评估提供方法论支撑。

（3）围绕新型城镇化进程中的重大理论研究需求，进一步深化中国城镇化理论方法研究。深化对都市圈与超大城市发展规律、模式和机理的理论研究，探索中国城镇化进入新阶段后的城市管理、土地高效利用、小城镇发展等问题，为京津冀协同发展和首都空间发展战略规划制定等提供理论支撑。

（4）围绕气候变化和绿色发展大背景，深化区域可持续发展理论和实践研究。利用大数据手段等丰富和完善生态足迹理论与方法，并持续开展基于生态足迹的“生态文明指数”测算和评估，以服务于国家和京津冀区域生态文明建设。

二、首都发展战略研究

首都发展研究一直是首发院政策研究的主攻方向，也是首发院机构设立的主旨之一。多年来，结合首都发展中存在的基础性、长期性的重大科学问题以及政策难题，首发院研究团队积极开展各项研究咨询工作，努力使之成为国家以及北京市委、市政府最重要的决策支撑机构。二十年来，首发院几乎参与了所有首都重大区域发展问题的研究咨询工作。首发院率先开展了北京建设世界城市的相关研究，1999年以来陆续发表了多部（篇）关于北京建设世界城市的著作、论文和研究报告。首发院首先提出了“量水发展战略”，并在城市发展战略中得到体现。同时，开展了科技奥运等一系列相关研究，并在申报和筹办2008年北京奥运会中做出了贡献。首发院专家协助北京市国土资源局编制的《北京市土地利用总体规划（2006—2020年）》，获得国务院批准；承担了北京以及部分区县的“十一五”、“十二五”和“十三五”规划的前期研究与规划纲要编制工作；深度参与了北京科技创新中心建设、城市副中心规划建设、2008年北京奥运会、2022年北京冬季奥运会，以及城市精细化管理和社会治理方面的研究。二十年来，首发院承担涉及首都发展的研究咨询项目百余项，发表相关研究论文数百篇，出版学术著作十余部。

（一）扎实的研究工作积累

1. 首都发展规律研究

城市发展必须认识、尊重和顺应城市发展规律，因此把握首都发展规律是首都发展研究的重要内容。首都发展规律具有鲜明的阶段性特征，其发展趋势既符合国际化大都市的发展规律，同时又具有中国首都特色。首发院先后承担了“首都阶段性特征及动力机制研究”和“首都发展规律及趋势分析研究”等项目，并出版了反映首都发展趋势的《面向世界城市的北京发展趋势研究》（李国平等著）、《首都发展报告2015》（北京大学首都发展研究院编著）等。

2. 构建“高精尖”经济结构研究

结合北京产业发展特色以及城市发展对北京产业转型升级的要求，首发院对北京“高精尖”经济结构的研究主要从以下两个方面展开：①推进产业转型升级。首发院承担了“科技创新支撑首都‘高精尖’经济结构的框架和发展方向研究”和“北京市产业结构升级与经济空间格局演化及优化对策研究”等项目，出版了《首都发展报告 2017——创新驱动产业转型升级与布局优化》(李国平等著)。②优化产业空间布局。首发院长期坚持将微观普查数据与地理信息系统相结合，深入研究北京的产业空间布局，连续承担了三次经济普查研究项目，如“北京经济空间布局研究”和“基于首都功能定位的北京产业空间布局研究”等，建立了北京产业-空间微观数据库，并出版著作《产业与空间：北京市产业用地分析、评价与集约利用研究》(李国平等著)等。

3. 人口资源环境可持续发展研究

人口资源环境可持续发展是实现人与人、人与自然和谐共处，统筹生产、生活、生态三大空间，提高北京城市宜居性的重要支撑。自建院以来，首发院先后承担了大量人口资源环境、生态文明等相关研究咨询项目，其中有四方面的代表性研究：①水资源研究。2012 年首发院与北京市委研究室共同承担了面向 2030 年的首都水战略研究，研究提出“量水发展战略”，已经成为北京水资源发展的核心战略。②人口研究。2013 年在《北京信息(内刊)》上先后发表了“京津冀协同发展下北京人口疏解的对策”和“国外大城市治理人口过密问题的经验梳理”等决策建议。③土地利用研究。首发院先后承担了“北京市土地利用总体规划(2006—2020 年)”前期研究、“北京市产业用地调查、评价及整合研究”、“北京市市级开发区土地集约利用评价”和“北京市开发区土地集约利用评价数据分析及延展”等土地集约利用课题。④生态环境研究。相继承担了“北京生态文明报告——首都生态圈理论与实践”和“首都经济圈协同应对重点生态问题及对策研究”等项目。

4. 科技、文化双轮驱动研究

科技创新作为新时期城市发展动力和北京核心功能之一，一直以来都是首发院的研究重点和特色。首发院相继承担了“北京建设科技创新中心政策研究”、“北京市推进科技创新的咨询建议”和“首都区域协同创新机制研究”等一系列科技创新项目。文化创意产业的发展是支撑北京建设全国文化中心的重要内容。2006 年，首发院专家协助北京市发展和改革委员会组织起草了《北京市促进文化创意产业发展的若干政策》，并协助编制了《北京市文化创意产业投资指导目录》。之后，首发院又相继承担了“北京市‘十二五’文化创意产业发展思路研究”、“北京城市中心区文化创意产业发展研究”和“世界城市文化建设国际比较研究”等项目。

5. 市区两级层面的各类综合和专项发展规划研究编制

首发院积极组织和参与了多项北京和部分区县的“十一五”、“十二五”和“十三五”规划前期研究与规划纲要的编制工作，部分研究成果被相关五年发展规划直接采纳，其中包括主持编制了顺义区“十一五”、“十二五”和“十三五”三个五年规划纲要，怀柔区“十二五”和“十三五”两个五年规划纲要。首发院长期为北京及各区提供产业发展、空间规划、人口发展等领域的政策咨询服务，研究成果为市区两级各项规划的出台提供了重要支撑。

6. 城市精细化管理和社会治理研究

城市管理和服务水平的提高对于改善城市秩序、促进城市和谐、提升城市品质具有重要作用。首发院长期以来关注北京城市管理研究，承担了“北京市城市管理综合配套改革试验区总体方案研究”、“北京市城市管理综合配套改革试验区申报文案框架性研究”、“深化城市管理体制改革研究”和“京津冀协同发展背景下北京城市发展与治理对策研究”等项目。2017 年以来，首发院核心成员陆军教授先后主持了“超大特大城市精细化管理与治理体制研究”、“北京城市环境与运行精细化管理研究”和“新时代首都城市管理专业化智能化精细化研究”等项目研究。2018 年，首发院沈体雁教授以第三方身份承担了北京市委主要领导主持的专项调研项目“北京市街巷治理理论及实践研究”，项目研究成果已经转化为市政府决策。2019 年 1 月，《2019 首都发展报告：社会治理研究》出版（万鹏飞等著）。

7. 北京城市副中心发展与规划建设相关研究

2005 年张波副教授主持了“北京通州新城规划产业研究专题”，2013 年李国平教授主持了“北京城市副中心（通州）功能定位、发展思路及对策研究”，对城市副中心的定位、发展思路进行了深入研究，提出的功能定位和 2018 年 12 月 27 日中共中央、国务院批复的《北京城市副中心控制性详细规划（街区层面）（2016 年—2035 年）》高度一致。2016 年以来，首发院相继主持承担了“京津冀三省市交界地区（通州-武清-廊坊）管控及发展规划研究”、“‘运河文化带’传承发展重点工程规划研究”、“城市副中心文化发展战略布局研究”、“加快城市副中心文化创意产业对策研究”和“首都功能核心区与雄安新区、北京城市副中心功能协调发展研究”等。2018 年首发院李国平教授以第三方身份承担了北京市委主要领导主持的专项调研项目“把城市副中心打造成为北京重要一翼”，项目研究成果已经转化为市政府决策。

8. 其他重要研究

首发院在 2008 年北京奥运会筹办期间承担了大量奥运前期研究工作，主要包括 2000 年北京市科学技术委员会立项的“科技奥运研究”（杨开忠主持）、2003 年立项的国家自然科学基金青年科学基金项目“2008 年奥运会的城市增长效应与控制：一个集合性时空动态建模方法”，以及北京市相关部门立项支持的“奥运经济系统与投融资战略研究”和“北京市高新技术产业的奥运战略”等，首发院和北京市科学技术委员会共同组编的《科技奥运》（北京科学技术出版社，2001 年）为政府部门制定 2008 年北京奥运会相关政策提供了重要参考。首发院专家还主持了和 2022 年北京冬季奥运会相关的“京张冬奥产业带专项规划研究”。

（二）重要政策影响和学术奖励

（1）“中关村地区发展战略与规划研究”项目的研究成果为《中关村科技园区发展规划》（1999 年 6 月国务院批复原则同意《关于实施科教兴国战略加快建设中关村科技园区的请示》中关于加快建设中关村科技园区的意见）提供了重要基础研究支撑作用；

（2）杨开忠、李国平获得 2001 年北京市科学技术进步奖二等奖（持续首都——新世纪首都发展战略研究）；

（3）杨开忠获得 2002 年北京市科学技术进步奖三等奖（科技奥运研究）；

（4）李国平获得 2002 年北京市科学技术奖三等奖（平谷县“绿都”建设战略规划研究）；

（5）杨开忠等的“文化创意产业理论与实践”研究报告于 2006 年得到北京市委书记、市长的批示；

（6）冯长春获得 2006 年国土资源科学技术奖二等奖（北京市城市建设用地供需研究）；

（7）首发院专家协助北京市国土资源局编制的《北京市土地利用总体规划（2006—2020 年）》于 2009 年获得国务院批准；

（8）万鹏飞获得北京市发展和改革委员会 2009 年度调研课题二等奖（首

都社会建设与社会管理体制改革研究）；

（9）陆军的“世界城市研究：兼与北京比较”研究报告于 2011 年得到北京市委书记的批示；

（10）陆军获得 2012 年北京市第十二届哲学社会科学优秀成果奖二等奖（世界城市研究：兼与北京比较）；

（11）李国平、蔡满堂、刘翊获得 2014 年北京市第十一届优秀调查研究成果奖一等奖（面向 2030 年的首都水战略研究）；

（12）李国平、孙铁山获得 2014 年北京市第十三届哲学社会科学成果奖一等奖（《面向世界城市的北京发展趋势研究》）。

（三）未来研究方向

首发院将继续以服务首都发展为宗旨，以落实《北京城市总体规划（2016—2035 年）》为重要指引，围绕北京“四个中心”的城市战略定位和建设国际一流的和谐宜居之都的战略目标，对北京城市发展中的关键领域进行深入研究，为首都发展提供更具前瞻性和操作性的决策建议。

（1）非首都功能有序疏解与城市副中心建设：有序疏解非首都功能是落实北京城市战略定位，治理“大城市病”的基础，同时也是京津冀协同发展的关键环节和重中之重。因此，有必要在《京津冀协同发展规划纲要》和《北京城市总体规划（2016—2035 年）》等相关规划和政策的指引下，坚持政府引导和市场机制相结合的原则，重点研究“搬哪些、往哪搬、谁来搬、怎么搬”的关键命题，系统提出北京非首都功能有序疏解的方式、实施路径与保障措施。北京城市副中心是千年大计、国家大事，是北京发展的“新两翼”之一。城市副中心将承接中心城区 40 万～50 万人口的转移，是非首都功能疏解承接地和首都功能拓展地。围绕城市副中心建设绿色城市、森林城市、海绵城市、智慧城市、人文城市和宜居城市，以及高质量发展、科学构建城市空间布局、有序承接中心城区功能疏解、建设未来没有“大城市病”的城区、与周边地区的协同发展等，都需要从城市与区域发展规律、产业转移与承接规律、现代城市与社会治理等方面展开深入的政策研究。

（2）全国科技创新中心建设：全国科技创新中心是中央赋予北京的新定位，为新时期北京科技创新发展指明了方向。如何发挥北京创新资源优势，发掘北京及周边地区创新发展潜力，建设全国创新中枢，将成为促进北京加快转变经济发展方式、提升产业结构水平、提高资源利用效率、减少环境污染和生态破坏、提升国际影响力和全球竞争力的重要手段，同时也是亟须研究的重点命题。在总结梳理全球典型科技创新中心不同发展模式和经验的基础上，结合新形势下北京城市战略定位，明晰全国科技创新中心的概念和评价指标，系统分析北京建设全国科技创新中心的优劣势，制定具有可操作性的全国科技创新中心建设的架构设计和发展方向。

（3）城市空间结构优化：北京所面临的问题，一方面来自人口过快增长与有限的资源环境承载力、公共服务供给能力之间的矛盾；另一方面也是城市人口和经济活动过度集中在中心城区，城市功能布局不合理的产物。单纯地控制人口规模并不能完全解决北京的"大城市病"问题，破解制约首都可持续发展重大问题的关键在于进一步优化城市功能布局。然而什么样的城市空间布局更加合理，则是需要解决的关键问题。根据对北京城市功能定位的新认识，深入分析当前北京城市空间布局的现状与趋势、存在的突出问题，并结合国际经验，提出功能布局调整的思路、方向和政策建议。

（4）生态环境建设：建立环境优美、生态良好、和谐宜居的国际化大都市，提升首都市民幸福指数是北京城市建设的重要目标。推进首都生态环境建设，不仅要强化科技对生态建设与修复的引领作用，还要加强对生活垃圾处理、清洁空气行动、污水处理与再生水利用等关键环节的建设和监管力度。需要对大气污染防治、水资源可持续利用、科技创新支撑生态环境建设、环境管理与监督体制机制改革等领域分别开展研究，进而系统地提出北京生态环境建设的总体框架和具体建设内容。

（5）城市管理与社会治理：城市管理涉及多元主体的共同参与，是以城市的空间、经济、社会系统运行为对象，以营造宜居、宜业的发展环境为目标，采用协调、规划、控制、建设、引导等管理方法的治理活动，对改善首都秩序、促进首都和谐、提升首都品质发挥着重要作用。提升首都城市管理水平，需要对首都城市管理的关键领域，如人口调控、交通管理、环境监控、产业引导、文化建设、公共安全、市政设施等分别进行深入研究，寻找各领域的突出问题和阻碍因素，并提出"对症下药"的措施。

三、京津冀协同发展研究

首发院成立以来，结合京津冀区域经济、社会、文化和生态文明发展中面临的重大问题，持续开展研究咨询工作，研究成果获得党和国家领导人的重要批示，以及多项国家级、省部级奖项，一直走在国内外同行前列，已成为京津冀研究的重镇。2000 年杨开忠、李国平等著的《持续首都——北京新世纪发展战略》就有专门章节研讨首都圈——持续首都的区域战略。2004 年李国平等著的《首都圈：结构、分工与营建战略》进一步将首都圈划分为狭域、中域和广域首都圈，其中广域首都圈的范围为京津冀三省市全域，并探讨了其相关战略问题。2005 年杨开忠教授和李国平教授分别主持了国家发展和改革委员会与北京市发展和改革委员会委托的"京津冀都市圈区域规划创新体系研究"和"京津冀都市圈区域规划北京市规划研究"项目部分研究工作，其相关研究成果获得省部级奖励。2006 年杨开忠教授主持了"环渤海地区 2006—2015 年经济社会发展环境承载力研究"，其研究成果获得国家领导人的批示。2014 年，由杨开忠教授任首席科学家，以首发院核心研究团队为主，联合北京大学校内外其他兄弟单位，成功申请并圆满完成了国家自然科学基金管理学部应急项目"京津冀一体化发展战略研究"工作。李国平教授主持了国家自然科学基金管理学部应急项目"京津冀科技创新一体化发展政策研究"，蔡满堂副教授主持了"京津冀生态环境建设一体化思路与配套政策研究"，张波副教授主持了"京津冀城市成长管理与城镇布局优化政策研究"等。

2015 年 9 月 16 日，由首发院作为北京大学牵头单位联合南开大学、清华大学、河北经贸大学、首都经济贸易大学成立了京津冀协同发展联合创新研究中心，充实和提升了首发院在京津冀区域研究方面的力量。2015 年 11 月，国家发展和改革委员会委托首发院承担"京津冀空间规划研究"，该研究成为《京津冀空间规划》的重要研究基础。

杨开忠教授和李国平教授在多个主流媒体发表了关于京津冀协调发展的观点和意见，得到了广泛的认可和重视。杨开忠教授关于京津冀协同发展的政策建议直接报送时任京津冀协同发展领导小组组长的张高丽副总理，直接服务高层决策。李国平教授主持的"京津冀协同发展规划纲要"专题研究："京津冀科技创新协同发展战略研究"为《京津冀协同发展规划纲要》的创新驱动发展部分提供了重要支撑。李国平教授等有关京津冀的研究成果共获得高等学校科学研究优秀成果奖（人文社会科学）二等奖两次，北京市哲学社会科学优秀成果奖一等奖一次，北京市科学技术奖二等奖一次、三等奖一次，主编的"京津冀区域发展报告"作为"教育部哲学社会科学系列发展报告"已连续出版四部。

2019年1月，作为“北京大学首都高端智库系列报告”，《2019京津冀协同发展报告》（李国平主编），正式由科学出版社出版，该报告系统梳理了京津冀协同发展上升为国家重大战略后的重大进展，并提出了面向未来的战略方向。

（一）扎实的研究工作积累

1. 功能定位与布局研究

2000年杨开忠、李国平等著的《持续首都——北京新世纪发展战略》提出了首都圈的空间联系战略、职能疏导战略、空间结构战略。2004年李国平等著的《首都圈：结构、分工与营建战略》立足于区域协调的理念，提出了首都圈的产业分工和空间结构，以及构建“一环两核三轴四区”的空间结构，与《京津冀协调发展规划纲要》中所提出的京津冀区域空间格局高度吻合。首发院主持承担了“京津冀城市群发展与调控研究”、“京津冀土地优化利用管控技术方法研究”、“京津冀地区人口功能分区与布局调整研究”、“京津冀空间规划研究”等关于京津冀区域功能定位和空间布局方面的项目研究工作。杨开忠教授和李国平教授等首发院专家多次在主流媒体发表关于京津冀功能定位与布局的观点，杨开忠教授在《社会科学论坛（学术研究卷）》发表的论文“我国首都圈发展的几个重大问题”以及李国平教授主编的“京津冀区域发展报告”系列报告等研究成果中均有详尽阐述。

2. 有序疏解北京非首都功能研究

有序疏解北京非首都功能是京津冀协同发展的关键环节和重中之重。在此研究领域，首发院先后承担了“北京部分产业功能合理转移研究”、“调整疏解非首都核心功能与京津冀协同发展研究”、“河北省承接北京功能转移对策研究”、“延庆县非首都功能疏解与延庆产业优化研究”和“西城区产业功能和人口疏解研究”等相关项目。

3. 协同发展三大重点领域研究

京津冀协同发展战略确定了三个率先突破的重点领域，分别为交通一体化、生态环境保护和产业升级转移。首发院围绕京津冀区域空间结构优化以及缓解北京交通拥堵等开展了交通领域的研究咨询活动；加强区域生态环境保护是促进京津冀绿色循环低碳发展的重要任务，首发院主持承担的相关项目研究包括

“京津冀生态环境建设一体化思路与配套政策研究”（国家自然科学基金管理学部应急项目）、“京津冀生态环境与资源领域科技发展研究”和“首都经济圈协同应对重点生态问题及对策研究”等；产业升级转移和产业一体化是京津冀协同发展的实体内容与重要支撑。目前，首发院关于京津冀产业协同发展的研究主要分为以下两个方面：一是对京津冀产业合作的研究，主要项目有“首都经济圈产业合作发展研究”、“深度开展区域合作加快首都经济圈发展建设研究”和“北京与周边一体化发展研究”等；二是对京津冀重要产业协同发展的研究，其中代表性研究是受国家旅游局委托，杨开忠教授主持承担的“京津冀区域旅游协同发展规划纲要研究”。

4. 创新驱动发展研究

京津冀地区协同创新是有序疏解北京非首都功能，推动京津冀协同发展的战略选择和根本动力。在协同创新研究领域，首发院先后承担了“京津冀科技发展现状与问题分析研究”、“京津冀区域科技发展战略研究”、“京津冀都市圈区域规划区域创新体系研究”、“京津冀科技创新一体化发展政策研究”、“京津冀科技创新协同发展战略研究”、“京津冀协同创新指数研究”、“打造京津冀‘一体两翼’协同创新发展模式研究”等，并出版了《京津冀区域科技发展战略研究》等著作。

5. 体制机制改革研究

加快破除制约京津冀协同发展和要素流动的体制机制障碍，尽快建立区域一体化发展制度体系是促进京津冀协同发展的重要保障。首发院长期关注京津冀体制机制方面的研究，相继主持承担了“基于京津冀协同发展的全面创新改革实验区建设研究”、“京津冀协同发展体制创新研究”、“京津冀突发事件协同应对体制机制创新研究”和“京津冀跨域协同治理体制机制研究”等项目。

（二）重要政策影响和学术奖励

（1）李国平、孙铁山获得 2005 年北京市科学技术进步奖二等奖（《首都圈：结构、分工与营建战略》）；

（2）李国平、薛领获得 2008 年北京市科学技术奖三等奖（京津冀区域科技发展战略研究）；

（3）李国平、薛领获得 2009 年第五届高等学校科学研究优秀成果奖二等奖（“十一五”京津冀区域科技发展规划研究与确定）；

（4）杨开忠主持的项目“环渤海地区 2006—2015 年经济社会发展环境承载力研究”（项目首席科学家为时任全国人大常委会副委员长蒋正华，项目组组长为杨开忠）首次对环渤海地区经济社会承载力进行了全面系统深入的研究，得到国务院总理的肯定批示，获得 2012 年第六届高等学校科学研究优秀成果奖三等奖；

（5）李国平、孙铁山、薛领获得 2015 年第七届高等学校科学研究优秀成果奖二等奖（《协调发展与区域治理：京津冀地区的实践》）；

（6）李国平、孙铁山获得 2016 年北京市第十四届哲学社会科学成果奖一等奖（《京津冀区域发展报告 2014》）。

（三）未来研究方向

首发院将在京津冀协同发展快速推进的大背景下，充分利用京津冀协同发展联合创新研究中心和首发院两个平台，协调组织各领域专家对以下关键领域进行重点深入研究，为京津冀协同发展建言献策。

（1）城市群与城市圈发展研究：城市群和城市圈是城市区域发展到一定阶段的产物，也是我国推进新型城镇化发展的空间主体形态。京津冀城市群是我国三大城市群之一，建设世界级城市群是京津冀协同发展的战略定位。开展京津冀城市群和城市圈研究，不仅可以为京津冀建设世界级城市群和我国走以城市群、城市圈为主体形态的新型城镇化道路提供科学支撑，而且有助于基于中国经验发展城市群和城市圈理论，为人类理解城市群和城市圈现象做出贡献。具体包括以下四个研究方向：①城市群和城市圈演化理论研究；②世界级城市群与城市圈发展实证研究；③世界级城市群或城市圈城乡一体化研究；④世界级城市群和城市圈公共政策研究。

（2）创新驱动城市与区域发展研究：创新驱动发展涉及京津冀各个领域，包括创新驱动产业发展、创新驱动社会发展、创新驱动生态文明建设、创新驱动空间格局优化。研究创新驱动京津冀区域发展不仅具有区内意义，更具有区际意义，不仅具有理论意义，更具有重大实践意义。以实现全国创新驱动经济增长新引擎的发展战略定位为导向，探索符合京津冀区域发展阶段性特征、资源禀赋条件、发展基础、区域分工方向的区域创新体系。具体包括以下四个研究方向：①创新驱动区域发展的理论研究；②区域协同创新共同体建设研究；③创新驱动产业转型与分工合作研究；④创新驱动生态文明建设研究。

（3）城市和区域治理与社会政策研究：围绕京津冀协同发展中的“区域治理与社会政策”，重点关注京津冀地区社会发展不平衡、公共服务水平出现“断崖式”差距等现实问题，研究促进京津冀社会均衡发展的关键政策设计与实施问题，并考察实现区域社会协调发展目标的治理体制机制创新问题。具体包括以下三个研究方向：①区域治理的体制机制问题研究；②公共服务与社会政策研究；③区域治理信息化与智慧城市研究。

（4）生态文明研究：《京津冀协同发展规划纲要》明确将“生态修复和环境改善示范区”作为京津冀协同发展的定位之一。京津冀区域生态环境问题严重，雾霾频发、水资源短缺、水环境污染、生态环境脆弱问题突出，迫切需要区域协同治理，协同治理不仅是自然治理过程，还是经济治理和社会治理过程，不仅需要深入研究大气、水资源、能源问题，还需要研究生态产业发展问题，更需要研究脱贫问题。具体包括以下五个研究方向：①京津冀区域大气污染联防联治研究；②京津冀区域水资源可持续利用研究；③京津冀区域清洁能源替代研究；④环京津地区生态产业发展研究；⑤环京津贫困带问题研究。

四、新征程：首都高端智库试点工作的新探索

2017 年 9 月，首发院获批北京首批首都高端智库试点单位，开启了首发院服务首都政策咨询的新征程。根据北京市委宣传部的批复文件，首发院是以首都发展战略与京津冀协同发展为特色的首都高校高端智库。这一定位反映了首发院的特色和优势，更是北京市委、市政府对首发院未来研究咨询工作重点的要求。面向未来，首发院将在城市与区域科学理论和方法研究的基础上，聚焦首都发展战略和京津冀协同发展，开启新征程，做出新贡献。

（一）完善首发院高端智库组织架构，促进机制创新

首发院高端智库的管理架构是北京大学智库工作领导小组和智库理事会领导下的首席专家负责制，研究组织架构为“小核心、大网络”。为强化政策研究区别于一般学术研究，建立起了包括学校主管与相关部门以及北京市相关部门领导组成的理事会，方便智库研究的针对性和成果应用的畅通性。为确保智库

研究方向和学术研究水平，设立了智库首席顾问，中国科学院陆大道院士为首任首席顾问，同时成立了智库学术委员会，聘请中国区域科学协会会长杨开忠教授等 15 人组成了智库学术委员会。“小核心、大网络”的研究组织架构，即以首发院专家团队为小核心，以北京大学其他相关院系、京津冀协同发展联合创新中心、中国区域科学协会、北京市相关机构为主要支撑，并与学界、政界和企业界形成研究合作网络。京津冀协同发展联合创新中心、中国区域科学协会挂靠在首发院。首发院还力图在以下方面实现新的机制创新和突破。

一是首发院正在谋划组建京津冀智库联盟，以自主理论创新为源头，研发有中国特色的政策分析工具，促进智库研究方法的创新，为其他智库提供有力的数据和方法支撑，成为“京津冀研究智库的智库”。

二是以“小机构、大网络”开放式的项目管理方法，开展有实质性政策影响力的前沿性政策研究。为了实现这一目标，首发院将采取以“成果管理”为导向的新型项目管理方法，以合同制的方式招募项目主管、高级研究员和初级研究员，进而建立起严谨的成果评价体系，以项目绩效为准制定薪酬与晋升激励。

三是首发院力图实现智库理论创新、智库咨询服务和智库人才培养“三驾马车”齐驱并进的发展。首发院将通过常规培养和短期培训的方式为京津冀地区乃至国内外的智库输送一流的复合型智库人才。

四是建立可直接报送市委、市政府领导的政策建议上报渠道。目前，首发院可通过首都高端智库理事会秘书处、北京大学、首发院自身渠道上报相关决策咨询成果，并将拓展通过智库理事单位渠道报送相关研究成果。

（二）聚焦重点问题，提升决策咨询水平和质量

为了建设成为具有广泛影响力的一流高端智库，需要提升基础理论和研究方法水平，聚焦重点问题，才能更好地为首都与京津冀的发展提供咨询服务。

1. 提升城市与区域科学研究基础理论方法和政策分析工具水平

首发院已经在城市与区域科学研究领域有很好的积累，也得到了学界同行的高度评价。发表了一系列理论和方法论研究论著，开发了模拟平台 NEG-UrbanSwarm。今后将进一步强化首发院在区域科学和区域经济学科上的学科优势，力争在学科建设上有所突破。进一步深化“新”新地理学理论、方法和政策研究，基于 agent 建模的复杂性城市区域理论和方法研究，中国城镇化发展理论与政策研究，都市圈与超大城市发展规律、模式和机理研究等；探

索新空间经济学的理论和方法，解释改革开放以来中国区域和城市发展的成就及其空间差异。

2. 聚焦首都发展的重大战略问题，不断提升服务首都战略决策的能力

首发院已经在首都发展研究领域出版（发布）了《持续首都——北京新世纪发展战略》、《面向世界城市的北京发展趋势研究》、《产业与空间：北京市产业用地分析、评价与集约利用研究》等代表性论著和多项政策报告，产生了较大的政策影响力。今后将系统提出北京非首都功能有序疏解的方式、实施路径与保障措施；研究制定全国科技创新中心建设的架构设计和发展方向；研究城市副中心发展与管理中可能出现的新老融合、产业发展以及与中心城区及远郊区的关系问题；研究城市的精细化管理途径及其公众参与的作用；开展促进大气污染防治、水资源可持续利用等的政策手段研究等。

3. 聚焦京津冀地区发展中的重大战略问题，不断提升服务京津冀协同发展战略决策的能力

首发院已经在京津冀地区发展研究领域出版（发布）了《首都圈：结构、分工与营建战略》、《京津冀区域科技发展战略研究》、《协调发展与区域治理：京津冀地区的实践》、“打造国家区域治理现代化首善区——关于京津冀协同发展机制的研究与建议”等代表性论著和多项政策报告，产生了较大的政策影响力。今后将继续加深城市群与城市圈演化理论研究、创新驱动区域发展理论研究、区域治理的体制机制问题研究、京津冀区域大气污染联防联治等研究。开展京津冀协同发展各个领域分析和实证；进行京津冀协同发展实施状况的实时评估，并定期提交评估报告。

（三）全力打造一系列的核心智库产品与服务项目

在上述组织与管理模式创新的基础上，首发院将全力打造一系列的核心智库产品与服务项目，具体包括如下：①定期旗舰智库报告与不定期专题研究报告；②智库发布平台与政策研讨活动；③专题智库数据库、案例库与实验室；④面向服务对象的具体政策研究、智库咨询与能力建设；⑤智库人才培养与短期培训（表 1）。

表 1　首发院智库服务项目管理与规划

主要智库产品与服务	项目立项方式	团队构成与人员聘用	成果评价方式	工作基础	发展规划
定期旗舰智库报告与不定期专题研究报告	智库自主立项	项目主管负责的开放式团队，以教学科研人员和项目研究员为主	发布与参考情况	“首都发展报告”系列（2015、2017、2019）；“京津冀区域发展报告”系列（2012、2014、2016、2019）；“中国省市区生态文明指数排名”（2009、2011、2013、2014）等	持续编撰北京大学首都高端智库系列报告“首都发展报告”； 持续编撰北京大学首都高端智库系列报告“京津冀协同发展报告”； 继续研制“中国省市区生态文明指数排名”
智库发布平台与政策研讨活动	智库自主立项	项目主管负责的开放式团队，以教学科研人员和其他知名专家与政策实践者为主	受众反馈情况、政府采纳情况	《决策要参》（内刊，已经刊印 148 期）； “北京大学首都发展新年论坛”（已举办 4 届）； 编撰《北大首都智库》，2018 年创刊（内刊）（季刊）（已发行 4 期）； 每年不定期举办各类政策研讨会（头脑风暴会）4～5 次	举办“北京大学首都发展新年论坛”：计划在每年一月举办； 继续联合编撰《决策要参》； 编撰《北大首都智库》（内刊）（季刊）； 与《经济与管理》杂志共建京津冀协同发展专栏； 政策研讨会（头脑风暴会）：每年不定期地举办 4～6 次
专题智库数据库、案例库与实验室	智库自主立项	项目主管负责的开放式团队，以教学科研人员为主	验收与使用情况、同行评价	依托 Beijing Lab 大数据平台，建设区域经济社会数据资源池，拓展平台应用层服务门类和功能	京津冀区域基础空间数据采集、各类分析模型研制； 进行经济预测、城市规划、监测预警、产业布局、绩效评估数据库的建设
面向服务对象的具体政策研究、智库咨询与能力建设	用户委托立项申报	项目主管负责的开放式团队，以教学科研人员和项目研究人员为主	用户反馈情况、政府采纳情况	首发院先后完成了国家社会科学基金、国家自然科学基金、国家部委（国家发展和改革委员会、科学技术部、住房和城乡建设部等）、北京市区两级政府和相关省市的上百项规划研究与政策咨询项目	继续申报与承担国内外各机构的学术和政策研究项目，产出高水平的学术与政策研究成果； 继续开展面向中央与相关部委的政策咨询； 继续开展面向各级政府和企业界的政策与规划咨询服务

续表

主要智库产品与服务	项目立项方式	团队构成与人员聘用	成果评价方式	工作基础	发展规划
智库人才培养与短期培训	用户委托立项申报	项目主管负责的开放式团队，以教学科研人员、项目研究人员和其他知名专家与政策实践者为主	人才发展情况、学员成长情况	已经形成了多学科、多领域的智库人才队伍； 每年已经为北京各部门或区开办了数期领导干部培训； 共计举办了 188 讲“北京大学国子监大讲堂”，吸引了数万名市民现场参与，被评为首批“首都市民学习品牌”	加强智库型人才队伍建设，巩固与充实首发院研究团队，提升研究人员政策咨询综合能力； 聘用3～5名具有政策制定经验的智库型政策研究带头人； 每年培养智库型青年人才 5～8 名（包括智库型博士后人才 2～3 人、政策研究类博士研究生 1～2 人、接收智库型访问学者 2～3 人）；每年开办两期“智库人才能力提升培训班”以及接受政府或企事业单位的专项政策培训；继续开展“北京大学国子监大讲堂”讲座

注：数据截至 2019 年 1 月

打造一流的核心智库产品与服务,成为支撑区域经济社会发展的高端智库，一直都是首发院的努力目标。相信在北京市政府的大力支持下，在首都高端智库理事会的精心指导下，在北京大学和北京大学智库工作领导小组的领导下，在首发院团队上下的共同努力下，首发院将不断走向新的辉煌，有信心在不久的将来，建设成为“以服务首都为特色的中国乃至世界知名的新型高端智库”。

理论与方法篇

中国城市化驱动经济增长的机制与概念模型[①]

杨开忠

由于城市能够产生外部性经济，城市化不仅取决于工业化发展和经济增长水平，而且构成了工业化发展和经济增长的重要驱动力。发展经济学家（Perroux，1955；Myrdal，1957；Hirshman，1958）和地理学家（Pred，1966）早在20世纪50～60年代就指出，城市化在经济发展中产生的外部性经济推动工业化发展和经济增长具有循环累积的性质。但直到90年代以前，人们对这种作用的机制并不清楚。90年代以来，以美国经济学家P. R. Krugman、日本经济学家M. Fujita和英国经济学家A. J. Venables为代表的新经济地理学派，以垄断竞争市场模型和冰山交易技术为基础，对人口和经济集聚累积因果机制进行了深入研究，提出了几种理论模式。其中，最主要的模式是迁移驱动模型（Krugman，1991；Puga，1998）和投入-产出联系驱动模型（Venables，1996）。尽管这些模型是在一定的工业化发展和经济增长水平情形下，描述人口和经济活动空间集中和分散的，但其关于集中和分散机制的认识无疑有助于人们理解城市化对经济发展的影响。本文试图基于中国的经验，借鉴新经济地理学理论，初步描述和分析城市化驱动区域经济发展的机制。

一、城市化驱动经济发展的机制

城市化本质上是满足人口对城市工作和城市生活需要的过程，主要表现为人口、土地和产业从农村向城市的集中。在中国，如何利用城市化驱动经济发

① 本文发表于《城市问题》2011年第3期。作者简介：杨开忠，首都经济贸易大学副校长，北京大学教授，北京大学首都高端智库学术委员会主任，研究方向为经济地理学、区域科学/区域与城市经济学、规划与政策分析、可持续发展理论与政策、中国发展与改革。

展，大致可以概括为以下两个方面：促进要素向城市集中和区域一体化。人口和经济活动的地理集中可以产生三个方面的外部性经济，一是需求和成本的联动效应；二是劳动力市场效应；三是信息外溢效应。下面，我们参考新经济地理学理论和方法，从不完全竞争市场的假定出发，集中说明和解释人口与经济活动的地理集中是如何经由需求和成本的联动驱动经济发展的。

1. 乡镇企业向城市集中和投入-产出联系驱动模型

20 世纪 80 年代以来，中国采取了“离土不离乡、进厂不进城”的农村工业化模式。根据 21 世纪初建设部的一份报告，当时的乡镇企业 80%设在村落，12%设在集镇，只有 7%和 1%分别设在建制镇和县城。这种农村工业化模式难以充分利用城市的集聚效应，推动经济持续发展，有效进行环境污染治理和环境保护。这种农村工业化模式的后果是，一方面，80 年代末以来中国乡镇企业经济发展开始徘徊不前；另一方面，乡镇企业会造成严重的环境污染和破坏。有鉴于此，在中国，人们逐渐形成了鼓励乡镇企业向城市，特别是建制镇和中小城市集中，以此推动经济发展和形成环境保护的共识，政府还采取了撤乡并镇、在城镇设立乡镇企业开发区等形式多样的鼓励乡镇企业集中发展的措施。那么，乡镇企业向城市集中是如何驱动经济发展的呢?

1996 年，英国伦敦经济学院 A. J. Venables 教授在其“垂直联系产业的均衡区位”一文中提出投入-产出联系驱动累积性经济集聚的模型。与要素迁移驱动经济集聚的模型不同，投入-产出联系驱动模型强调企业间投入-产出的联动作用。这一理论虽然不能用于说明和解释城市化驱动经济发展的机制，但其关于企业迁入的投入-产出成本和需求联动思想可以借鉴到企业从农村迁入城市而驱动经济累积性发展的过程中。

如图 1 所示，在垄断竞争条件下，乡镇企业迁入一方面扩大了上游企业的地方需求，另一方面减少了下游企业获取这一投入的运费，这两种力量将导致城市生产效率提高，地方盈利能力和积累能力增强，从而带来新的企业形成，而这又会导致新一轮的联动。因此，乡镇企业迁入城市驱动经济累积性发展。劳动力供给弹性是这一过程持续进行的重要条件。如果劳动力供给没有弹性，新企业迁入将导致城市劳动力市场价格上升，增加企业生产成本，削弱城市盈利能力，从而使集聚和发展难以维系。在城市充分就业的条件下，要素供给弹性只能通过劳动力从乡村向城市流动及区际劳动力流动来保障。因此，劳动力流动是投入-产出联系驱动区域经济发展的重要前提和基础。

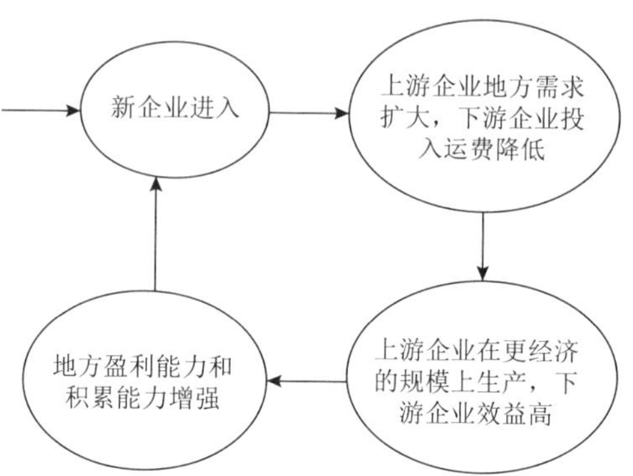

图 1　投入–产出联系驱动模型

2. 劳动力向城市迁入和迁移驱动模型

长期以来，户籍制度和基于户籍制度的粮食及副食品供应、住宅、就业、教育、医疗、养老制度等，构筑了中国城乡分割的鸿沟。改革开放以来，随着经济的发展，以及粮食和副食品凭票供应制度的取消与就业制度的松动，农民可以进城打工。但是，由于户籍制度的限制，进城打工的农民不能在城市落户，也得不到或不能平等地得到城市提供的公共产品和服务。在这种情形下，绝大多数进城农民都没有长期在城市定居和生活的打算。在城市期间，他们通常不放弃其在农村的土地，并表现出“多积累、少消费”、对城市只用不养的“掠夺性”行为特点，从而严重地制约了农村土地规模经营及城市经济和社会更大程度的发展。因此，为了利用城市化驱动经济发展，必须彻底改革户籍制度，实现按居住地划分城乡人口、按职业确定身份的户籍登记制度，并逐步用身份证制度代替户籍制度，从而从根本上消除农民进城的限制。那么，人口向城市迁入如何驱动经济发展?

1991 年，美国麻省理工学院 P. R. Krugman 教授在其著名的“递增报酬与经济地理”一文中，首先提出劳动力迁入的需求联动的地理集聚模型。在 Krugman 模型中，不存在区域内部农村部门向城市部门的劳动力迁入，只有城市部门内部的区际劳动力迁入，这显然不符合农村存在大量剩余劳动力的发展中国家的情形。考虑到这一点，1998 年加拿大多伦多大学 D. Puga 教授在其“城市化格局：欧洲对欠发达国家”一文中提出了既包含区际劳动力迁入，又包含区内部门之间劳动力转移的地理集聚模型（Krugman-Puga 模型），进一步发展了 Krugman 模型。Krugman-Puga 模型描述和解释的是在一定工业化水平下经济的地理集聚，而非地理集聚对工业和经济增长的驱动，因而不能用于说明和解释城市化驱动经济发展的机制。不过，其关于劳动力迁入的需求联动思想可以借鉴到劳动力从农村迁入城市而驱动经济累积性发展的过程中。

如图 2 所示，在垄断竞争市场条件下，劳动力迁入将增加城市劳动力供给和地方支出，抑制城市工资上升，使得工资保持相对稳定、生产规模报酬增加、规模经济增强，进而提高城市生产率，增强城市盈利能力。这将导致城市积累能力提高和新资本形成，新资本形成吸引劳动力迁入，而劳动力迁入又将增加城市地方支出。因此，从城市部门来看，劳动力从农村迁入城市将通过需求联系驱动经济累积性发展。

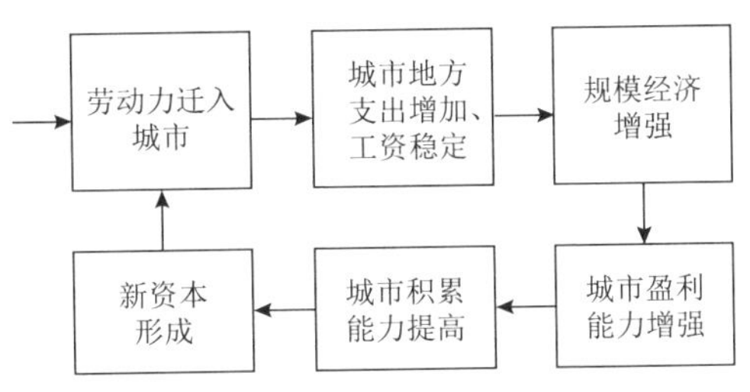

图 2　劳动力迁入城市驱动城市部门发展的概念模型

此外，农业是由既相互联系又相互区别的增值活动所组成的价值链系统（图 3）。该系统包括两个部分，一是基本增值活动，二是辅助增值活动。我国农业实行家庭联产承包责任制，农户成为自主的生产者和经营者。农户的动机和目的在于追求利益最大化。根据自身利益最大化的需要，农户决定哪些农业增值活动由自己经营，哪些农业增值活动通过市场满足。从农户角度来看，农业产业化就是农户专门经营农业价值链中某一或某些增值活动，而将其他增值活动逐步市场化的过程。一般来讲，某一农业增值活动在自己经营预期的机会

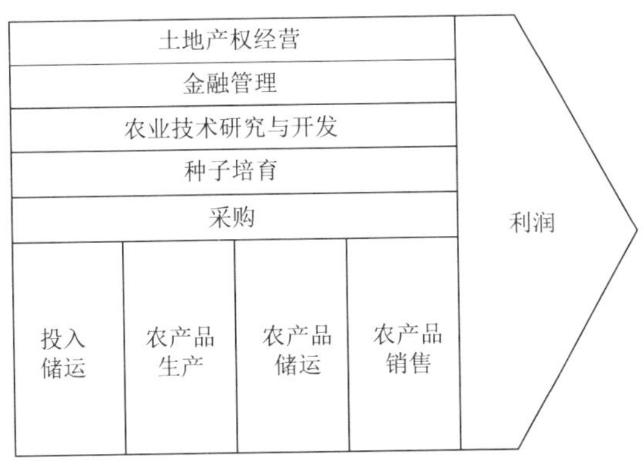

图 3　农户农业生产价值链

成本高于市场供应的交易成本时，农户就倾向于从市场上购买这种增值服务；反之，农户则倾向于自己经营。

如图4所示，农村劳动力迁入城市将使农户自身经营农业增值活动的预期机会成本上升，农户倾向于减少自己经营农业增值活动的范围和规模，增加从市场上购买农业增值服务的范围和规模，从而扩大农业增值服务的市场，拉动农业产业化。农业产业化将提高农业生产率，这一方面推动农村劳动力和土地进一步向城市转移，促进农业产出增长，进而推动城市化发展；另一方面降低农户通过市场获取农业增值服务的价格，从而反过来推动农业产业化发展。由此可见，从农村部门来看，劳动力从农村迁入城市也能驱动经济累积性发展。

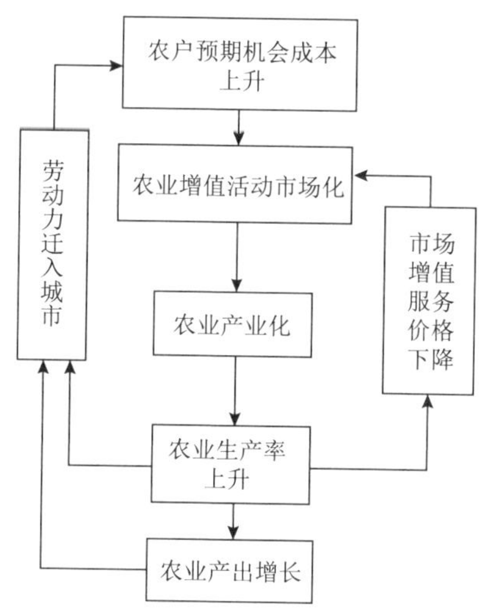

图4　劳动力迁入城市驱动农村部门发展的概念模式

3. 区域贸易一体化

改革开放以来，中国地区之间相互封闭的状况尽管得到了很大改善，但是立法、司法和公共管理领域的地区壁垒仍然严重阻碍着地区之间的贸易自由化。在中国社会主义市场经济发展中推行各种区域贸易一体化的措施，虽然不是明确针对城市化目标提出的，但实际上也构成了促进城市化并利用城市化驱动经济发展的重大因素。那么，区域贸易一体化如何影响城市化和驱动经济发展？城市不仅为本地服务，而且还为其他城市和区域服务，因此由区域贸易一体化程度决定的区际交易效率必然影响城市化。在区域贸易成本很高时，企业集中的效率会受到较大限制。如图5所示，当区域贸易一体化程度不断加深、区域贸易成本持续下降、区域交易效率提高时，城市输出产品盈利能力增强，从而引起新企业形成，进而由投入-产出的成本和需求联系及劳动力迁入的需求联系促进企业生产效率提高。因此，区域贸易一体化有利于城市化，并通过城市化驱动经济发展。

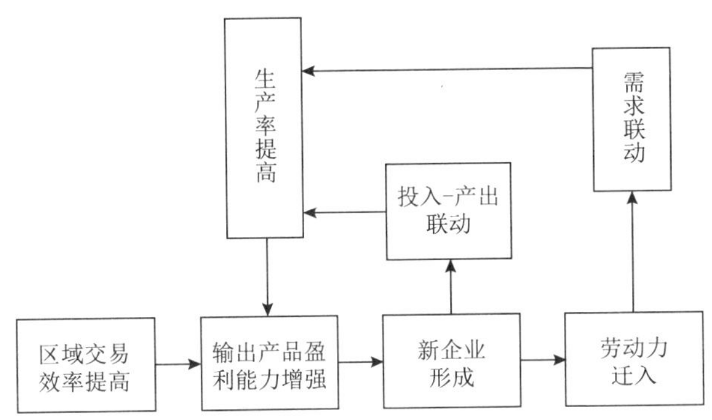

图 5　区域贸易一体化影响城市化和经济发展的概念模式

二、政策建议

要素自由流动和商品自由贸易是城市化和经济发展的重要驱动力与前提，只要劳动力和资本能够自由流动，产品能够自由贸易，城市化与区域经济增长就会自我加强地持续进行下去。在城市化过程中，政府应该把区位选择权归还给个人和企业，没有必要也不应该规定人口和企业区位的选择，没有必要也不应该规定是重点发展大城市还是重点发展小城镇。政府作用的关键在于，为个人、企业的区位决策，以及不同区位、不同规模等级的城市之间的竞争，创造公开、公正的条件和环境。因此，中国城市化一方面必须充分发挥市场机制的基础性作用，另一方面必须把城市化管理的重心从规定不同规模等级的城市发展转移到创造平等的城市化条件和环境上来。其中，关键在于全面实行要素自由流动和商品自由贸易，调整行政区划，取消城市行政等级，以及实施“问题城市”管理。这里，就调整行政区划和取消城市行政等级做进一步阐述。

在中国，城市有行政等级，从高到低依次分为省级城市、副省级城市、地级城市、副地级城市、县级城市、副县级城市、乡级城市。等级不同的城市具有不同的立法、司法、行政和经济管理权限，因而处于不平等竞争中。一般来讲，等级越高，权限越大，在竞争中处于越有利的地位；反之，等级越低，权限越小，在竞争中处于越不利的地位。这种不平等竞争必然会导致资源空间配置的错误。1958 年以来，中国政府逐步提出和实施的“严格控制大城市规模，合理发展中等城市，积极发展小城市”的城市发展方针，不仅可以视为弥补社会主义计划经济体制下分散城市化力量不足的一种机制，而且也是制衡城市行政等级在城市化中的作用的杠杆。改革开放以来，随着城市房地产市场逐步完善，尽管分散城市化力量不断扩大，但是由于城市行政等级在城市化中的作用有加强趋势，中国政府没有放弃作为制衡力量的上述城市发展方针。因此，要使不同规模等级城市之间能够相对平等地竞争，放弃政府对不同规模等级城市的结构性干预，必须取消城市行政等级。

中国城市行政等级是省级行政区过大及整县改市、撤地设市做法的反映和体现，必须从调整行政区划系统的高度来解决城市行政等级问题。行政区划系统的调整必须有利于最大限度地降低行政管理及设市的交易成本，有利于调动地方积极性和创造性，有利于充分利用地方信息，有利于最大限度地增强城市和区域在全球化竞争中的应变能力，有利于国家安全。根据这些要求，我国行政区划系统调整的主要方向和途径如下（杨开忠和权晓红，1998）：①划小省级行政区，向划小后的省级行政区放权，全国可以考虑划分 60 个以上的省级行政区；②取消副省级、地级行政区，包括副省级、副地级市的建制；③调整整县改市、撤地设市的做法，实行县辖市制度。

<<<参 考 文 献>>>

1 Dixi, Avinash K. and Joseph E. Stiglitz. 1977. Monopolistic competition and optimum product diversity. American Economic Review, 67: 297-308.

2 Hirshman, Albert O. 1958. The Strategy of Economic Development. New Haven, Connecticut: Yale University Press.

3 Krugman, Paul. 1991. Increasing returns and economic geography. Journal of Political Economy, 99: 484-499.

4 Myrdal, Gunnar. 1957. Economic Theory and Under-developed Regions. London: Duckworth.

5 Northam, R. M. 1975. Urban geography. New York: John Wiley & Sons.

6 Perroux, Francois. 1955. Note sur la notion de pole de croissance. Economique appliquée, 1-2: 307-320.

7 Pred, Alan R. 1966. The Spatial Dynamics of US Urban-Industrial Growth, 1800-1914: Interpretive and Theoretical Essays. Cambridge, MA: The MIT Press.

8 Puga, Diego. 1998. Urbanization patterns: European vs. less developed countries. Journal of Regional Science, 38: 231-252.

9 Samuelson, Paul A . 1954. The transfer problem and transport costs, II: Analysis of trade impediments. Economic Journal, 64: 264-289.

10 Venables, Anthony J. 1996. Equilibrium locations of vertically linked industries. International Economic Review, 37: 341-359.

11 Gallup, John Luke. Theories of Migration, Development Discussion Papers No. 569, Harvard Institute for International Development, January, 1997.

12 杨开忠，权晓红．我国行政区划改革思路的再探讨．中国方域：行政区划与地名，1998(1)．

探索建立面向新型城镇化的国土空间分类体系①

林　坚　柳巧云　李婧怡

一、引　言

1978～2014年，我国城镇化率从17.9%提升到54.8%②，在城镇化快速发展的同时，生态环境恶化、国土空间利用无序等问题也日益凸显。为此，国家明确提出要走新型城镇化道路，推进以人为核心的城镇化，全面提升城镇化质量。国土空间是城镇化的载体与利用对象，围绕国土空间合理利用、推动生态文明建设，国家提出一系列的新要求。党的十八大报告、中央城镇化工作会议、中央城市工作会议都提出，促进（实现）生产空间集约高效、生活空间宜居适度、生态空间山清水秀；中央城镇化工作会议提出，划定生态红线，科学设置开发强度，尽快把每个城市特别是特大城市开发边界划定；《国家新型城镇化规划（2014—2020年）》提出，合理划定生态保护红线，严格划定永久基本农田，合理控制城镇开发边界；《生态文明体制改革总体方案》提出，构建以空间规划为基础、以用途管制为主要手段的国土空间开发保护制度；全国统一、相互衔接、分级管理的空间规划体系。要达成上述要求，厘清国土空间开发秩序是关键。因此，探索建立一个相对统一的国土空间分类体系，将成为理顺国土空间开发建设秩序的基础。

分类是根据事物的特点进行归类③，国土空间分类则是根据不同国土空间利

---

① 本文发表于《城市发展研究》2016年第4期，获“2017年金经昌中国城市规划优秀论文奖”提名奖。作者简介：林坚，北京大学首都发展研究院副院长，北京大学城市与环境学院城市与区域规划系主任、教授，北京大学首都高端智库学术委员会委员，研究方向为土地利用、城市与区域规划；柳巧云，国土资源部国土规划与开发重点实验室，研究方向为城市与区域规划；李婧怡，北京大学未来城市实验室，研究方向为土地利用与规划。

② 《中国统计年鉴2015》。

③ 《辞海》。

用的特点与目的进行归类。分析已有的各种国土空间分类标准及相关研究，分类的目的是区分不同分类思路的关键[1-3]；而围绕我国历版用地分类标准的讨论，多集中在对农用地[4]、工业用地[5]、物流用地[6]、旅游用地[7]等地类进行进一步细分，总体思路比较接近；部分研究则通过总结英国、日本、澳大利亚及中国香港和台湾等国家（地区）的经验，提出我国国土空间分类应加强可持续发展、弹性控制、混合用地、生态保护、政策管控等方面的意图表达[8-11]，或是结合我国当前面临的生态环境退化、资源枯竭等问题，建议对用地分类的总体思路进行修正[12-17]，但尚未进一步提出具体方案。

为此，本文将在系统分析我国已有国土空间分类标准的基础上，思考面向新型城镇化的国土空间合理利用逻辑及相应空间分类应该发挥的功能作用，提出相应的国土空间分类方案，并以北京市和山东省桓台县为例进行实证研究。

二、我国不同时期各部门国土空间分类分析

改革开放以来，我国日益加强与国土空间利用相关的规划和管理工作，相继出台了十多项国土空间分类标准，这些分类标准的制定部门、制定背景、分类依据、关注重点等方面均有所差异（表 1），使我国的国土空间分类体系呈现如下主要特征。

表 1　我国主要国土空间分类标准

制定部门	类别	年份	分类名称	制定背景	分类依据	主要应用领域	关注重点		
							区域	非建设用地	建设用地
国土资源部	土地调查	1984	《土地利用现状调查技术规程》中的“土地利用现状分类”	土地管理工作刚起步，亟须摸清家底	功能覆盖	第一次全国土地调查和土地变更调查	○	●	○
		1989	《城镇地籍调查规程》中的“城镇土地分类”	按照《中华人民共和国土地管理法》要求开展土地登记	功能覆盖	城镇地籍调查和城镇变更地籍调查	○	○	●
		2001	《全国土地分类》（试行）	加强农用地、建设用地、未利用地用途管制，城乡地政需要统一管理	功能覆盖	土地变更调查	○	●	●

续表

制定部门	类别	年份	分类名称	制定背景	分类依据	主要应用领域	关注重点		
							区域	非建设用地	建设用地
国土资源部	土地调查	2002	《全国土地分类》（过渡期间适用）	城乡统一调查难以一步到位	功能覆盖	土地变更调查	○	●	○
		2007	《土地利用现状分类》（GB/T 21010-2007）	城乡一体化进程加快要求城乡土地统一分类，同时各部门分类和统计口径需要统一	功能覆盖	第二次全国土地调查和土地变更调查	○	●	●
	土地规划	1997	《县级土地利用总体规划编制规程》(试行)中的“土地规划用途分类”	为土地利用总体规划提供依据	功能覆盖	土地利用总体规划	○	●	○
		2010	《市（地）级土地利用总体规划编制规程》（TD/T 1023-2010）、《县级土地利用总体规划编制规程》（TD/T 1024-2010）、《乡（镇）土地利用总体规划编制规程》（TD/T 1025-2010）中的“土地规划用途分类”	为土地利用总体规划提供依据	功能覆盖	土地利用总体规划	○	●	●
住房和城乡建设部		1990	《城市用地分类与规划建设用地标准》（GBJ 137-90）中的“城市用地分类”	为城市规划提供依据	功能覆盖	设市城市的总体规划	○	○	●
		1993	《村镇规划标准》（GB 50188-93）中的“村镇用地分类”	为村镇规划提供依据	功能覆盖	村庄、集镇、县政府驻地以外的建制镇规划	○	○	●
		2007	《镇规划标准》（GB 50188-2007）中的“镇用地分类”	为与《中华人民共和国城乡规划法》提出的城乡规划体系一致，单独制定镇与村的规划标准	功能覆盖	县政府驻地以外的镇规划和乡规划	○	○	●

续表

制定部门	类别	年份	分类名称	制定背景	分类依据	主要应用领域	关注重点		
							区域	非建设用地	建设用地
住房和城乡建设部		2011	《城市用地分类与规划建设用地标准》(GB 50137-2011)中的“城乡用地分类”和“城市建设用地分类”	城乡统筹规划管理进程加快，公益性用地与市场化用地差异凸显	功能覆盖	城市、县政府驻地镇和其他具备条件镇的总体规划与控制性详细规划	○	●	●
国家发展和改革委员会		2007	《国务院关于编制全国主体功能区规划的意见》中的四类政策区	落实2006年中央经济工作会议要求，促进区域科学协调发展	用地政策	全国和省级主体功能区规划	●	○	○
国家环境保护总局		2000	《全国生态环境保护纲要》中的生态分区	生态环境保护受到重视	用地政策	生态功能区划	●	○	○

●表示关注重点，○表示非关注重点

1. 分类形式：多种标准并行，部门特色突出

我国规划体系呈现多元化状态[18, 19]，据不完全统计，经法律授权编制的规划至少有 83 种[20]，其中涉及国土空间全域且有法理或政策基础的有土地利用总体规划、城乡规划、主体功能区规划和生态功能区划，分别由国土资源部、住房和城乡建设部、国家发展和改革委员会和国家环境保护总局主持编制。这些部门从各自工作需求出发，均制定了相应的国土空间分类标准，但不同分类的关注重点却存在较大差异。

国土资源部的土地利用总体规划旨在保护耕地与基本农田、控制建设用地，分类更注重非建设用地的细分。《市（地）级土地利用总体规划编制规程》（TD/T 1023-2010）、《县级土地利用总体规划编制规程》（TD/T 1024-2010）和《乡（镇）土地利用总体规划编制规程》（TD/T 1025-2010）中的“土地规划用途分类”包括耕地、园地、林地、牧草地、其他农用地、城乡建设用地、交通水利用地、其他建设用地、水域和自然保留地 10 个一级类。尽管有 7 类用地属于非建设用地，但实际规划编制和实施管理关注的重点在于耕地和建设用地，尤其是建设用地中的城乡建设用地。

住房和城乡建设部的城乡规划关注城镇内部用地功能与布局的引导和调控，对建设用地的划分更为细致。《城市用地分类与规划建设用地标准》（GB

50137-2011）虽然统筹考虑了城乡用地，并专门制定了“城乡用地分类”，但仅粗略地将非建设用地分为水域、农林用地和其他非建设用地 3 类，而“城市建设用地分类”则延续以往标准的细分做法，包括居住用地、公共管理与公共服务设施用地、商业服务业设施用地、工业用地、物流仓储用地、道路与交通设施用地、公用设施用地、绿地与广场用地 8 个大类。

此外，国家发展和改革委员会的主体功能区规划意在为区域空间开发方向提供指引，而国家环境保护总局的生态功能区划则是为物质空间环境建设提供生态底图，其空间分类往往从区域出发做出大尺度划分。

2. 分类思想：反映不同阶段的国土空间管理需求

随着社会经济发展与规划管理需求的变化，我国国土空间分类的思路也在不断发展。最具代表性的当属国土资源部的土地调查分类和住房和城乡建设部的规划用地分类的演变过程。

改革开放后，我国土地管理工作刚刚起步，亟须摸清家底，因此 1984 年全国农业区划委员会制定了《土地利用现状调查技术规程》中的“土地利用现状分类”，将国土空间分为耕地、园地、林地、牧草地、居民点及工矿用地、交通用地、水域和未利用土地八大类，以便对我国土地利用情况进行概略调查。随着土地管理工作的深入，为掌握更为细致的用地情况并开展土地登记，1989 年出台了《城镇地籍调查规程》中的“城镇土地分类”，自此城乡各形成了一套用地调查分类标准。进入 21 世纪后，为适应城乡一体化发展要求及城乡地政统一管理的需要，2001 年制定了城乡统一划分的《全国土地分类》（试行），但由于相关准备工作和配套制度的不足，这一标准并未得到全面执行，直至 2007 年国家标准《土地利用现状分类》（GB/T 21010-2007）出台后，城乡用地统一调查才逐步得以落实。

城乡规划用地分类标准的演变同样如此。1990 年制定的《城市用地分类与规划建设用地标准》，将城市用地划分为居住用地、公共设施用地、工业用地、仓储用地、对外交通用地、道路广场用地、市政公用设施用地、绿地、特殊用地、水域和其他用地 10 个大类，体现了计划经济年代政府统一控制用地、统一开发利用的思想。但伴随社会主义市场经济体制的确立及城镇土地有偿使用制度的全面推行，很多传统的由政府单一投资建设的用地类型面临公益性和经营性的分异，其中公共设施用地尤为明显。因而，2011 年住房和城乡建设部在综合考虑城乡统筹发展、公益性用地和市场化用地分异等需求的基础上，对原用地分类标准进行了修订，明确提出覆盖行政区全域、按照建设用地和非建设用地系列设置的城乡用地分类，将公共管理与公共服务设施用地、商业服务业设施用地等具有不同政策导向的用地类型予以区别设置[22, 23]。

3. 分类依据：以功能覆盖为主，逐渐关注用地政策和空间形态

总结国内外各类国土空间分类方式，基于不同的分类依据，大致可分为用地功能分类、政策区分类和空间形态分类三种[11-21]。用地功能分类以用地性质作为划分标准，一般划分为居住、工业、商业、公共设施、绿地、交通设施等用途类别；政策区分类是以政策目标为标准划分空间，以对经济、社会、功能、形态等进行多方面控制；空间形态分类强调对不同开发情形下空间景观的控制，通常分为城市地区、乡村地区、高层建筑区、低密度开发区、开阔地等[11-24]。

我国国土空间分类标准虽然繁多，但多数依据的是用地功能覆盖状况，如国土资源部与住房和城乡建设部的各版用地分类都是如此。究其原因，用地功能是开发控制的核心内容，依此划分空间是最直观的空间分类方式。但是，多年的实践经验表明，仅考虑用地功能的国土空间分类，无法完全实现对国土空间资源的综合管控，而政策区分类和空间形态分类逐渐得到关注。例如，主体功能区规划和生态功能区划便主要依据政策意图划分空间，前者将国土空间划分为优化开发、重点开发、限制开发和禁止开发四类区域；后者则根据生态评价划分若干生态功能区，且不同分区对应不同的空间利用政策。近些年，城乡规划实行的禁止建设区、限制建设区、适宜建设区划分，土地利用总体规划采取的允许建设区、有条件建设区、限制建设区、禁止建设区等管制分区，也都体现了政策区分类和空间形态分类相结合的发展趋势。

三、面向新型城镇化的国土空间分类功能作用思考

走新型城镇化道路不仅对国土空间开发格局优化提出了新要求，也为全面反思国土空间分类的功能作用，尤其是其政策意图提供了一个契机。新型城镇化要求走以人为本、集约、智能、绿色、低碳的发展道路，十八届五中全会进一步提出“创新、协调、绿色、开放、共享”五大发展理念。结合我国新型城镇化和生态文明建设的总体要求，国土空间分类应该依次发挥以下功能作用。

1. 合理管控国土开发强度：强化国土空间用途管制，优化国土空间开发秩序

国土开发强度代表一个地区建设用地占国土空间的比重①。城镇化的快速推进，带来了建设用地的迅速扩张，部分地区国土开发强度过大、建设用地低效利用现象突出，这一趋势必须遏制。第二次全国土地调查结果显示，2009年全国建设用地总面积为3500万hm^2，相比1996年第一次全国土地调查时的2918万hm^2增加了582万hm^2，年均增长44.8万hm^2，国土开发强度从3.0%上升到3.7%②，其中作为重要粮食生产基地的中部地区，建设用地增长速度更是呈现出上扬态势，由2002～2005年的1.3%提升到2005～2008年的1.4%[25]，建设用地的快速和无序扩张已逐渐威胁到我国的粮食与生态安全[25, 26]。

控制国土开发强度、有效管控新增建设用地规模是国家意志的重要体现。1998年修订后的《中华人民共和国土地管理法》实行土地用途管制，将土地用途划分为农用地、建设用地和未利用地，严格限制农用地转为建设用地，控制建设用地总量。2004年，《国务院关于深化改革严格土地管理的决定》进一步提出，明确土地管理的权力和责任。调控新增建设用地总量的权力和责任在中央，盘活存量建设用地的权力和利益在地方。十八届三中全会提出，要统一行使所有国土空间用途管制职责。《生态文明体制改革总体方案》针对健全国土空间用途管制制度，要求将开发强度指标分解到各县级行政区，作为约束性指标，控制建设用地总量。各类空间规划长期关注和把控的重点在于建设用地与非建设用地。城乡规划采用“三区四线”（禁止建设区、限制建设区、适宜建设区；蓝线、绿线、黄线、紫线）对建设用地进行管控；土地利用总体规划提出“三界四区”（规模边界、扩展边界、禁建边界；允许建设区、有条件建设区、限制建设区、禁止建设区）的建设用地空间管制体系；主体功能区规划提出的“优化开发区域、重点开发区域、限制开发区域、禁止开发区域”同样也旨在管控不同地区的国土开发强度；而生态功能区划则是通过“底图划定”的方式对国土空间开发建设进行限制。

因此，优化国土空间开发秩序是形成合理国土空间利用格局的基础和前提，处理好建设空间与非建设空间之间的关系也是国土空间分类应体现的关键诉求和根本出发点。

---

① 2010年《全国主体功能区规划》。

② 第二次全国土地调查。

2. 差别化利用城镇村空间：尊重城市发展规律，有序统筹城乡空间利用

推动城乡一体化发展是新型城镇化的关键内容，但城乡一体化发展不代表城乡采取无差别、均一化的空间利用模式。相反，不论历史，还是未来，城市、城镇和乡村的建设、土地利用、空间管理特征明显有别。城市发展有其自身规律，一个地区的发展离不开当地的自然禀赋、产业基础、民俗乡情等实际情况，也离不开全国或区域城镇化的大格局。正如中央城市工作会议所提出的，各城市要结合资源禀赋和区位优势，明确主导产业和特色产业，强化大中小城市和小城镇产业协作协同，逐步形成横向错位发展、纵向分工协作的发展格局。新型城镇化要求尊重城市发展规律、有序推进城市发展，决定了不同城市、城镇、乡村的空间利用目标是各异的。同样，相比于城市和城镇，乡村更应当找准自身定位，注重乡土特色及民俗文化的保存，"让居民望得见山、看得见水、记得住乡愁"。现实中，城市、城镇和乡村的建设用地利用情况差异显著，尤其是农村居民点建设用地规模过大、效率低的问题较为突出[22]。基于不同的发展目标与现状特征，同时考虑到我国城乡有别的土地所有制架构，城市、城镇和乡村为实现城乡一体化发展目标，所采取的规划、建设与治理方式都将存在差别。

因此，面向新型城镇化的国土空间分类体系应在有效管控国土开发强度的前提下，有序统筹城乡空间利用，差别化地利用城市、城镇和乡村空间，使其各尽其能、合理有序。

3. 优化国土空间开发格局：压生产空间、保生活空间、优生态空间，合理化布局结构

推进新型城镇化，亟须调整和优化"三生"空间结构。根据《中国城市建设统计年鉴 2015》，2015 年我国城市建成区中居住用地占比为 31.6%，工业用地占比为 20.0%，而伦敦、纽约、东京等国际大都市的工业用地占比一般不超过 10%，居住用地占比较高，如东京 2006 年居住用地占城市建设用地比重达 58.2%[①]。可见，我国当前生产空间比重过大，而生活、生态空间明显不足。

优化"三生"空间结构布局，需明确各类空间的内涵。就土地功能而言，生产、生活和生态功能是三项基本功能，但相互间存在大量重叠与交叉[27, 28]。因此"三生"空间应以其主导功能作为区分，其中生产空间指土地作为生产要

① 石忆邵，彭志宏，陈永鉴，等. 国际大都市建设用地规模与结构比较研究[M]. 北京：中国建筑工业出版社，2010.

素来获取产品与服务，以提供经济产出为主要功能的空间；生活空间指为人类的基本生存和发展提供承载，以满足安居需求为主要功能的空间；生态空间指发挥人地关系调节作用，以提供生态系统服务为主要功能的空间。此外，道路交通、行政机关等设施空间，将为“三生”空间的有序运行提供支撑与保障，属于保障空间，作用显著且独立存在。

根据以上功能划分，可以发现生产活动、生活行为、生态保育、保障支撑等各类空间均存在于不同类型的地域单元中，换言之，城市、城镇和乡村中均含有生产、生活、生态、保障等不同功能的空间。因此，可在城镇村地域划分的基础上进一步划分各类主导性的功能空间。

4. 有效管理各类开发行为：衔接建设管理和资源保护需求，构建不同用途的空间分类

国土空间的开发利用必然体现到具体的建设活动和资源保护行为中。在我国，依据用途进行管理是传统的做法。《中华人民共和国土地管理法》要求实行土地用途管制，十八届三中全会提出统一行使所有国土空间用途管制职责。因此，以具体用地性质和功能为基础细化各类空间分类，既是业已存在的管理模式基础，也是未来深化改革的要求。

与此同时，十八届三中全会提出要处理好政府和市场的关系，中央城镇化工作会议进一步强调既要坚持使市场在资源配置中起决定性作用，又要更好发挥政府在创造制度环境、编制发展规划、建设基础设施、提供公共服务、加强社会治理等方面的职能。国土空间利用应该体现政府主体和市场主体的不同责任，按照空间支撑的服务产品属性差异，区分以政府提供为主体的公共产品和以市场提供为主体的非公共产品，如前者包括道路、公园、医疗、教育等设施空间和生态空间，后者包括工业用地、商业用地等。

5. 促进多规衔接协同：适应“多规合一”发展趋势，构建合理空间规划体系

当前我国多部门空间规划并行，在空间分类上也都遵循各自的体系，给多规衔接协调带来阻碍。以国土资源部的土地规划分类与住房和城乡建设部的城乡用地分类为例，尽管标准制定时已考虑了二者间的对接关系，但仍存在一些问题，如部分地类名称类似但含义互为包含，最为突出的是土地规划分类中的城乡建设用地和城乡用地分类中的城乡居民点建设用地，前者包括城镇用地、

农村居民点用地、采矿用地和其他独立建设用地，而后者仅包括城市、镇、乡和村庄建设用地；部分地类名称类似但含义互有交叉，如土地规划分类中的特殊用地强调空间上落在城乡建设用地范围之外，而城乡用地分类中的特殊用地则未提及这一要求，且不包括殡葬、宗教、涉外等用地。此外，还存在一些对应地类缺失的现象（表 2）。

表 2　土地规划分类与城乡用地分类差异分析

<table>
<tr><th rowspan="2">项目</th><th colspan="2">土地规划分类</th><th colspan="2">城乡用地分类</th><th rowspan="2">内涵差异</th></tr>
<tr><th>名称</th><th>内涵</th><th>名称</th><th>内涵</th></tr>
<tr><td rowspan="3">名称类似但含义互为包含</td><td>城乡建设用地</td><td>指城镇、农村区域已建造建筑物、构筑物的土地，包括城镇用地、农村居民点用地、采矿用地、其他独立建设用地</td><td>城乡居民点建设用地</td><td>指城市、镇、乡和村庄建设用地，包括城市建设用地、镇建设用地、乡建设用地、村庄建设用地</td><td>土地规划分类内涵大于城乡用地分类内涵</td></tr>
<tr><td>采矿用地</td><td>指独立于居民点之外的采矿、采石、采沙场、砖瓦窑等地面生产用地和尾矿堆放地（不含盐田）</td><td>采矿用地</td><td>采矿、采石、采沙、盐田、砖瓦窑等地面生产用地和尾矿堆放地</td><td>土地规划分类内涵小于城乡用地分类内涵</td></tr>
<tr><td>水域</td><td>指农用地和建设用地以外的土地，包括河流水面、湖泊水面、滩涂</td><td>水域</td><td>河流、湖泊、水库、坑塘、沟渠、滩涂、冰川及永久积雪，包括自然水域、水库、坑塘沟渠</td><td>土地规划分类内涵小于城乡用地分类内涵</td></tr>
<tr><td>名称类似但含义互有交叉</td><td>特殊用地</td><td>指城乡建设用地范围之外的，用于军事设施、涉外、宗教、监教、殡葬等的土地</td><td>特殊用地</td><td>特殊性质的用地，包括军事用地、安保用地</td><td>城乡用地分类内涵未强调城乡建设用地范围之外，土地规划分类内涵包括殡葬、宗教、涉外等用地</td></tr>
<tr><td rowspan="2">对应地类缺失</td><td></td><td></td><td>区域公用设施用地</td><td>为区域服务的公用设施用地，包括区域性能源设施、水工设施、通信设施、广播电视设施、殡葬设施、环卫设施、排水设施等用地</td><td>相当于土地规划分类中其他独立建设用地、水工建筑用地、特殊用地中的部分用地</td></tr>
<tr><td>其他独立建设用地</td><td>指采矿地以外，对气候、环境、建设有特殊要求及其他不宜在居民点内配置的各类建筑用地</td><td></td><td></td><td>相当于城乡用地分类中城乡居民点建设用地、区域公用设施用地中的部分用地</td></tr>
</table>

分类标准的不统一和不协调对国土空间的科学利用与有效管理是一大障

碍，但鉴于我国各部门国土空间管理的侧重点不同，大部分规划也具备相应的法理依据。因此，面向新型城镇化的国土空间分类应尽量协调各分类标准，以创造一个可供各方对话的语境和平台，为促进“多规合一”提供基础。

四、面向新型城镇化的国土空间分类体系构建

1. 国土空间分类原则

构建面向新型城镇化的国土空间分类体系，需明确三条原则。①分类范围：国土空间全域覆盖，不重不漏；②分类目标：综合考虑新型城镇化背景下国土空间利用与管控的多重问题和需求；③分类层级：采用多级分类体系，高层级的类别设置将反映相对重要的国土空间管控意图，以形成合理的国土空间开发秩序。

2. 国土空间分类方案

基于上述分析与思考，形成国土空间分类方案如下（图 1，表 3）。

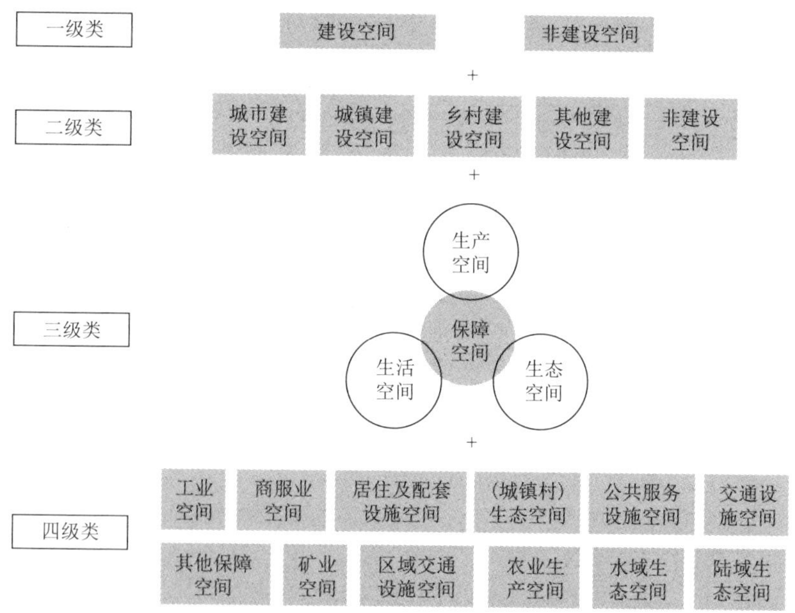

图 1　面向新型城镇化的国土空间分类框架

表 3　新型城镇化背景下的国土空间分类与现行主要分类标准对照衔接

<table>
<tr><th colspan="4">国土空间分类</th><th colspan="4">与现行主要用地分类标准对照衔接</th></tr>
<tr><th>一级类</th><th>二级类</th><th>三级类</th><th>四级类</th><th>土地利用现状分类（2007 年）</th><th>土地规划用途分类（2010 年）</th><th>城乡用地分类与城市建设用地分类（2011 年）</th><th>镇规划分类（2007 年）</th></tr>
<tr><td rowspan="10">建设空间</td><td rowspan="7">城市建设空间</td><td rowspan="2">生产空间</td><td>工业空间</td><td>061 工业用地、063 仓储用地</td><td rowspan="10">城镇用地</td><td>M 工业用地、W 物流仓储用地</td><td rowspan="7"></td></tr>
<tr><td>商服业空间</td><td>05 商服用地、082 新闻出版用地</td><td>B 商业服务业设施用地</td></tr>
<tr><td>生活空间</td><td>居住及配套设施空间</td><td>071 城镇住宅用地</td><td>R 居住用地</td></tr>
<tr><td>生态空间</td><td>生态空间</td><td>087 公园与绿地、111 河流水面、116 内陆滩涂、117 沟渠</td><td>G1 公园绿地、G2 防护绿地</td></tr>
<tr><td rowspan="3">保障空间</td><td>公共服务设施空间</td><td>081 机关团体用地、083 科教用地、084 医卫慈善用地、085 文体娱乐用地、086 公共设施用地</td><td>A1 行政办公用地、A2 文化设施用地、A3 教育科研用地、A4 体育用地、A5 医疗卫生用地、A6 社会福利设施用地、U 公用设施用地、G3 广场用地</td></tr>
<tr><td>交通设施空间</td><td>103 街巷用地、101 铁路用地（客货运站）、102 公路用地（长途客货运站）</td><td>S 道路与交通设施用地</td></tr>
<tr><td>其他保障空间</td><td>088 风景名胜设施用地、09 特殊用地、118 水工建筑用地、121 空闲地</td><td>A7 文物古迹用地、A8 外事用地、A9 宗教设施用地、H4 特殊用地</td></tr>
<tr><td rowspan="3">城镇建设空间</td><td rowspan="2">生产空间</td><td>工业空间</td><td>061 工业用地、063 仓储用地</td><td rowspan="3">H12 镇建设用地</td><td>M 生产设施用地、W 仓储用地</td></tr>
<tr><td>商服业空间</td><td>05 商服用地、082 新闻出版用地</td><td>C5 商业金融用地、C6 集贸市场用地</td></tr>
<tr><td>生活空间</td><td>居住及配套设施空间</td><td>071 城镇住宅用地</td><td>R 居住用地</td></tr>
</table>

续表

国土空间分类				与现行主要用地分类标准对照衔接			
一级类	二级类	三级类	四级类	土地利用现状分类（2007 年）	土地规划用途分类（2010 年）	城乡用地分类与城市建设用地分类（2011 年）	镇规划分类（2007 年）
建设空间	城镇建设空间	生态空间	生态空间	087 公园与绿地、111 河流水面、116 内陆滩涂、117 沟渠			G 绿地
		保障空间	公共服务设施空间	081 机关团体用地、083 科教用地、084 医卫慈善用地、085 文体娱乐用地、086 公共设施用地			C1 行政管理用地、C2 教育机构用地、C3 文体科技用地、C4 医疗保健用地、U 工程设施用地
			交通设施空间	103 街巷用地、101 铁路用地（客货运站）、102 公路用地（长途客货运站）			S 道路广场用地、T 对外交通用地
			其他保障空间	088 风景名胜设施用地、09 特殊用地、118 水工建筑用地、121 空闲地			E5 墓地、E7 特殊用地
	乡村建设空间	生产空间	工业空间	203 村庄	农村居民点用地	H13 乡建设用地、H14 村庄建设用地	
		生活空间	居住及配套设施空间				
		生态空间	生态空间				
		保障空间	交通设施空间				
	其他建设空间	生产空间	矿业空间	204 采矿用地	采矿用地、盐田	H5 采矿用地	

续表

国土空间分类				与现行主要用地分类标准对照衔接			
一级类	二级类	三级类	四级类	土地利用现状分类（2007 年）	土地规划用途分类（2010 年）	城乡用地分类与城市建设用地分类（2011 年）	镇规划分类（2007 年）
建设空间	其他建设空间	保障空间	区域交通设施空间	101 铁路用地（除客货运站）、102 公路用地（除长途客货运站）、105 机场用地、106 港口码头用地、107 管道运输用地	铁路用地、公路用地、民用机场用地、港口码头用地、管道运输用地	H2 区域交通设施用地	
			其他保障空间	118 水工建筑用地、205 风景名胜及特殊用地	水工建筑用地、风景名胜设施用地、特殊用地、其他独立建设用地	H3 区域公用设施用地、H4 特殊用地、H9 其他建设用地	
非建设空间	非建设空间	农业生产空间	农业生产空间	01 耕地、02 园地、104 农村道路、114 坑塘水面、117 沟渠、122 设施农用地、123 田坎	耕地、园地、其他农用地	E13 坑塘沟渠、E2 农林用地（除林地、牧草地）	E2 农林用地（除林地）
		自然生态空间	水域生态空间	111 河流水面、112 湖泊水面、113 水库水面、115 沿海滩涂、116 内陆滩涂、119 冰川及永久积雪	水库水面、水域	E11 自然水域、E12 水库	E1 水域
			陆域生态空间	03 林地、04 草地、124 盐碱地、125 沼泽地、126 沙地、127 裸地	林地、牧草地、自然保留地	E2 农林用地（林地、牧草地）、E9 其他非建设用地	E2 农林用地（林地）、E3 牧草地和养殖用地、E4 保护区、E6 未利用地

分类体系包括 2 个一级类、5 个二级类、16 个三级类和 24 个四级类。其中，一级类关注“建与非建”，以是否建设作为划分标准，突出国土开发强度控制。二级类突出“城市-镇-乡村”差异，科学推进城乡统筹发展，其中其他建设空间是指除城市、镇、村等集中建设区域外的建设空间，以区域性设施、独立工矿为主。在城市-镇-乡村的分级基础上，实际应用时，各地可结合具体情况将镇与城市或乡村合并，从而形成“城镇、乡村”或者“城市、村镇”等不同体系。三级类在城镇乡各层级的国土开发强度均得到有效控制的基础上，促进“三

生”空间结构调整，逐渐形成以人为本的空间利用结构。四级类细化功能分区，进一步按工业、商服业、居住、公共服务、交通设施等空间用途进行细分，既要衔接建设管理和资源保护的需求，也要对接当前的各种用地分类标准。在实际应用中，可以将四级类中水域生态空间和陆域生态空间直接代替三级类的自然生态空间。

此外，围绕促进新型城镇化发展构建的国土空间分类并非是一个孤立的分类体系，而是尽量与现有的各部门国土空间分类做到有机衔接。《土地利用现状分类》（GB/T 21010-2007）、土地规划用途分类（2010 年）、《城市用地分类与规划建设用地标准》（GB 50137-2011）中的城乡用地分类与城市建设用地分类及《镇规划标准》（GB 50188-2007）中的用地分类等现行主要用地分类标准，都可以进行对接转换（表 3）。

五、国土空间分类体系试验应用——以北京市和山东省桓台县为例

上述面向新型城镇化的国土空间分类体系一方面可用于分析土地利用现状，发现各类空间的结构特征与变化情况，同时也可用于解读规划，比对不同部门规划方案的差异与工作重点。下面以北京市和山东省桓台县为例，分别对实际土地利用情况和不同部门的规划方案进行解读与分析。

1. 北京市各类空间规模与变化特征

2001 年、2006 年、2010 年，北京市全域建设空间规模分别为 2710km^2、3034km^2、3281km^{2}①，国土开发强度分别为 16.5%、18.5%、20.0%。就建设空间增长趋势来看，2001～2010 年扩张速度始终较快，其中 2001～2006 年年均增量为 65km^2，2006～2010 年年均增量也达到 62km^2。各区（县）的开发建设情况与各自的主体功能定位较为匹配，通州、大兴、顺义等城市发展新区国土开发强度稳定提升，怀柔、平谷、密云、门头沟等生态涵养发展区开发建设控制较为有力（表 4）。就绝对量而言，建设空间增量主要集中在大兴和通州，分别为 101km^2 和 90km^2，二者同属城市发展新区，是北京市未来重要的城市发展依托空间，此外朝阳建设空间增量也较大，为 73km^{2}①。具体到“三生”空间来

① 2001 年、2006 年和 2010 年北京市土地变更调查。

看，农业生产空间和自然生态空间分别约占全市总面积的1/4和1/2，2001～2006年，农业生产空间规模出现明显下降，占比从28%下降至25%，自然生态空间规模出现上升，占比从55%上升至57%，这与建设空间的扩张有关，同时也受当时大规模的绿隔建设政策影响。2006～2010年，农业生产空间规模基本保持稳定，自然生态空间规模则渐渐回落至2001年的水平。建设空间内部的生产空间、生活空间和保障空间呈现“三分”格局，就2010年城市和城镇总体来看，生产空间、生活空间、生态空间和保障空间占比分别为33%、30%、6%和31%；就城市和城镇区分来看，二者的生活空间占比相当，但城市的生态空间和保障空间占比更高，生产空间占比更低。此外，无论是城市还是城镇建设空间，生态空间占比都仍待提升（图2和图3）。

表4 2001～2010年北京市国土开发强度变化

开发强度	地区
强度不变区	东城、西城
有力控制区	怀柔
	密云
	平谷
	门头沟
	房山
较慢提升区	延庆
	昌平
较快提升区	海淀
	顺义
	石景山
	丰台
快速提升区	朝阳
	通州
	大兴

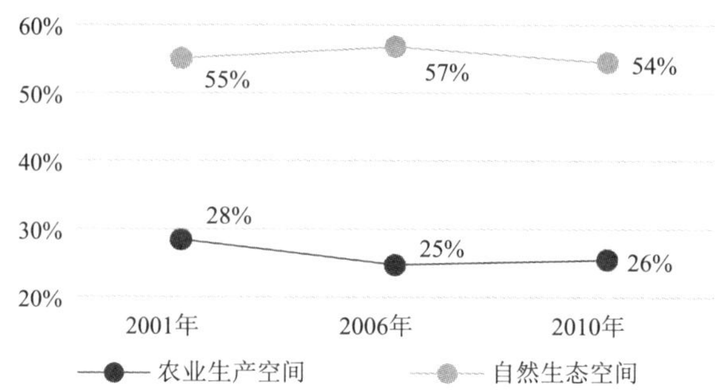

图2　2001～2010年北京市农业生产空间和自然生态空间变化

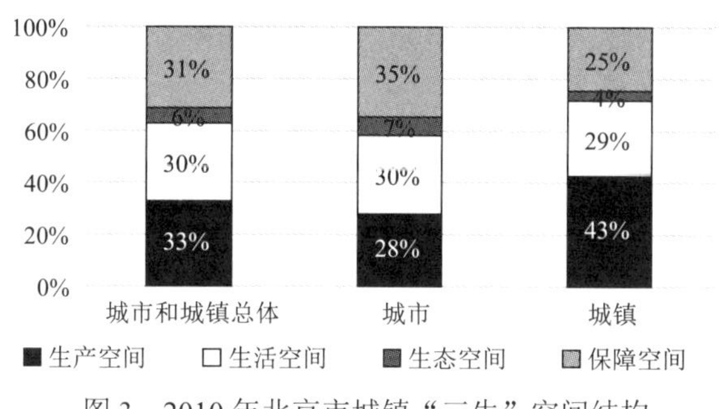

图3　2010年北京市城镇“三生”空间结构

2. 山东省桓台县“两规”方案比较

采用本文构建的国土空间分类体系分析桓台县土地利用总体规划（简称土规）和城乡总体规划（简称城规）发现：就一级类来看，“两规”的建设和非建设空间规模差别不大，国土开发强度相当，但土规建设空间形态在耕地的影响下更为碎片化，城规则更为注重规划建设空间的形态完整，“两规”布局不一致的空间占18%。就二级类来看，“两规”布局不一致的空间占24%，其中土规的城镇建设空间、乡村建设空间和其他建设空间规模分别为53.1km^2、43.1km^{2}和29.2km^2，而城规分别为107.4km^2、12.8km^{2}和1.3km^2，可见尽管城规为县域全覆盖的城乡统筹规划，但重点仍然是城镇，对农村居民点和区域性设施的用地需求关注较少。就三级类来看，在非建设空间规模大体相当的前提下，土规的农业生产空间和自然生态空间分别为338.9km^{2}和44.9km^2，而城规分别为311.9km^{2}和75.7km^2，可见土规注重耕地保护，而城规关注大范围的生态空间营造，且“两规”布局不一致的空间高达37%。

六、结　语

国土空间的分类管控对新型城镇化进程中促进国土空间合理利用至关重要，而科学合理的国土空间分类体系则是有效实行国土空间分类管控的基础。结合我国当前新型城镇化的发展需求，以厘清国土空间开发秩序为出发点，本文探索性地提出具有强化建设空间管控，突出城市、镇、乡村地域差异，关注生产、生活、生态及保障空间合理利用，重视体制机制改革等特征的国土空间分类体系，方案特色可概括为 1 套体系（国土空间分类体系）、2 类管控（建设和非建设空间管控）、5 类分工（城市建设空间、城镇建设空间、乡村建设空间、其他建设空间、非建设空间）、4 类空间（生产空间、生活空间、生态空间、保障空间）、多种功能用途，此外，该分类方案可根据需要进行城镇和乡村、城市和村镇等多种类型的体系重构。同时，以北京市和山东省桓台县为例进行了实际应用，分别展示了国土空间分类体系在用地现状分析和不同规划解读对比方面的作用。在此基础上，今后的工作需进一步关注与之相配套的空间利用与评价标准的研究，以更好地指导各类国土空间的配置、使用及管理。

<<<参 考 文 献>>>

[1] 徐锦中. 逻辑学(第 3 版)[M]. 天津: 天津大学出版社, 2001: 40.

[2] 张凤荣, 马步洲, 李连捷. 土壤发生与分类学[M]. 北京: 北京大学出版社, 1992: 67-68.

[3] LJM Jansen, AD Gregorio. Parametric land cover and land-use classifications as tools for environmental change detection[J]. Agriculture Ecosystems and Environment, 2002, 91: 89-100.

[4] 葛吉琦. 构建科学的农用地分类系统——对现行全国土地分类体系涉及农用地部分的建议[J]. 中国土地, 2003(5): 41-44.

[5] 何朝俊, 金继晶. 对当前工业用地分类的思考与改革[J]. 上海城市规划, 2009(1): 20-23.

[6] 吴娜, 于东. 物流用地分类研究[J]. 四川建筑, 2009, 29(4): 16-17, 20.

[7] 张娟. 旅游用地分类的探讨[J]. 资源与产业, 2008, 10(1): 63-68.

[8] 高捷. 英国用地分类体系的构成特征及其启示[J]. 国际城市规划, 2012, 27(6): 16-21.

[9] 宣莹. 做狐狸还是做刺猬？——香港法定图则土地用途分类与中国大陆城市用地分类体系比较研究[J]. 规划师, 2008, 24(6): 53-56.

[10] 徐颖. 日本用地分类体系的构成特征及其启示[J]. 国际城市规划, 2012, 27(6): 22-29.

[11] 程瑶, 高捷, 赵民. 多重控制目标下的用地分类体系构建的国际经验与启示[J]. 国际城市规划, 2012, 27(6): 3-9.

[12] 岳健, 张雪梅. 关于我国土地利用分类问题的讨论[J]. 干旱区地理, 2003, 26(1): 78-88.

[13] 周宝同. 土地资源可持续利用基本理论探讨[J]. 西南师范大学学报(自然科学版), 2004, 29(2): 310-314.

[14] 陈婧, 史培军. 土地利用功能分类探讨[J]. 北京师范大学学报(自然科学版), 2005(5): 536-540.

[15] 刘平辉, 郝晋珉. 土地利用分类系统的新模式——依据土地利用的产业结构而进行划分的探讨[J]. 中国土地科学, 2003, 17(1): 16-26.

[16] 王人潮. 试论土地分类[J]. 浙江大学学报(农业与生命科学版), 2002, 28(4): 355-361.

[17] 黄坤赤, 时晓燕. 面向深圳市的土地用途分类思考——一个整合我国土地利用分类体系的思路[J]. 中国土地科学, 2001, 15(6): 33-38.

[18] 林坚, 许超诣. 土地发展权、空间管制与规划协同[J]. 城市规划, 2014, 38(1): 26-34.

[19] 林盛均. 城市规划体系中"三规"协调的综合平台构建——江西省贵溪市年度实施计划编制[J]. 规划师, 2013, 29(S2): 181-185, 196.

[20] 蔡云楠. 新时期城市四种主要规划协调统筹的思考与探索[J]. 规划师, 2009, 25(1): 22-25.

[21] 林坚. 土地用途管制: 从"二维"迈向"四维"——来自国际经验的启示[J]. 中国土地, 2014(3): 22-24.

[22] 林坚, 楚建群, 张书海, 等. 城乡统筹视角下的规划用地分类探讨[J]. 城市规划, 2012, 36(4): 49-53.

[23] 王凯, 徐颖. 《城市用地分类与规划建设用地标准(GB50137-2011)》问题解答[J]. 城市规划, 2012, 36(4): 69-70, 83; 2012, 36(5): 79-83; 2012, 36(6): 66.

[24] 高捷. 我国城市用地分类体系重构初探[D]. 上海: 同济大学, 2006.

[25] 闫梅, 黄金川, 彭实铖. 中部地区建设用地扩张对耕地及粮食生产的影响[J]. 经济地理, 2011, 31(7): 1157-1164.

[26] 王博, 姜海, 冯淑怡, 等. 基于多情景分析的中国建设用地总量控制目标选择[J]. 中国人口·资源与环境, 2014, 24(3): 69-76.

[27] 陈百明, 周小平. 土地资源学(第 2 版)[M]. 北京: 北京师范大学出版社, 2015: 230-232.

[28] 刘卫东, 谭永忠, 彭俊, 等. 土地资源学[M]. 上海: 复旦大学出版社, 2010: 136-140.

中国大都市多中心空间演化过程的非均衡动态模拟①

薛 领 翁 谨

一、引 言

近年来，随着快速城市化，中国大城市空间结构发生了很大变化，北京、上海及广州等城市为了舒缓中心城区的发展压力，实现人口与产业的协同转移，纷纷出台了新的城市发展规划。一方面，随着城市增长，人口和就业不断向郊区转移；另一方面，随着郊区工业园区和开发区建设，大城市郊区往往形成多个经济集聚中心，即郊区出现新的集聚中心，又称郊区次中心（suburban subcenters），城市空间结构开始表现出多中心结构特征[1]。因此，经济活动（就业、商业活动等）的分散化，以及郊区就业次中心的出现，往往被认为是大都市多中心空间结构的重要特征。城市经济理论显示，在考虑经济活动内生性集聚的情况下，城市空间组织可以呈现单中心、多中心或一般分散化（即无中心）的多重均衡结构[2]。

城市空间结构的实证研究一直是地理学和城市规划研究的重点。人们最早应用人口普查数据测度单中心城市人口密度，并从人口分布的视角分析中国大城市郊区化的演进[3-6]。21 世纪以来，一些学者更加注重城市郊区化过程中的空间重构，并试图通过多中心人口密度函数探究城市的空间结构特征[7, 8]。一直以来，由于就业数据的匮乏，中国对城市就业空间分布的特征和演化的研究相对较少[9]。近年来，随着国家的重视，有关产业、企业与就业的普查数据变得相对丰富，因此通过识别城市就业空间分布来研究多中心城市空间结构成为国

① 本文发表于《地理研究》2013 年 2 月。作者简介：薛领，北京大学政府管理学院城市与区域管理系主任，教授/博导，研究方向为区域经济与产业规划、发展规划与政策的区域经济影响评估、空间复杂性、动态演化与地理计算；翁谨，复旦大学旅游系副教授，研究方向为旅游经济与区域旅游发展。

内城市空间结构研究的一个重要方向[10-12]。应该说，实证研究也给出了现代大都市中就业次中心普遍存在的证据，并广泛探讨了现代大都市多中心空间结构特征、未来发展趋势，以及对城市发展的影响和政策含义等[13-16]。然而，目前的研究往往注重多中心空间结构特征的测度和描述，缺少对郊区次中心形成机制和影响因素的理论探讨，尽管研究者开始逐渐运用空间经济学的理论和方法来探究城市商业区位及其变迁问题，但往往限于定性的讨论，缺乏严谨性，更谈不上对动态过程的考究[17, 18]。

虽然现代大都市普遍的分散化发展已得到认同。然而，城市的郊区化，尤其是经济活动的分散化如何改变城市的空间结构仍处于争论中[13]。本文在笔者前期研究成果的基础上[19, 20]，探索新经济地理学（NEG）的分析框架与基于 agent 建模（agent-based modeling，ABM）集成的非均衡（out-of-equilibrium）动态研究方法，设置不同情境，借助计算实验，通过观察大量具有微观自主性的企业、消费者的区位选择和相互作用来动态探求消费需求、交通成本、大都市城区间和城区内商品与服务的替代弹性、固定成本投入的持续变化对大都市多中心空间结构的影响过程和演化规律。

二、基于 agent 的模型与动态模拟平台构建

1. 大都市多中心空间模型构建

本文将中国大都市分为传统老城市中心与新兴郊区次中心，力图探讨新老城市中心经济活动的动态相互作用及其微观机理。众所周知，商业与居住是城市的两个重要功能，是形成城市空间结构的重要基础。本文主要讨论广义的商业活动，包括城市居民购物、消费、餐饮和娱乐等，并非指日常用品消费类的社区、街区级商业活动。这类商业投资和经营活动的空间集聚能够体现大都市的多中心空间结构的变化过程。显然，以广义商业活动为代表的城市经济活动具有垄断竞争的市场特征，商业企业具有规模报酬递增的特性，都市居民具有多样化的消费偏好，因此对于商业经济活动及都市空间结构的机理探讨，20 世纪 90 年代以后崛起的 NEG 无疑是最有利的分析工具[21-23]。大都市多中心商业空间结构模型示意图如图 1 所示，基于 NEG 的大都市多中心商业空间结构模型和推导过程参见笔者的前期研究[19, 20]。

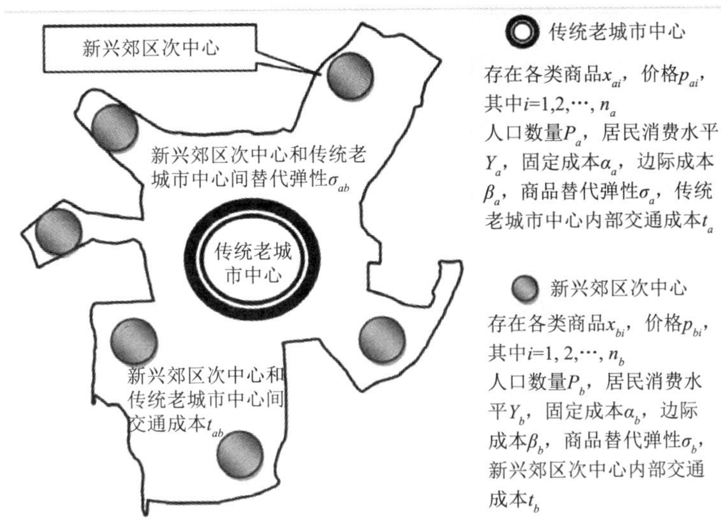

图 1　大都市多中心商业空间结构模型示意图

2. NEG 模型与 ABM 的整合

20 世纪末，基于 agent 的建模在社会科学研究中逐渐受到重视[24-26]。近年来，国外出现了基于 agent 的计算经济学（agent-based computational economics，ACE）对传统理论进行验证的趋势[27, 28]。实践表明，结合经济学展开理论探索能够在很大程度上避免规则制定的随意性。更为重要的是，ACE 最具有魅力的地方就是动态的非均衡研究，以期突破经济学静态、均衡的理论范式，探求动态演化、多重均衡及预期等传统研究方法无法企及的经济现象和规律[29, 30]。基于 agent 的建模关注的是大量微观个体间的交互行为，是一种“自下而上”的建模策略。因此，可以根据中国大都市的传统老城市中心与新兴郊区次中心的不同情景设定一组参数集，如人口分布及消费水平、区域间替代弹性、区域内部产品间替代弹性、新兴郊区次中心和传统老城市中心间交通成本等，借助计算实验，并根据这些参数的持续变化在人工可控制的条件下研究不同人口与产业政策对商业空间结构的动态影响。由于这些参数一直在持续变化，整个系统总是处于一个非均衡的环境中。不仅能够获悉不同条件下的系统状态，而且还能够揭示系统演化的一系列动态过程。

本文利用 Swarm 软件类库进行二次开发[31]。在 UrbanSwarm 中，居民 agent 分为两类，一类居住在传统老城市中心，另一类居住在新兴郊区次中心。这里根据我国实际情况人为设定两者的规模和消费水平。表 1 是大都市两个地区居民

agent 的属性列表和主要行为函数。表 1～表 3 说明了属性名称与上述数学模型变量的对应关系。在 UrbanSwarm 中，UrbanModel 是其中最重要的类之一，具有一些重要的属性和方法（表 2）。在模拟系统中，商家 agent 分为两类，一类位于传统老城市中心，另一类位于新兴郊区次中心，表 3 是两个区域商家 agent 的属性列表。新兴郊区次中心和传统老城市中心商家 agent 的商业行为相同（表 4）。

需要说明的是，由于商家 agent 可自由进入与退出大都市区的不同市场。如果有利可图，利润为正，系统就产生新的商家 agent 进入传统老城市中心或者新兴郊区次中心，否则就会有商家 agent 退出该市场。

表 1　居民 agent 的属性列表和主要行为函数

属性名称	属性说明	备注	行为名称	行为说明
sigma	新兴郊区次中心和传统老城市中心间替代弹性	σ_{ab}	-getDemandR1	传统老城市中心某商品的消费需求
sigmaR1	传统老城市中心商品替代弹性	σ_a	-getDemandR2	新兴郊区次中心某商品的消费需求
sigmaR2	新兴郊区次中心商品替代弹性	σ_b	-buyGoodsR1	购买传统老城市中心商家商品
tCostR	新兴郊区次中心和传统老城市中心间交通成本	t_{ab}	-buyGoodsR2	购买新兴郊区次中心商家商品
tCostR1	传统老城市中心内部交通成本	t_a	-getIndexR1	获取传统老城市中心价格指数 I_a 信息
tCostR2	新兴郊区次中心内部交通成本	t_b	-getIndexR2	获取新兴郊区次中心价格指数 I_b 信息

表 2　UrbanModel 的属性列表和主要行为函数

属性名称	属性说明	备注	行为名称	行为说明
numPopR1	传统老城市中心人口数量	P_a	-sectorEnterQuitR1	商家进入或退出传统老城市中心
numPopR2	新兴郊区次中心人口数量	P_b	-sectorEnterQuitR2	商家进入或退出新兴郊区次中心
numSectorR1	传统老城市中心商家数量	n_a	-getIndexR1	获取传统老城市中心价格指数 I_a 信息
numSectorR2	新兴郊区次中心商家数量	n_b	-getIndexR2	获取新兴郊区次中心价格指数 I_b 信息
budgetR1	传统老城市中心居民消费水平	Y_a	-getScaleRatioR1	获取传统老城市中心商家市场份额信息
budgetR2	新兴郊区次中心居民消费水平	Y_b	-getScaleRatioR2	获取新兴郊区次中心商家市场份额信息

表 3　商家 agent 的属性列表

传统老城市中心的商家			新兴郊区次中心的商家		
属性名称	属性说明	备注	属性名称	属性说明	备注
fCost1	固定成本	α_a	fCost2	固定成本	α_b
mCost1	边际成本	β_a	mCost2	边际成本	β_b
sigmaR1	传统老城市中心商品替代弹性	σ_a	sigmaR2	新兴郊区次中心商品替代弹性	σ_b
priceR1	传统老城市中心商品价格	P_{ai}	priceR2	新兴郊区次中心商品价格	P_{bi}

表 4　商家 agent 的主要行为函数

行为名称	行为说明
-setMyPrice	确定商品销售价格
-getDemandToMe	获取某居民 agent 对本商家商品的消费需求
-sellGoods	销售商品给居民 agent
-getMyProfit	获取销售利润
-getScale	获取市场规模信息

3. 初始参数设定

从当前中国大都市多中心的发展实际来看，传统老城市中心集中了更多的城市居民，而新兴郊区次中心人口数量相对较少。与传统老城市中心相比，新兴郊区次中心的固定成本要高得多，如在开发、投资和建设新的商业区域，改善道路交通状况及相应的商业基础设施等方面要进行更大的投入，甚至要承担更大的营运费用和营销费用。与此对应，传统老城市中心可充分享受到成熟市场的溢出效应，营销投入更低，固定成本投入更低。表 5 是根据我国实际情况对大都市新老城市中心商业发展的情景设定。本文设定的参数和变量数值仅是对现实的一种结构与比例关系的体现，模拟结果的绝对大小并无太多实际意义。设新兴郊区次中心和传统老城市中心间交通成本 t_{ab} 为 2.5。新兴郊区次中心较传统老城市中心在发展程度、地区品牌、人文景观、建筑风格及生态环境等方面有诸多不同，因此设新兴郊区次中心和传统老城市中心间替代弹性 σ_{ab} 为 3.5。另外，这里设传统老城市中心居民消费水平 Y_a 高于新兴郊区次中心居民消费水

平 Y_b。通过讨论商业活动的固定成本投入和交通成本，可以观察到不同情景下大都市多中心空间结构演化的动态过程。

表 5　现实情形下大都市新兴郊区次中心和传统老城市中心的参数与变量设定

传统老城市中心		新兴郊区次中心	
参数或变量名称	参数设置	参数或变量名称	参数设置
人口数量 P_a	200	人口数量 P_b	120
居民消费水平 Y_a	20	居民消费水平 Y_b	10
商家数量 n_a	50	商家数量 n_b	10
固定成本 α_a	5.0	固定成本 α_b	20.0
边际成本 β_a	1.1	边际成本 β_b	1.1
传统老城市中心商品替代弹性 σ_a	4.5	新兴郊区次中心商品替代弹性 σ_b	4.5
传统老城市中心内部交通成本 t_a	1.1	新兴郊区次中心内部交通成本 t_b	1.1

三、不同情景的非均衡动态模拟

1. 人口增长对多中心空间结构的影响

当前中国正处于城镇化的加速期，无论是传统老城市中心还是新兴郊区次中心的人口规模都在持续增加。北京、上海、广州等大都市区正在积极出台措施、采取对策，疏解城市中心的压力，引导和鼓励人口与产业发生协同转移。如果两区域人口规模同步增长，商业需求也同步增长，那么大都市的商业发展模拟结果如图 2 所示。图 2 表明，人口持续增长是大都市多中心空间结构变化的显著影响因素，无论是传统老城市中心还是新兴郊区次中心的商家数量都有大幅度的增长。更为重要的是，新兴郊区次中心的销售规模（商家数量×单个商家的商品销售量）和市场份额变化较大。这说明，随着人口规模的增长，经济活动仍倾向于在特定区位上再度集中，形成新的城市集聚中心，从而使城市空间结构由单中心向多中心结构转变。尤其是高端服务职能的分散化，可能会在新兴郊区次中心形成与传统老城市中心一样的高等级和复合城市职能，从而挑战传统城市中央商务区的地位，进而从根本上改变城市空间结构特征。

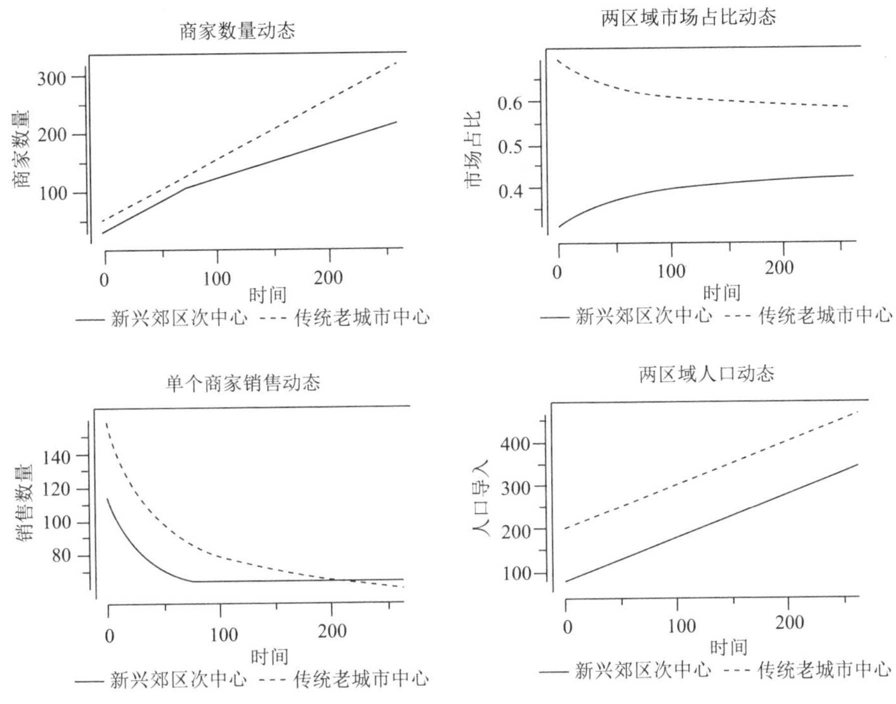

图 2 人口同步增长对大都市多中心空间结构的动态影响

2. 居民消费水平持续提高对多中心空间结构的影响

近年来，城镇居民的消费水平在不断提高。从我国实际情况来看，新兴郊区次中心居民消费水平往往低于大都市中心城区居民消费水平。如果在大都市新城计划的推进中，人口与产业不仅发生协同转移，而且新兴郊区次中心不断迁入更多的高收入者，该地区的消费水平持续提高，两区域的消费水平逐渐趋同，那么大都市的商业模拟结果如图 3 所示。图 3 表明，在其他条件不变的情形下，传统老城市中心和新兴郊区次中心消费水平的提高与趋同，扩大了两个地区的商家数量和销售规模。不过，新兴郊区次中心的市场占有率并没有发生显著变化。由此看来，尽管新兴郊区次中心的消费水平在不断提高，但由于两个区域在固定成本、人口规模等方面存在显著差异，大都市商业的核心-边缘结构一时还难以改变。这说明，仅有少量的高收入者迁入新区域，对郊区商业中心的形成作用不大。

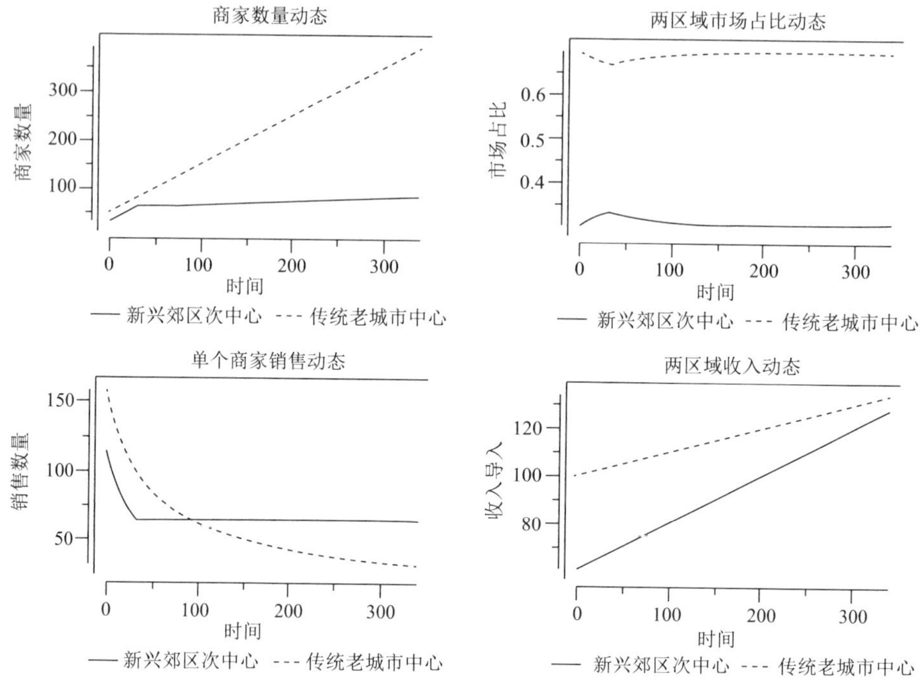

图3 消费水平持续提高对大都市多中心空间结构的动态影响

3. 固定成本持续降低对多中心空间结构的影响

商业基础设施的投入、商家的营销等均具有显著的规模经济特征，只有一定的消费规模才能支撑得起较大的固定成本投入。因此，商业的固定成本不仅涉及基础设施，还包括地区营销的成本，它们都是规模经济的重要基础。如果新兴郊区次中心和传统老城市中心在固定成本上的差距持续缩小，那么大都市商业空间结构演变的模拟结果如图4所示。图4表明，商业往往集聚在固定成本投入相对较少的城区。同时，新兴郊区次中心和传统老城市中心人口规模、消费水平不同，导致销售规模呈现显著差异。随着新兴郊区次中心开发的固定成本逐渐减少，进入该区域的商家数量在不断增加，并且新兴郊区次中心和传统老城市中心的单个商家销售额也逐渐趋于相同。随着商业固定成本的进一步下降，新兴郊区次中心的市场份额有了一定提高。因此，商业基础设施的改善、商业营销能力的加强等可以促进消费需求，从而形成一个正反馈效应，大都市的商业投资和经营活动则表现出向新兴郊区次中心集聚的倾向。

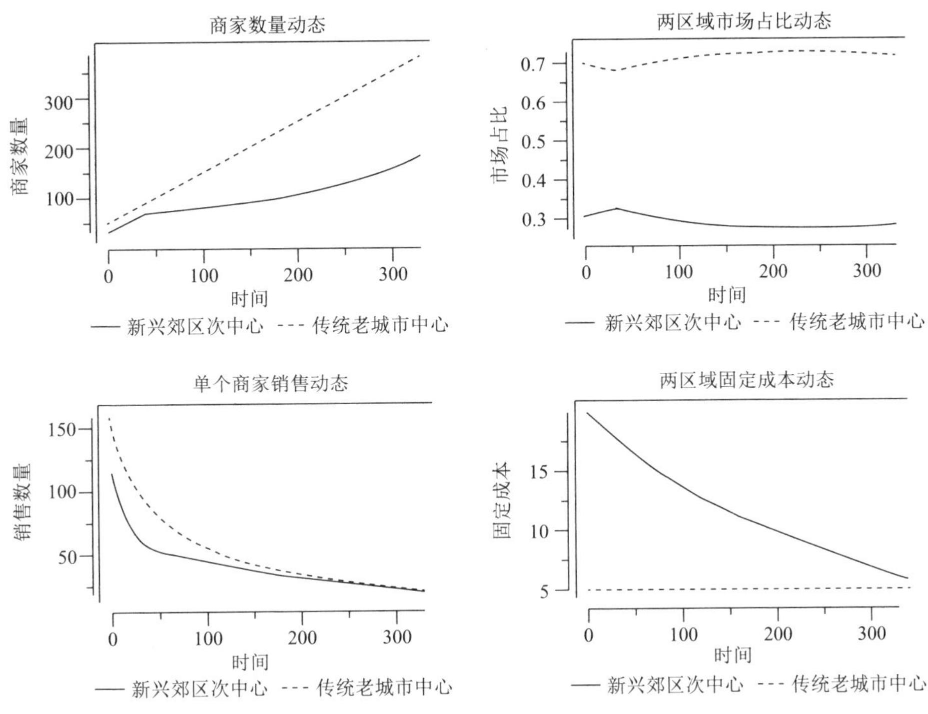

图 4　商业固定成本持续降低对大都市多中心空间结构的动态影响

4. 区域间交通成本不断降低对多中心空间结构的影响

随着大都市的持续发展，传统老城市中心和新兴郊区次中心的交通通达性与便捷性将不断提高。以北京为例，大规模地铁和延长线，以及郊区铁路不断修建，公共交通将扩大边缘地区覆盖，加强与轨道交通的衔接配合，说明新兴郊区次中心和传统老城市中心之间交通的通达性与便利性将不断提高，交通成本将不断下降，那么大都市商业空间结构演变的模拟结果如图 5 所示。显然，由于传统老城市中心具有较大的人口规模、更高的消费水平和更低的商业固定成本，新兴郊区次中心和传统老城市中心之间交通条件的不断改善将有利于传统老城市中心销售规模的扩张与市场份额的扩大,加速形成大都市商业的核心-边缘结构。由此可见，商业往往集聚在具有区位优势的地区。不断降低的交通和通信成本改变了都市空间临近的重要性，因此大都市的分散化并不一定形成新的集聚中心，而有可能在城市区域内分散布局，形成一般分散化（generalized dispersion）的城市空间结构，即一种不形成任何可识别的集聚中心的、分散化发展的城市形态。

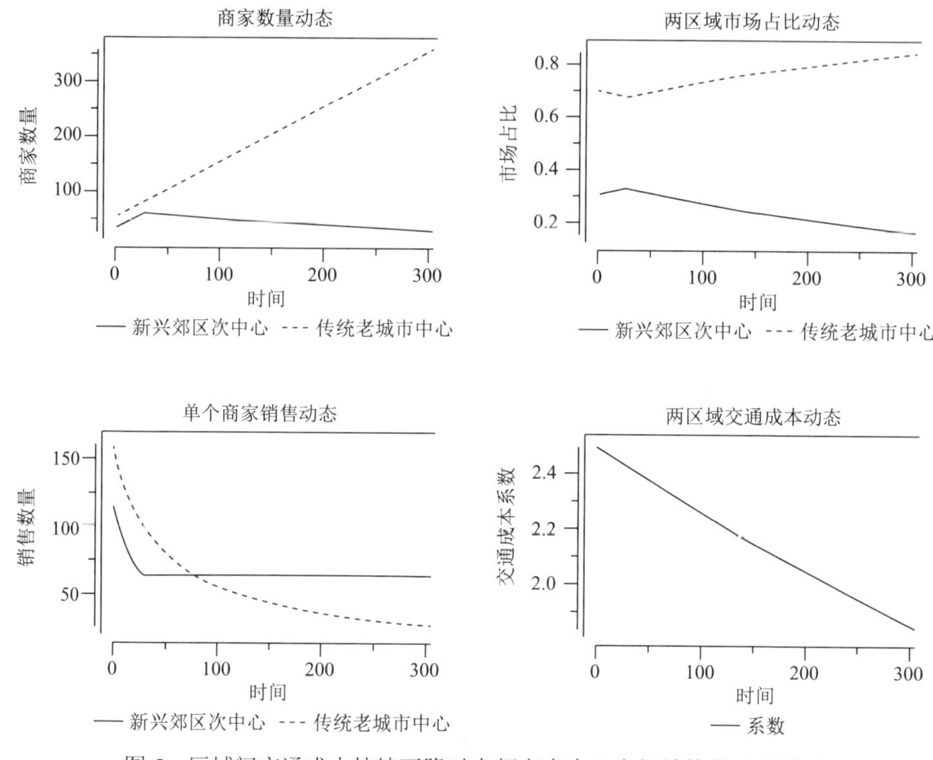

图 5　区域间交通成本持续下降对大都市多中心空间结构的动态影响

5. 区域间持续差异化对多中心空间结构的影响

随着城市的建设和发展及地方政府的努力，传统老城市中心和新兴郊区次中心的差异化程度在提高。例如，新兴郊区次中心出现新的业态，如主题商业、奥特莱斯（OUTLETS）、超大规模购物中心（shopping mall）、购物公园、专业市场等，而且人文与自然环境、城区景观、商业文化等也在不断变化。如果新兴郊区次中心与传统老城市中心的差异化程度不断提高，两区域间的替代弹性 σ_{ab} 持续下降，那么大都市商业空间结构演变的模拟结果如图 6 所示。

如果区域间的差异化程度增强，意味着区域间的替代弹性下降。新兴郊区次中心和传统老城市中心之间差异性的显著不同对于新兴郊区次中心的发展更为有利。如果新兴郊区次中心和传统老城市中心之间差异化程度不大，则传统城市老中心因其既有的优势，如较低的固定成本、区位等，能够继续强化其已有的核心-边缘结构中的核心地位。因此，对于新兴郊区次中心来说，实施差异化导向的商业策略和措施，持续推进地方和产业营销，积极推动业态创新、市

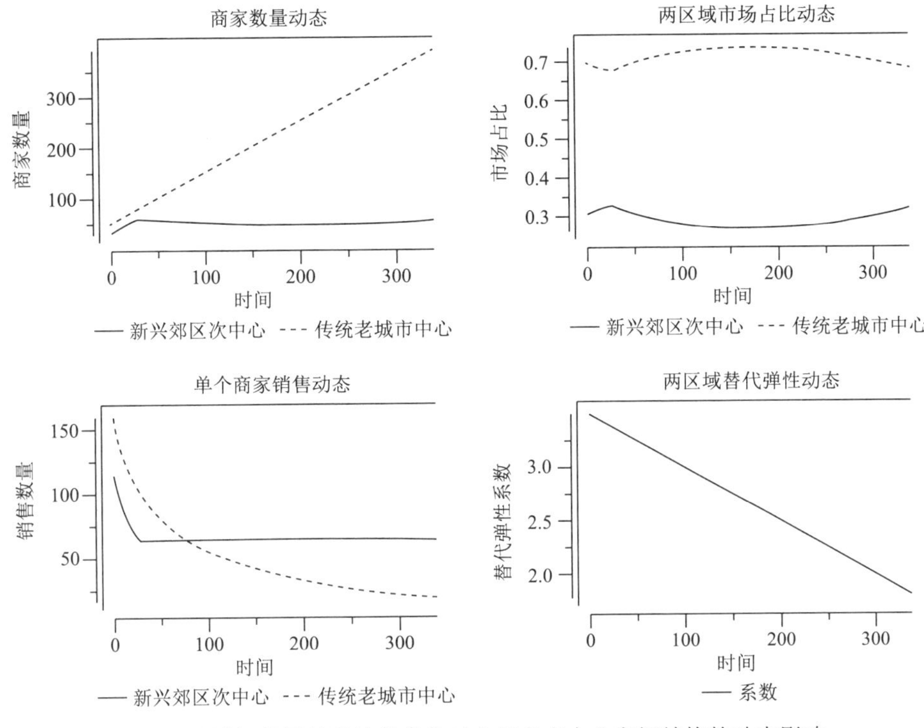

图 6 区域间差异性的持续变化对大都市多中心空间结构的动态影响

场创新、服务创新，积极发展别具特色的商业文化和产品，是赢得商业竞争优势，打破地区核心-边缘结构的关键。

四、结论与讨论

随着城市增长，人口、就业和商业的分散化是现代大都市发展的普遍特征。本文研究表明，人口空间分布和消费水平、商业的固定成本、新兴郊区次中心和传统老城市中心之间的差异化程度、交通成本是形成大都市多中心空间结构的关键，其中需求规模的作用尤为显著，是形成新的城市集聚中心的重要力量。

由于篇幅所限，本文研究仅考虑商业投资和经营活动区位选择，居民的空间分布及动态变化外生给定，并没有考虑新兴郊区次中心的商业集聚与大都市区人口分布和居住选择的影响及互动。从商业中心来看，可以分为传统的商业中心、位于建成区的次级商业中心、城市边缘或近郊的商业中心、城市远郊的商业中心等。不同类型商业中心的形成与发展是下一步研究的重点。另外，新兴郊区次中心和传统老城市中心内部交通通达性及商品替代弹性的动态变化对大都市多中心形成过程的影响也值得进一步探讨。此外，非均衡动态模拟结果的实证研究也将进一步展开。

<<<参 考 文 献>>>

[1] Anas A R, Arnott R, Small K A. Urban spatial structure. Journal of Economic Literature, 1998, 36: 1426-1464.

[2] Fujita M, Ogawa H. Multiple equilibria and structural transition of nonmonocentric urban configurations. Regional Science and Urban Economics, 1982, 12: 161-196.

[3] Wang F, Zhou Y. Modeling urban population densities in Beijing 1982-90: Suburbanization and its causes. Urban Studies, 1999, 36(2): 271-288.

[4] 冯健，周一星. 近 20 年来北京都市区人口增长与分布. 地理学报，2003, 58(6): 903-916.

[5] 周春山，罗彦，陈素素. 近 20 年来广州市人口增长与分布的时空间演化分析. 地理科学, 2004, 24(6): 641-647.

[6] 高向东，吴文钰. 20 世纪 90 年代上海市人口分布变动及模拟. 地理学报, 2005, 60(4): 637-644.

[7] 吴文钰，马西亚. 多中心城市人口模型及模拟：以上海为例. 现代城市研究，2006, (12): 39-44.

[8] Feng J, Wang F, Zhou Y. The spatial restructuring of population in metropolitan Beijing: Toward polycentricity in the post-reform era. Urban Geography, 2009, 30(7): 779-802.

[9] 王桂新，魏星. 上海从业劳动力空间分布变动分析. 地理学报, 2007, 62(2): 64-71.

[10] 蒋丽，吴缚龙. 广州市就业次中心和多中心城市研究. 城市规划学刊，2009, (3): 75-81.

[11] 王玮. 基于 GIS 支持的北京市就业空间结构研究. 北京：中国地质大学硕士学位论文, 2009.

[12] 谷一桢，郑思齐，曹洋. 北京市就业中心的识别：实证方法及应用. 城市发展研究，2009, 16(9): 118-124.

[13] Lee B. "Edge" or "edgeless cities"? Urban spatial structure in US metropolitan areas, 1980 to 2000. Journal of Regional Science, 2007, 47(3): 479-515.

[14] Shearmur R, Coffey W, Dube C, et al. Intrametropolitan employment structure: Polycentricity, scatteration, dispersal and chaos in Toronto, Montreal and Vancouver, 1996-2001. Urban Studies, 2007, 44(9): 1713-1738.

[15] Lang R E, Lefurgy J. Edgeless cities: Examining the noncentered metropolis. Housing Policy Debate, 2003, 14(3): 427-460.

[16] 柴彦威，翁桂兰，沈洁，等. 基于居民购物消费行为的上海城市商业空间结构. 地理研究, 2008, 27(4): 897-903.

[17] 魏剑峰. 商业集群的聚集效应——基于消息学视角的分析. 当代经济科学，2006, (6): 93-96.

[18] 唐红涛. 城市商圈空间聚集的经济学分析. 兰州商学院学报, 2008, 24(4): 36-41.

[19] 薛领, 翁瑾. 基于垄断竞争的大都市商业空间结构动态模拟. 地理学报, 2010, 65(8): 938-948.

[20] 薛领, 翁瑾, 杨开忠, 等. 基于自主体(agent)的单中心城市化动态模拟. 地理研究, 2009, 28(4): 947-956.

[21] Dixit A K, Stiglitz J E. Monopolistic competition and optimum product diversity. American Economic Review, 1977, 67(3): 297-308.

[22] Krugman P. Scale economies, product differentiation, and the pattern of trade. American Economic Review, 1980, 70(5): 950-959.

[23] Fujita M, Krugman P, Venables A J. The Spatial Economy: Cities, Regions, and International Trade. Cambridge MA and London: The MIT Press, 1999.

[24] Tesfatsion L. Agent-based computational economics: Modeling economies as complex adaptive systems. Information Sciences, 2003, 149: 263-269.

[25] 薛领, 杨开忠, 沈体雁. 基于主体的建模——地理计算的新发展. 地球科学进展, 2004, 19(2): 351-359.

[26] Shimokawa T, Suzuki K, Misawa T. An agent-based approach to financial stylized facts. Physica A, 2007, 379: 207-225.

[27] Krause T, Beck E V, Cherkaoui R, et al. A comparison of Nash equilibria analysis and agent-base modeling for power markers. Electrical Power and Energy Systems, 2006, 28: 599-607.

[28] Silveria J J, Espindola A L, Tenna T J P. Agent-based model to rural-urban migration analysis. Physica A, 2006, 364: 445-456.

[29] Baumol W J. Out of equilibrium. Structural Change and Economic Dynamics, 2000, 11: 227-233.

[30] Tesfatsion L, Judd K. Handbook of Computational Economics. II. Agent-based Computational Economics. North-Holland, Amsterdam, 2006.

[31] Minar N, Burkhart R, Langton C, et al. A Toolkit for Building Multi-agent Simulations. SFI Working Paper, 1996.

环渤海与长三角空间成长模式比较研究①

张　波　刘江涛　周　波　张　丹

一、引　言

环渤海经济圈和长三角经济圈作为中国经济发展的两大增长极，是中国劳动力、资本、技术、信息最为富集的地区。土地资源作为与资本、劳动力、技术进步并行的重要投入要素，在地区经济的发展和城市成长过程中起到了关键性的作用。环渤海地区和长三角地区同处于城市化加速阶段，城市空间均呈现加速扩展态势。但两个地区的空间成长模式却显现出差异性。区域经济发展模式的差异构成了城市空间成长模式差异的基础与背景。

对于环渤海地区和长三角地区空间差异的研究大多集中于较为宏观的空间经济结构演变方面，关于相对中观层次上的区域内部空间成长模式及其机理解释则相对缺乏。

早期的研究多从城市化进程角度入手，将城市化作为研究城市空间蔓延的切入点，并试图利用城市化（或郊区化）的机制来解析区域空间结构发展的原因。顾朝林和徐海贤[4]将中国城市化动力机制的不同概括为自下而上的城市化、自上而下的城市化及外资影响下的城市化三种模式。周一星[13]通过研究北京郊区化的机制，认为在北京郊区化的过程中政策和制度因素十分关键，具体机制主要是土地有偿使用制度的建立，以及新住宅的建设和内城改造、城市规划的推动作用和外来人口的聚居影响了城市的空间成长模式。宁越敏[9]则认为中国沿海发达地区城市化的动力是计划经济体制、乡镇企业和外向型经济。杨上广

① 本文发表于《经济问题探索》2009 年第 7 期。作者简介：张波，北京大学政府管理学院副教授，研究方向为城市与区域经济、房地产制度与政策、产业经济与产业组织、战略与区域发展政策；刘江涛，中国人民大学商学院讲师，研究方向为房地产管理、房地产经济、城市规划、城市与区域发展战略；周波，北京大学政府管理学院区域经济 2005 级本科生；张丹，北京大学政府管理学院区域经济 2008 级硕士研究生。

和王春兰[12]通过上海城市化中空间结构的演变分析指出，在上海，人口、产业由中心城区向外疏散的政策效应使得城市不断向外蔓延，它产生的“城市二次开发”、城市功能紊乱等外部不经济性已成为难以解决的城市问题。这些研究着重于城市化过程中城市经济、人口、空间结构等方面的横向或纵向分析，土地投放往往作为城市化进程研究的一个侧面，并未成为分析的核心内容。

在区域内部空间成长模式研究领域，何春阳等[5]利用 1992 年、1996 年和 1998 年三期 DMSP/OLS 夜间灯光数据①，分析了环渤海城市群的城市化过程，认为 20 世纪 90 年代环渤海城市群地区城市版块数量增长较快，城市化进程明显，其城市化过程可以概括为在中心城市和大城市周围的面状城市化过程、沿交通干线周围的线状城市化过程和广大区域内以新兴小城市或小城镇出现为特征的点状城市化过程三种基本类型，面状城市化具有优势地位，但其有效范围主要局限在面状城市版块周围的 3～4km。杨俊宴和陈雯[10]从人口、产业、用地三个角度入手，经过研究指出，长三角区域增长极始终在上海、南京、杭州、苏锡、宁波五个地区版块聚集，逐渐成为区域城市化的高地，这五个核心向周边拓展，形成了较大的经济版块。由建设用地数据分析可知，该地区城市化的扩大基本还是依托核心区向周边拓展的“摊大饼”模式。

以上研究从各自区域空间结构的形成与演变及内部空间成长方面进行探讨，但并未对区域间空间成长模式的差异进行对比，并给出相应的解释。比较研究对认识当前这两大热点区域的发展模式和发展绩效差异具有重要意义。探讨二者在发展过程中的资源依托和空间形成路径对区域空间政策的调整具有重要作用。

本文的研究对象是广义区域。广义的环渤海地区包括北京、天津、河北、辽宁和山东五个省级行政单元；广义的长三角地区包含上海、江苏、浙江、安徽四个省级行政单元。虽然山东和安徽在各自的区域内都不属于典型代表，在经济发展模式上也与区域主导模式有所区别，但综合考虑地缘因素、经济联系、社会联系方面的紧密性，并基于未来发展的愿景，在研究过程中仍然将这两个省份分别归入两个区域。

环渤海地区与长三角地区在人口总量上基本持平，但从近十年的人口增长总量和城乡结构来看，长三角地区的城市化进程要快于环渤海地区：1996 年环渤

---

① DMSP/OLS 夜间灯光数据来自美国国防气象卫星（defense meteorological satellite program，DMSP）搭载的业务型线扫描传感器（operational linescan system，OLS）。该传感器最初主要为气象监测而设计，用于探测月光照射下的云，后来由于其独特的光电放大能力可在夜间探测到地表微弱的近红外辐射，目前该传感器获取的夜间灯光影像数据已经被相关领域熟知，并用于众多相关研究中。

海地区城市化水平相对更高，为40.76%，而长三角地区只有36.45%。1996～2007年，环渤海地区的总人口增长1811万，城镇人口增长3168万，城市化水平达到51.16%，城镇人口增长系数为1.75。相比之下，长三角地区总人口增长1719万，城镇人口增长4062万，城市化水平达到53.08%，城镇人口增长系数达2.36(表1)。

表1 环渤海地区与长三角地区人口状况[①]　　（单位：万人）

地区	1996年		2000年		2005年		2007年	
	总人口	城镇人口	总人口	城镇人口	总人口	城镇人口	总人口	城镇人口
北京	1 259	923	1 382	1 072	1 538	1 248	1 633	1 380
天津	948	675	1 002	721	1 043	783	1 115	851
河北	6 484	1 568	6 668	1 739	6 851	2 580	6 943	2 795
辽宁	4 116	2 194	4 182	2 268	4 221	2 477	4 298	2 544
山东	8 738	3 421	9 079	3 450	9 239	4 158	9 367	4 379
环渤海地区	21 545	8 781	22 313	9 250	22 892	11 246	23 356	11 949
上海	1 419	1 179	1 641	1 449	1 778	1 584	1 858	1 648
江苏	7 110	2 324	7 304	3 030	7 475	3 742	7 625	4 057
浙江	4 343	1 851	4 677	2 276	4 898	2 742	5 060	2 894
安徽	6 070	1 551	5 986	1 665	6 114	2 170	6 118	2 368
长三角地区	18 942	6 905	19 608	8 420	20 265	10 238	20 661	10 967

二、空间成长模式的差异

通过对环渤海地区与长三角地区空间成长状况的考察，发现两个区域在空间成长模式上存在差异。这种差异性主要表现在以下三个方面。

1. 土地投放总量与速度

环渤海地区的城乡建设用地总规模始终高于长三角地区（图1）。但1998年以来，长三角地区城乡建设用地的年均增长率显著高于环渤海地区（图2）。1996～2004年，长三角地区城乡建设用地面积增加3938km^2，年均增长率高达1.49%，而环渤海地区增加3624km^2，年均增长率为0.97%。近年，长三角地区

① 本文图表中所引用数据如无特别说明，均引自相关统计年鉴（2001～2008年的《中国统计年鉴》，北京、上海、天津、江苏、浙江、辽宁、山东、安徽等省份的统计年鉴，以及《河北经济年鉴》）。

城市空间扩张总量也略高于环渤海地区。

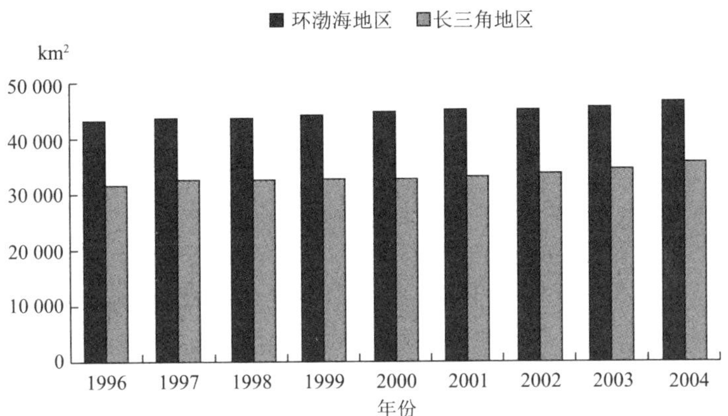

图 1　1996～2004 年环渤海地区和长三角地区城乡建设用地面积

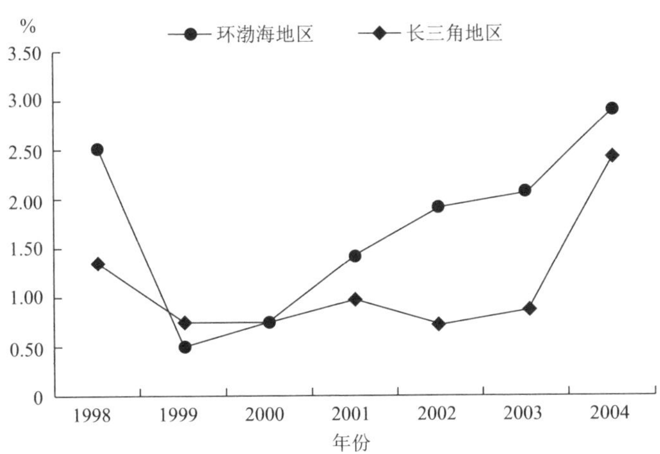

图 2　1998～2004 年环渤海地区和长三角地区城乡建设用地面积年均增长率

2. 土地产出弹性

本文基于 1996～2004 年环渤海地区和长三角地区经济增长要素面板数据进行了回归分析①（表 2）。回归结果显示：首先，两个模型的总体拟合效果都

---

① 总量生产函数采用希克斯中性的柯布-道格拉斯形式生产函数，即 $Y(t)=A(t)K(a)^{\alpha}L(t)^{\beta}R(t)^{\gamma}$，使用变量考虑了数据的可获取性。其中，$Y$ 代表总量产出（第二、第三产业 GDP），t 代表时间，即 t 年，A 代表综合技术水平，K 代表资本投入（指标选取近五年固定资产投资替代的资本存量），a 代表 t–5，…，t–1 期间 5 年期时段，L 代表劳动力投入（指标选取年末总就业人数），R 代表土地投入量（指标选取城乡建设用地增量），α、β、γ 分别代表 K、L、R 的弹性。由于 2005 年后的数据不完整，本文对环渤海地区和长三角地区的城乡建设用地变化与经济增长面板数据分别进行随机效应回归。

很好，较高的 R^2 和 F 统计量说明该模型对两个区域的经济增长都具有较高的解释力；其次，两个区域的资本弹性都超过 0.9，且其显著性较高，这在一定程度上证明两个区域的经济发展对资本具有较高的依赖性；最后，土地弹性在两个区域中呈现出巨大的差异，在环渤海地区，土地要素对经济增长的弹性达到 0.7，而在长三角地区，土地弹性只有 0.06。通过土地弹性巨大的反差可以推断，在长三角地区，土地的投放对于经济增长的促进作用相对较小，而在环渤海地区，经济增长对土地投放的依赖性较强。2005～2008 年环渤海地区制造业的加速增长与 2004 年后中央及环渤海地区各省市政府高密度加强土地投放（如天津滨海新区，河北曹妃甸、黄骅港，辽宁五点一线，山东滨州等）有很强的关联。

表 2　1996～2004 年环渤海地区与长三角地区经济增长要素面板数据回归结果

地区	城乡建设用地增量	资本存量	劳动力	常数项	样本量	R^2	P 值
环渤海地区	0.70 （4.35）	0.94 （20.07）	−0.63 * （−0.63）	−0.18 （−0.52）	45	0.97	0.00
长三角地区	0.06 （2.62）	0.91 （28.07）	**	0.94 （2.91）	36	0.96	0.00

注：回归系数下方括号内数字为回归系数的 t 值

*劳动力弹性为负，一方面与 1996～2004 年环渤海地区经济转型就业吸纳速率偏低有关，另一方面也不能排除统计数据误差，囿于篇幅，本文不再展开。**两区域的计量手段一致，但长三角地区劳动力项检验不通过，故略去后再行回归得到本文数据

3. 土地投放模式

目前已有研究指出，环渤海地区在城市周边土地非农化并转为建设用地的过程中，主要采用了大块投放的模式，对成片土地进行集中整理和投放[5]；长三角地区的土地投放主要采取城市边缘零散自发成长的模式，依托微观区域的经济联系，逐步形成连片[3,10]。具体而言，环渤海地区基本上呈现典型版块状外拓的城市空间成长模式，是在市场需求和外部发展机遇的影响下，经由行政力量直接、深入的推动而产生的，往往选择采用独立工业园区的模式，体现出成本导向，生产功能强而其他功能相对滞后。长三角地区的城市空间成长以小区域的离散型自发成长为主，继而通过区域经济联系和协作，构成区域经济网络，从而形成城市空间连绵型成长格局，最终形成城市空间较高面密度、较低

容积率的渝渗[①]型成长格局。

三、空间成长模式差异的解释

环渤海地区在政府作用的主导之下选择了规模化版块外拓的空间成长模式，力求通过城市边缘经济增长极的打造带动周边地区的经济增长，进而实现与原有建成区的协调性、契合性发展，但其城市空间成长总量不及自发性离散成长的长三角地区，土地的经济产出也比长三角地区稍逊一筹[②]。但是，对土地投入弹性的分析又证明，环渤海地区土地投入对经济增长的贡献相对较高，区域经济增长对土地的依赖性较高。由此可知，环渤海地区以土地投放促进经济增长的设想是基本正确的，关键在于投放土地的原则与导向性，即到底是以政府调控为准绳；还是以市场信号为导向，以政府的调控为辅助，充分调动区域经济活动逐利的积极性，进而激发空间扩张的活力。

长三角地区土地投放增幅快，新增建设用地多，同时其单位土地的经济产出也高于环渤海地区，这在一个侧面反映了利益导向下市场力自发作用的结果。但同时城市经济增长与空间投放的关联不大，土地投放对经济发展的促进作用似乎不明显。在这种条件下，长三角地区土地投放的必要性究竟如何？长三角地区是否已经进入低水平成长的陷阱，应当采取行政力迅速降低投放？或者目前的情况是必要的生长阶段，未来可以通过现有土地的集约化和高密度化解决经济发展对城市空间增长的需求[③]？这些问题都将制约和影响区域的公共政策。

本文将从三个层次对空间成长格局差异展开解析：区域成长的基础条件，基础条件引致的产业结构和经济属性差异，以及前述内容作用下区域空间成长模式的形成机理。

---

① 渝渗（percolation）模型来源于分形数学和物理学领域，强调结晶的不连续过程。即在结晶的过程中，通过团聚（cluster）逐步成型，当团聚物的总比例达到结晶表面的一定比例时，结晶迅速完成。城市空间增长领域具有相类似的效应，城市化地区的城市建成区规模达到区域总规模的一定比例之后，整个区域往往快速城市化，形成连绵的城市化地区。

② 长三角地区的经济产出为4.87亿元/km^2，环渤海地区的经济产出为5.79亿元/km^2（2005年数据）。

③ 可喜的是，上海、苏州等城市已经意识到空间投放和经济增长之间的关系，采取更高的投资密度门槛等规制空间成长速率，且取得了较为良好的效果。

1. 区域成长的基础条件

1）制度因素

在中国改革开放以来的经济发展中，规制性制度因素的减弱直至消弭是解释经济增长的重要变量。杨开忠等[11]曾指出：过去二十多年中国经济转轨的本质，在于不断解除国家在经济领域各方面的管制，特别是在原有的计划体制外允许非国有部门和市场体制的发展，同时在原有计划部门也进行相应的改革，引入市场竞争的因素，渐渐缩小计划体制的覆盖范围，使得中国经济的比较优势得以发挥。

环渤海地区由于其政治上的特殊性，制度层面上的改革相对滞后，受中央政策的约束较强，地区性规制放松较晚，经济活力相对不足。消费性产品的生产相对落后，缺乏知名的区域性乃至全国范围的消费性产品品牌，集中在中间产品和生产资料环节的重化工业的本地需求市场狭窄，而国内其他地区由于计划经济时期产业同构的“遗产”，上游中间产品基本可以实现本地解决，高端中间投入品依靠进口，对环渤海地区的重工业没有直接的拉动作用。在改革开放初直至 2000 年期间硬性的制度约束之下，环渤海地区内产业增长相对乏力，第二产业的发展对城市化的促进作用不明显。为刺激增长，地方政府往往选择开发区模式作为潜在的增长极，新增工业项目多选址于各类开发区域。同时，各开发区的生活、消费等问题仍依赖母城。

长三角地区以浦东新区为代表的一批城市或区域的崛起在很大程度上受惠于体制改革的政策优惠和解除管制后地方自主权的放大。通过市场机制来发展最终产品部门，重新配置资源，获得效率改进。长三角地区的发展路径基本上遵循了这样一种制度模式，即通过放松规制，对民间资本开放最终产品生产和服务部门，提升地区经济活跃度，进一步促使本地原有的中间部门产业提高效率，从而使得长三角地区的资源配置效率不断提高。随着规制的放松和地区经济自主性的增强，企业可以通过自主决策，以利益为导向，通过空间扩张来实现规模的扩大，在这一过程中，区域空间资源在经济效率上得到了自发性的合理优化，但同时耕地的流失速度较快。

2）资本的可获得性

比较环渤海地区与长三角地区土地投放弹性的面板回归模型可知资本对两区域的巨大作用，其弹性都超过了 0.9，说明相应的区域增长对资本的投入有巨大的依赖性。资本的可获得性及其使用效率对于区域经济的发展至关重要，而这取决于区域的产业发展战略选择和资本信贷体系的完善性。资本通过影响产业的布局与发展进一步作用于城市空间，对区域的空间成长模式发生作用。

环渤海地区和长三角地区的资本充裕程度远高于全国平均水平，区域良好的市场前景使得政府投资、私人投资、外商投资等诸多融资渠道都有激励来为区域的发展提供资本支持。但两区域的资本可得性也由于区域战略发展的选择以及相关制度安排的不同而存在一定差距。

在环渤海地区的投资总量中，政府投资的比例较大且优先扶助大中型国有重工企业。该地区小额信贷不发达，又难以通过资本市场直接融资。以重化工业为导向的产业选择使得对外资开放的可能性很小，尤其是涉及国民经济命脉和国家安全的重工产品更是要杜绝外资的涉足，因此除一些较为发达的城市或地区外，外资注入的规模和层次都有待提高。资本不足和利润空间相对有限使得企业难以通过空间扩张来扩大经营。

长三角地区资本市场的发育程度在全国处于领先地位，融资渠道的多元化和立体化使得各种类型、各种规模的企业都能在此寻找到相应的直接或间接融资筹资渠道，资本的可得性相对较高。在充足资本的支持下，企业的再生产和扩大经营得以有效推进。企业的自主决策，包括空间决策在内，都有很大的自主性。此外，长三角地区经济的一大特色在于外资对当地区域经济发展的深度参与，由于外资具有较高的资本运作效率，在投资目标的选择过程中往往对其他企业具有一定的示范性，从而形成企业之间在信息与资本等多个层面的良性互动。

表 3 和表 4 的上市公司数量及各地区外商投资企业年底注册登记情况可以在一定程度上反映两个区域的差异。

表 3　各地区上市公司数量

地区		上市公司数量/家
环渤海地区	北京	134
	天津	34
	河北	42
	辽宁	69
	山东	113
	总计	392

续表

地区		上市公司数量/家
长三角地区	上海	217
	江苏	141
	浙江	129
	安徽	66
	总计	553

表 4　各地区外商投资企业年底注册登记情况

地区		企业数/户		投资总额/亿美元		注册资本/亿美元	
		2005 年	2006 年	2005 年	2006 年	2005 年	2006 年
环渤海地区	北京	10 980	12 064	606.7	697	324.4	366
	天津	10 933	10 753	567.7	686	332.8	363
	河北	3 637	3 819	219.3	247	124.5	141
	辽宁	16 542	16 405	815.0	945	495.3	597
	山东	20 153	20 909	786.2	885	470.7	518
	总计	62 245	63 950	2 994.9	3 460	1 747.7	1 985
长三角地区	上海	28 978	31 568	2 006.7	2 255	1 086.1	1 212
	江苏	33 321	36 463	2 657.2	3 243	1 321.3	1 654
	浙江	19 009	20 956	1 019.1	1 257	564.6	702
	安徽	2 165	2 436	154.8	183	89.0	106
	总计	83 473	91 423	5 837.8	6 938	3 061.0	3 674

3）教育程度与创新意识

环渤海地区和长三角地区是我国基础教育与高等教育最发达的地区，拥有强大的人力资源储备，优越的教育基础直接构成了本地经济发展的活力引擎。但经济环境和制度环境的差异使得环渤海地区和长三角地区在人才结构、人才集中度等方面存在差异，这种差异作用于经济的发展路径与增长绩效，间接影响区域土地投放与空间成长。

从教育和人才储备的角度来看，环渤海地区内部的人力资源结构呈现分化趋势，北京、天津等地高端人才集聚，教育产业，尤其是高等教育和科研在全国处于绝对领先水平，但在河北、辽宁等更广泛的区域，基础教育的发达程度尚不能令人满意，高等教育孱弱。同时，京津等地高等教育发展所面向的就业市场是一个全国性的市场，本地高端就业岗位有限，中低层工作岗位对人才的吸引力很小，人才的外向流动较为普遍。这种人才结构不利于当地非国有企业吸纳人才，以及企业人力资源质量的稳步连续提高，构成了民营经济利润增加和空间扩张的资源阻滞。反之，长三角地区的人才结构更类似于“金字塔”形的稳定结构，人力资源的本地市场导向比较明显，基本形成了“本地导向型的人才培养-企业人才结构完善化-企业发展壮大-高收入岗位增多-人才向心力增强-本地导向型的人才培养”的良性循环，有利于实现人才与企业的互惠双赢，从人力资本的角度增强了企业的盈利能力，提供了区域空间成长的人力资源基础。

2. 产业结构和民营经济差异

在上述条件的直接作用和不断循环强化的累积效果影响下，长三角地区和环渤海地区的产业结构与民营经济发育程度产生了不同的演化路径，这正是两区域成长模式差异的根源。

1）产业结构

产业结构及其变化趋势是影响城市与区域空间成长模式及绩效的重要因素。环渤海地区重工业相对发达，而长三角地区轻工业发达程度远高于环渤海地区。环渤海地区凭借其新中国成立以来坚实的重工业基础，依托大型企业，重点发展重化工业，在第二轮重工业化进程中，环渤海地区以天津滨海新区、辽宁五点一线和河北曹妃甸的建设为代表的重工业布局成为当前本区域经济发展的亮点。

在长三角地区，轻工业基础良好，基础制造业发达，以特色专业化轻工制品集群而著称的“温州模式”是其典型代表。近年来，随着信息化技术的广泛使用和产品技术含量的不断提高，“温州模式”所蕴含的网络化、集群化特色正在逐步加强，极大地促进了当地轻工产业集群的规模壮大和产业升级。

轻工业与重工业的发展对土地投放的要求截然不同。鉴于对空间的高度依赖，重工业的发展要求大型园区作为其产业布局与集群的场所，以实现高效的上下游协作，因此，必然要求城市经济空间采取大版块、园区型的外拓，以满足重工业企业布局的需求。相对地，轻工业产业集群多为自发形成，集群中的各个企业规模一般很小，占地面积不大，对大规模土地投放的依赖不明显，这些企业在选址建厂以及形成集聚的过程中多以厂商的利益最大化为考虑目标，在现有的市场约束之下选择最为经济的土地开发和利用模式，因此很难产生大规模的单体园区，空间成长以厂商主导型的小规模离散版块扩展为主（如表 5 所示，两个地区的轻工业与重工业比重差异显著）。需要注意的是，小规模的版块一旦形成，其他企业出于追逐利润、降低成本等因素的考虑将产生快速集聚，以期形成集群，由此可能造成空间的蔓延，并在达到一定程度之后出现版块间的快速连绵。这种自下而上的自发性连绵往往具有高面密度、低容积率、区域联系强等特点，由此形成了城市空间扩张在时间维度上的“加速”态势。

表 5　各地区工业总产值中轻工业与重工业比重　（单位：%）

地区		2000 年		2003 年		2004 年		2005 年		2006 年	
		轻工业占比	重工业占比	轻工业占比	重工业占比	轻工业占比	重工业占比	轻工业占比	重工业占比	轻工业占比	重工业占比
环渤海地区	北京	25.3	74.7	21.2	78.8	18.9	81.1	16.8	83.2	15.3	84.7
	天津	41.0	59.0	28.7	71.3	22.6	77.4	21.9	78.1	18.7	81.3
	河北	34.3	65.7	25.1	74.9	21.5	78.5	21.2	78.8	21.2	78.8
	辽宁	18.7	81.3	16.7	83.3	16.5	83.5	16.5	83.5	17.1	82.9
	山东	47.7	52.3	45.5	54.5	43.3	56.7	37.1	62.9	35.6	64.4
长三角地区	上海	41.3	58.7	30.3	69.7	28.6	71.4	25.5	74.5	24.2	75.8
	江苏	43.2	56.8	36.3	63.7	33.2	66.8	31.2	68.8	30.3	69.7
	浙江	54.1	45.9	51.7	48.3	46.0	54.0	46.0	54.0	43.8	56.2
	安徽	41.6	58.4	33.2	66.8	30.0	70.0	28.9	71.1	27.8	72.2

2）民营经济发育程度

民营经济的发育程度是地区经济活力的重要来源及标志性的体现，民营经济的重要特点在于其明显的利益导向性，市场力量在民营经济的发展中起到决定性的作用。民营经济发展初期规模有限，其通过使用农村集体土地或者小规模零星城镇土地发展的成本更低，相对地，政府规划的大片产业园区入驻成本较高，对其吸引力相对较低。

环渤海地区，尤其是京津冀辽地区民营经济发展水平相对较低，尚未形成高效的民营经济聚落，在企业数量、吸纳就业人数、企业平均规模等方面，环渤海地区与长三角地区之间均存在一定差距。由于京津冀地区的龙头企业多为国有大中型重工企业，民营经济的发展长期被放在相对次要的位置，政府的资金、政策支持优先考虑国有大中型重工企业，在土地投放方面也必然会对需要大量连片土地以进行布局的非民营经济产生相应的倾斜，于是在环渤海地区出现了以大片土地投入、营建大型重工产业园区为重要特征的空间版块扩张模式。但大中型重工企业多属于资本密集型产业，不具有民营经济普遍的劳动密集的特质，创造的就业机会较少，对于当地劳动力的吸纳不足。同时，多数该类产业的发展与当地民营经济力所能及的领域相差太远，从而难以自发形成辅助产业发展的高效服务配套集群，也就无法形成由于区域内产业密切合作而出现的空间联合和填充，于是在城市建成区与新建工业园区之间的地带便有可能出现城市景观的断裂。此外，大量公有性质的经济主体在某种程度上加重了地方政府的本位主义和地方主义倾向，为了巩固税源而采取非常规的竞争手段，从而使得本区域的产业同构现象严重。

长三角地区民营经济的发展基本上是一个自下而上的经济过程（表 6），也是一个本地自发城市化的过程。众多相对独立的企业或小型企业在组团发展的过程中，彼此通过区域经济协作和联系，快速构成区域经济网络。此外，先进制造业和生产性服务业配套体系逐步完善，在培育区域间经济联系、拉动就业和经济增长的同时，大大促进了本地从地理景观到经济文化全方位的城市化，而这在空间上集中体现为城市空间蔓延与连绵协同成长的格局。

表 6　2007 年环渤海地区与长三角地区民营经济发展状况

地区		户数/万个	就业人口数/万人	投资者数量/万人	私营工业企业工业增加值/亿元	私营工业企业资产总计/亿元
环渤海地区	北京	33.7	295.4	75.2	119.20	535.61
	天津	9.4	98.6	19.5	251.99	693.44
	河北	18.8	259.5	43.9	1 506.83	2 537.51
	辽宁	21.2	288.7	45.8	1 347.77	2 438.56
	山东	37.1	522.7	101.0	4 310.49	5 475.24
	总计	120.2	1 464.9	285.4	7 536.28	11 680.36
长三角地区	上海	49.9	476.3	104.0	642.99	1 749.66
	江苏	67.6	1 066.1	141.8	3 727.51	8 153.90
	浙江	45.0	759.1	102.3	2 779.59	10 623.72
	安徽	14.5	217.9	36.4	537.00	1 065.11
	总计	177.0	2 519.4	384.5	7 687.09	21 592.39

3. 既有模式的形成机理

1）环渤海地区空间成长模式的形成机理

环渤海地区经济发展中的政府干预成分较多。国有大中型企业，尤其是重工类企业是地区经济中的最主要角色，政府从制度架构、资金支持等方面对其加以扶持，资本的进入性和获取能力相对偏低。同时，区域人力资本结构呈现出一定的分化趋势，人力资源的结构性短缺较严重。

在这样的成长条件下，区域成长的惯性和政府的行为预期就会进一步造成发展的路径依赖：一方面强化重工业导向的产业结构；另一方面对民营经济的重视程度相对不高。重工企业对土地的依赖程度高，要求土地连续、完整，因此地方政府往往基于大中型重工企业入驻的预期，选择大宗土地投放，必然造就各地方版块型空间成长，开发区频现。此类开发区域的另一个特征是，往往以打造区域增长极、增加税收为目标，其内在的产业基础并不稳定，因此对新投资高度敏感，区域成长的不确定性大，各地区之间的产业争夺现象突出（图3）。

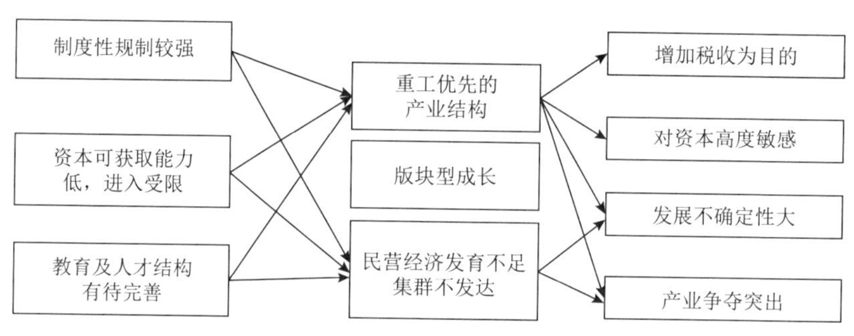

图3 环渤海地区空间成长模式的形成机理

2）长三角地区空间成长模式的形成机理

长三角地区制度性规制宽松，经济活动在市场的调控下形成更自由的行为方式，使得当地自下而上的、以企业为单位的小规模空间扩张成为主流。在地区制度架构之下，本地资金流动性、可获得性和可进入性都较强，刺激了地方发展。同时，长三角地区发达的教育带来了较强的人力资本优势，劳动力层次与市场需求较为匹配。在这样的条件下有效地促进了民营经济活跃度的提升。一旦相关经济主体对某区位达成利益认同，就会促成空间增长，进而由于经济集聚带来的种种效应（如内部规模经济、范围经济、资源共享、地方化经济、城市化经济等）形成空间扩展乃至连绵成长，共享溢出效应。这种利益导向下的活动就个体而言十分自然，但其“聚沙成塔”的整体作用却不容小视。在这种自下而上的成长模式下，长三角地区的建设用地在巨大的利益驱动下表现出极强的总量扩张趋势（图4）。

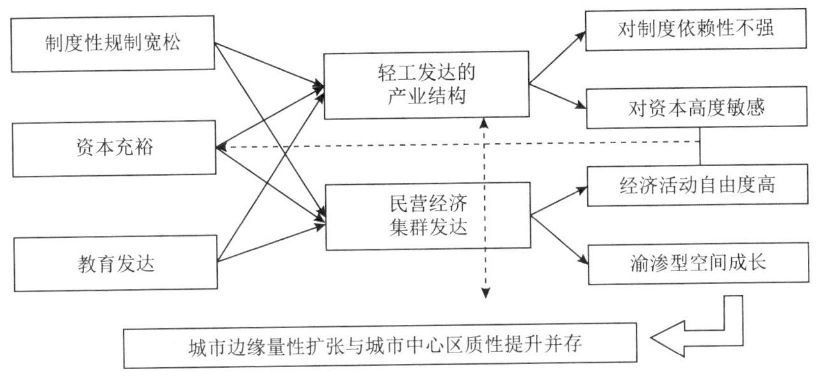

图4　长三角地区空间成长模式的形成机理

四、成长模式评价与区域土地政策优化

环渤海地区与长三角地区的空间成长模式是在各自具体的政治、经济、社会约束下形成的空间选择结果。从短期来看，两个地区相应的选择模式虽在一定程度上符合其经济成本和制度成本的优化条件，但从长期来看，两个地区的成长模式均存在一定的潜在缺陷。

1. 各自成长模式的问题

1）环渤海地区

环渤海地区城市成长模式的问题在于，行政力量作为城市空间的区域性成长推动力可能与市场脱节，园区成长的随意性相对较强。城市开发区和新区内部的成长一旦违背了城市空间的经济成长走向，将造成相当长时间内城市空间的空巢，这一现象在河北、北京、辽宁等地若干开发区已经比较严重。一些开发区先期土地投放之后，经济的溢出效应难以发挥，民营经济自发的跟进也难以成形，无法在短期内形成自下而上的产业集群，区域的生长能力面临考验。同时，行政指令造成投资被相对强制地要求流向特定开发地域，而周边缺乏政策资源的区域受到自身利益的推动，往往采取自保型的低端发展线路或简单的克隆型发展策略以实现自身的成长诉求，最终容易形成区域之间的恶性竞争，降低整个区域的竞争力。

环渤海地区成长模式的优势在于空间扩张由政府主导，土地利用的可控性相对较强，已出让土地的使用相对充分，且产业之间梯度较大，区域的产业结构一旦成型，其内部不会发生大的更迭，区域经济和空间的波动性较小。同时，由于环渤海地区近年来更加关注滨海新区、曹妃甸等大型版块的投放，这些大型版块之间一旦形成某一产业的集群，其经济势能巨大，可能会对全球产业的转型产生影响。

2）长三角地区

长三角地区城市成长模式的问题在于，城市的成长和分工细密的产业集聚使得城市空间的增长在短期内完成量变，但质量的内部提升则需要相当长时间的梳理和调整过程。渝渗型的空间扩张虽然在短期内呈现出占地多、活力大的特点，但未来成长潜力受限。在新一轮整合过程中，高端产业对相对低端产业的置换面临较高的拆迁转移成本。同时，空间的整体利用效率也存在不经济的现象，需要在进一步的发展中通过有效整合以提高效率。以苏州为例，由图 5[8] 可以看出，苏州城市扩张的阶段性特征十分明显，在城市快速扩张高峰期过后，一般要经历一段时间的结构调整，以改善土地投放初期粗放使用的情况，提高土地使用效率。在同一块建设用地上重复性的“粗放扩张—梳理整合—再梳理整合……”的过程使得土地利用模式频繁调整，从而有可能带来资本、技术等社会资源的过度耗散，以及高昂的交易费用。

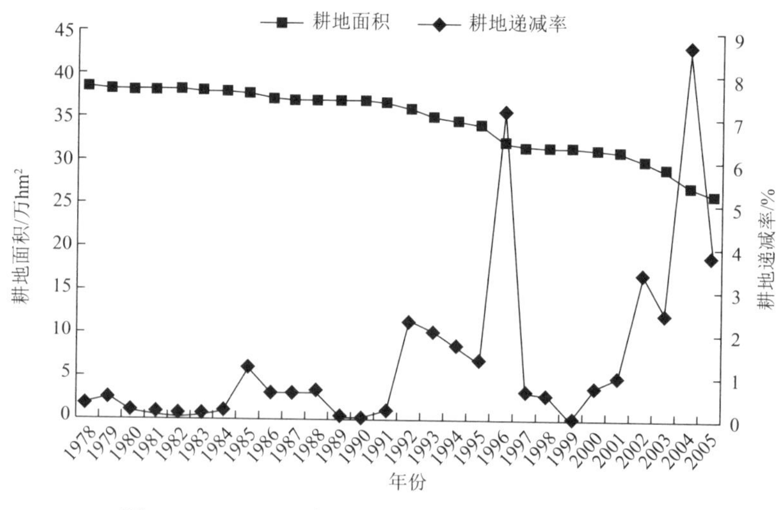

图 5　1978～2005 年苏州耕地面积和耕地递减率变化

此外，与环渤海地区相比，市场导向和利益指向的长三角地区空间成长模式受到经济波动的影响较大，长三角地区城乡建设用地面积年均增长率的波动大于环渤海地区，在 1998～1999 年经历快速下降，而在 1999 年以后的经济上行周期中，建设用地面积增长的加速度也略高于环渤海地区，整体呈现“大起大落”的趋势。而在下一个经济景气的下行阶段到来时，这种波动有可能出现周期性的反复，对区域空间成长的连续性造成威胁。

长三角模式空间成长的一个优势在于经济活力大，同时，灵活的发展为区域的成长提供了“试错”的可能，陷入“路径依赖”效应的可能性大大降低。

2. 区域土地政策的优化途径

为了在未来的发展中实现区域空间布局的优化，并进一步发挥城市化对于经济发展与工业化的拉动作用，环渤海地区和长三角地区应当对其各自的空间成长模式进行反思，针对其中制约集聚效应的部分出台相应政策，并适时加以修正。无论针对哪一个区域，在城市空间成长的过程中，一个重要的原则都是要控制盲目的低效率城市扩张，在此基础上地方政府应当按照市场发展的需要来调节土地的投放速度与投放模式。

对环渤海地区而言，土地投放对当地经济增长的拉动效应明显。以滨海新区等为代表的新型开发区，采取大宗土地投放模式，打造具有长远发展优势、产业分工明确的地区增长极，这一带动区域发展的思路是符合当地经济发展规律的，在未来的发展中应当坚持通过高效土地投放来实现产业的集聚效应。尽管如此，土地投放必须坚持以市场信号为指导，充分尊重市场规律，同时加快政府职能转变的步伐，加强市场在空间资源配置中的作用，促进城市与区域的高效空间成长。加快中小型城市的培育，打造环渤海地区相对完善的城市体系；尽快消除区域内合作的制度性和结构性障碍，促进地区市场的一体化进程，激活民营经济活力，通过产业集聚、规模经营、产业链条的扩展与延伸由下而上地打破行政区划的空间限制。

鉴于长三角地区经济发展对土地的依赖度不高，土地投放带来的经济增长效应并不明显，长三角地区应当注重现有独立工矿用地的充分开发，以现有土地的高密度、高效率使用来避免土地的低密度投放。尤其应当注重在政府规划的指导下实现土地资源的集约化利用，提高单位土地投入带来的经济拉动效应。长三角地区在进一步的发展中，低端产业主要依赖较低成本的城市边缘新增建设用地实现扩张，而高端产业可以通过区域内产业的“腾笼换鸟”进行内部梳理，提高用地效率，在原有的建设用地上创造更高的经济价值，实现增长，从而避免产业发展对量性空间扩张的过度依赖。此外，针对当前区域内部发展不均衡的状况，应当注重空间发展中的公平与效率选择问题，从点状或点轴式开发转变为网络状开发，实现均匀化都市连绵带在更大地域范围内扩展。

环渤海地区和长三角地区作为 21 世纪中国的增长极，不仅要注重空间投放的方式和速度，还必须有预见性地考虑空间更新问题，进行政策扶持和诱导，减小潜在的交易成本影响，促进土地利用模式的二次升级，提高空间资源利用效率。

<<<参 考 文 献>>>

[1] 陈丙欣，叶裕民. 京津冀都市区空间演化轨迹及影响因素分析[J]. 城市发展研究, 2008(01): 21-27+35.

[2] 樊烨，姜华，马国强. 基于交通因子视角的区域空间结构演变研究——以长三角地区为例[J]. 河南科学, 2006(02): 304-308.

[3] 高汝熹，罗守贵. 2006 中国都市圈评价报告[M]. 上海三联书店, 2007.

[4] 顾朝林，徐海贤. 改革开放二十年来中国城市地理学研究进展[J]. 地理科学, 1999(04): 320-331.

[5] 何春阳，李景刚. 陈晋等. 基于夜间灯光数据的环渤海地区城市化过程[J]. 地理学报, 2005(03): 409-417.

[6] 贺灿飞. 京津冀区域产业功能体系和空间协同发展研究[A]. 京津冀城镇规划专题研究之一, 2007.

[7] 李兆富，杨桂山. 苏州市近 50 年耕地资源变化过程与经济发展关系研究[J]. 资源科学, 2005(04): 50-55.

[8] 年福华，史守正，姚士谋. 苏州市耕地数量动态变化及驱动力分析[J]. 农业系统科学与综合研究, 2007(04): 477-480.

[9] 宁越敏. 新城市化进程——90 年代中国城市化动力机制和特点探讨[J]. 地理学报, 1998(05): 470-477.

[10] 杨俊宴，陈雯. 1980 年代以来长三角区域发展研究[J]. 城市规划学刊, 2008(05): 68-77.

[11] 杨开忠，陶然，刘明兴. 解除管制、分权与中国经济转轨[J]. 中国社会科学, 2003(03): 4-17+205.

[12] 杨上广，王春兰. 大城市空间结构演变与治理研究——对上海的调查与思考[J]. 公共管理学报, 2008(02): 58-65+124-125.

[13] 周一星. 北京的郊区化及引发的思考[J]. 地理科学, 1996(03): 198-206.

基于 LRM 的北京城市未来增长模拟研究①

沈体雁 罗丽娥 李 迅 朱荣付 杨开忠

一、引 言

城市是一个复杂系统[1]，城市系统的复杂性决定了城市规划管理的复杂性。随着改革开放的不断深入及利益格局的多元化，我国城市政治、经济、社会、技术与生态环境等子系统及各子系统内部各要素之间的相互作用日益复杂，城市规划方案对城市增长的影响更加具有不确定性。如何运用先进计算技术和实证研究方法科学地把握各种政策方案对城市增长及生态环境产生的影响，是当前城市规划管理领域需要解决的一个课题[2]。随着空间经济理论模型、遥感、地理信息系统等技术的进步，建立地理环境和经济社会变量有机集成的城市模拟模型正在成为预测城市未来增长研究的新方法。通过建立城市增长模拟模型，科学分析不同发展情景（scenario）下，北京城市系统空间发展格局演变及其环境影响，为城市规划、建设和管理提供决策依据，对提高城市规划决策的科学性具有重要的理论与实际意义[3]。

国外对城市未来增长模拟的研究已经成熟，美国加州大学伯克利分校城市与区域规划系的 Landis 教授建立了加州城市未来模型Ⅰ（CUFⅠ）、加州城市未来模型Ⅱ（CUFⅡ）和加州城市与生物多样性分析模型（CURBA）3 个城市化模拟模型，对美国加利福尼亚州城市未来增长情景，以及土地利用变化与动

① 本文发表于《北京大学学报（自然科学版）》，第 43 卷，第 6 期。作者简介：沈体雁，北京大学首都发展研究院副院长，北京大学城市治理研究院执行院长，北京大学政府管理学院教授，北京大学首都高端智库学术委员会委员，研究方向为城市规划与治理、空间计量；罗丽娥，北京市规划和自然资源委员会延庆分局，研究方向为城市规划；李迅，美国芝加哥大学空间数据科学研究中心副主任，研究方向为空间计量经济学；朱荣付，北京金达雷科技有限公司；杨开忠，首都经济贸易大学副校长，北京大学教授，北京大学首都高端智库学术委员会主任，研究方向为经济地理学、区域科学/区域与城市经济学、规划与政策分析、可持续发展理论与政策、中国发展与改革。

植物栖息地减少之间的相互作用进行模拟研究，有效地支撑加利福尼亚州，特别是旧金山湾区的城市规划、农田保护和环境政策的制定[4, 5]。马里兰大学的沈青[6]利用二分类逻辑回归模型（logistic regression model，LRM）模拟了马里兰地区城市增长情况，系统分析了城市理性增长政策的效果。国内的有很多学者对城市未来模拟做了大量研究工作。例如，张华和张勃[7]利用 CLUE-S 模型模拟张掖市土地利用覆盖变化情况。李全和李霖[8]采用多变量 LRM 对深圳龙岗区未来城市用地进行了模拟预测，在中小尺度城市增长模拟方面取得了较好的效果，但没有深入分析城市增长的驱动力和各种不同政策条件下城市增长的可能情景。

作为全国政治中心、文化中心和发展中的世界城市，随着奥运会的举办、城市总体规划的实施和一系列重大基础设施的建设，在今后相当长一段时期内，北京经济将继续保持快速增长，城市人口增加和空间增长存在很大的不确定性。因此，在 1990～2000 年北京城市增长的经验数据的基础上，借鉴 Landis 教授的 CUF Ⅱ模型的经验，引入多变量 LRM，以遥感、地理信息系统技术为支撑，建立了基于 LRM 的北京城市增长模拟模型，对北京城市增长情景进行模拟分析和科学预测，并对模拟结果进行统计和评估。

二、原理与框架

1. 模型原理

土地的城市化过程，或者说土地开发过程是土地所有者、开发商、建筑商、家庭、商业企业等市场主体与政府相互作用的结果。假定城市土地市场是竞争性市场，潜在的市场主体根据市场条件和预期的立地条件决定是否竞标某个地块，主体自身特性对其生产函数没有影响。那么，一个城市地块被开发的可能性将主要由需求、立地条件和政策三方面因素决定，而与市场主体的交易行为无关。这样，就将复杂的交易关系和相互作用所决定的城市土地开发过程简化为由需求、立地条件和政策等因素所决定的地块状态变化过程[4]。

多变量逻辑回归分析是对定性变量的回归分析，作为一种离散选择模型，主要通常用来模拟个人、家庭、商业企业和开发商这样特定主体的行为，是交通模式选择、区位选择等研究领域普遍采用的重要方法，也是普遍应用的多元化分析方法。本文讨论发生城市化与未发生城市化两个状态，因此采用多变量 LRM，探讨影响城市化概率的主要因子，并定量分析城市化概率与影响因子间的关系。具体数学表达式如下：

$$P=\frac{\exp\left(\alpha+\beta_1x_1+\beta_2x_2+\beta_3x_3+\cdots+\beta_mx_m\right)}{1+\exp\left(\alpha+\beta_1x_1+\beta_2x_2+\beta_3x_3+\cdots+\beta_mx_m\right)} \quad (1)$$

式中，P为因变量，表示城市化的概率；自变量$x_1, x_2, x_3,\cdots, x_m$表示影响城市化的因子；参数$\alpha$为常数，与参数$\beta_1, \beta_2, \beta_3,\cdots, \beta_m$同为待求的回归系数。为了计算方便，并考虑数据的可得性，采用600m×600m大小的网格，将因变量和自变量数据在空间精确匹准后进行叠加获得网格完整的数据信息，使得每个网格具有城市用地和非城市用地两种状态，以及坡度、通达度、到达城市中心的距离等方面的属性。采用多变量LRM拟合和校准每个网格状态变化与一系列属性变量之间的函数关系。

2. 模型框架

北京城市未来模拟模型框架以基于多变量LRM的城市化可能性模型为核心，由4个相互关联的子系统所构成（图1）。

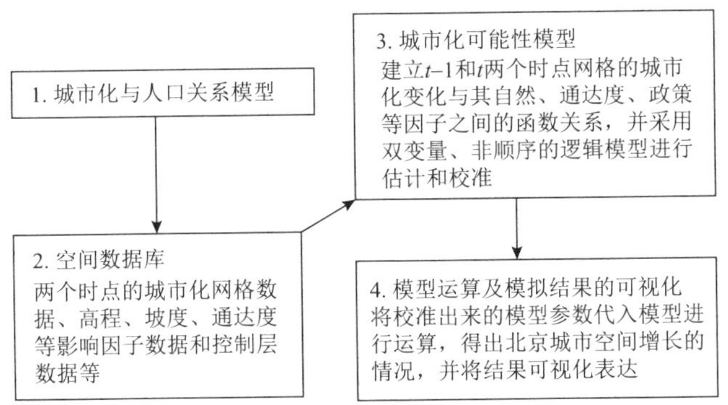

图1　基于LRM的北京城市增长模拟模型逻辑框架

（1）城市化与人口关系模型。土地开发和再开发的可能性在很大程度上取决于土地需求因素，如一个城市的人口数、家庭数或就业岗位数等。根据城市规划的一般做法，假定城市化主要由城市人口增长的需求所决定。因此，利用人口数来控制城市化速度，即某时间段城市用地面积，建立了城市化与人口关系的线性模型，具体表达式如下：

$$Y=aX+c \quad (2)$$

式中，Y 为城市用地面积；a 为待求的回归系数；X 为人口数；c 为待求的常数。将未来人口代入城市化与人口关系的线性模型，计算出未来北京城市化面积，从而决定城市化可能性模型中概率 Y 的阈值。

（2）空间数据库。将所有属性数据统一为 UTM 投影、WGS84 坐标系、网格大小为 600m×600m 的 GRID，建立基于 MySQL 平台的北京城市增长网格数据库。

（3）城市化可能性模型。选取空间数据库中 1990 年未城市化的所有网格的属性作为自变量，状态变化作为因变量代入 LRM 进行回归计算，得到各变量属性系数，并建立城市化可能性模型。

（4）模型运算及模拟结果的可视化。将校准出来的模型参数代入模型进行运算，得出北京城市空间增长的情况；同时，将运算的结果在 ArcGIS 环境下进行可视化表达，然后对模拟的结果进行评估和分析。

三、模型校准

1. 数据准备

以遥感影像、地形图、土地利用现状图等空间数据为基础，统一投影坐标系统，在 ArcGIS环境下整理和制备因变量、自变量数据。

（1）因变量。在遥感影像处理软件中对 1990 年和 2000 年的遥感影像进行分类，区分非城市用地、城市用地、始终保持城市用地状态的用地区域、一直保持非城市用地状态的用地区域、由非城市用地转为城市用地区域，获取两个年份的城市化数据及城市增长数据。

（2）自变量。①根据北京市地形数据建立数字高程模型，并生成坡度数据；②利用北京市土地利用现状图获取林地和水体分布；③运用 ArcGIS 计算每个网格到达各种交通线路的通达度以及到达城市中心的距离。

2. 模型校准

模型数据制备完成以后，将数据导入社会科学统计软件包（Statistical Package for the Social Science，SPSS）中进行回归分析，分别校准出城市化与人口关系模型及城市化与属性关系模型。

（1）城市化与人口关系模型：

$$Y=1.383X-24.457 \tag{3}$$

式中，Y 为城市化面积；X 为人口数。

（2）城市化与属性关系模型：北京由18个区县组成，影响城区和郊区城市化的因子及驱动力迥异。为了提高模型的预测能力，将北京分为城区（8个城区）和郊区县（其他10个郊区县）两个模拟区域分别采样、建模和校准，得到城区和郊区县的属性关系模型。

城区城市化可能性模型：

$$Y=\frac{\exp(1.889-0.121x_1-0.173x_2-0.162x_3-0.505x_4-0.082x_5)}{1+\exp(1.889-0.121x_1-0.173x_2-0.162x_3-0.505x_4-0.082x_5)} \tag{4}$$

式中，x_1、x_2、x_3、x_4、x_5 分别表示站点到高速、国道、铁路、环路、城市边界的最近距离。

郊区县城市化可能性模型：

$$Y=\frac{\exp(0.326-0.003x_1-0.023x_2-0.148x_3-0.219x_4-0.001x_5-0.349x_6)}{1+\exp(0.326-0.003x_1-0.023x_2-0.148x_3-0.219x_4-0.001x_5-0.349x_6)} \tag{5}$$

式中，x_1、x_2、x_3、x_4、x_5、x_6 分别表示站点的数字高程模型，以及站点到高速、城市中心、省道、环路、城市边界的最近距离。

四、不同情景下的北京城市增长模拟

对模型进行校准后，就可以按照过去的经验模式，通过设置不同的政策情景模拟北京未来15年城市空间扩展的图景。根据北京实际情况和研究目标，本文设计了3种情景。

1. 基于人口稳定增长情景的城市增长

1）情景1：基线情景（Baseline情景，即人口持续稳步增长）

假设城区、郊区县都保持过去10年的平均人口增长速率稳步增长，即城区按照3.0%的人口增长速率、郊区县按照1.2%的人口增长速率持续增长，推算出2010年、2015年、2020年北京城区和郊区县的人口分布（表1），并模拟出3个年份北京城市增长的图景。

表 1 情景 1 下北京 2010～2020 年预测人口数 （单位：万人）

区域	2010 年	2015 年	2020 年
城区	1143.073	1325.302	1536.582
郊区县	571.076	606.340	643.782

2）结果分析

对模拟结果进行统计，分别得到 2010 年、2015 年、2020 年情景 1 下相对于 2000 年北京城区和郊区县的城市用地增长情况（表 2）。

表 2 情景 1 下北京城市用地统计 （单位：km^2）

区域	2010 年	2015 年	2020 年
城区	110.3085	201.0367	306.2289
郊区县	16.6825	34.2400	52.8817

从模拟结果来看，北京城市用地在今后相当长的时间内将继续按照“摊大饼”的增长方式蔓延，并且城市增长受到交通因子的影响，其中环路和高速的影响权重较大。从空间上来看，未来北京的发展将仍然以城市的北部和东部为主。北部发展以八达岭高速沿线为代表，东北部沿机场高速公路向两侧快速扩展，东部发展主要沿五环路两侧；北京南部发展相对缓慢，西北部则由于受生态保护区的影响发展缓慢。

2. 基于修建七环情景的城市增长

1）情景 2：“U 形七环”

随着五环、六环在北京城市交通中发挥越来越重要的作用，修建“第七环”成为讨论的热点问题。这里采用《北京城市总体规划（2004 年—2020 年）》所提出的“七环”规划方案，即“U 形七环”方案，是指南端起于房山区的琉璃河，经庞各庄、榆垡、安定、采育、永乐、漷县等重点镇，然后借道河北境内的大厂、三河等地，进入平谷的马坊、峪口，然后在峪口向西，形成一个躺着的“U”字形环路。该方案试图将“七环”主要限定在北京的行政边界之内，以期既有利于减少建设过程中多个行政主体之间的协调成本，又尽可能地支撑和促进北京城市空间拓展。

按照上述线路将“U 形七环”作为一条快速路增加到模型中，在保持城区和郊区县人口增长率不变的前提下，模拟修建“U 形七环”后 2010 年、2015 年、2020 年北京城市增长图景显示，中心城区城市用地增加且西南部区域和东部区域城市用地有所增长。

2）结果分析

对模拟结果进行统计，分别得到 2010 年、2015 年、2020 年情景 1 和情景 2 下相对于 2000 年北京城区、郊区县的城市用地增长情况（表 3）。

表 3 情景 1 和情景 2 下北京城市用地增长统计 （单位：km^2）

区域	2010 年		2015 年		2020 年	
	情景 1	情景 2	情景 1	情景 2	情景 1	情景 2
城区	110. 3085	150.5723	201.0367	260. 3200	306.2289	405.5431
郊区县	16. 6825	19.3425	34.2400	37. 3510	52.8817	60.7712

由于“U 形七环”比较邻近城区，在带动城区和郊区县整体城市扩展的同时，尤其强化了北京城市发展的中心导向，将加重“摊大饼”式城市蔓延现象。由于该环路的修建，2010 年、2015 年、2020 年城区城市用地分别增加了 40.2638 km^2、59.2833 km^2 和 99.3145 km^2，分别增长了 36.5%、29.5%和 32.4%。

从空间上来看，该环路的修建将进一步加强城市东北-西南发展轴，起到本轮城市总体规划所希望的带动城东新的发展带的重要作用。模拟结果显示，城区的城市用地边缘向靠近七环的方向延伸，尤其是西南角和东北角，明显地向外延伸出更长的触角。

3. 基于奥林匹克公园情景的城市增长

1）情景 3：奥林匹克公园的兴建

奥林匹克公园规划总占地面积为 11.59km^2。随着奥林匹克公园的兴建和 2008 年奥运会的举行，大量相关的配套设施及产业会向这里集中，形成北京城市新的功能组团——“亚奥”组团，极大地促进了朝阳区北部的城市化发展。在本次城市模拟研究中，在基期（1990 年）的土地利用图上将奥林匹克公园和“亚奥”组团可能的边界勾画出来，将其中的网格设置成为城市用地状态，然后采取校准出的经验模型模拟奥林匹克公园的兴建对北京城市化的影响。修建奥林匹克公园后 2010 年、2015 年、2020 年北京城市中心城区及北部和西北方向附近的城市用地区域逐步扩大。

2）结果分析

对模拟结果进行统计，分别得到 2010 年、2015 年、2020 年情景 1 和情景 3 下相对于 2000 年北京城区、郊区县的城市用地增长情况（表 4）。

表 4　情景 1 和情景 3 下北京城市用地增长统计　（单位：km^2）

区域	2010 年		2015 年		2020 年	
	情景 1	情景 3	情景 1	情景 3	情景 1	情景 3
城区	110.3085	129.4333	201.0367	230. 2130	306.2289	360.7623
郊区县	16.6825	16.6825	34.2400	34. 2400	52.8817	52.8817

对模拟结果进行空间统计分析发现，奥林匹克公园附近城市化速度较其他区域明显加快，与情景 1 相比，城区东北部城市化面积也大大增加。结果表明，奥林匹克公园的修建加速了朝阳区北部的城市化进程，带动了整个城区北部的发展，而对郊区城市化进程影响相对较小。

奥运会作为一项具有全局意义的重大项目，对北京城市的影响将是全方位、多层面的。除了评估奥林匹克公园的影响，未来还应将投入-产出模型、可计算一般均衡模型等区域层次的影响分析模型与 Landis 教授的格网模型有机结合，以更加全面地评价奥运会对北京城市发展的影响。

五、结论与讨论

本研究借鉴 Landis 教授的 CUF Ⅱ 模型的经验成功地实现了北京城市化用地分布的动态模拟与预测，最终得出如下结论。

（1）城市活动的高度复杂性决定了城市空间增长的动态模拟必将是一项异常艰巨的工作。本文尝试从计量经济学的角度，引入多变量 LRM 研究北京的城市化状况，全面揭示了城市化与交通因子、经济变量之间的相互关系。该方法与目前城市模拟的一些主流模型相比，所建立的模型机理更加明确，模型的预测能力更具有说服力。

（2）本研究是依据过去城市增长经验对城市未来增长进行的模拟和预测，从模拟结果来看，北京城市将继续按照过去“摊大饼”的方式蔓延，并且城市用地扩张与交通设施之间存在明显的邻近效应；从空间上来看，北部和东部依然是城市发展重点区域。从模拟结果来看，按照过去的发展策略将不利于现有北京城市空间结构的调整与优化，需要改变北京城市增长的方式，制订新的城市规划方案，引导城区产业和人口的合理疏散，配置重大的交通基础设施。

（3）根据北京的实际情况和研究的需要，有针对性地设置了三种情景，特别是结合北京的发展动向，设置了修建七环和奥林匹克公园两个情景，成功模拟和预测了修建七环和奥林匹克公园后未来北京的城市化状况，为城市规划部门和政府决策提供参考与科学依据。

未来，本研究将进一步向以下两个方面改进。

（1）减少空间自相关。由于本文所使用的 LRM 用很小的网格来表示空间，一件单个的、大规模的土地利用变化事件往往要转换成为很多小的网格层次的事件来进行表征和测量，由此将引起土地利用变化事件的分散化，从而使得基于这些结果所产生的统计模型及预测结果产生误差。模型的结果将会产生出过多不切实际的、相互独立的小的增长中心。如果基于站点或网格的城市增长模型不对空间自相关问题进行更正，那么，它将倾向于高估跳跃式开发与增长的情形。

（2）朝着与多主体模型结合的方式前进。本文所使用的理论模型是多变量逻辑模型，它对土地利用市场机制进行了某种程度的简化。也就是说，它们重点集中在土地利用发生变化情形的特征上，却很少关注买方（如家庭和企业）及卖方（如开发商）的特征与动机。实际的土地利用变化反映了现实的个人动机和现实企业的经济特征，而并不仅仅只是地块的区位特征，从这个意义上来说，本模型可能被认为存在潜在的误差。

<<<参 考 文 献>>>

[1] 陈述彭. 城市化与城市地理系统. 北京: 科学出版社, 1999.

[2] 汪光焘, 等. 现代城市规划理论和方法的一次实践: 佛山城镇规划的大气环境影响模拟分析. 城市规划学刊, 2005, (6): 18-22.

[3] 沈体雁. 中国城市增长情景模拟方法探讨: 一个CGE模型与GIS空间分析集成的框架. 地球科学进展, 2006, 21(11): 1153-1162.

[4] Landis J. CUF、CUFⅡ and CURBA: A Family of Spatially Explicit Urban Growth and Land-Use Policy Simulation Models// Brail R K, Klosterman R E. Planning Support Systems: Integrating Geographic Information Systems. Models and Visualization Tools. ESRI Press, 2001.

[5] Landis J. Imagining Land Use Futures: Applying the California Urban Futures Model. Journal of the American Planning Association, 1995, 61(41Autumn): 438-4571.

[6] Qing Shen. Patterns of Land Use Changes in a Pro-Smart Growth State: A Case Study of

Maryland. Annual Conference of the Association of Collegiate Schools of Planning, 2004.

[7] 张华, 张勃. 张掖市土地利用/覆盖变化模拟. 遥感技术与应用, 2004, 19(5): 359-362.

[8] 李全, 李霖. 基于 LOGISTIC 模型的城市扩展时空模拟——以深圳龙岗区为例. 华中师范大学学报(自然科学版), 2006, 40(3): 442-446.

[9] 张文彤. SPSS1.1 统计分析教程[M]. 北京: 北京希望电子出版社, 2002.

郊区化进程中的就业分散化及其空间结构演化
——以北京都市区为例①

孙铁山

一、前　言

郊区化是指随着城市增长和空间扩张人口与经济活动的去中心化。郊区化过程中的就业分散化被认为是驱动城市空间重构的重要力量，就业由城市中心区向郊区分散并在城市内重新分布使得经济空间组织发生改变。但就业分散化如何改变城市空间结构仍处于争论之中，目前存在两种不同的观点。一种观点认为，经济活动从城市中心区向郊区分散后，为了获取集聚经济效益，仍倾向于在特定区域再度集中，形成新的集聚中心，从而使城市空间结构由单中心向多中心结构转变[1, 2]。而另一种观点则认为，随着交通、信息技术发展和生产组织变革，不断降低的交通和通信成本降低了空间临近的重要性，经济组织可以在更大空间尺度上垂直分离并获取集聚经济效益，因此就业分散化并不一定形成新的集聚中心，而有可能在城市内分散布局，形成"一般分散化"的空间结构[3]。此外，就业分散化不仅会改变城市空间结构，也可能改变城市的地域分工格局。因为如果就业分散后倾向于再集中，考虑到不同行业对集聚经济的要求不同，对集聚的区位有不同的偏好，具有相同区位指向的行业在向郊区分散的过程中，可能重新集聚在一起，形成专业化的集聚中心，从而改变城市的地域分工格局。而如果就业倾向于一般分散化，则可能带来城市就业的整体增长和地区产业的多样化，从而形成更加同质的地域功能格局[4]。

---

① 本文发表于《城市规划》，2015 年第 10 期。作者简介：孙铁山，北京大学政府管理学院副教授，研究方向为城市增长与空间结构、城市土地利用与交通、城市经济空间分析与空间计量。

近年来，对城市内部就业空间分布的实证研究成为国内城市研究的重要方向，已有研究主要关注城市就业密度分布和就业空间结构等[5-7]，还缺乏对就业分散化及其与城市空间结构演化相互关系的实证研究。本文以北京都市区为例，研究中国特大城市郊区化过程中的就业分散化特征，以及就业分散化对城市空间结构演化的影响。考虑到北京的郊区化主要是近域郊区化，将研究区域确定为北京都市区，其范围包括北京的城六区和与之相邻的郊区，共 12 个市辖区。本文所使用的就业数据来自 2004 年和 2008 年的北京经济普查资料，根据经济普查统计口径，就业人数主要指第二产业和第三产业法人单位从业人员数，分析的基本空间单元是街道、镇和乡。

二、北京都市区就业分散化的基本特征

2004 年北京都市区共有第二、第三产业就业人口 663.1 万人，到 2008 年增长至 777.3 万人，年均增长率为 4.05%。为测度北京都市区就业分散化程度，采用维顿提出的分散化指数[8]，维顿指数取值在–1～1，值越大代表就业人口越向城市中心区集中，两年间指数值降低则说明就业人口呈现去中心分散化趋势。

北京都市区的区域半径大约为 78.5km，在整个都市区范围内，2004～2008 年维顿指数值有所上升，说明就业整体上并未分散化，而仍然向城市中心区集中。将北京都市区按距城市中心距离划分不同的范围，分别计算不同范围的维顿指数，结果显示，在距城市中心 35km 和 40km 的范围内，就业均未呈现分散化趋势，但在距城市中心 30km 以内的范围内，2004～2008 年维顿指数值有明显降低，表现出就业分布呈现去中心分散化的特征（表 1）。这说明，北京都市区就业分散化的空间范围比较有限，在整个都市区范围内就业整体上呈现向心集聚的趋势，但在距城市中心 30km 的范围内，就业分布表现出明显的分散化特征。

表 1　北京都市区不同空间范围就业分散化程度

距城市中心距离/km	维顿指数	
	2004 年	2008 年
d_{max}=78.5	0.661	0.672
d=40	0.399	0.403
d=35	0.362	0.366
d=30	0.295	0.268
d=25	0.244	0.233

为进一步分析就业分散化的行业特征，以北京都市区内的主要环路为界划分不同圈层，分别计算 2004 年和 2008 年总就业和不同行业就业人口在各圈层的分布及变动（表 2）。2008 年，在整个都市区内，70.3%的就业人口集中在五环路以内，但制造业的就业人口只有 28.3%集中在五环路以内，大部分制造业活动都已分散到五环路以外，而服务业的就业人口则有 79.4%集中在五环路以内，显示出制造业活动已高度分散化，但服务业仍呈现向心集聚的分布特征。从 2004～2008 年的变动来看，就业人口主要向二环路到四环路之间的地区集中，但制造业就业主要由五环路以内向五环路以外扩散，说明制造业分散化的趋势仍在持续，服务业就业则更多地向三环路到四环路之间的地区集中。

就不同的服务业行业而言，生产性服务业中金融业在城市中心区的集中度最高，2008 年有 60.3%的就业集中在二环路以内，而其他生产性服务业都只有不到 20%的就业集中在二环路以内。大部分生产性服务业，如租赁和商务服务业，信息传输、计算机服务和软件业，科学研究、技术服务和地质勘查业，都主要集中在二环路到四环路之间，有超过 50%的就业集中在这一范围。房地产业则在各圈层分布相对比较平均。在消费性服务业中，住宿和餐饮业相对集中在城市中心区，有 49.8%的就业集中在三环路以内，而批发和零售业以及居民服务和其他服务业则更多地分布在二环路以外，且在各圈层分布相对比较平均。在公共服务业中，卫生、社会保障和社会福利业，文化、体育和娱乐业，公共管理和社会组织主要集中在二环路以内，有大约 1/4 的就业集中在二环路以内，其中文化、体育和娱乐业有 58.1%的就业集中在三环路以内，市区集中度较高，而教育，水利、环境和公共设施管理业则主要集中在四环路以外，布局相对分散，有超过一半的就业分布在四环路以外。

从 2004～2008 年的变动来看，生产性服务业中除金融业外，其他行业在三环路以内的就业份额都有所下降，显示出不同程度去中心分散化的趋势。而金融业就业仍保持向心集聚，2004～2008 年在二环路以内的就业份额上升了 2.1%，在四环路以内的就业份额上升了 4.4%。生产性服务业中，就业分散化较明显的主要有租赁和商务服务业，信息传输、计算机服务和软件业，科学研究、技术服务和地质勘查业。其中，2004～2008 年租赁和商务服务业在三环路以内的就业份额下降了 12.4%，而三环路到四环路之间的就业份额上升了 11.9%，就业分布变动剧烈，主要由三环路以内向三环路到四环路之间的地区扩散。而信息传输、计算机服务和软件业，科学研究、技术服务和地质勘查业在三环路以内的就业份额分别下降了 11.4%和 4.0%，就业分布主要向三环路到四环路之

表 2　北京都市区按环路分不同圈层各行业就业份额及变化

（单位：%）

项目	二环路以内		二环路到三环路之间		三环路到四环路之间		四环路到五环路之间		五环路以外	
	2008 年	2004～2008 年变化率	2008 年	2004～2008 年变化率	2008 年	2004～2008 年变化率	2008 年	2004～2008 年变化率	2008 年	2004～2008 年变化率
总就业	14.3	−2.1	21.9	0.6	17.5	2.8	16.6	−0.3	29.8	−0.9
制造业	2.3	−0.8	4.5	−1.4	5.7	−1.3	15.8	−2.8	71.6	6.3
服务业	17.0	−3.7	25.9	−0.4	19.9	3.1	16.6	−0.3	20.6	1.3
交通运输、仓储和邮政业	6.8	−17.2	37.9	12.1	7.6	1.9	25.3	1.6	22.4	1.6
信息传输、计算机服务和软件业	8.6	−3.1	22.1	−8.3	30.6	4.0	16.6	1.1	22.0	6.3
金融业	60.3	2.1	26.7	−1.0	6.7	3.3	5.6	−3.0	0.6	−1.4
房地产业	17.3	0.3	26.9	−0.8	20.0	0.4	14.6	−0.8	21.2	1.0
租赁和商务服务业	19.1	−8.9	28.0	−3.5	26.2	11.9	11.9	−1.3	14.7	1.7
科学研究、技术服务和地质勘查业	10.9	1.2	24.8	−5.2	25.5	4.9	20.8	−3.1	17.9	2.1
批发和零售业	14.2	−2.4	23.1	−1.2	22.7	0.8	19.0	0.1	20.9	2.8
住宿和餐饮业	21.3	0.1	28.5	−2.7	19.4	1.5	14.1	1.8	16.8	−0.7
居民服务和其他服务业	14.5	−0.6	20.2	−0.4	20.5	−1.7	21.1	−1.2	23.7	3.8
教育	10.0	−2.1	18.0	−0.7	17.7	2.2	20.9	−0.6	33.4	1.3

续表

项目	二环路以内		二环路到三环路之间		三环路到四环路之间		四环路到五环路之间		五环路以外	
	2008 年	2004～2008 年变化率	2008 年	2004～2008 年变化率	2008 年	2004～2008 年变化率	2008 年	2004～2008 年变化率	2008 年	2004～2008 年变化率
卫生、社会保障和社会福利业	24.7	–3.5	17.6	–1.9	18.0	1.7	10.3	–0.2	29.4	3.7
文化、体育和娱乐业	24.4	–3.7	33.7	1.2	19.8	1.1	10.6	0.9	11.6	0.5
水利、环境和公共设施管理业	12.6	–1.5	16.4	–3.8	12.3	1.0	25.4	1.5	33.3	2.8
公共管理和社会组织	25.8	–0.8	19.0	0.4	11.2	0.5	9.0	–0.6	35.1	0.6

间和五环路以外的地区扩散。交通运输、仓储和邮政业的就业分布则主要由二环路以内向二环路到三环路之间的地区扩散。2004～2008 年，消费性服务业和公共服务业的就业分布整体变化不大，三环路以内的就业份额都略有降低。其中，居民服务和其他服务业在五环路以内各圈层的就业份额都在下降，而五环路以外的就业份额有所上升，显示出与制造业类似的分散化趋势。

三、北京都市区就业空间结构的演化特征

总体上，北京都市区的就业分布具有一定程度的分散化特征，主要是在距城市中心 30km 的范围内就业分布呈现去中心分散化趋势，就业人口主要由二环路以内向二环路到四环路之间的地区扩散。接下来主要分析伴随就业分散化，北京都市区就业空间结构的演化特征，即就业的分散化是否会影响就业分布的整体集中度，其分散化是“一般分散化”还是分散化的集中，以及就业分散化是促进了区域产业的专业化集聚还是多样化发展。

1. 就业分布的集聚特征

采用区位基尼系数[9]和 G 统计量[10]来度量就业分布的集聚程度。区位基尼系数可以反映就业在各空间单元间分布的均衡性，而 G 统计量则用于反映相邻空间单元就业分布的相关性，两者测度的重点有所不同，互为补充。表 3 列出了 2004 年和 2008 年北京都市区范围内和距城市中心 30km 范围内各空间单元就业人数的均值与标准差，以及就业分布的区位基尼系数和 G 统计量的计算结果。从结果来看，无论是在都市区范围内还是在距城市中心 30km 范围内，2004～2008 年各空间单元就业人数的均值和标准差都有大幅增加，反映了就业的整体增长和就业分布地区差异的加大。尤其是在距城市中心 30km 的范围内，就业人数标准差的增加较之在都市区范围内更加显著，说明在这一范围内就业分散化加剧了就业分布的地区差异。而从区位基尼系数和 G 统计量的计算结果来看，无论在都市区范围内还是在距城市中心 30km 范围内，就业分布的集聚程度都在增加，这说明就业分散化并未降低就业的空间集聚。因此，北京都市区的就业分散化并不是“一般分散化”，而是在分散化过程中就业倾向于在外围某些地区再度集中，从而使就业分散的同时集聚程度有所增加。

表 3 北京都市区就业分布的描述性统计、区位基尼系数和 G 统计量

项目	都市区范围内		距城市中心 30km 范围内	
	2004 年	2008 年	2004 年	2008 年
就业人数的均值/人	27 514.58	32 521.91	35 212.17	42 942.01
就业人数的标准差/人	30 117.71	41 869.92	32 043.69	46 002.90
区位基尼系数	0.527	0.575	0.451	0.500
G 统计量	0.039	0.044	0.047	0.051

2. 就业分布的空间结构

北京都市区的就业分散化并未造成就业分布集聚程度的降低，这主要是因为就业在从城市中心区向郊区分散的过程中可能形成了新的集聚中心，从而使就业分布的集聚程度有所增加。为了解就业分散化过程中北京都市区就业空间结构的变化特征，需要识别就业分布的集聚中心。采用局部 G 统计量考察就业分布的局部空间自相关（又称热点分析），以此识别就业分布的局部空间集聚，即就业集聚中心[11]。

分别计算各空间单元就业人数的局部 G 统计量，就业分布的集聚中心是由局部 G 统计量大于 1.96 的相邻空间单元组成。2004 年，就业分布的集聚中心共有 19 个街道（地区），主要集中在城市中心区沿长安街从国贸到公主坟一线（包括建国门外街道、建国门街道、东华门街道、西长安街街道、二龙路街道、月坛街道、羊坊店街道、广安门外街道），以及沿西北二环和三环路之间的地区（包括甘家口街道、展览路街道、紫竹院街道、北下关街道、海淀街道），形成连续带状分布；外围的就业中心主要集中在石景山区的古城街道、海淀区的花园路街道和学院路街道、丰台区的卢沟桥和花乡地区，以及大兴区的亦庄地区。2004 年，就业中心共集聚就业人口 206.8 万人，19 个街道（地区）集中了都市区 31.2%的就业。2008 年，就业中心的街道数量有所减少，共有 17 个街道，集聚就业人口 264.6 万人，集中了都市区 34.0%的就业。由此可见，虽然就业中心街道数量有所减少，但集聚就业人口的水平在提高。

此外，2004～2008 年就业中心的分布也发生了较大的变化。首先，城市中心区沿长安街一线的就业集聚程度大幅降低，就业中心不再连续分布，而是形成了几个独立的集聚中心（建国门外街道、朝阳门外街道、东华门街道、金融街街道），围绕朝阳区中央商务区和西城区金融街的双中心结构更加清晰。其次，随着中关村就业中心的出现，西北部的就业集聚区进一步向西北方向延伸，扩展到西北三环到四环路之间的地区（进一步增加了中关村街道）。最后，外围的就业中心除丰台区的卢沟桥地区和花乡地区、大兴区的亦庄地区，进一步增加了海淀区的上地街道、丰台区的东铁匠营街道和顺义区的天竺地区。而随着首钢集团搬迁，石景山区的古城街道不再是就业中心。总体上，就业分布的集聚中心明显由城市中心区向外围分散，但就业中心仍然都集中在距城市中心 30km 的范围内。就业空间结构的变动显示出就业分散化集聚的发展特征，城市中心区的就业集聚程度在降低，中心数量在减少，而外围地区出现多个新的集聚中心，整体上就业中心的就业人口占都市区的比重有所提高，这说明北京都市区的就业分散化并非“一般分散化”，而是在分散化的过程中形成新的集聚中心，从而改变城市空间结构。

3. 就业分散化与专业化集聚

就业的分散化集聚往往伴随专业化集聚，因为具有相同区位指向的部门或彼此关联的产业往往倾向于在空间上集聚在一起，从而形成专业化的集聚中心。对美国都市区的研究显示，郊区化过程中形成的郊区就业中心往往具有类似区域城镇体系的规模等级结构和专业化的地域分工格局[12,13]。为了进一步分析北京都市区就业分散化过程中地域专业化水平和分工格局的变化及特征，采用赫芬达尔指数（H 指数）测度各空间单元就业结构的专业化水平，并使用区位熵考察就业中心的专业化部门①。H 指数越高，说明就业结构的专业化水平越高，H 指数在 0.1 以下代表多样化的就业结构，H 指数在 0.1～0.2 代表中度专业化的就业结构，而 H 指数在 0.2 以上代表高度专业化的就业结构。

结果显示，2004～2008 年北京都市区各街道、镇、乡就业结构的平均专业化水平有所降低，各空间单元H指数的均值从2004年的0.189下降到2008年的0.177；但就业中心的平均专业化水平却大幅提升，H 指数的均值从 2004 年的 0.151 增加至 2008 年的 0.188。2004 年时就业中心的平均专业化水平低于都市区的整体平均水平，表示就业中心的就业结构相对更加多样化，但 2008 年时就业中心的平均专业化水平已明显高于都市区的整体平均水平。这说明随着就业增长，都市区内各地区的就业结构整体上趋于多样化，但伴随就业的分散化以及进一步的专业化集聚，就业中心的就业结构变得更加专业化于特定行业或部门，专业化水平不断提高。

表 4 列出了 2004 年和 2008 年北京都市区就业中心就业结构的专业化水平

---

① 专业化部门指本街道或地区区位熵大于 2 的经济部门，顺序按区位熵由大到小排序。

表 4　就业中心的专业化水平与专业化部门

就业中心位置	2004年 街道名称	2004年 H指数	2004年 专业化部门	2008年 街道名称	2008年 H指数	2008年 专业化部门
长安街沿线城市中心区				朝阳门外街道	0.194	金融业，租赁和商务服务业，房地产业
	建国门外街道	0.069	房地产业，租赁和商务服务业，金融业	建国门外街道	0.087	电力、燃气及水的生产和供应业，房地产业，租赁和商务服务业
	建国门街道	0.404	交通运输、仓储和邮政业			
	东华门街道	0.075	公共管理和社会组织，卫生、社会保障和社会福利业，住宿和餐饮业	东华门街道	0.076	公共管理和社会组织，住宿和餐饮业，卫生、社会保障和社会福利业
	西长安街街道	0.354	租赁和商务服务业，电力、燃气及水的生产和供应业			
	月坛街道	0.027	金融业，文化、体育和娱乐业			
	二龙路街道	0.150	金融业，电力、燃气及水的生产和供应业，文化、体育和娱乐业，信息传输、计算机服务和软件业	金融街街道	0.282	金融业
	羊坊店街道	0.058	文化、体育和娱乐业，建筑业	羊坊店街道	0.487	交通运输、仓储和邮政业
	广安门外街道	0.151	交通运输、仓储和邮政业			

续表

就业中心位置	街道名称	2004 年		街道名称	2008 年	
		H 指数	专业化部门		H 指数	专业化部门
西北二环路至四环路之间地区	甘家口街道	0.042	科学研究、技术服务和地质勘查业，信息传输、计算机服务和软件业	甘家口街道	0.055	建筑业，科学研究、技术服务和地质勘查业
	展览路街道	0.045	金融业，交通运输、仓储和邮政业，公共管理和社会组织，水利、环境和公共设施管理业	展览路街道	0.042	公共管理和社会组织，金融业
	北下关街道	0.058	信息传输、计算机服务和软件业，科学研究、技术服务和地质勘查业	北下关街道	0.072	信息传输、计算机服务和软件业，科学研究、技术服务和地质勘查业
	紫竹院街道	0.074	交通运输、仓储和邮政业，文化、体育和娱乐业，教育			
	海淀街道	0.073	信息传输、计算机服务和软件业，批发和零售业	海淀街道	0.096	信息传输、计算机服务和软件业，科学研究、技术服务和地质勘查业
				中关村街道	0.123	信息传输、计算机服务和软件业
外围集聚中心	花园路街道	0.057	信息传输、计算机服务和软件业	花园路街道	0.079	信息传输、计算机服务和软件业
	学院路街道	0.070	信息传输、计算机服务和软件业，科学研究、技术服务和地质勘查业，教育			
	卢沟桥地区	0.101	交通运输、仓储和邮政业，金融业	卢沟桥地区	0.175	交通运输、仓储和邮政业，金融业

续表

就业中心位置	街道名称	2004年		街道名称	2008年	
		H指数	专业化部门		H指数	专业化部门
外围集聚中心	花乡地区	0.071	水利、环境和公共设施管理业	花乡地区	0.079	水利、环境和公共设施管理业，交通运输、仓储和邮政业，金融业
	亦庄地区	0.452	制造业	亦庄地区	0.345	制造业，采矿业
	古城街道	0.548	制造业			
				东铁匠营街道	0.546	租赁和商务服务业
				上地街道	0.216	信息传输、计算机服务和软件业，科学研究、技术服务和地质勘查业
				天竺地区	0.251	交通运输、仓储和邮政业，金融业

以及专业化部门。2004～2008 年，除亦庄地区专业化水平有明显降低外，其他就业中心专业化水平都有不同程度的提高，而且 2008 年新出现的就业中心（包括朝阳门外街道、中关村街道、东铁匠营街道、上地街道和天竺地区）都具有较高的专业化水平，这些都使就业中心的平均专业化水平有了大幅提升。2004 年，H 指数大于 0.1 的就业中心共有 7 个，其中 4 个是在长安街沿线的城市中心区。而 2008 年时，H 指数大于 0.1 的就业中心增加到 9 个，其中仅有 3 个是在长安街沿线的城市中心区。这显示出伴随就业分散化和专业化集聚，外围就业中心倾向于具有更加专业化的就业结构。2004 年，高度专业化的就业中心（H 指数大于 0.2）有城市中心区的建国门街道、西长安街街道，以及外围的古城街道与亦庄地区。其中，建国门街道依托北京站主要专业化于交通运输、仓储和邮政业，而西长安街街道主要专业化于租赁和商务服务业，以及电力、燃气及水的生产和供应业；外围的古城街道和亦庄地区则高度专业化于制造业。2008 年，高度专业化的就业中心有城市中心区的金融街街道、羊坊店街道，外围的亦庄地区，以及新出现的东铁匠营街道、上地街道和天竺地区。其中，金融街街道高度专业化于金融业，羊坊店街道则专业化于交通运输、仓储和邮政业；外围的亦庄地区仍专业化于制造业和采矿业，东铁匠营街道专业化于租赁和商务服务业，上地街道专业化于信息传输、计算机服务和软件业以及科学研究、技术服务和地质勘查业，天竺地区则依托北京首都国际机场专业化于交通运输、仓储和邮政业以及金融业。

总体上，北京都市区的就业中心基本形成了较为清晰的专业化地域分工格局。长安街沿线城市中心区的就业中心主要专业化于金融业，房地产业，租赁和商务服务业，电力、燃气及水的生产和供应业等生产性服务职能，以及文化、体育和娱乐业，公共管理和社会组织，卫生、社会保障和社会福利业等公共服务职能。依托北京站和北京西站，部分街道专业化于交通运输、仓储和邮政业。市区的就业中心由于金融、电力等总部集聚，又是行政管理中心，因此主要承担着高端商务和公共管理的服务职能。同时，长安街沿线的就业中心也形成了东、中、西相互差异的分工格局。其中，东部主要以商务服务职能为主，中部主要以公共管理服务职能为主，而西部则以金融业，文化、体育和娱乐业为特色。此外，在西北二环至四环路之间的地区，除展览路街道和紫竹院街道外，大部分就业中心都专业化于信息传输、计算机服务和软件业以及科学研究、技术服务和地质勘查业，主要以科学研究、技术服务、信息服务为特色。而外围地区的就业中心在专业化职能上则各具特色，主要专业化于三类职能：第一类是制造业职能，如亦庄地区和古城街道；第二类是科学研究、技术服务和地质勘查业职能，如花园路街道、学院路街道、上地街道；第三类是交通运输、仓储和邮政业职能，如卢沟桥地区、花乡地区和天竺地区。

四、结　论

本文以北京都市区为例，研究了中国特大城市的就业郊区化和空间结构演化。就业郊区化改变城市的经济空间组织，进而促使城市空间结构和地域分工格局发生变化。通过分析 2004～2008 年北京都市区就业分散化的基本特征，并考察就业分散化过程中就业空间结构的演化，包括就业分布的集聚程度、空间结构与专业化分工的变化，揭示了北京都市区郊区化过程中就业分散化与就业空间结构演化之间的关系。主要结论如下：

（1）北京都市区就业分散化的空间范围比较有限，主要在距城市中心 30km 的范围内表现出就业分散化特征。总体上，制造业活动已高度分散化，且分散化趋势仍在持续，而服务业活动则主要集中在城市中心区。就不同行业而言，就业分散化程度最高的是制造业。而随着制造业向郊区转移，与制造业相关的生产性服务业，如租赁和商务服务业，信息传输、计算机服务和软件业，科学研究、技术服务和地质勘查业等也表现出不同程度的就业分散化趋势，但分散化的空间范围仍然很有限。

（2）就业分散化的同时，北京都市区就业分布的集聚程度有所增加，说明就业分散化并未降低就业的空间集聚。同时，对就业集聚中心的分析显示，就业中心明显由城市中心区向外围分散，城市中心区的就业集聚程度在降低，中心数量在减少，而外围地区（主要在五环路沿线）出现多个新的集聚中心，整体上就业中心集聚就业的水平有所提高，这说明北京都市区的就业分散化并非“一般分散化”，而是分散化的集聚，即在分散化过程中就业倾向于在外围地区再集中，从而使就业分散的同时集聚程度有所增加。

（3）在北京都市区就业分散化的过程中，各街道、镇、乡就业结构的平均专业化水平有所降低，但就业集聚中心的平均专业化水平却大幅提升，尤其是外围新出现的就业集聚中心都具有较高的专业化水平。这说明就业的分散化集中伴随着专业化集聚，尽管整体上都市区内各地区的就业结构趋于多样化，但随着就业的分散化以及进一步的专业化集聚，就业集聚中心的专业化水平不断提高。总体上，就业集聚中心形成了较为清晰的专业化地域分工格局。城市中心区的就业中心主要专业化于高端商务和公共管理的服务职能；而外围地区的就业中心主要专业化于分散化的行业部门，如制造业，科学研究、技术服务和地质勘查业以及交通运输、仓储和邮政业等职能。

<<<参 考 文 献>>>

[1] Stanback T M. The New Suburbanization: Challenge to the Central City[M]. Boulder: Westview Press, 1991.

[2] Anas A, Arnott R, Small K A. Urban Spatial Structure[J]. Journal of Economic Literature, 1998, 36(3): 1426-1464.

[3] Gordon P, Richardson H W. Beyond Polycentricity: The Dispersed Metropolis, Los Angeles, 1970-1990[J]. Journal of the American Planning Association, 1996, 62(3): 289-295.

[4] Gilli F. Sprawl or Reagglomeration? The Dynamics of Employment Deconcentration and Industrial Transformation in Greater Paris[J]. Urban Studies, 2009, 46(7): 1385-1420.

[5] 刘霄泉, 孙铁山, 李国平. 北京市就业密度分布的空间特征[J]. 地理研究, 2011, 30(7): 1262-1270.

[6] 谷一桢, 郑思齐, 曹洋. 北京市就业中心的识别: 实证方法及应用[J]. 城市发展研究, 2009, 16(9): 118-124.

[7] 孙铁山, 王兰兰, 李国平. 北京都市区人口-就业分布与空间结构演化[J]. 地理学报, 2012, 67(6): 829-840.

[8] Wheaton W C. Commuting, Congestion, and Employment Dispersal in Cities with Mixed Land Use[J]. Journal of Urban Economics, 2004, 55(3): 417-438.

[9] 蒲业潇. 理解区位基尼系数: 局限性与基准分布的选择[J]. 统计研究, 2011, 28(9): 101-109.

[10] Getis A, Ord J K. The Analysis of Spatial Association by Use of Distance Statistics[J]. Geographical Analysis, 1992, 24(3): 189-206.

[11] 秦波, 王新峰. 探索识别中心的新方法——以上海生产性服务业空间分布为例[J]. 城市发展研究, 2010, 17(6): 43-48.

[12] Giuliano G, Small K A. Subcenters in the Los Angeles Region[J]. Regional Science and Urban Economics, 1991, 21(2): 163-182.

[13] Anderson N B, Bogart W T. The Structure of Sprawl: Identifying and Characterizing Employment Centers in Polycentric Metropolitan Areas[J]. American Journal of Economics and Sociology, 2001, 60(1): 147-169.

创新驱动发展理论与方法研究综述及其进展[①]

王婧媛　刘　翊

在二元经济结构中,农村劳动力的剩余为工业化提供了低廉的劳动力供给,由于工资增长较慢,雇佣关系不利于劳动者,城乡收入保持差距,于是按照发展规律,该过程将一直持续到劳动力从无限供给变为短缺,那时经济增长方式将出现一个质的飞跃,进入现代经济增长阶段[1]。这个转换的节点就被称为"刘易斯转折点"(Lewis turning point)。当人口红利逐渐消失,意味着刘易斯转折点的到来:2006 年出现的用工荒,使得以前以剩余人口价值推动工业发展的模式已经发生变化,按照刘易斯拐点的理论,需要通过提高工人工资等方式,重新获得劳动力,提升产业发展水平,实现发展质量跃升。因此,高效、创新的发展方式将会取代原有的依靠人口红利等低成本发展模式。

一、创新驱动概念的起源

创新的概念是 1912 年由德国经济学家约瑟夫·熊彼特(Joseph Alois Schumpeter)首次提出的,他将创新与经济增长相关联进行研究,将创新过程分解为三个阶段:发明、创新和扩散。发明是指产生想法并示范,创新则是第一次把发明投放市场进行商业应用,扩散是将这一技术创新或创新过程在市场中进行不断分散传递。此外,熊彼特把创新又分为引入新产品、使用新技术、开辟新市场、控制新的原料供应源、形成新的组织五种类型,而科技创新作为主要内容贯穿始终。熊彼特指出,企业家通过从这些方面引入创新,重新组合

---

① 作者简介:王婧媛,北京大学首都发展研究院助理研究员,研究方向为信息资源管理、区域经济、首都发展研究;刘翊,北京大学首都发展研究院院长助理,高级工程师,研究方向为城乡规划、区域经济、公共管理、首都发展研究。

生产函数，实现利润增加，推动社会经济增长。创新成为经济增长源泉，而非资本或劳动力[2]。

在涉及技术创新的现代经济增长理论中，大体上可以划分为两个大类，一类是以索罗（Solow）为代表的将技术作为外生变量的经济增长理论；另一类是以罗默（Romer）、卢卡斯（Lucus）为代表的将技术作为内生变量的经济增长理论。

索罗把科技进步作为外生变量从生产函数中分离出来，推导得出总产出由劳动投入、资本投入和技术进步三大方面组成。产出中不被生产要素增加所解释的那一部分增长就是科技进步。科技进步对于促进经济结构转型，提升经济运行效率具有非常重要的影响[3]。

罗默引用马歇尔的外部经济性建立了内生经济增长模型，提出了递增报酬和长期增长的论断，即正向的外部经济技术效应来源于资本要素的积累，而资本要素中的资本并不一定是固定资产等有形资本，也可以是知识、技术创新等无形资本。为了促进经济增长和转型发展，政府应当向研究开发和创新活动提供补贴，科技创新应该作为地区经济结构高级化增长的核心驱动力[4]。

英国经济学家弗里曼（Freeman）在 1987 年提出了国家创新系统的概念，通过研究日本的经济发展时发现，日本在技术落后的情况下，以技术创新为主导，辅以组织制度创新，只用了几十年的时间，便使国家的经济出现了强劲的发展势头，成为工业大国[5]。国家创新体系是由大学、企业等有关机构形成的复合体制，制度设计的任务是在技术的私有和公有两方面建立一种适当的平衡[6]。这也说明国家在推动一国的技术创新中起着十分重要的作用，建立国家创新体系的意义在于从整体上把握创新活动的开展，从而提升国家整体竞争力。

二、创新驱动理论的基本构成

1. 创新驱动的概念

在对国家经济竞争力的研究中，迈克尔·波特（Michael Porter）提出了创新驱动（innovation-driven）的概念。波特认为创新驱动是让企业具有创造力和持续创新的原动力，能够形成强大的产业竞争力，驱使和推动经济发展。他将国家竞争力划分为四个阶段：要素驱动阶段、投资/要素驱动阶段、创新驱动阶段和财富驱动阶段[7]。在要素驱动阶段，国家竞争通过低生产效率和低附加值展开，以小型制造业和服务业为主，几乎所有经济体都经历了这一阶段，既不为创新而创造知识，也不为出口而使用知识[8]。在投资/要素驱动阶段，就需要大力提升生产效率，让劳动力学习新技能以适应连续的技术进步需要。产业模式主要以制造业或提供基本服务为主[9]。在创新驱动阶段，创业活动增加明显，且知识溢出将一个国家推到技术发展前沿[10]，该阶段将更加强调研发的自主创新性和对知识的生产与创造[11]，并且推动知识的转化和学习也是在创新驱动经济中增强竞争优势的关键因素[12]。在财富驱动阶段，产业竞争依赖于已获得的财富，产业竞争能力逐渐衰弱。这一阶段产业的创新、竞争意识和竞争能力都会出现明显下降的现象，经济缺乏强有力的推动，企业更注重保持地位而不是进一步增强竞争力。

因此，创新驱动是内生经济增长的动力，是经济增长方式，自主创新、发明和知识生产、转化、学习是创新驱动经济中提升竞争优势的核心要素，创新驱动的实质是科技创新。洪银兴认为科技创新来源于大学和高等科研院所产生的原创性科研成果，终端是产业创新，组织者是科技企业家，载体是创新园区[13]。

2. 创新驱动的基本模型

对于创新驱动活动的开展，主要是建立在创新链模型演变基础之上。创新链理论经历了线性创新-非线性创新-循环创新等一系列演变过程。早期科技创新模型的基本形态是呈现单一线性传递，即基础研究→中试→生产→销售，这一模型最初在美国提升国家竞争力中被广泛使用[14]，但是随着时代的演进，这种单一不可逆的传递已经不能解释在多变的市场需求影响下日益复杂的创新过程。

随后，克兰（Kline）和罗森堡（Rosenborg）提出了环路创新链模型，他们认为创新是在一个创新企业框架内部技术能力与市场需求相结合的过程中实现的。在这种认识的基础上，可以借用控制论中反馈回路（feedback loop）的概念讨论这种科技与市场之间的耦合过程[15]。

在构建创新链过程中，奥尔森（Olson）等从企业发展过程管理的角度提出质疑，认为如果企业在创新管理上存在问题，创新链也会导致企业发展出现故障。出现的危险问题，会威胁企业自身存亡[16]。如果企业对于新产品的创新过程管理失败，如企业高管不能监控资金决策，核查资金在业务部门的增量和下一代产品投资间的平衡，那么将给企业带来灾难性后果。3M 公司就是一例，

3M 公司将研发经费预算推向专注于产品增量扩张为中心的部门，而不是以新业务为主的部门，导致在 1979～1982 年，3M 公司总产量的年均增长率从 17% 下降到 1%。

在循环创新链中，仍然出现校企合作不畅、创新成果转化率不高等问题，这主要是因为在市场需求和客户需求之间缺乏一套及时有效的修改与反馈的合作机制。

3. 创新驱动实证研究方法

总的来看，对于创新驱动的实证研究方法主要用来反映创新驱动影响力、发展阶段、效果评价，通过影响因素分析法、科技创新贡献率的测算、聚类分析，构建灰色关联度模型，建立评价指标体系，对创新驱动实施效果等实证方法进行验证。

关于创新驱动经济结构高端化的实证研究，国外学者的研究多数是从科技投入促进技术进步，通过技术进步提高生产力水平，进而带动经济增长的思路进行开展，其中利用生产函数模型研究研发经费与经济生产率增长的关系比较常见。盖莱克（Guellec）和布鲁诺（Bruno）在经济合作与发展组织（Organization for Economic Co-operation and Developmen，OECD）的工作报告中研究探讨了不同类型的研发活动对多要素生产率增长的长期影响。实证研究得出，企业研发投入每增加 1%，地区经济生产率增长 0.13%；公共研发每增加 1%，地区经济生产率增长 0.17%。利希滕伯格（Lichtenberg）研究了研发投资、固定资本投资和人力资本投资对劳动生产率的影响，提出私人研发投入对生产率的提高具有显著作用，政府投资的科研资本的边际社会净产值要远远低于私人投资的科研资本，而研发投入的回报率是设备设施投入回报率的 7 倍左右。因此，加大研发的投入对刺激经济增长具有较为明显的作用。科（Coe）和赫尔普曼（Helpman）通过对 22 个样本国家的数据进行研究得出研发的投资能够影响一个国家的全要素生产率[17]。

创新及科技资源配置效果则多采用 S 曲线进行解释。S 曲线来源于罗杰斯（Rogers）的创新扩散理论（innovation diffusion theory）[18]，他认为创新被采用的早期、起飞期和减缓期可以用一条 S 曲线来表示。以研发经费投入强度来反映，而研发强度（R&D 强度）在一段时间内的变化也为 S 曲线，谭文华和曾国屏通过对比我国与发达国家和其他新兴工业化国家 R&D 强度的变化规律，对我国研发阶段进行判定[19]。埃克斯（Acs）和塞尔布（Szerb）通过建立 26

个变量的复杂全球创业内容指数（complex global entrepreneurship context index，CEC）来揭示创业与要素驱动和创新驱动间的关系[20]，通过选择 34 个处于不同发展阶段的国家进行 CEC 测算，发现全球创业变化也呈现 S 形变化规律，以此来判断这些国家处于要素驱动阶段或创新驱动阶段[21]。

不同类型的创新在经济社会发展中的驱动效果也有所不同。很多学者认为不连续性创新能够推动产业结构和市场竞争的变化，不连续性创新需要企业激发学习潜能，开发新产品。渐进性创新与不连续性创新是一组相对概念，安德森（Anderson）和塔什曼（Tushman）曾通过计算机、水泥、玻璃制造和航空等多个产业的技术演化来评价渐进性创新和不连续性创新的技术贡献率，他们发现不连续性技术创新对技术进步的贡献为 63.55%，而渐进性技术创新对技术进步的贡献仅为 19.55%[22]。

关于创新驱动成效评价指标体系，国内外学者和机构建立了各类评价指标体系来衡量科技创新与地区经济发展的关系。例如，欧洲创新记分牌、欧洲创新指数排名、美国科学与工程指数。

4. 创新驱动发展案例和政策研究

对于创新驱动相关领域的案例研究，较多研究一开始集中在不同发达国家间的比较，如弗里曼开展的日本模式研究，纳尔逊（Nelson）进一步对比日本和美国制度、机制对创新过程产生的不同效果[23]，以及其他发达国家的多种类型创业活动等[24]。

近些年来，较多案例研究开始逐渐关注新兴经济体技术需求和输出的活动，创新对于发展中国家经济发展的带动效应，以及新兴经济体创新发展对于周边区域的影响等。这主要是由于一些发展中国家经济快速增长，很多学者开始关注这些新兴经济体的各种创新活动，案例研究主要将中国作为研究对象，探讨其对新兴经济体的技术需求和输出以及对其他发展中国家的创新引领作用[25]，或从制度层面，通过分析政策在推动创业和创新成果间的关系，分析中国开展创新驱动的具体做法，政策引导下的国际合作成效[26]，技术企业的运作模式[27]，中国和其他新兴市场[28]等。

5. 创新驱动与区域发展

在讨论创新引起的空间区位变化时，以内生经济增长理论为基础，以地理空间为载体强调知识和技术的作用，以知识外部性和空间根植性为内生经济增长模型开展相应研究[29]，由此引出的区域内知识溢出效应的相关研究得到重点发展。

近些年来，在世界各地密集的生产再分配过程已经开始发生[30, 31]，由于空间区位选择是企业经济活动的一部分，许多大公司已经开始在世界范围内寻找新的产业机会进行空间布局。

以知识溢出为出发点，讨论创新集群内部知识传递过程、机制、影响因素和成效等，成为此类研究的主要内容。赫尔曼（Hellmann）和佩罗蒂（Perotti）讨论了集群内各类共生关系：企业与市场，创新型企业与中小企业，这就需要将创新成果在企业间共享，以共同促进成果转化，但是他们也认为集群中企业创新应该建立边界，否则将阻碍创新积极性的产生[32]。弗洛伊德-艾斯比斯（Fromhold-Eisebith）认为关于影响产业创新和竞争力要素的讨论中，已有观点多是围绕集群、产业区、学习型区域、创造和创新环境等展开。她认为外部因素如创新环境和社会资本对于增强创新能力同样很重要，企业和组织通过形成可信的合作环境，能够有效推动区域重组和创新[33]。

对于在不同集群或区域间的跨界创新研究，主要集中在区域创新系统（regional innovation systems，RIS）方法研究、毗邻性的不同形式以及跨界区域文献综述等方面，而卡尔约翰（Karl-Johan）和米歇尔（Michaela）从理论层面界定了跨界创新系统发展的三个阶段：弱融合阶段——非对称成本驱动系统、半融合阶段——新兴知识驱动系统、强融合阶段——对称性创新驱动系统。目前，世界上一些地区属于半融合阶段的新兴知识驱动系统，如美国加拿大合作区卡斯凯迪亚（Cascadia）[34]，它们在商业、科技领域的功能有一定的相似性，一些政策制度共同商定并在区域内执行。而强融合阶段的对称性创新驱动系统则表现为：在商业、科研功能上的广泛、互补，建立紧密的跨界知识交换，制度差异化较低或有转化桥梁，强烈同意建立共同创新系统，透明而民主的政治体制，包容性的治理模式和公民广泛参与，跨界创新理论可以应用在不同的区域以及国家背景下对跨界创新系统进行系统及比较性经验研究[35]。

三、创新驱动理论与研究方法的进展

在创新驱动研究的发展中，可以从内部体系和外部应用两个维度展开。在创新驱动内部理论体系发展中，创新驱动理论朝着系统性、动态性、多主体的方向发展，创新活动也不是简单的线性传递关系，而是在需求的推动下，各个主体功能更为明确，相互合作分工更为密切，在创新过程中展现出融合、共生的特征。而创新驱动的外部应用，在推动产业升级、加速区域创新网络形成、制定发展战略等方面发挥着越发深远的影响。

1. 创新生态系统研究

为了更好地发挥创新驱动在拉动经济增长中的作用，在一个区域内构建完整的创新生态系统的理念开始被关注。比罗尔（Birol）和德尼（Deniz）认为创新生态系统成为一种正在形成的研究趋势，在创新系统中创新事件与创新结构不能独立区分开来，因此不仅要注意创新组织结构，而且更需注意创新的整个过程[36]。完善的创新生态系统突出了创新系统的动态演化性，强调创新物种和创新群落相互连接以及人才、信息、创新要素的空间集聚，具有相互联系、相互制约的自组织特征[37]。因此，特别是在开展创新驱动产业发展的过程中，应从创新主体、关键环节再到产业发展进行全面布局。

对于创新主体的论述最早出现在 20 世纪 90 年代，埃茨科威兹（Etzkowitz）和雷德斯道夫（Leydesdorff）提出的三螺旋（triple helix model，TH）模型的创新发展路径，界定了创新活动中“高校-产业-政府”三类主体和三者互动模式[38]。他们以生物学中的三螺旋概念为基础，描述了官、产、学三方在科技创新中密切合作、相互作用，同时每一方都保持自身独立身份，是知识经济时代政府、产业和大学之间的新型互动关系。这一模型不刻意强调三者谁是主体，而是强调政府、产业和大学的合作关系，强调这些群体的共同利益是给他们所处在其中的社会创造价值，政府、产业和大学三方都可以成为动态体系中的领导者、组织者和参与者，每个机构在运行过程中除保持自身的特有作用外，可部分起到其他机构范畴的作用，三者相互作用，互惠互利，彼此重叠。

三螺旋已经成为创新领域的核心模式，它认识到高等院校在推动知识经济发展中的重要作用[39]。在三螺旋基本模型的基础上，欧盟在《里斯本报告》中提出了四螺旋模型，该模型由教育机构、研究、社会和媒体、国家四个主体组成，进一步加深了教育、研究和创新三者之间的联系，且更为侧重教育的作用，于是由教育、研究和创新三大知识领域构成了“知识三角”生态系统[40]，三者之间相互依赖，相互促进，具有互动性、再生力和协同增值性[41]。其实无论是三螺旋模型或是四螺旋模型，其本意是在创新驱动开展过程中，发展完整的生态创新体系，通过各主体间相互协同、各个创新过程之间的敏捷互动，以适当的制度和较完备的金融体系作为支撑，推动新兴产业的发展或提升传统产业技术水平。

2. 探索创新主体间更加有效的协作模式

在创新主体研究发展中，国内外研究主要将政府或国家、产业和大学作为创新主体进行讨论，如何强化各个主体、要素的主次分工和各自功能与整体的协同，各主体演化的阶段性怎样判定，梳理单一主体、要素在区域中的扩散与整体创新网络的构建关系等[42]都引发了更为细致的探讨。

大学在创新活动中占据关键性位置毋庸置疑，但是在动态增长的环球经济中，传统体制在大学向市场转化中的作用较弱，高校科研工作者时常会面临不能有效对接市场需求的情况，导致高校开展的早期实验也无法获得足够的企业资金支持。为了解决大学与企业对接中存在的衔接不畅问题，一些高校科研工作者提出构建概念验证中心（the proof of concept center）的理念，将麻省理工学院的德什潘德中心(Deshpande Center)和加利福尼亚大学圣迭戈分校的冯·利比希中心（von Liebig Center）作为研究对象，其价值不仅限于提供科学转化资金支持，而且可以最大限度地降低在选择投资项目时，企业倾向它们熟悉的领域而使学校丧失合作机会。同时，中心一方面能够协调资金支持全校最好的技术，另一方面能够平衡顾问服务、教育倡议，将创新人员加入基金和合作网络，形成以中心为中枢，由技术、本地风投和产业所组成的社会网络[43]。对于大学在创新过程中角色如何转换的研究，以佐治亚理工学院作为研究案例，大学在区域创新中从“知识储备库”成为现在的“知识工厂”再成长为“知识枢纽”，在后工业时代开展知识驱动，发挥创新引领作用[44]。

企业作为科技创新的核心主体之一，在创新活动中更为强调内部知识溢出和开放式创新。这是由于一方面创新成为企业核心竞争力的内在要求，促使企业必须创新；另一方面由于单个企业的创新成本与风险极高，需要通过知识溢出与开放式创新，降低成本与风险，提高创新收益。知识溢出通常是指一个企业泄露的技术信息可以被其他企业使用，且是无偿的或者补偿小于知识的实际价值，这也是知识扩散的一种形式[45]。一些传统企业会从成熟的业务中抽取一部分资源与新兴企业合作，尝试创造新的市场、新的产品。例如，作为传统企业巨头的海尔、美的分别与互联网新兴企业建立合作关系，成立智能家居联盟[46]。开放式创新理念由 Chesbrough 教授创立，是指企业在整个创新进程中，有目的地将内外部相互补充的知识、资金、设备、人才等创新要素组合起来，再配合有效的商业模式，加速获得创新价值[47, 48]。无论是内部知识有意识的溢出还是采取开放式的创新模式，都是企业为追求更大利润与价值的行为。同时，企业在创新活动也起到了整合创新资源的作用。

知识转化（knowledge transfer）作为创新活动的重要环节，将成为增强知识驱动型经济形成的推动力。知识转化被洛克特（Lockett）定义为一个组织向其他组织双向传递想法、科研成果、专业知识、技能，并且在知识转化中能够产生新知识。知识转化主要被用于创新发展新产品、流程、服务以及发展和实施公共政策。知识转化主要有以下五个相关领域：知识转化的实践、阻碍、效益、测量和监控。从知识转化的角度来看，校企合作主要会出现如缺乏时间、缺乏激励机制、知识转化不作为首要任务、知识产权界定以及对对方进行研究是否属于前沿领域等问题。因此，洛克特等认为如果引入中介，就能够促进知识在校企之间转移的成功。而对于知识的接收方，中小企业和大企业对高校发出的知识传递也有所不同：大企业更乐于与高校建立长期知识转移；而中小企业则期待短期快速的产出和立竿见影的金融收益。校企间的知识产权问题是较为复杂和处于持续争论中的[49]。

政策能够鼓励创新的发展，但是受不同区域的经济发展水平、制度体系等因素的影响，政策激励具有较大差异。谢恩（Shane）认为制定政策能够引导初始企业发挥其创新能力[50]，一个地区的“瞪羚企业”数量越多，越能够增强这一地区的创新活力，也越能促进经济增速得到提升。

关于创新主体功能的研究有很多，通过理论、案例或实证分析的手段总结各个主体在创新过程中的作用，以期进一步挖掘发挥的效用。但是，由于创新驱动的过程需要各个创新主体作为一个整体发挥效用，因此以谁为主导，怎样发挥引领作用，其他主体应如何配合等都还需要进行细化。

3. 实证研究方法的学科交叉性

在区域创新计量研究中，通过引入社会网络分析方法来反映区域间的关联关系，以某个地点作为节点，以连线表现与其他节点的联系来构建网络，以中心性反映节点的重要程度，以度值反映节点间关系的强弱。内佩尔斯基（Nepelski）和德普拉托（de Prato）通过网络分析法讨论新兴产业的分布与技术复杂性之间的关系，他们以新一代信息技术的研发中心所在地为节点，以两个地区间共同建立研发中心来建立连线和邻接矩阵，发现拥有最多研发中心的地区并不一定是最重要的研发基地，技术复杂度与研发地点、重要研发基地的作用之间存在明确的关联关系[51]。通过应用网络分析方法，已经开展了区域内知识流动[52]、全球范围区域治理和经济活动[53]等研究。

巴拉德（Balland）等探讨了知识溢出在地理空间上的呈现，结合文献计量法，通过知识的流动性特征寻求地区间的关联。选择空间技术在欧洲 15 国的创新活动绘制知识图谱，以知识网络来描述创新活动的地理关系。根据技术标准的产业与地理动态，发现核心/边缘结构与地理集群/管道具有相互关联共生的关系[54]。

引力模型来源于物理学，在经济学领域主要以贸易引力模型来解释一个国家和其他国家贸易流量的不对称现象,或是部门内贸易流量与流向的决定问题。近些年来,引力模型也被用来分析创新驱动下发展不对等的区域或部门间技术、知识等要素流动，如内佩尔斯基（Nepelski）和朱迪塔（Giuditta）尝试构建引力方程，探讨中国与其他国家间的新技术输入和输出的问题[55]。

4. 创新驱动产业转型升级

创新驱动对于经济的带动作用毋庸置疑，它能够直接推动产业转型升级。李国平认为创新驱动能够带动产业转型升级，主要体现在两个层次：一是驱动区域产业结构迭代升级；二是驱动产业内部转型升级。

在第一个层次中，三大产业的劳动生产率、产品丰富程度、技术含量和满足消费者需求层次总体上逐级递增，产业结构发展的阶段性趋势呈现出向工业化、服务化方向升级的趋势。就服务业而言，创新驱动不仅能进一步提升服务业在国民经济中的地位，而且服务的范围将超越服务业本身，对所有经济部门的服务活动都产生重要影响；同时，一些服务部门的作用也将突显出来，它们可以成为其他部门的创新来源，或是为创新活动提供服务支撑，以及充当创新转移的中介[56]。

在第二个层次中，当产业发展到一定程度时，生产和资源环境、资本和劳动、产品与市场等领域的矛盾问题逐步显现，只能依靠技术创新、管理创新、制度创新和服务创新解决[57]。例如，在传统产业改造升级过程中，创新驱动能够使企业升级产业的方式更加细化，格罗思（Groth）等发现欧洲国家的传统产业和原材料市场已经在经济增长过程中出现真空,急需寻求新的产业发展模式，于是他们提出通过发展企业家驱动创新生态（entrepreneur-driven innovation ecosystem）来提升传统产业技术附加值，促进欧洲传统产业在全球竞争中实现新的增长[58]。

四、创新驱动发展战略的制定

对于创新驱动发展，不同国家和地区有不同的理解，这与每个国家或者地区所处的发展阶段、自身的条件禀赋、发展战略的制定等都有关系。随着相关产业发展战略的制定，不同国家与地区关于创新驱动的战略也不尽相同。

2008 年全球金融危机以来，美国转变了经济发展战略，开始实施“再工业化”。在奥巴马于 2009 年提出重振制造业战略构想之后，美国先后出台了《重振美国制造业框架》、《清洁能源与安全法案》、《先进制造业伙伴计划》和《先进制造业国家战略计划》等政策措施。这些措施主要以科技创新为中心、以高端产业为发展重点，旨在打造美国的高端产业，吸引高端产业回流，重塑竞争优势。

美国的制造业复兴计划旨在优化制造业领域的投资环境，降低制造业投资门槛，引导社会资源进入先进制造领域，政策的重点是率先突破和使用先进制造技术和制造工艺[59]。美国《先进制造业国家战略计划》涉及纳米材料、先进机器人、智能制造、绿色化学、新能源等重要领域，先进制造国家项目办公室选定了以下 11 项跨学科技术：先进的传感、测量和过程控制（包括信息物理系统），先进材料设计、合成和加工，可视化、信息和数字化制造技术，可持续制造，纳米制造，柔性电子制造，生物制造和生物信息技术，添加制造（3D 打印），先进制造和检测设备，工业机器人，先进成形与焊接技术。这些技术代表了如国防、能源安全和效率、食物安全和医疗卫生等关键领域的需求，对美国未来在制造业领域保持竞争力至关重要。

欧盟积极发展知识和创新共同体。“知识三角”由欧盟在 2000 年的《里斯本战略》中正式提出。里斯本战略的关键词可以归纳为“研究与创新”，即在知识经济新的背景下，以研究与创新为手段，提高就业率，促进经济增长，提升国际竞争力。在这一目标制定的过程中，欧盟特别强调了“知识三角”在知识经济发展中的引擎作用。

德国出台了《德国 2020 高技术战略》，其中政府资助的战略性新兴技术包括生物技术、纳米技术、微电子和纳米电子、光学技术、材料技术、生产技术、服务研究、空间技术、信息与通信技术；面向未来社会的气候/能源、健康/营养、交通、安全和通信五大重点领域。而“工业 4.0”也是德国政府《德国 2020 高技术战略》中十大未来项目之一，其核心就是从嵌入式系统向信息物理融合系统（cyber-physical systems，CPS）发展的技术进化，这将改变传统的生产模式，促进生产模式从集中型到分散型的范式转变。

2008 年起，英国政府推出了“高价值制造”战略（High Value Manufacturing Strategy），高价值制造是指应用先进的技术和专业知识，以创造能为英国带来持续增长和高经济价值潜力的产品、生产过程和相关服务，主要产业包括医药、航空航天制造、计算机、电子及光学产品制造业等行业，希望鼓励英国企业在本土生产更多世界级的高附加值产品，以加大制造业在促进英国经济增长中的作用。

与美国的《先进制造业国家战略计划》、英国的《英国工业 2050 战略》相类似，“科技工业联盟”是日本产业科技创新战略的重要载体，也是国家技术创新主要战略思想的体现。产业技术创新联盟是由多家企业通过特定方式组成的联盟，是进行科技资源共享、共同研发相关技术的合作形式。日本产业技术创新联盟源于 1961 年，是日本政府为鼓励企业间加强合作，参与政府主导的产业共性基础技术、关键技术的研发活动，推动产业技术创新而创建的。

日本政府颁布实施了《工矿业技术研究组合法》。2009 年 4 月，为适应产业技术日益高度化与复杂化的新形势，日本政府对该法进行了重大调整，并于 6 月 22 日颁布实施修改后的《技术研究组合法》。其中，超尖端电子技术开发机构（Association of Super-Advanced Electronics Technologies，ASET）主要从事半导体技术、磁储存技术、液晶显示器技术、半导体加工设备、电子系统整合技术等先进电子技术的研发工作，以及超大规模集成电路（very large scale integration，VLSI）技术研究组合工作。

经济合作与发展组织历来十分重视国家与区域创新的发展，自 1997 年提出国家创新体系以来，发布了国家及区域创新体系的研究成果[60, 61]，在统计、分析成员国创新活动的基础上，提出了以技术密集度为依据的高技术产业的划分标准，如研发经费支出占产业总产值、增加值或发货额等的比重[62]。目前这一标准被广泛应用与采纳，我国高技术产业的划分也基本是依据经济合作与发展组织的标准。

为了抓住新一轮科技革命和产业变革，提高中国的国际竞争力，中国也提出了制造强国战略，《中国制造 2025》作为我国实施制造强国战略第一个十年的行动纲领，提出了包括新一代信息技术产业、高档数控机床和机器人、航空航天装备、节能与新能源汽车、生物医药及高性能医疗器械等十大重点产业领域。目前，国内对于高精尖类型产业也没有明确的定义与范畴，叫法、划分标准、范畴也较为多样，典型的有高技术制造业、高技术服务业、工业战略性新兴产业。

五、总　　结

创新概念的提出已经经历了100多年的时间，创新驱动概念及理论的发展也经历了近30年的时间，其理论实践活动无论对于小到微观的企业主体，还是大到宏观的区域以及国家乃至更广泛的地区都产生了深远的影响，体现出了强劲的活力。科技创新已经成为创新驱动的核心力量，成为企业、区域、国家经济升级转型的基本内生驱动力，同时区域创新体系、国家创新体系、世界创新体系与网络中的各类创新主体间联系更加紧密，外溢效应明显增强，且创新网络中的重要节点通常代表了经济发达和高速增长的城市与区域。创新驱动理论是有生命力的，始终是一个理论指导实践反过来实践修正理论的过程，随着全球经济中心的东移，中国提出实施国家创新驱动发展战略，首都北京提出建设全国乃至世界科技创新中心，相信创新驱动理论及其实践将会在中国有长足的发展。本文试图梳理、归纳、总结创新驱动理论及其发展的脉络和构成，希冀勾勒出一个创新驱动理论与发展的全貌，以供读者参考。

<<<参 考 文 献>>>

[1] Cai F. Lewis Turning Point: A Coming New Stage of China's Economic Development[M]. Cheltenham: Edward Elgar Publishing, 2016.

[2] Schumpeter J A. The Theory of Economic Development[M]. Cambridge: Harvard University Press, 1911.

[3] Solow R. Technical Change and the Aggregate Production Function[J]. Review of Economics and Statistics, 1957, (39): 312-320.

[4] Romer P M. Increasing returns and long run-growth journal of political economy[J]. The Journal of Political Economy, 1987, 94(5): 1002-1037.

[5] Freeman C. Technology and Economic Performance: Lessons from Japan[M]. London: Pinter Publishers, 1987.

[6] Nelson R R. National Innovation Systems: A Comparative Analysis [M]. Oxford: Oxford University Press, 1993.

[7] Porter M E. The Competitive Advantage of Nations[M]. New York: Macmillan, 1990.

[8] Porter M, Sachs J, McArthur J. The Global Competitiveness Report 2001-2002[M]. New York: Oxford University Press, 2002.

[9] Syrquin M. Handbook of Development Economics[M]. New York: North-Holland, 1988.

[10] Baumol W J, Litan R E, Schramm C J. Good Capitalism Bad Capitalism: And the Economics of Growth and Prosperity[M]. New Haven: Yale University Press, 2006.

[11] 刘志彪. 从后发到先发：关于实施创新驱动战略的理论思考[J]. 产业经济研究, 2011, 4: 1-7.

[12] Gülümser A A, Levent T B, Nijkamp P. Measuring regional creative capacity: A literature review for rural specific approaches[J]. European Urban and Regional Studies, 2010, 18(4): 546-563.

[13] 洪银兴. 论创新驱动经济发展战略[J]. 经济学家, 2013, (1): 5-11.

[14] Bush V. Science: The Endless Frontier[M]. Washington: US Government Printing Office, 1945.

[15] Kline S, Rosenborg N. The Positive Sum Strategy: Harnessing Technology for Economic Growth[M]. Washington: National Academy Press, 1986.

[16] Olson M S, Bever D, Verry S. When growth stalls[J]. Harvard Business Review, 2008, 86(3): 51-61.

[17] Coe D T, Helpman E. International R&D spillovers[J]. Eur.Econ.Rev., 1995, 39(5): 859-887.

[18] Rogers E. Diffusion of Innovations(5th Edition)[M]. New York: Simon and Schuster, 2003.

[19] 谭文华, 曾国屏. R&D 强度的“S”曲线与实现我国投入稳定增长的若干思考[J]. 中国软科学, 2005, 1: 94-98.

[20] Acs Z J, Szerb L. A Complex Global Entrepreneurship Context Index (CEC)[R]. Faculty of Business and Economics, University of Pecs, Mimeo, 2008.

[21] Acs Z J, Desai S, Hessels J. Entrepreneurship, economic development and institutions[J]. SMALL BUSINESS ECONOMICS, 2008, 31(3): 219-234.

[22] Anderson P, Tushman M L. Technological discontinuities and dominant designs: A cyclical model of technological change[J]. Administrative Science Quarterly, 1990, 35(3): 604-633.

[23] Nelson R R. National Innovation Systems: A Comparative Analysis [M]. Oxford: Oxford University Press, 1993.

[24] Sternberg R, Wennekers S. The Determinants and Effects of New Business Creation Using Global Entrepreneurship Monitor Data[J]. Small Business Economics, 2005, 24(3): 193-203.

[25] Nepelski D, Giuditta D P. International technology sourcing between a developing country and the rest of the world: A case study of China[J]. Technovation, 2015, 35: 12-21.

[26] Wang X F, Ren J, Zhang Y, et al. China's patterns of international technological collaboration 1976-2010: A patent analysis study[J]. Technology Analysis & Strategic Management, 2014, 26(5): 531-546.

[27] Petti C. Technological Entrepreneurship in China: How Does it Work?[M]. Cheltenham: Edward Elgar Publishing, 2012.

[28] Zhang Y, Li H, Hitt M A, et al. R&D intensity and international joint venture performance in an emerging market: Moderating effects of market focus and ownership

structure[J]. J. Int. Bus. Stud., 2007, 38(6): 944-960.

[29] Jaffe A. Real effects of academic research[J]. American Economic Review, 1989, 79 (5): 957-970.

[30] UNESCO. Science Report 2010[R]. Paris: UNESCO, 2010.

[31] Meyers H, Dachs B, Welfens P. Internationalisation of European ICT Activities: Dynamics of Information and Communications Technology[M]. Berlin Heidelberg: Springer-Verlag, 2008.

[32] Hellmann T, Perotti E. The Circulation of Ideas In Firms and Markets[J]. Management Science, 2011, 57(10): 1813-1826.

[33] Fromhold-Eisebith M. Innovative milieu and social capital — complementary or redundant concepts of collaboration-based regional development?[J]. European Planning Studies, 2004, 12(6): 747-765.

[34] Brunet-Jailly E. Cascadia in comparative perspectives: Canada–U.S. relations and the emergence of cross-border regions[J]. Canadian Political Science Review, 2008, 2(2): 104-124.

[35] Lundquist K J, Trippl M. Distance, proximity and types of cross-border innovation systems: A conceptual analysis[J]. Regional Studies, 2013, 47(3): 450-460.

[36] Birol M, Deniz G. Components of innovation ecosystems: A cross-country study[J]. International Research Journal of Finance and Economics, 2011, (76): 102-112.

[37] 曾国屏，苟尤钊，刘磊. 从“创新系统”到“创新生态系统”[J]. 科学学研究, 2013, 31(1): 4-12.

[38] Etzkowitz H, Leydesdorff L. The Triple Helix — University-Industry-Government Relations: A Laboratory for Knowledge-Based Economic Development[J]. EASST Review, 1995, 14(1): 11-19.

[39] Carayannis E G, Campbell D F J. Mode 3 Knowledge Production 1 in Quadruple Helix Innovation Systems[J]. 21st-Century Democracy, Innovation, and Entrepreneurship for Development, SpringerBriefs in Business 7, Springer, 2012, 1-63.

[40] CEN. The European Committee for Standardization. Technical specification part 1: innovation management system[Z]. UNE-CEN/TS 16555-1: 2013.

[41] Mavroeidis V, Tarnawska K. Toward a New Innovation Management Standard. Incorporation of the Knowledge Triangle Concept and Quadruple Innovation Helix Model into Innovation Management Standard[J]. Journal of the Knowledge Economy, 2017, 8(2): 653-671.

[42] 王志宝，孙铁山，李国平. 区域协同创新研究进展与展望[J]. 软科学, 2013, 27(1): 1-4, 9.

[43] Gulbranson C A, Audretsch D B. Proof of concept centers: accelerating the commercialization of university innovation[J]. Journal of Technology Transfer, 2008, 33(3): 249-258.

[44] Youtie J, Shapira P. Building an innovation hub: A case study of the transformation of university roles in regional technological and economic development[J]. Research Policy, 2008, 37(8): 1188-1204.

[45] 赵勇，白永秀. 知识溢出：一个文献综述[J]. 经济研究, 2009(1): 144-156.

[46] 刘丹. 内生知识溢出对企业开放式创新合作模式选择的影响研究[D]. 南昌：江西

财经大学硕士学位论文, 2016.

[47] Chesbrough H W. Open Innovation: The New Imperative for Creating and Profiting from Technology[M]. Boston: Harvard Business Press, 2003.

[48] Chesbrough H W, Vanhaverbeke W, West J. Open Innovation: Researching a New Paradigm[M]. Oxfbrd: Oxfbrd University Press, 2006.

[49] Lockett N, Kerr R, Robinson S. Multiple Perspectives on the challenges for knowledge transfer between higher education institutions and industry[J]. International Small Business Journal, 2007, 26(6): 661-681.

[50] Shane S. 2009. Why encouraging more people to become entrepreneurs is bad public policy[J]. Small Business Economics, 33(2): 141-149.

[51] Nepelski D, de Prato G. Corporate control, location and complexity of ICT R&D: A network analysis at the city level[J]. Urban Studies, 2015, 52(4): 721-737.

[52] Han Y J, Park Y. Patent network analysis of inter-industrial knowledge flows: The case of Korea between traditional and emerging industries[J]. World Patent Information, 2006, 28(3): 235-247.

[53] Taylor P J, Walker D R F, Catalano G, et al. Diversity and power in the world city network[J]. Cities, 2002, 19(4): 231-241.

[54] Balland P A, Suire R, Vicente J. Structural and geographical patterns of knowledge networks in emerging technological standards: Evidence from the European GNSS industry[J]. Economics of Innovation and New Technology, 2013, 22(1): 47-72.

[55] Nepelski D, Giuditta D P. International technology sourcing between a developing country and the rest of the world: A case study of China[J]. Technovation, 2015, 35: 12-21.

[56] Fagerberg J, Mowery D C, Nelson R R. The Oxford Handbook of Innovation[M]. Oxford: Oxford University Press, 2006.

[57] 李国平, 席强敏, 王婧媛, 等. 首都发展报告 2017——创新驱动产业转型升级与布局优化[M]. 北京: 科学出版社, 2017.

[58] Groth O J, Esposito M, Tse T. What Europe needs is an innovation-driven entrepreneurship ecosystem: Introducing EDIE[J]. Thunderbird International Business Review, 2015, 57(4): 263-269.

[59] 罗仲伟, 贺俊. 中小企业融资面临新形势[J]. 中国国情国力, 2013, 7: 18-20.

[60] OECD. National Innovation Systems [R]. Paris: OECD Publications, 1997.

[61] OECD. Competitive Regional Clusters: National Policy Approaches [M]. Paris: OECD Publications, 2007.

[62] OECD Directorate for Science. ISIC REV. 3 TECHNOLOGY INTENSITY DEFINITION-Classification of manufacturing industries into categories based on R&D intensities[R]. Paris: OECD, 2011.

首都发展战略篇

北京建设世界城市模式与政策导向的初步研究①

李国平　卢明华

随着信息化、全球化与网络化进程加速，中关村科技园区建设，2008 年奥运会筹办，中国加入 WTO 等内外部环境的作用，将北京建设成为现代化国际城市（世界城市）得到了全社会的关注。笔者就世界城市格局演化、北京建设世界城市基本定位、面向世界城市的北京经济功能强化方向等进行了初步的探讨，提出北京建设世界城市的四大基本定位以及北京必须增强对世界经济的参与、渗透与辐射能力[1, 2]。结合世界城市发展的一般规律和经验，立足于北京在世界城市体系中的地位及其所处的内外部环境，本文进一步提出北京建设世界城市的基本经济模式、空间模式及其政策导向问题。

一、世界城市发展的一般规律与模式

世界城市定义各异，本文中的世界城市主要是指全球经济与社会系统的中枢或组织结点，它是在世界经济及政治、文化领域中掌握控制权的城市，是具有国际意义战略资源的聚集和配置中心，是一个国家（或地区）参与国际政治、经济和社会分工的重要载体。世界城市根据其控制力可以分为全球性世界城市和区域性世界城市。世界城市研究权威弗里德曼（Friedmann）根据世界城市的全球或区域联系，认为全球金融连接的世界城市分别为欧洲区域的伦敦、美洲区域的纽约、亚太区域的东京，此外，尚有跨国连接、主要的国内连接，以及次要的国内或区域连接的众多城市为世界城市[3]。

---

① 本文发表于《地理科学》2002 年第 22 卷第 3 期。作者简介：李国平，北京大学首都发展研究院院长，北京大学首都高端智库首席专家，教授，研究方向为经济地理学、区域经济学、城市与区域规划、首都区域研究；卢明华，首都师范大学资源环境与旅游学院副教授，研究方向为产业价值链及生产网络、城市与区域功能空间组织、城乡与区域发展战略规划。

1. 世界城市发展的一般规律

（1）世界城市产生于世界经济增长的重心区域。19 世纪的伦敦、20 世纪初的纽约、20 世纪 70 年代的东京等世界城市的崛起，都是因为所在国家为当时世界经济增长的重心区域。在世界经济增长重心区域会迅速崛起一大批颇具实力的城市，并连绵成为城市群。巨大的经济增量所产生的集聚效应和辐射作用，使得城市群中规模最大、实力最强的中心城市发展成为具有巨大国际影响力的世界城市。

（2）世界城市的产生与发展取决于它的区域基础，即世界城市的区域决定模式[4]。世界城市是一个国家和地区全球控制能力的集中体现，均以某一具有全球控制能力的区域为基础。世界城市纽约依托的美国东北部区域、伦敦依托的英国英格兰区域，以及东京依托的日本东海道区域，均为具有全球控制能力的区域。

（3）世界城市的产生与发展取决于科技创新能力。全球性世界城市纽约、伦敦、东京的产生与发展均与其作为同时代世界上科技创新最为活跃的区域密切相关。时至今日，纽约、伦敦、东京这些世界城市仍是世界上最具创新活力的区域[5]。

（4）信息化、全球化与网络化正在改变世界城市的体系形态，世界城市体系从等级结构逐步向网络化结构转化。世界城市的地位取决于其参与全球化的程度，开放度是衡量其地位的一项重要指标。金融业和信息业的发达程度对于世界城市的影响也至关重要。

（5）世界城市的成长是一个渐进的过程，在发展中国家从边缘区向核心区转移的过程中，将伴随着世界城市的成长，即从国内中心城市发展为区域性世界城市，进而发展为全球性世界城市。

2. 世界城市发展模式

1）经济模式

世界城市作为主导世界经济发展和联系周边城市与区域的重要结点或枢纽，是为全球经济运行和管理服务的世界经济组织、公司总部，尤其是跨国公司总部的集中地，是金融业等高级生产者服务业以及创新与创业的中心[6]。以世界城市东京为例，它集中了世界 500 强企业总部的 1/5（1995 年）[7]；在日外企本部的 77.4%（2000 年）①；日本 79 000 家较大企业的 25%，企业总收入的 47%（2000 年）②；银行存款余额的 25%（2001 年 3 月末），并拥有全国 27%的大学教员（2001 年 5 月），以及 47%的律师（2001 年 4 月）③。1999 年，东京的批发业营业额、信息服务业营业额、广告业营业额分别占全日本营业总额的 38%、53%、62%。世界城市参与经济全球化的程度及控制、协调和管理全球化过程的程度，决定其在世界城市体系中的地位。世界城市产业结构高级化，在现阶段不仅仅是第三产业占据主导地位，更表现为第三产业中高级生产性服务业的大发展。经济职能的外向化，金融、信息、高科技第二产业中的研究开发职能特化是世界城市经济结构的主导模式。

2）空间模式

世界城市与一般城市一样，在空间发展上具有四个阶段，即城市化阶段、郊区化阶段、逆城市化阶段、再城市化阶段[8]。欧美世界城市一般经历了完整的四个阶段，而亚洲世界城市却多数停留在郊区化阶段。欧美世界城市的再城市化引起广泛关注，而亚洲世界城市尚未有明显的逆城市化征兆。我国仅有部分大城市（如北京等）步入郊区化阶段[9]。产生于大都市集聚区（大都市群）的中心城市与周边城市的关系紧密，原有的较为明显的等级体系伴随着信息化与网络化的发展，逐步让位于网络化体系，形成网络型城市体系[10]。

二、世界城市体系中的北京及其定位

1. 世界城市体系及其空间格局

世界城市体系是城市“世界控制能力”的等级序列，它反映了世界体系中的城市与城市之间、城市与区域之间控制和被控制的政治经济关系。弗里德曼曾按核心与周边的关系以及从全球或区域联系的角度先后两次对世界城市等级进行了划分，确定各城市在世界城市等级体系中的地位，在全球政治与经济中具有核心控制能力的纽约、东京与伦敦都被划为世界城市体系的最高级城市[6]。

---

① 东洋经济新报社，周刊东洋经济/临时增刊：外资系企业总览（2001 年版），P. 160.

② 东洋经济新报社，周刊东洋经济/临时增刊：日本の会社 79，000（2001 年版），P. 48.

③ 东洋经济新报社，周刊东洋经济/临时增刊：地域经济总览（2002 年版），PP. 188，189-199，202，210，222，234.

世界城市空间格局表现为以世界城市所在的三大组团，即以纽约为中心的北美组团，以伦敦、巴黎为中心的欧洲组团，以东京为首的亚洲组团为基础的规模等级格局[10]。世界城市在世界城市空间格局中的地位主要取决于该世界城市对全球经济，尤其是全球金融等生产者服务业的控制和协调能力，取决于其能否在各种有形的全球实体网络中处于重要的结点，取决于其能否控制与配置全球流动性资源，尤其是人力、技术、信息、资金资源，取决于其有无创新性。信息化、网络化与全球化的发展，将使世界城市空间格局中各组团原有的规模等级格局逐步被网络化格局所取代。尤其是亚洲组团，随着中国经济的崛起，北京、上海、香港等大城市在亚洲组团中的地位将不断抬升，可以预想在不远的将来将改变目前的东京单中心的空间格局。

2. 北京在世界城市体系中的地位

在世界城市体系格局中，北京的地位越来越重要。在全球经济低迷的情况下，中国经济一枝独秀，中国加入 WTO 以及北京成功赢得 2008 年奥运会主办权等重大事件，更使中国，尤其是北京成为世界瞩目的中心。自北京提出建设现代化国际城市以来，北京向世界城市目标迈进的步伐日益加快。北京已经逐步成为具有世界性影响的国际政治中心和文化中心，同时，也正在向国际商务管理中心，以及国际创新与知识产业中心迈进[6]。

国际政治功能是一国首都最具竞争优势的功能。许多首都城市都是通过以发展国际政治中心为先导，带动其他国际中心功能，尤其是国际经济中心功能的发展。首都城市已成为世界城市，特别是全球性世界城市发展的主要类型。北京目前的世界性影响也集中体现在国际政治中心职能上。依托北京文化的整体优势，北京在世界城市体系中的国际旅游和国际文化交流功能日益强化，在文化领域内也正在逐步形成全球性控制能力。特别是主办 2008 年奥运会，必将进一步加快北京的国际化步伐，更有利于北京国际文化中心职能的发展与增强。尽管当前北京还基本上只是大多跨国公司在中国的事务所或联络处所在地，但从迅速增加的跨国公司研究开发机构入住北京的事实来看（北京已有 23 所跨国公司的研究开发机构），以及考虑中国加入 WTO 和中国经济迅速发展的推动因素等，作为首都的北京有希望成为众多跨国公司的地区性管理经营机构或地区总部所在地，从而体现出北京在世界城市体系中的国际商务管理中心地位。世界城市是科学技术和科技创新转化为生产力的中心，是企业创新的地点和创新技术的市场。北京作为我国科教最为发达，智力高度密集的地区，具有科学技术和人才优势，高新技术产业基础雄厚，中关村科技园区发展迅速，国际创新与知识型产业中心已经初具雏形。

3. 北京建设世界城市的基本定位

发展世界城市是顺应经济全球化时代潮流的要求，是取得全球竞争能力的关键。只有在全球经济体系中位于最高控制层的枢纽城市，才能带领全球经济持续成长与分享随之而带来的利益。北京建设世界城市必须体现全球化与知识化时代的要求，并作为中国参与全球竞争的重要战略举措。北京建设世界城市不仅仅要符合世界城市的一般职能，更应具有北京特色。其基本定位应该为以下四个方面：第一，世界城市体系中的高层节点，中国三个高阶世界城市的一极；第二，北京建设世界城市将是政治、文化以及经济职能高度统一的整体；第三，北京建设世界城市将从区域性世界城市向全球性世界城市逐步过渡；第四，北京建设世界城市必须以首都圈与环渤海地区的优势互补为基础[2]。

三、北京建设世界城市的基本模式

1. 内外部环境分析

北京建设世界城市，处于信息化、网络化、全球化与生态化的时代背景，以及中国加入 WTO，积极推进现代化进程，北京筹办 2008 年奥运会，全力推进以中关村科技园区建设为重点的“首都经济”这样一种内外部环境之下。

以提高信息化、网络化程度为基础的一种新兴经济形态——知识经济，正在改变经济增长的方式，知识成为促进区域与城市发展的源泉。北京是我国乃至世界上知识与智力最为密集的区域之一，这在客观上为发展符合首都特点的经济，增强区域竞争能力提供了最大可能。

以跨国公司为主要载体的资金、人才、技术等生产要素在全球范围内流动的全球化趋势，扩大了全球市场的形成，从而促使各国经济更加开放，更加国际化。近年来，北京参与经济全球化的进程加速，不仅表现为吸引外资增加，更重要的是著名跨国公司研究开发机构落户北京，使北京在全球城市网络体系中的结点作用日益加强。

经济、环境和社会生活发展的生态化已经成为当今世界最为重要的趋势之一，世界各国，尤其是发达国家越来越重视生态环境的改善，我国也将可持续发展确定为一项基本国策。北京建设世界城市面临着来自水资源短缺、生态环境脆弱、环境污染严重等方面的挑战，迫切需要改善生态环境。

北京已经明确提出推进现代化进程，并积极筹办 2008 年奥运会。北京在城市基础设施，尤其是信息与交通基础设施的建设方面和城市环境改善方面都开始有了长足进步。中关村科技园区的建设加速了高科技产业的发展以及推进了高科技产业改造传统工业的步伐。与此相对应，在行政与城市管理方面也逐步向世界城市标准看齐。上述内外部环境从总体上来看，为北京建设世界城市提供了良好的基础与机遇，但同时也面临着挑战。

2. 经济模式

北京在改革开放 20 年来，经济结构已逐步表现出世界城市的特征，第三产业比重迅速增加，主导产业中金融保险业、科教业、文化业、旅游业、高科技第二产业迅速增长，价值链分工初具雏形，对外开放程度加大。其经济结构模式及演化方向如表 1 所示。

表 1　北京经济结构模式及其演化方向

项目	具体内容	近 20 年来变化状况			演化方向
		1980 年	2000 年	变化	
产业结构	第一产业（占 GDP 比重）	4.4%	3.6%	–0.8%	缓慢减少
	第二产业（占 GDP 比重）	68.9%	38.1%	–30.8%	迅速减少（结构调整）
	第三产业（占 GDP 比重）	26.7%	58.3%	+31.6%	迅速增加
主导产业	金融保险业（占 GDP 比重）	7.35%（18.9 亿元）	15.29%（378.89 亿元）	+7.94%	增加
	科教业、文化业（占 GDP 比重）	4.71%（12.1 亿元）	10.14%（251.29 亿元）	+5.43%	增加
	旅游业（外汇收入）	1.2 亿美元	27.7 亿美元	+约 22 倍	迅速增加
	高科技第二产业*	10.15%	34.48%	+24.33%	迅速增加
价值链分工	管理与研究开发（R&D 投入占全国比重）	13.52%（1992 年）	17.38%	+3.86%	增加
	生产（工业产值占全国比重）	5.4%	3.0%	–2.4%	减少

续表

项目	具体内容	近 20 年来变化状况			演化方向
		1980 年	2000 年	变化	
价值链分工	市场营销（社会消费品零售额占全国比重）	2.8%	4.2%	+1.4%	增加
开放程度	出口依存度	6.4%	40.0%	+33.6%	迅速增加

资料来源：改革开放十七年的中国地区经济，中国统计出版社，1996 年，PP.223～245，表 C11-4；中国统计年鉴 2001，中国统计出版社，2001 年，PP.403，552；北京统计年鉴 2001，中国统计出版社，2001 年，PP.57～59，198～200，386，396；2000 年全国 R&D 资源清查主要数据统计公报（中国科技统计网，www.sts.org.cn）；北京地区的 R&D 活动和全社会科技活动（北京科教信息网：科技统计信息窗，www.bestinfo.net.cn）；中国金融年鉴（1993 年，P.368，2001 年，P.370，《中国金融年鉴》编辑部）

*医药制造业、电气机械及器材制造业、电子及通信设备制造业、仪器仪表及其他计量器具制造业 4 个主要的高科技第二产业占工业总产值的比重。根据《中华人民共和国 1985 年工业普查资料（第四册 29 个省、自治区、直辖市）》与《北京统计年鉴 2001》整理

北京建设世界城市必须按照世界城市经济发展的一般规律，加大开放程度，提高金融保险等高级生产者服务业以及高科技第二产业在经济结构中的比重，并积极吸引跨国公司总部、研发机构，增强其对全球经济资源的配置能力。

1）产业结构

不断提升产业结构等级，增加第三产业，尤其是金融保险等高级生产者服务业在产业结构中的比重。尽管北京是目前我国省级行政单位中唯一的第三产业比重高于第二产业比重的省市，但同主要世界城市相比，第三产业比重仍然要低 10～20 个百分点。第三产业内部的金融保险等高级生产者服务业的比重则更低。因此，应该进一步加强第三产业，尤其是金融保险等高级生产者服务业的发展。

2）主导产业

主导产业的选择必须体现出首都经济的实质是知识经济，其核心是高科技产业这一基本思想，因此必须加速知识型产业与高科技产业的发展。现代世界城市中金融保险业等生产者服务业的作用非常重要，北京建设世界城市也离不开金融保险业等生产者服务业的发展，因此应该加速北京作为国际金融保险等生产者服务业中心的发展。北京科技、文化、教育发达，是北京经济发展的重要基础，也是增强经济实力水平的重要保证。知识经济的发展以及北京建设世界城市的实践均为北京发展科技、文化、教育与旅游产业创造了前所未有的需求条件，因此，北京必须抓住时机，大力发展科技、文化、教育与旅游产业，

以增强北京的经济实力水平。信息、生物、材料等高科技第二产业在北京不仅有基础，而且具有重大发展潜力。以中关村科技园区为代表的北京高科技产业在电子信息领域、生物制药领域、新材料领域不仅已经成为我国研究开发的重要中心，也是世界性研发与生产网络的重要节点之一。发展高科技第二产业符合北京实际，是首都经济的重要内容，应将北京建设成为国际创新与知识型高科技产业中心。北京的传统产业虽不能成为首都发展的方向，但在解决劳动就业方面仍然具有重要作用。加速高科技对传统产业的改造，以及逐步减少传统产业的比重将是一个较为长期的艰巨任务。

3）价值链分工

北京作为一个科技较为发达、人口众多、市场广大的大国首都，经济发展与环境保护之间矛盾突出，因此，其产业发展，尤其是高科技产业发展必须根据产业价值链上的不同增值环节对生产要素的不同偏好，发展高科技产业的主要增值环节（管理与研究开发、生产、市场营销）中的管理与研究开发、市场营销两个环节，形成总部与研究开发机构密集或特化的区域[11]。

4）开放程度

通过参与全球分工，增加出口依存度（出口总额占 GDP 比重），增强对世界经济的参与、渗透与辐射能力。北京出口依存度 1980 年大约为 6.4%，2000 年大约为 40.0%，不到广东的 1/3，更低于主要世界城市的水平。尽管世界 500 强企业中有 159 家在北京投资，19 家在北京设立了地区性总部，还建立了包括微软中国研究院、IBM 中国研究中心等在内的 23 家研发机构①。但与全球性世界城市相比，跨国银行以及跨国公司总部或地区总部则过少，反映了北京对全球经济控制能力尚需进一步加强。因此，面向世界城市建设，北京必须更积极地参与全球分工。

3. 空间模式

全球性世界城市都产生于具有雄厚全球控制能力的区域。北京建设世界城市必须以首都圈与环渤海地区为基础，发挥北京与周边地区的各自优势，合理分工，共同发展。在近期优先整合首都，远期进一步整合环渤海地区的各项功能，树立“发展周边就是发展自己”的观念，打破地区界限，将北京建设世界城市与区域经济发展结合起来，从而加快进入全球性世界城市行列的步伐。

---

① 北京市科学技术委员会，北京科技统计数据，2001 年，P. 43.

加速首都圈内城市化进程，顺应北京郊区化潮流，实现合理的劳动地域分工。通过营建首都圈，实现首都职能疏散和空间结构重组。通过完善首都圈区域内的高速交通与通信基础设施，改变目前的多核松散型结构，使之向多核紧密型空间结构方向转化。在近期要形成京津“双核心”城市体系结构。

就北京自身而言，通过加强交通与通信基础设施（主要是公路一环和二环）建设，形成连接中关村科技园区一区五园以及郊县（区）卫星镇与工业小区的网络状近程、远程多中心圈域型结构。近程多中心圈域型结构指围绕市中心在四环、五环之间建立多个副中心的城市空间结构，如中关村一区五园模式可以看作是一种近程多中心圈域型结构。而远程多中心圈域型结构指围绕市中心在公路二环各主要郊县（区）所在城镇（北京的卫星城镇）或工业小区建立多个副中心的城市空间结构。但近程多中心圈域型结构将会加速首都北京的面状扩散，为避免城市“摊大饼”式蔓延，绿化隔离带被蚕食，以及考虑到城市规模的控制，形成远程多中心圈域型结构较为合理。以此空间结构支撑北京各区域产业分工，在城区重点发展金融保险业、商业服务业、教育文化业、旅游业、房地产业等，在环城区域重点发展高科技产业、商业服务业、房地产业，如在中关村一区五园内，形成以海淀园为中心的高科技产业研究开发基地，技术创新中心、知识产业服务中心、市场交易中心，以及其他四园区各具重点的综合性高科技产业（电子信息、生物制药、新材料、光机电一体化、环保产业等）基地。在北部和东北部现有城市型工业、高科技农业和旅游业的基础上，重点发展环保、新材料、生物制药、电子信息等高科技产业，在东南部和南部原有机械、仪表、交通运输业的基础上，重点发展环保、光机电一体化、生物制药等高科技产业，而在西南部则在现有原材料工业和旅游业的基础上，重点发展新材料、光机电一体化等高科技产业，并以此加速北京各区域之间的产业联系以及中心区产业向周边扩散的进程。

四、北京建设世界城市的政策导向

（1）参与全球分工，加速国际化进程。继续改善投资环境，积极吸引外资，鼓励企业的跨国经营，尤其是鼓励企业与跨国公司建立技术、研究开发、生产、市场领域的合作与联盟。推进市场化、开放化与国际化步伐，尤其是政府采购方面的市场化、开放化与国际化，营造有利于国际化的环境。积极申办大型国际活动与体育赛事，支持大型国际技术、商品交流与展示活动，实施积极鼓励国内外人才交流的户口、人事与签证制度。

（2）加快城市基础设施建设与环境整治步伐。城市基础设施与环境状况，不仅仅关系到市民正常的生产与生活，更关系到该城市的吸引力与竞争力。北京城市基础设施尽管近年来有重大改善,但还远不能满足建设世界城市的需要，必须进一步发展与完善。推进交通一体化发展，统一规划，加强协调，推进市场化，并采用包括 BOT 方式在内的多种资金筹措方式，加快解决北京交通堵塞这一严重问题。环境问题一直是困扰北京的主要问题之一，除继续加强污染治理外，还要采用清洁技术与污染预防技术，从源头上根治污染。特别是要积极利用环境经济政策，并努力改变生产与生活内容、方式，从而改善环境质量。

（3）加快信息基础设施建设步伐，形成国际信息交流中心，借助信息技术来实现北京对世界经济的影响与控制。信息基础设施不仅是反映城市现代化程度的标志，更是决定全球资源配置能力的重要指标。世界城市应该具有与之相匹配的信息基础设施，否则将在世界城市格局重组中丧失原有的地位。在“首都二四八重大创新工程”中，“数字北京工程”为八项重大创新工程之首，应积极推进，以提高北京作为世界城市的敏捷性，最终形成国际交流中心。

（4）为跨国公司（包括跨国银行）进驻以及发展本国的跨国公司创造基础。加强中央商务区与国际企业办公中心建设,完善对外对内交通网和信息网建设。加强国际性人才培育，法制环境与政策环境建设。提供高标准专业化的商务与金融等综合业务设施，完善与加强现有信息基础设施，为现有众多跨国公司的事务所升格以及非营业性金融机构向营业性金融机构转换等提供空间基础。

（5）鼓励创新，营造创新文化氛围，形成官产学研有机结合的区域创新体系，建设国际创新与知识型高科技产业中心。创新是首都经济发展的根本推动力，而区域创新体系的形成与完善是创新的重要保证。为促进创新，必须鼓励官、产、学、研相互交流与互动，通过建设与完善区域创新体系，形成有利于创新的文化环境。积极推进北京建设国际创新与知识型高科技产业中心，这既是发展首都经济的需要，更是建设世界城市的需要。

（6）依托首都圈与环渤海地区，形成合理的空间分工体系。依托首都圈与环渤海地区是北京提高区域综合经济实力和解决发展空间，建设世界城市的需要。在近期优先整合首都圈，远期进一步整合环渤海地区。依据优势互补和互利互惠的原则，形成合理的空间分工体系，促进共同发展。

<<<参 考 文 献>>>

[1] 李国平. 面向世界城市的北京经济功能强化方向研究[J]. 中国软科学, 1999, (11): 73～76.

[2] 李国平. 世界城市格局演化与北京建设世界城市的基本定位[J]. 城市发展研究, 2000, (1): 12～16.

[3] 松原宏. 资本的国际流动与世界城市东京[J]. 经济地理年报, 1995, 40(4): 293～307(日文).

[4] 陆宇澄. 国际城市理论与实践研究[D]. 北京大学博士学位论文, 1998.

[5] M 卡斯特尔, P 霍尔著, 李鹏飞, 等(译). 世界的高技术园区[M]. 北京: 北京理工大学出版社, 1998. 177～240.

[6] 杨开忠, 李国平, 等. 持续首都——北京新世纪发展战略[M]. 广州: 广东教育出版社, 2000. 25～82.

[7] 竹内淳彦, 井出策夫. 日本经济地理译本[M]. 东京: 东洋经济新报社, 1999. 69～82.

[8] 成田孝三. 转换期の都市と都市圈[M]. 京都: 地人书房, 1995. 9～27.

[9] 周一星, 孟延春. 北京的郊区化及其对策[M]. 北京: 科学出版社, 2000. 47～113.

[10] 顾朝林. 经济全球化与中国城市发展[M]. 北京: 商务印书馆, 1999. 1～31.

[11] 李国平, 卢明华. 北京高科技产业价值链区域分工研究[J]. 地理研究, 2002, 21(2): 228～238.

世界城市判别指标体系及北京的努力方向①

陆 军

一、问题的提出

为说明目前世界城市评价体系中存在的问题，以及不同研究视角和标准的差异，本文对10项影响广泛、引用率较高的世界城市判别方法研究成果进行了统计描述，包括Cohen[1]、Hall[2]、Friedmann[3]、Thrift[4]、London Planning Advisory Council[5]、Sassen[6]、Friedmann[7]、Knox[8]、Beaverstock等[9]、Smith和Timberlake[10]。分析发现，纽约、伦敦、东京是公认的位于等级体系顶端的世界城市；巴黎也属于第一层级的世界级城市。但学者之间对其他城市的判定却存有巨大争议，10项研究中一共提及了69个城市，除纽约、伦敦、东京外，芝加哥、苏黎世、法兰克福、洛杉矶的认可度也名列前茅；但是，上海、日内瓦等20个城市均仅在一项研究中被提及，与前述城市形成了鲜明的对比。

可见判定，世界城市判别研究结果的差异在很大程度上来源于判别标准的不同。世界城市的概念具有较广的外延，而不同学者分别使用各自不同的视角进行具体的分析，因此，在世界城市研究中，处于等级体系高端的城市容易被辨认且能够得到广泛共识，但对处于等级体系中低端和游离于世界城市标准的城市，则缺乏公认的有效判定与评价方法。世界城市传统判别方法的局限性表明，必须从城市个体与城际联系双重角度对城市进行测算与评价，形成更全面和科学的综合判别方法，以更准确地得出世界城市等级体系的判别结果。

① 本文发表于《城市发展研究》2011年第4期。作者简介：陆军，北京大学政府管理学院副院长、教授，北京大学首都高端智库学术委员会委员，研究方向为城市与区域经济、城市战略与管理、地方财政与金融、公共经济与政策。

二、世界城市的综合判别指标体系

单纯地依靠城市个体指标数据判定世界城市等级体系的方法并不全面，需要从城际联系方面进行拓展或改进，以更好地勾勒出世界城市等级体系的关联情况。因此，有必要对城市个体与城际联系两种研究视角进行融合，通过全新的整理和探索建立起更为全面、科学的世界城市综合判别方法。科学的世界城市判别指标体系应分为以下两个部分：城市个体判别指标体系和城际联系判别指标体系。其中，城市个体判别指标体系评价城市自身实力，用以识别世界城市等级体系中容量较大的网络节点；城际联系判别指标体系评价城市辐射能力，用以识别世界城市等级体系中流量较大的网络枢纽。将两套指标体系加以综合，能够对世界城市等级体系进行更为准确的判别。

1. 城市个体判别指标体系

城市个体判别指标体系是指通过分析城市自身的发展规模、产业结构、基础设施等情况，对城市自身实力进行客观评价。该指标体系的评价主体是各个城市个体。世界城市无论发挥何种职能，均要求其自身拥有丰富的资源和强大的实力，因此城市自身实力是一个城市能否成为世界城市的内因和决定因素。根据世界城市职能的主导性和综合性特征，城市个体判别指标体系如表 1 所示。

表 1　世界城市双重判别指标体系之一：城市个体判别指标体系

一级指标	二级指标	三级指标
经济	经济控制和决策中心	跨国公司总部（包括地区性总部）数量
	国际贸易中心	外贸转口额、口岸进出口额、贸易进出口额、国际贸易公司数量
	国际金融中心	金融机构数量、金融业占 GDP 比重、外汇交易额、证券交易额、信贷资金、境外上市公司的数量和资本规模
	高技术制造业中心	高技术产品产值、高技术孵化公司数量
	生产性服务业中心	会计、广告、法律服务、公共关系、咨询机构数量
	国际物流中心	港口吞吐量（散货和集装箱）、航空吞吐量
政治	政治权力中心	国家最高权力机构所在地、各类政府机构数量、国际权威组织数量、国外政府派出机构数量

续表

一级指标	二级指标	三级指标
文化	国际文化中心	举办国际文化活动次数、图书馆外文藏书数量、世界级博物馆数量、高等教育机构数量
	观光与会议中心	接待境外游客数量、举办国际会议次数
	娱乐业中心	娱乐场所数量
	传媒业中心	出版业、新闻业及无线电和电视网总部数量
科技	信息中心	CN 域名、www 站点数量，电话主线、移动电话、个人电脑、因特网主机拥有量，骨干网络贷款与网络数量
	科研中心	科研机构数量、科研成果数量
社会	交通枢纽	港口国际航线数量、国际机场数量、航空国际航线数量
	多国籍人口集聚地	国内移民数量、国际移民数量
	各类专业人才集聚中心	各类专业人才所占比重

资料来源：陆军等.世界级城市研究概观[J]. 城市问题，2010（1）：4

2. 城际联系判别指标体系

世界城市从缘起、发展到分野均有明显的城际联系导向，世界城市应被放在全球城市网络的大背景下进行研究。从对世界城市定义与功能的共识出发，发现承担城际联系的载体主要包括资本、产业、人口、运输、信息五个方面。因此，世界城市等级体系判别方法中的城际联系判别指标体系如表 2 所示。

表 2　世界城市双重判别指标体系之二：城际联系判别指标体系

一级指标	二级指标	三级指标
资本联系能力	资本流动枢纽	城际存贷款资金数量、城际银行回购及同业拆借资金数量、城际资本市场资金流动数量、城际投资资金流动数量等
产业联系能力	产业集聚枢纽	生产过程联系、转包联系、服务联系、销售联系；情感与信息交流、合作承担风险、集体行动等；企业组织等级结构等
人口联系能力	旅客流动枢纽	城际旅客进出人数等
	移民流动枢纽	城际移民进出人数等
运输联系能力	商品流动枢纽	城际航班数量、城际进出口贸易总量、城际货物运输量等
信息联系能力	信息交换枢纽	主要媒体（如报纸、电视、广播电台、互联网站等）新闻提及城市频率等

三、北京建设世界城市指标体系的选取与说明

1. 世界城市判别指标选取的基本原则

（1）综合性。世界城市是高端城市的代表，其在各领域都具有高度的发展水平和成熟的表现。因此，世界城市的判别指标体系，必须保证能够从经济、人文、生态、科技、社会、对外联系等方面综合地精准刻画世界城市的形貌特征与整体发展优势。

（2）典型性。评价世界城市必须力求精简，抓住世界城市的典型特征，避免指标冗繁。因此，必须对相似或相关性强的指标进行剔除，最终筛选出最具典型性的并且无法被其他指标替代的指标，以构建出精炼的世界城市判别指标体系。

（3）权威性。在选取世界城市判别指标时，必须注重指标体系的可比较性原则，要保证所有指标均来源于国际权威机构发布的相关报告，确保在比较分析方面具有可操作性，力求通过世界级城市的横向对比，为北京建设世界城市提供经验借鉴和决策参考。

（4）现实性。经过改革开放以来社会经济的快速发展，尤其是经过 2008 年奥运会的成功举办，北京已经具备建设世界级城市的经济基础和国际影响力。因此，在指标选取的过程中，既要充分继承人文北京、绿色北京和科技北京“三个北京”的城市功能导向及其已经取得的成果。同时，要尊重北京当前的客观发展基础，选择一些能够体现城市阶段性发展水平和现实特征的指标。

2. 北京建设世界城市的判别指标体系

基于世界城市综合判别方法的研究结论，并根据可得性的基本原则，本文构建出具有可操作性的世界城市判别指标体系，用于北京与其他世界级城市的比较分析。在具体的操作中，将城市个体判别和城际联系判别的两类指标进行汇总，其中，城市个体判别指标包括经济发展、人文环境、生态环境、科技研发和社会发展五个一级指标。城际联系指标被归纳为外部影响一级指标。本文构建的世界城市判别指标体系如表 3 所示。

表 3　世界城市判别指标体系

一级指标	二级指标	三级指标
经济发展	宏观经济	GDP、经济多元化、GDP 实际增长、政府消费支出实际增长、固定资本形成总额实际增长、人均 GDP、人均家庭消费支出、总工资收入、服务业比例
	市场门槛	创业成本、创业最低资本、获取执照时间、资产登记注册成本、雇工难度
	权益维护	合法权益强度指数、信息披露程度指数、解决商业纠纷成本
	税收负担	纳税种数、总税率
	生产服务	生产性服务业比例、金融服务业比例、会计行业竞争力、咨询行业竞争力、银行行业竞争力、法律行业竞争力
	营商成本	公寓租金、办公用地租金、电费
人文环境	人文环境	文化娱乐、世界遗产、公共服务市民满意度
生态环境	自然资源	人均土地面积、人均淡水占有量
	生态环保	空气中二氧化硫含量、空气中二氧化氮含量、总悬浮颗粒物
科技研发	研发水平	国际认可的专利数量、研发投入占销售收入比重
	教育水平	著名大学数量、国际论文发表数量
社会发展	基础设施	道路密度、航空设施质量、机场密度、因特网用户数量、电话线路数量、移动电话用户数量、宾馆房间数量
	劳动就业	失业率、就业增长率、劳动力数量
	医疗服务	预期寿命、婴儿死亡率
	社会治安	每万人犯罪发生件数
外部影响	投资贸易	对外直接投资额、全球信贷排名、跨国贸易时间、进出口成本、跨国公司总部数量、金融业跨国公司总部数量
	人口流动	城际移民人数、城际旅客人数
	交通运输	城际货物运输量、飞机年起降架次
	信息传播	主要媒体新闻提及频率、国际博览会和展览数量

本文注重对指标本质的挖掘，来自国际权威机构或单位发布报告中的指标可能由若干细分的指数构成，可能造成构成指标的指数相同或高度相关的情况，从而出现内生性问题。本文通过挖掘基础指标进行筛选，以消除指标内生性问题，避免了内生性引发的误差，从而构建起能够准确把握世界城市的指标体系。

3. 关于世界城市判别指标体系的说明

1）关于所选取指标来源的说明

本文所构建的世界城市判别指标体系中的所有指标全部来源于国际权威机构或单位发布的相关报告，包括世界银行（World Bank），联合国教育、科学及文化组织（UNESCO），世界经济论坛（World Economic Forum），国际货币基金组织（IMF），世界贸易组织（WTO），联合国世界旅游组织（UNWTO），经济合作与发展组织（OECD），国际大会与会议协会（ICCA），伦敦城（City of London），瑞士联合银行集团（UBS），国际航空运输协会（IATA），高纬物业（Cushman & Wakefield）等，权威报告涉及全球金融中心指数（The Global Financial Centres Index）、数字中的OECD（OECD in figures）、价格与收入（Prices and Earnings）、《世界竞争力年报》（the World Competitiveness Yearbook）、世界办公空间（Office Space Around the World）、《人类发展报告》（Human Development Report）、亨氏签证受限指数（The Henley Visa Restrictions Index）、《旅游与观光竞争力报告》（The Travel & Tourism Competitiveness Report）、《国际视角下的犯罪伤害》（Criminal Victimisation in International Perspective）、经济自由度指数（Index of Economic Freedom）等，从而使得世界城市判别指标的选取和评分具有充分的说服力与可靠的数据基础。

2）关于世界城市判别指标体系计算方法的说明

（1）数据的无量纲化处理。城市个体和城际联系两个部分涉及近百种指标，数据繁多，且各项指标的量纲也各不相同。要使得不同城市间具有可比性，必须将数据进行无量纲化处理。本文主要表现北京与其他世界城市之间的差距，因此仅采用标准化法进行无量纲化处理，计算公式为

$$X_i = \frac{x_i - \bar{x}}{\sqrt{\mathrm{var}x_i}} \tag{1}$$

式中，X_i为标准化后的数据；x_i为原始数据；$\bar{x}$为样本平均值；$\sqrt{\mathrm{var}x_i}$为样本标准差。

（2）加总。本文在构建世界城市判别指标体系时，已经考虑了各指标间的相对重要性，因此如无特殊说明，将采取等权重线性方法进行加总，即直接计算各指标结果标准值的平均值。个别指标如采用等权重线性方法加总误差较大时，则采用层次分析法（AHP）赋予每个指标新的权重，然后进行线性加总。

下面对个别采用层次分析法进行权重修改的情况进行说明。

对于世界城市的总体排名，共有经济发展、人文环境、生态环境、科技研发、社会发展、对外影响六个一级指标，分别描述不同方面的城市职能。本文认为不同时期的世界城市应该承担不同的职能。现阶段经济发展和对外影响相对重要，科技研发次之，而人文环境、生态环境和社会发展再次之。根据层次分析法对六个一级指标赋予的权重分别为 0.225、0.125、0.125、0.175、0.125、0.225。但权重会发生改变，如科技研发、人文环境等因素在未来的世界城市中将占据越来越重要的地位。

社会发展一级指标包括基础设施、劳动就业、医疗服务、社会治安四个二级指标。但在具体数据收集过程中，基础设施的数据只能从国家层面进行对比。但北京的基础设施水平与中国总体状况相比已有很大的超越，故在此需要降低基础设施的权重。采用层次分析法对它们赋予新的权重为 0.10、0.35、0.35、0.20。同理，在外部影响一级指标下的投资贸易、人口流动、交通运输、信息传播四个二级指标中，信息传播中的国际博览会和展览数量只能从国家层面进行对比，因此也需降低权重，计算时主要媒体新闻提及频率、国际博览会和展览数量权重分别为 0.8、0.2。

3）位序排名和百分比

加总所得数据可以用于不同样本间的比较。本文选取了世界著名的 38 个城市作为北京建设世界城市的标杆对象，在每一个二级指标下对北京在所有城市中的表现进行位序排名。由于可能存在个别样本数据缺失的情况，计算北京所占的百分比能更精确地确定北京的相对位置，从而发现北京的优势和劣势，明确北京未来建设世界城市的努力方向。

四、世界城市判别指标体系的分析结论及北京努力方向

1. 综合指标

世界城市判别指标体系由经济发展、人文环境、生态环境、科技研发、社会发展、对外影响六个方面的指标综合而成。经过数据收集和计算，世界 39 个著名城市的排序如表 4 所示。从结果中观察得知，纽约、东京、伦敦、巴黎等城市的综合得分最高，是第一层次的世界城市。纽约排名第 1 位，主要得益于其雄厚的经济发展实力和对外影响力，但其生态环境和人文环境指标的排名

落后。东京在科技研发和经济发展方面表现突出。伦敦排名靠前主要是基于其出色的科技研发实力、经济发展实力和对外影响力。

北京总体排名第 28 位，在 39 个城市中处于中下游水平。其中，经济发展排名第 34 位，处于比较落后的水平，说明城市经济发展还有很大的发展空间；人文环境排名第 14 位，作为历史悠久的古都，北京的文化气息世人称赞；生态环境排名第 38 位，尽管自然资源方面北京并不落后，但空气质量问题导致该指标表现不佳；科技研发排名第 12 位，仍处于中游偏上水平；社会发展排名第 5 位，处于上游水平；对外影响排名第 25 位，北京对外的世界影响力在样本城市中仅处于中游水平。

表 4　世界城市判别个体指标体系综合比较排序

城市	总体得分	总体排名	经济发展排名	人文环境排名	生态环境排名	科技研发排名	社会发展排名	对外影响排名
纽约	0.702 913 619	1	1	34	26	5	13	1
东京	0.604 430 751	2	4	36	24	1	10	12
伦敦	0.583 216 301	3	3	9	13	3	27	4
巴黎	0.573 221 577	4	8	1	10	2	18	7
香港	0.434 791 068	5	2	15	2	32	3	6
芝加哥	0.402 357 556	6	9	12	20	7	28	2
新加坡	0.347 170 528	7	5	27	5	26	1	5
波士顿	0.301 786 235	8	6	11	29	4	17	15
洛杉矶	0.287 713 837	9	7	23	25	20	14	3
旧金山	0.179 930 353	10	12	10	34	6	21	10
迈阿密	0.169 304 890	11	17	2	9	27	22	13
迪拜	0.137 509 483	12	15	22	1	39	6	8
罗马	0.106 473 385	13	31	3	6	17	12	18
华盛顿	0.075 429 974	14	10	8	22	22	33	14
柏林	0.064 708 351	15	18	28	7	9	19	24
法兰克福	0.052 416 437	16	13	20	15	25	24	11
悉尼	0.045 829 122	17	21	16	3	24	7	23
米兰	0.011 075 661	18	30	5	36	8	4	26
斯德哥尔摩	−0.008 791 863	19	24	13	30	14	8	28

续表

城市	总体得分	总体排名	经济发展排名	人文环境排名	生态环境排名	科技研发排名	社会发展排名	对外影响排名
多伦多	–0.021 596 587	20	25	30	18	13	23	17
维也纳	–0.028 169 313	21	23	6	11	29	15	30
亚特兰大	–0.032 770 188	22	19	17	21	28	32	9
首尔	–0.043 002 526	23	16	19	27	15	16	31
马德里	–0.045 470 532	24	26	35	23	11	11	19
哥本哈根	–0.069 831 760	25	14	25	16	19	29	29
上海	–0.070 580 807	26	27	32	32	18	2	22
阿姆斯特丹	–0.107 840 083	27	20	37	14	21	30	16
北京	–0.127 708 556	28	34	14	38	12	5	25
莫斯科	–0.133 648 636	29	29	4	8	16	38	20
台北	–0.167 706 486	30	28	26	12	23	9	32
苏黎世	–0.177 043 979	31	11	31	19	33	31	27
布鲁塞尔	–0.228 566 004	32	22	7	31	34	25	33
曼谷	–0.295 449 606	33	36	39	17	10	34	21
吉隆坡	–0.364 981 798	34	33	38	4	37	20	34
墨西哥城	–0.461 851 109	35	37	21	33	36	26	35
圣保罗	–0.512 180 512	36	35	24	28	31	36	36
伊斯坦布尔	–0.673 400 678	37	32	33	37	35	39	37
布宜诺斯艾利斯	–0.704 164 486	38	39	29	35	30	37	39
开罗	–0.712 583 960	39	38	18	39	38	35	38

2. 经济发展

经济发展由宏观经济、市场门槛、权益维护、税收负担、生产服务、营商成本六个二级指标综合而成。纽约、香港、伦敦、东京、新加坡等城市处于世界城市的第一梯队，紧随其后的是波士顿、洛杉矶、巴黎等城市，它们均显示出了强劲的经济发展势头。北京在经济发展一级指标的排名为第 34 位，总体上比较落后。北京在二级指标排名上比较落后的是市场门槛和营商成本等。

1）宏观经济

在城市 GDP 的规模等方面，纽约、波士顿、洛杉矶等美国城市均排在世界城市的前列。北京排名第 29 位，比较落后，表明北京在 GDP、GDP 实际增长、人均 GDP、政府消费支出实际增长等方面需要很大的提升。

2）市场门槛

市场门槛主要涉及创业成本、资金登记注册成本、雇工难度，反映一个国家市场的可进入性。众多美国城市排名靠前，北京仅排名第 37 位，相对落后，表明北京的市场自由度较低，城市的创业成本较高，正是建设世界城市亟待努力的领域。

3）权益维护

权益维护指标主要包括信息披露程度等，它从侧面反映了一个城市市场经济的成熟度和法制化程度。众多美国城市，苏黎世、维也纳等欧洲城市，以及新加坡等表现优秀。北京（使用中国数据代表）排名第 22 位，急需加快完善法制化的市场经济体制。

4）税收负担

税收负担用来衡量经济活动中企业上缴税收的比重。香港、新加坡、哥本哈根等城市的税负相对较低，对经济活动形成了强大的吸引力。北京排名第 31 位。在建设世界城市过程中，北京应该注重规范税制、避免重复征税及减少地方不合理的乱征税现象。

5）生产服务

生产性服务业主要涉及银行、会计、法律等高端服务业，是当今世界城市中最为显著的产业发展特征。伦敦、东京、纽约和巴黎等城市代表了世界先进水平。北京作为中国高端服务业的集聚地，排名第 17 位，处于中游水平，但在国内仍落后于上海、香港等城市。

6）营商成本

营商成本是指公寓租金、办公用地租金、电费等。伴随城市经济的繁荣，这些成本不断上升。例如，东京、香港、法兰克福、米兰等城市的营商成本相对较高。北京排名第 34 位，但可预见未来几年的房价大幅上涨将推升北京的生活成本，需要尽量避免短期内生活成本骤升。

3. 人文环境

人文环境代表城市文化、精神特质及居民可以享受到的文化生活等。该指标由文化娱乐、世界遗产、公共服务市民满意度三级指标组成。在人文环境方面，巴黎、迈阿密、罗马等排名靠前。北京排名第 14 位，处于中上游水平，北京在文化领域已经与世界的优秀城市比肩，但公共服务的市民满意度还有待提升。

4. 生态环境

生态环境指标由自然资源和生态环保两个二级指标组成。自然资源涉及人均土地面积、自然景观、人均淡水量；生态环保涉及空气中二氧化硫含量、空气中二氧化氮含量等指标。濒临海洋的城市具有优越的生态环境条件，如迪拜、香港、悉尼、吉隆坡、新加坡、罗马等城市的生态环境值得称赞。在生态环境方面，北京总体排名第 38 位，在世界大都市中处于非常落后的地位。

1）自然资源

北京在自然资源方面排名第 26 位。尽管在人均土地面积上北京占有一定优势，但水资源缺乏使得北京的发展受到明显的限制。北京仍处在快速城市化的过程中，如何处理有限的水资源同日益膨胀的人口之间的矛盾是北京未来的重要议题。

2）生态环保

生态环保二级指标由空气中二氧化硫含量、空气中二氧化氮含量、总悬浮颗粒物三个三级指标构成。在 25 个有效样本中北京排名第 23 位，说明生态环境的治理将是未来北京建设世界城市的重中之重。

5. 科技研发

创新能力代表城市未来的发展潜力，科技研发能力将成为世界城市指标中的核心组成部分。科技研发一级指标由研发水平和教育水平两个二级指标构成。东京、巴黎、伦敦、波士顿、纽约、旧金山等城市处于第一梯队；芝加哥、米兰、柏林等紧随其后。北京排名第 12 位，总体处于中上游水平。

1）研发水平

研发水平二级指标由国际认可的专利数量、研发投入占销售收入比重两个三级指标组成。两个指标经过加权后，排在前列的城市是东京、米兰、波士顿、巴黎等。北京排名第 30 位，几乎位于样本城市的最末水平。科技发展能力落后难以支撑产业转型升级，经济发展也难有长久的推动力。这再次提醒我们，北京距离世界城市真正的差距就体现在科技发展能力的不足上。

2）教育水平

教育水平二级指标由著名大学数量和国际论文发表数量两个三级指标组

成。在此方面，东京、巴黎、伦敦等城市表现优异，处在世界一流水平。北京排名第 7 位，处于相对靠前的地位。但存在一个尖锐的问题是，如何让优秀的教育资源助推北京提高研发水平，这将是未来北京进行自我提升、建设世界城市应该尽快解决的问题。

6. 社会发展

社会发展同样是建设世界城市的重要内容。社会发展二级指标由基础设施、劳动就业、医疗服务、社会治安四个三级指标组成。此方面表现较好的城市为新加坡、上海、香港等，美国城市排名略微靠后。北京排名第 5 位，处在领先的位置。

1）基础设施

基础设施二级指标由道路密度、航空设施质量、机场密度等二级指标组成。这部分数据暂以国家数据来代替。新加坡、德国、瑞士、美国等国家和地区表现优秀。采取国家数据后，中国的排名非常靠后，为第 37 位，而北京的实际情况要好很多。因此，在综合考虑社会发展时，将给予基础设施比较低的权重。

2）劳动就业

就业市场的健康程度影响着城市社会的和谐发展。劳动就业二级指标由失业率、就业增长率、劳动力数量三个三级指标组成。作为经济增速较高的城市，北京的劳动力数量相比世界其他城市较高，同时失业率相对较低，因此排名比较靠前，为第 7 位。在劳动力问题上，劳动力的质量提升和建立社会保障体系远比增加劳动力数量更重要。

3）医疗服务

医疗服务作为社会福利的代表性指标，主要体现一个社会中居民的健康程度，包括预期寿命和婴儿死亡率两个三级指标。在此方面，巴黎、马德里等欧洲城市表现优秀；亚洲的东京和香港也非常靠前。北京排名第 11 位，位置也相对靠前。但需要说明的是，在北京居民健康程度提高的同时，老龄化程度也在提升，如何应对老龄化社会是未来北京建设世界城市应着力解决的问题。

4）社会治安

社会治安反映城市居民生活的基本人身安全保障与城市和谐程度，主要利用每万人犯罪发生件数指标进行评价判断。治安环境最好的城市为新加坡和香港。相比之下，欧洲和美国的多数城市治安不佳，犯罪率普遍较高。北京此项指标排名第 5 位，处于全球领先水平，说明北京具有保障发展的良好的基本社会环境，应继续保持。

7. 对外影响

城市的外部影响力是考察世界城市发展的重要维度，城际之间的人流、物流、信息流等集中体现了一个城市的外部性。外部影响主要包括投资贸易、人口流动、交通运输、信息传播四个二级指标，共包括 12 个三级指标。纽约、芝加哥、洛杉矶、伦敦、新加坡等城市名列前茅。北京排名第 25 位，处在中游略微落后的水平。

1）投资贸易

城市对外投资贸易涉及对外直接投资额、全球信贷排名、跨国贸易时间、进出口成本、跨国公司总部数量、金融业跨国公司总部数量。纽约、伦敦、东京、新加坡等城市位居前列。北京排名第 14 位，处在中游水平。主要原因在于，中国银行业的对外开放程度非常低，区域之间的行政干预和市场保护现象依然存在，影响到跨地区投资贸易活动的开展。北京在建设世界城市时，应加快提升市场开放度。

2）人口流动

城市人口的相互流动体现了城市的对外开放性和影响力，包括城际移民人数和城际旅客人数。纽约排名第 1 位，迪拜、洛杉矶等城市也表现上佳。北京表现比较落后，排名第 30 位，主要是北京在移民方面的开放程度不高。同时，这也与北京社会制度和社会开放度的不足有一定的关系。

3）交通运输

交通运输主要涉及陆路、海路和空路，北京并非临海城市，无直接的出海口，所以集中考察空路。在交通运输方面，美国城市明显优于其他地区。北京排名第 21 位，处于中游水平，表明北京的飞机年起降架次、城际货物运输量等都有明显的提高。

4）信息传播

信息流是城际影响力的重要方面，世界上的关键网络节点对信息流有很强的控制能力。信息流作为新兴的联系方式，一方面依赖于国家的对外开放程度，另一方面也严重依赖于国家信息基础设施的完善。在信息传播方面，北京排名第 20 位，仍处于中游水平。可以预见，未来的信息流将是比货物流和人流更快捷高效的信息传输方式，此领域的建设刻不容缓。

五、政 策 建 议

通过对北京建设世界城市的指标分析结果进行总结，建议如下。

第一，北京宏观经济相对落后，具有较大的提升空间。但是，市场门槛、营商成本、权益维护和税收负担等方面存在欠缺，需要不断地提高信息的公开透明度、市场经济的成熟度和法制化程度，在尽量避免重复征税的同时，减少不合理的乱征税现象。此外，还需要尽快提升高端服务业的发展水平。

第二，尽管北京在文化方面已经处于世界优秀城市行列，但公共服务的市民满意度有待提高；尤其是北京的生态环境问题非常严重，亟待积极解决。一方面，要处理好有限的水资源同日益膨胀的城市人口之间的矛盾；另一方面，要加大城市生态环境的保护与治理。

第三，在科技研发方面，北京的研发能力建设和专利数量、研发投入急需得到充分重视；同时，还要高度强调通过提高研发水平实现产业的转型升级。此外，要加快将教育资源优势转化为成果优势，以加快提高综合创新能力。

第四，北京基础设施建设发展较快，但是基础设施的运营效率和管理水平需要提高；同时，在建设世界城市的进程中，北京还需要以就业市场的健康发展为重点，使其成为提升福利体系的纽带，促进城市社会和谐发展。此外，积极应对老龄化社会产生的一系列社会和服务保障问题也是北京建设世界城市需要克服的难点。

第五，在北京建设世界城市的过程中，要提升金融服务业的对外开放程度，提高对人口流动的开放程度，提升机场软硬件建设和运营管理水平，不断完善信息基础设施建设水平，提高城市的对外影响力。

（在研究过程中，杨志勇、宋灏、周楚等同学承担了部分辅助工作，在此谨表示衷心感谢。）

<<<参 考 文 献>>>

[1] Cohen, R. B. The New International division of labor, Multinational Corporations and Urban Hierarchy[A]. Dear, M., Scott, A.（eds.）Urbanisation and Urban Planning in Capitalist Society[C]. London: Methuen, 1981. 287-315.

[2] Hall, P. The World Cities[M]. London: Weidenfeld and Nicolson Ltd., 1984.

[3] Friedmann, J. The World City Hypothesis[J]. Development and Change, 1986, 17(1) :

69-84.

[4] Thrift, N. J. The Geography of International Economic Disorder[A]. Johnston, R., Taylor P. J.（eds.）A World in Crisis? Geographical Perspectives[C]. Oxford: Blackwell, 1989. 16-78.

[5] London Planning Advisory Council. London: World City Moving into the 21st Century [M]. London: HMSO, 1991.

[6] Sassen, S. Cities in a World Economy[M]. London: Pine Forge Press, 1994.

[7] Friedmann, J. Where We Stand: A Decade of World City Research [A]. Knox, P. L., Taylor, P. J.（eds.）World Cities in a World-System[C]. Cambridge: Cambridge University Press, 1995. 21-47.

[8] Knox, P. L. World Cities in a World System[A]. Knox, P. L., Taylor, P. J.（eds.）World Cities in a World-System[C]. Cambridge: Cambridge University Press, 1995. 3-20.

[9] Beaverstock, J. V., Smith, R. G., Taylor, P. J. A Roster of World Cities[J]. Cities, 1999, 16: 445-458.

[10] Smith, D. A., Timberlake, M. World City Networks and Hierarchies, 1977-1997: Empirical Analysis of Global Air Travel Links[J]. American Behavioral Scientist, 2001, 44(10): 1656-1678.

首都产业发展及其结构调整思路与重点方向研究①

李国平　刘　翊　王婧媛

2014 年中央明确提出北京“四个中心”的城市功能定位，即全国政治中心、文化中心、国际交往中心和科技创新中心，这是继《北京城市总体规划（2004 年—2020 年）》之后，国家层面对北京城市功能定位的进一步丰富和明确。北京已经进入后工业化发达经济阶段，知识经济成为主导，知识代替资源成为最重要的生产要素，创新成为城市发展的核心动力。全国科技创新中心是中央赋予北京的新定位，也是北京城市发展的新目标。全国科技创新中心建设将有利于促进新常态下首都经济的健康快速发展，有利于驱动首都产业结构的优化调整与升级。本文围绕首都建设全国科技创新中心，研究分析首都产业发展及其结构调整。

一、首都产业发展的现状及评价

新中国成立以来，北京经济发展经历了四个阶段，历经了服务经济到工业经济再到服务经济的结构转变[1]。改革开放以来，首都经济一直保持高速增长，经济结构调整的幅度也在不断加大。2014 年，北京 GDP 已达到 21 330.8 亿元，同比增长 7.3%，三次产业比重为 0.7∶21.4∶77.9，其中，服务业占 GDP 比重接近 80%②。北京的经济发展与现有经济结构的形成是不同时期城市经济发展

① 原文载于《首都建设全国科技创新中心研究》第四章，中国经济出版社，2016，原文经作者修订。作者简介：李国平，北京大学首都发展研究院院长，北京大学首都高端智库首席专家，教授，研究方向为经济地理学、区域经济学、城市与区域规划、首都区域研究；刘翊，北京大学首都发展研究院院长助理，高级工程师，研究方向为城乡规划、区域经济、公共管理、首都发展研究；王婧媛，北京大学首都发展研究院助理研究员，研究方向为信息资源管理、区域经济、首都发展研究。

②《北京统计年鉴 2015》。

战略和城市职能演变共同作用的结果。这其中，1982 年《北京城市建设总体规划方案》有着重要的转折性意义，1983 年中共中央、国务院在关于《北京城市建设总体规划方案》的批复中，重新明确了北京作为首都的城市性质，即全国政治中心和文化中心，并要求北京城市建设和各项事业发展都必须服从和充分体现这一城市性质。此后，北京经济开始向以服务业为主转变。进入 21 世纪，随着 2008 年北京奥运会和 2009 年新中国成立 60 年庆典的成功举办，北京城市建设迎来了高速发展阶段。城市经济总体发展正逐渐步入相对平稳的发展状态，产业结构内部正逐步优化，产业发展的高端化与服务化明显[2]。

1. 第一产业发展现状

北京第一产业总体规模较小，2014 年增加值仅为 159 亿元，在三次产业中的比重仅为 0.7%。2014 年北京农林牧渔业总产值为 420.1 亿元，其中，农业、林业、牧业和渔业所占比重分别为 36.92%、21.59%、36.35%和 3.14%。现代都市型农业正逐步在北京形成和发展，传统的农业生产逐渐出现了三大产业交融的态势，尤其是以首农集团为代表的现代新型农业企业，通过促进三次产业融合，构筑了完整的产业链条，2014 年，首农集团实现营业收入 345.4 亿元，同比增长 75.4%①，这有效拉动了北京第一产业的高品质发展，是北京第一产业高端化发展的方向。此外，北京生态观光农业发展迅速且空间集聚明显。2014 年，北京观光园为 1301 个，实际经营的民俗旅游户数为 8863 户。农业观光园和民俗旅游户总收入为 36.2 亿元，接待旅游人数为 3825.4 万人次②，其中观光园主要集中在城市功能拓展区与生态涵养发展区。可见，随着北京城市经济的发展，第一产业的经济作用逐步减弱，但是在维持保障北京城市日常生活饮食消费方面的作用依然十分重要，并且在调节城市生态环境，为市民提供生态旅游与社会服务等方面的功能则正逐步增强。

2. 第二产业发展现状

第二产业是地方经济发展和城市化过程中的重要推动力，在北京的经济发展中曾发挥了巨大作用。从北京第二产业发展历程来看，以 1978 年为转折点，1978 年第二产业占 GDP 比重达到最高值 71.14%，此后尽管第二产业增加值持

① 首农去年营收首进市国企前十，首都建设报，2015 年 2 月 9 日。
②《北京市 2014 年国民经济和社会发展统计公报》。

续增长，但是占 GDP 比重不断下降，至 2014 年占 GDP 比重仅为 21.4%。从第二产业的内部结构来看，伴随着首钢集团、中国石化等企业的搬迁，化学原料和化学制品制造业、黑色金属冶炼和压延加工业的比重逐渐下降，2013 年二者占 GDP 比重分别仅为 1.6%与 0.07%，这表明随着非首都功能的疏解，高能耗、高污染、资源依赖性强的重化工产业正逐步退出北京产业发展的历史舞台，而知识与技术密集的现代制造业则成为北京第二产业发展的主体，其增加值一直处于增长态势，2012 年北京现代制造业增加值为 1396.1 亿元，占第二产业增加值比重为 34.49%（图 1），这其中最具代表性的是高技术制造业①和工业战略性新兴产业②。

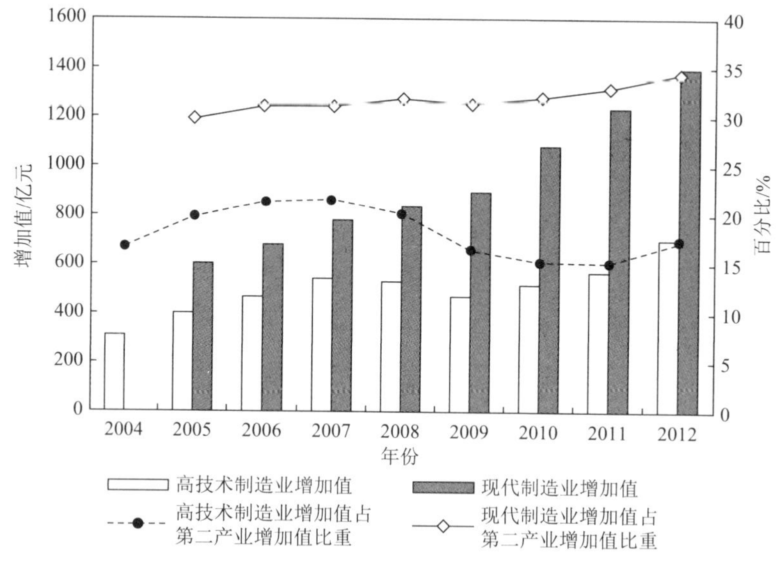

图 1　2004～2012 年北京现代制造业和高技术制造业增加值及其占第二产业增加值比重

数据来源：《北京统计年鉴 2014》

① 高技术制造业是指去除公共软件服务业，国民经济行业中 R&D 投入强度（即 R&D 经费支出占主营业务收入比重）相对较高的制造业行业，执行《高技术产业（制造业）分类（2013）》（国统字〔2013〕55 号）标准，包括核燃料加工、信息化学品制造、医药制造业、航空航天器制造、电子及通信设备制造业、电子计算机及办公设备制造业、医疗设备及仪器仪表制造业。

② 工业战略性新兴产业包括节能环保、新一代信息技术、生物、高端装备制造、新能源、新材料、新能源汽车七个产业，与高技术制造业既有交叉又有区别，如高技术制造业不包括节能环保、新能源、新材料、新能源汽车、部分高端装备制造，而二者在计算机、通信和其他电子设备制造业，生物产业等方面又基本是一致的，本文此处着重对二者不交叉的重点产业进行分析。

高技术制造业是北京第二产业的核心增长极，尽管经历了2009年的低谷，产业增加值增长有所波动，但增长速度正逐渐回升，2012年产业增加值为699.2亿元，占第二产业增加值比重为17.22%（图1）。另外，北京市第三次全国经济普查数据显示，2013年，高技术制造业实现利润292.4亿元，比2009年增长86.5%，拉动北京工业利润增长18.4个百分点，高技术制造业收入利润率为7.6%，比2009年提高2.4个百分点，高于同期工业企业收入利润率0.7个百分点。考察北京高技术制造业的内部结构不难发现（图2），电子及通信设备制造业与医药制造业占据了高技术制造业的大半个江山，2012年二者增加值占北京高技术制造业增加值的68.5%。而医药制造业则是北京高技术制造业中增长最快的产业，若加上占据高技术产业第三大份额的医疗设备及仪器仪表制造业，则生物医药产业几乎占据了北京高技术制造业的半壁江山，这三大产业是北京高技术制造业的支柱产业，也是未来北京第二产业中重点发展的产业。此外，计算机、通信和其他电子设备制造业，专用设备制造业从业人员数位居制造业从业人员的第二位和第三位（图3），占比分别为10.35%和7.51%，合计占制造业从业人员的17.86%，未来也将成为北京制造业中吸纳就业的重点产业。

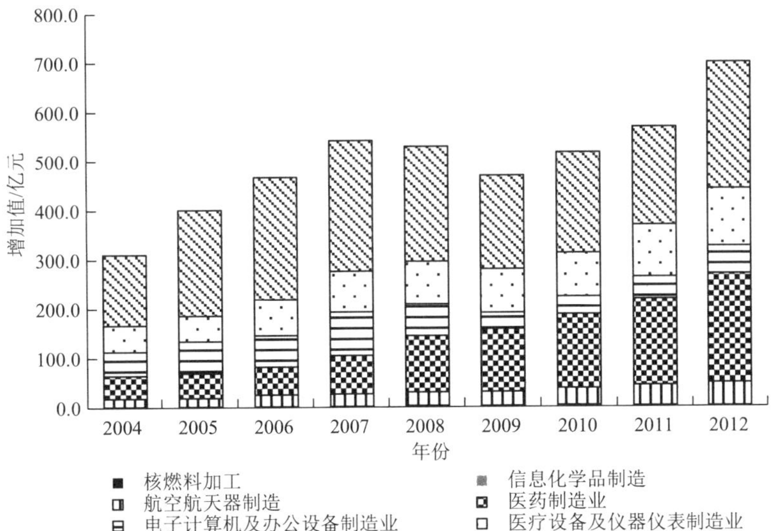

图2　2004～2012年北京高技术制造业细分产业增加值

数据来源：《北京统计年鉴2014》

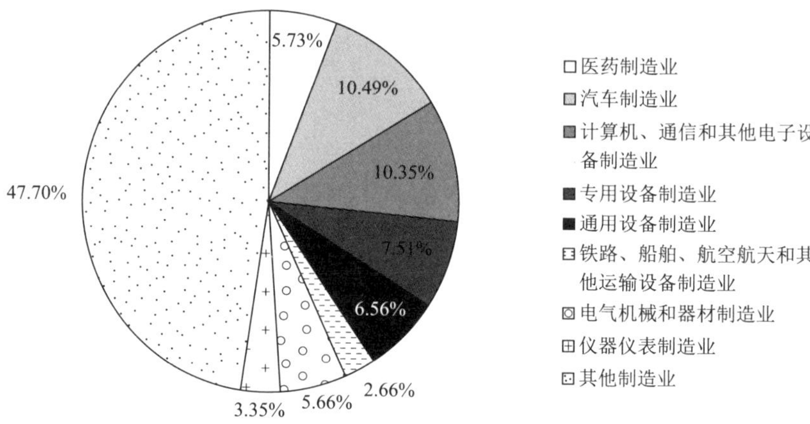

图 3 北京现代制造业从业人员构成

数据来源：北京市第三次全国经济普查数据

工业战略性新兴产业是北京第二产业发展的重点方向，2013 年新一代信息技术产业[①]的营业收入几乎占据了北京工业战略性新兴产业的一半份额，约为 45%，生物产业、新材料产业、节能环保产业的营业收入总和约占总收入的 41%，可见新一代信息技术产业、生物产业、新材料产业、节能环保产业、新能源产业在北京第二产业发展中扮演的角色越来越重要（图 4），是未来北京第二产业发展的重点培育对象。此外，值得一提的是北京的汽车制造业[②]，尽管只有新能源汽车产业被纳入工业战略性新兴产业，但是汽车制造业一直是技术与知识密集度高的产业，是工业化的标志性产业，汽车制造业是北京近年来制造业中发展最快的产业之一，2008 年以来，其份额有明显的上升，从 2008 年的 10.36% 上升到 2013 年的 21.30%（图 5）。而以北汽集团为主体，以北京现代汽车有限公司、北京奔驰汽车有限公司、北汽福田汽车股份有限公司为主要力量的北京汽车制造业已经将新能源汽车以及混合动力汽车制造作为发展的重点之一，这必然成为北京第二产业发展的重要领域。2013 年北京汽车制造业从业人员数占制造业从业人员的 9.4%，是制造业从业人员规模最大的产业，未来也是吸纳北京就业人口的重点产业。

---

① 此处所提到的新一代信息技术产业是其制造业范畴内的产业，不包含服务业的内容。

② 行业数据依照 2012 年开始执行的《国民经济行业分类》（GB/T 4754-2011），2012 年以前的“汽车制造业”为“交通运输设备制造业”数据。

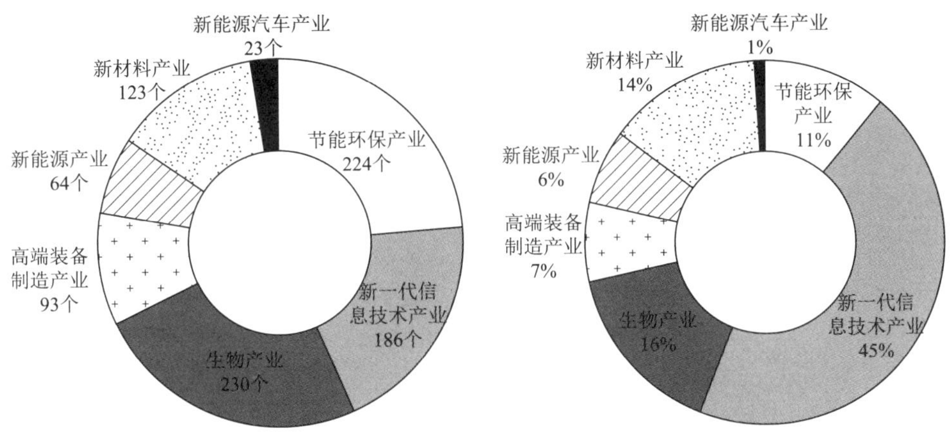

图 4　工业战略性新兴产业单位数和营业收入构成情况

数据来源：北京市第三次全国经济普查数据

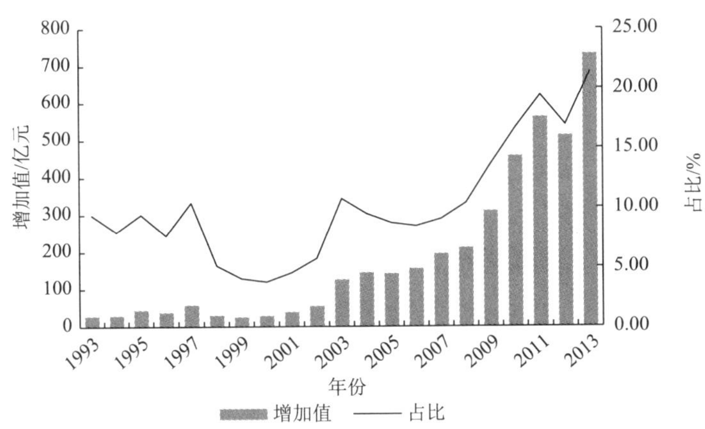

图 5　1993～2013 年北京汽车产业增加值及其占第二产业增加值比重

数据来源：北京市第三次全国经济普查数据

3. 第三产业发展现状

第三产业在北京经济发展中具有决定性作用，2014 年北京第三产业占 GDP 比重达到 77.9%。现代服务业与生产性服务业已经成为北京第三产业的核心力量，2014 年北京现代服务业与生产性服务业增加值占 GDP 比重分别达到 55.4% 和 52.5%（图 6）。

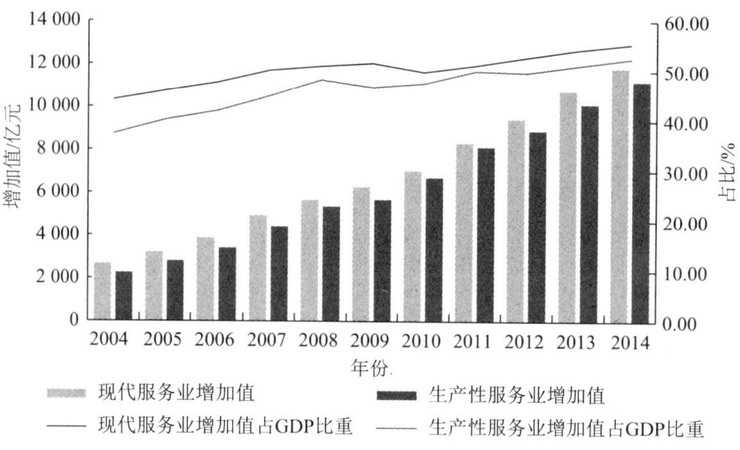

图6　2004～2014年现代服务业和生产性服务业增加值及其占GDP比重

数据来源：《北京统计年鉴2015》

从北京第三产业内部结构来看（表1），金融业，批发和零售业，信息传输、计算机服务和软件业，租赁和商务服务业，科学研究、技术服务和地质勘查业，房地产业，交通运输、仓储和邮政业，教育是北京第三产业的主要支撑产业，2014年这八大产业合计占第三产业比重达86.30%。结合北京第三产业在全国的比较优势情况，选取区位熵为参考标准（即区位熵大于等于1.5的产业），可以看到北京在全国具有专业化优势的行业共有6个（图7），分别为科学研究、技术服务和地质勘查业，信息传输、计算机服务和软件业，金融业，租赁和商务服务业，批发和零售业，文化、体育和娱乐业，下面分别对这六大产业现状进行梳理。

表1　2008～2014年北京各细分产业占第三产业比重　（单位：%）

产业类型	2008年	2009年	2010年	2011年	2012年	2013年	2014年
金融业	18.14	17.44	17.58	17.92	18.60	18.80	20.19
批发和零售业	17.03	16.58	17.81	17.31	16.30	15.80	14.50
信息传输、计算机服务和软件业	11.93	11.60	11.45	12.08	11.90	11.80	12.52
租赁和商务服务业	9.14	8.80	8.99	9.40	9.80	10.30	10.23
科学研究、技术服务和地质勘查业	8.44	8.88	8.88	9.18	9.30	9.60	10.00
房地产业	10.08	11.58	9.49	8.69	9.10	8.94	7.99
交通运输、仓储和邮政业	5.96	6.06	6.72	6.54	5.97	5.90	5.70
教育	4.80	4.84	4.87	4.9	4.99	5.06	5.17

续表

产业类型	2008 年	2009 年	2010 年	2011 年	2012 年	2013 年	2014 年
公共管理和社会组织	4.41	4.56	4.38	4.28	4.13	3.99	3.47
文化、体育和娱乐业	2.95	2.82	2.78	2.75	2.90	3.00	2.83
卫生、社会保障和社会福利业	2.24	2.32	2.40	2.52	2.66	2.78	2.82
合计占第三产业比重	95.12	95.48	95.35	95.57	95.65	95.97	95.42

数据来源：《北京统计年鉴 2015》

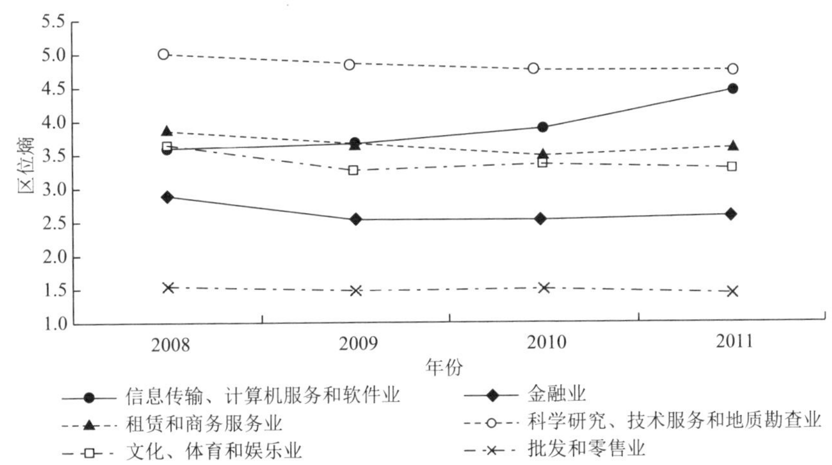

图 7　2008～2011 年具有专业化优势的北京行业区位熵变化[①]
数据来源：《北京统计年鉴 2014》

科学研究、技术服务和地质勘查业是北京第三产业中发展较快的产业，占第三产业比重从 2008 年 8.44%上升到 2014 年的 10.00%（表 1），同时也是北京在全国最具有比较优势的产业之一，2011 年区位熵高达 4.7（图 7）。2014 年北京市上半年全市宏观经济运行情况通报数据显示，2014 年上半年北京科学研究、技术服务和地质勘查业增加值为 838 亿元，增长 9.3%，高于全市 2.1 个百分点，成为拉动全市经济增长的重要力量。北京市第三次全国经济普查数据显示，2013 年末，北京共有科学研究和技术服务业法人单位 71 206 个，从业人员 952 372 人，分别比 2008 年末增长 248.2%和 68.7%，2013 年实现增加值为 1444.3 亿元，是北京现代服务业中增加值排名第 5 的行业，同时也是北京法人单位从业人员数排名第 7 的行业（图 8），发达的科学研究和技术服务业与北京作为全

① 因缺少全国分行业增加值数据，未测算 2012 年之后的区位熵。

国的科技创新中心的定位是相一致的。

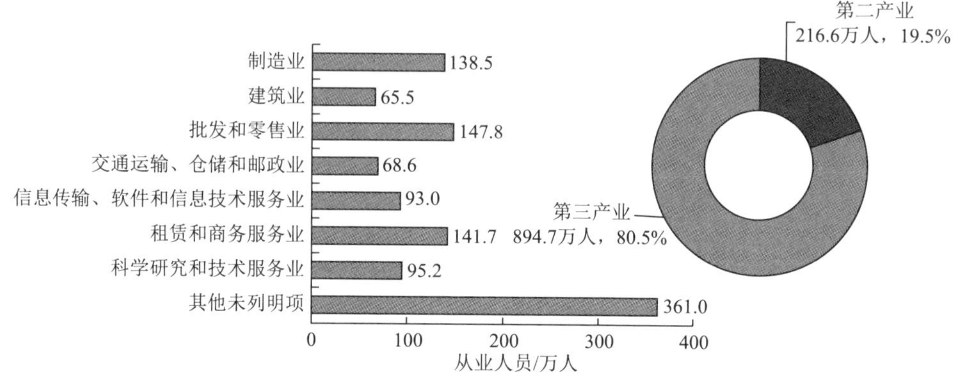

图 8　2013 年北京法人单位从业人员分行业人数对比
数据来源：北京市第三次全国经济普查数据

信息传输、计算机服务和软件业占第三产业比重从 2008 年的 11.93%上升到 2014 年的 12.52%（表 1），尽管期间占比有所波动，但是信息传输、计算机服务和软件业一直处在北京第三产业排名第 3 的位置。此外，2011 年该产业区位熵为 4.44，是北京除科学研究、技术服务和地质勘查业以外，在全国最具比较优势的行业，突出体现出北京在信息服务业方面的优势。北京市第三次全国经济普查数据显示，2013 年末，北京共有信息传输、软件和信息技术服务业法人单位 47 602 个，从业人员 930 016 人，分别比 2008 年末增长 201.7%和 99.4%，2013 年实现增加值为 1749.6 亿元，是北京现代服务业中增加值排名第 3 的行业，仅次于金融业与批发和零售业，同时也是北京法人单位从业人员数排名第 5 的行业。

以金融街为引领的北京金融业近年来一直是北京第三产业中的第一大产业，占第三产业比重从 2008 年的 18.14%上升到 2014 年的 20.19%（表 1），区位熵为 2.58（图 7），在全国具有较大的比较优势。北京市第三次全国经济普查数据显示，2013 年末，北京共有金融业法人单位 3811 个，从业人员 432 821 人，分别比 2008 年末增长 270%和 72.3%，2013 年实现增加值为 2822.1 亿元，是北京现代服务业增加值排名第 1 的行业。

租赁和商务服务业占第三产业比重从 2008 年的 9.14%上升到 2014 年的 10.23%（表 1），一直是北京的传统优势行业，2011 年区位熵为 3.60，在北京的优势行业中排名第 3。北京市第三次全国经济普查数据显示，2013 年末，北京共有租赁和商务服务业法人单位 134 926 个，从业人员 1 417 321 人，分别比

2008 年末增长 199.8%和 51.5%，实现增加值 1536.6 亿元，是北京法人单位从业人员数排名第 6 的行业，同时也是北京现代服务业增加值排名第 4 的行业。

批发和零售业曾经一直是北京第三产业最主要的组成部分，近两年随着北京非首都功能的疏解，批发和零售业占第三产业比重从 2008 年的 17.03%下降到 2014 年的 14.50%（表 1），在北京第三产业中所处的地位逐步下降。北京市第三次全国经济普查数据显示，2013 年末，全市共有批发和零售业法人单位 190 704 个，从业人员 1 477 745 人，分别比 2008 年末增长 124.2%和 56.6%，年均增长 17.5%和 9.4%，实现增加值 2372.4 亿元，是北京现代服务业增加值排名第 2 的行业，是北京法人单位从业人员数排名第 3 的行业，仅次于制造业与建筑业劳动密集型的产业。近年来，文化、体育和娱乐业占第三产业比重有所波动，2013 年达到 3.00%，到 2014 年有所下降，仅为 2.83%（表 1）。2011 年，北京文化、体育和娱乐业区位熵为 3.29，在全国比较优势突出。北京市第三次全国经济普查数据显示，2013 年末，北京共有文化、体育和娱乐业法人单位 26 784 个，从业人员 275 951 人，分别比 2008 年末增长 263.5%和 48.1%，年均增长 29.4%和 8.2%，实现增加值 445.3 亿元，是北京现代服务业中增加值排名第 10 的产业。

此外，北京市第三次全国经济普查数据显示，作为战略性新兴服务业的新一代信息技术服务业、节能环保服务业、新能源服务业、生物医药服务业、高端装备制造服务业、新材料服务业、新能源汽车服务业发展迅速，2013 年战略性新兴服务业的营业收入为 6606.3 亿元，其中新一代信息技术服务业、节能环保服务业、新能源服务业分别占据了营业收入的 61%、16%、10%（图 9）。

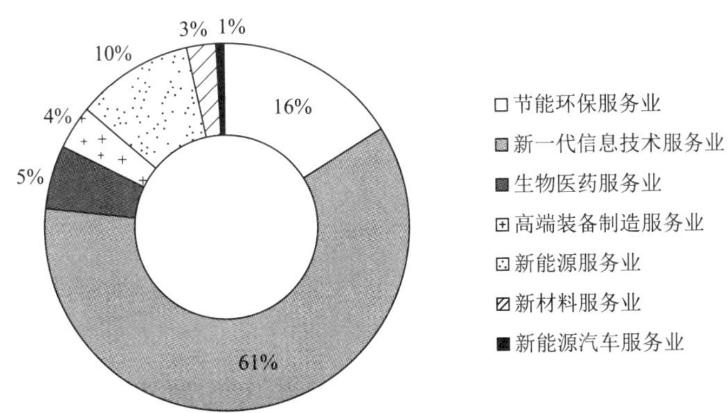

图 9　战略性新兴服务业营业收入构成情况

数据来源：北京市第三次全国经济普查数据

在产业空间集聚上，北京已经形成了中关村国家自主创新示范区、金融街、北京商务中心区、北京经济技术开发区、临空经济区、奥林匹克中心区六大高端产业功能区（简称“六高”）为核心的空间发展格局，“六高”已经成为北京高端产业发展的引领区，在北京经济发展中所占据的位置越来越重要，北京市第三次全国经济普查数据显示，“六高”以全市 10%的法人单位，创造了全市 30%以上的收入和利润。2013 年，“六高”共有第二、第三产业法人单位 6.3 万个，比 2008 年末增加 2.8 万个；从业人员 322.8 万人，比 2008 年末增加 140.0 万人；实现收入 53 034.3 亿元、利润 7143.1 亿元，这将为北京下一步产业创新集群的培育奠定良好的基础。

二、首都产业发展面临的问题

步入 21 世纪以来，首都产业已经逐步向更为合理化、高端化，更符合首都功能定位的方向发展，但是距离全国科技创新中心建设的要求，以及与国际公认的科技创新核心城市伦敦、纽约、东京相比仍存在一定的差距，主要集中体现在三次产业总体结构和产业内部结构仍需要进一步优化，产业总体技术水平仍需要进一步提升，科技创新成果产业化水平不高，产业创新集群尚未完全形成等[3]。

1. 产业总体结构仍需优化

伦敦、纽约、东京是目前世界公认的三个全球科技创新中心，在全球科技创新城市网络体系中处于核心节点位置。近年来，北京与这些全球科技创新中心城市的差距在逐步缩小，但是与大伦敦、东京都市圈相比较，在三次产业结构优化方面仍存在一定的差距（表 2 和图 10）。大伦敦和东京都市圈已基本完成从工业经济向知识经济转型的产业结构调整，两大世界城市的第一产业比重基本稳定在 0.31%以下；第二产业比重则表现为持续下降，其中，2007 年东京都市圈第二产业比重下降到 18.25%，大伦敦第二产业比重则下降到仅 10.15%；第三产业比重仍保持缓慢增长，其中，2007 年东京都市圈第三产业比重达到 81.48%，大伦敦第三产业比重则高达 89.80%，已接近 90%。总体来看，两大世界城市的产业结构已趋于稳定，但仍然进行缓慢调整。相比之下，2014 年北京第一产业比重已降至 0.7%，但与大伦敦、东京都市圈相比仍略高；而第二产业比重相比于两大世界城市已经在20%以下来讲，北京的二次产业比重仍较高；2014年北京第三产业比重为77.9%，尽管服务业所占比重已经相当高，但是较纽约、伦敦的服务业占GDP比重均超过85%而言，北京第三产业比重则相对较低，仍落后于大伦敦和东京都市圈。因此，北京的产业结构尽管已经向成熟的全球科技创新中心城市的产业结构方向发展，但仍需要重点发展第三产业，尤其是提升现代服务业在总体产业中的地位和作用，积极利用技术改造传统产业，促进新技术与制造业结合，降低制造业的资源依赖，更加追求制造业的高端品质化发展，实现产业总体结构的优化升级。

表2 1996～2007年大伦敦、东京都市圈及北京的产业结构对比 （单位：%）

年份	第一产业			第二产业			第三产业		
	大伦敦	东京都市圈	北京	大伦敦	东京都市圈	北京	大伦敦	东京都市圈	北京
1996	0.11	—	4.19	15.39	—	39.94	84.50	—	55.87
1997	0.09	—	3.65	14.91	—	37.67	85.00	—	58.68
1998	0.08	—	3.23	14.30	—	35.38	85.62	—	61.40
1999	0.08	—	2.88	13.77	—	33.89	86.15	—	63.23
2000	0.08	—	2.49	13.45	—	32.69	86.47	—	64.83
2001	0.07	—	2.18	12.89	—	30.79	87.04	—	67.04
2002	0.06	—	1.94	11.88	—	28.87	88.06	—	69.19
2003	0.05	0.31	1.79	11.14	19.56	29.60	88.81	80.13	68.61
2004	0.05	—	1.58	10.81	—	30.59	89.13	—	67.84
2005	0.05	0.29	1.42	10.61	18.69	29.43	89.34	81.02	69.15
2006	0.05	0.28	1.13	10.47	18.45	27.88	89.48	81.28	70.99
2007	0.05	0.27	1.08	10.15	18.25	26.83	89.80	81.48	72.09

数据来源：英国国家统计局网站（大伦敦，https://webarchive.nationalarchives.gov.uk/20160107145050/http://www.ons.gov.uk/ons/datasets-and-tables/index.html）；日本官方统计网（东京都市圈，https://www.e-stat.go.jp/regional-statistics/ssdsview/）

注：其中伦敦无GDP数据，采用GVA数据，GVA=GDP–生产税收–生产补贴

2. 产业内部结构仍需进一步高端化

现代制造业已经成为北京第二产业的主导产业，其中高技术产业正逐步成为第二产业中的优势行业，但是总体来看，作为全国科技创新中心城市，北京高技术产业所占比重仍然偏低（图10），总体产业占比不足10%，不足以支撑北京全国科技创新中心的建设要求，未来应进一步加大高技术产业在首都产业

体系中的地位与作用。

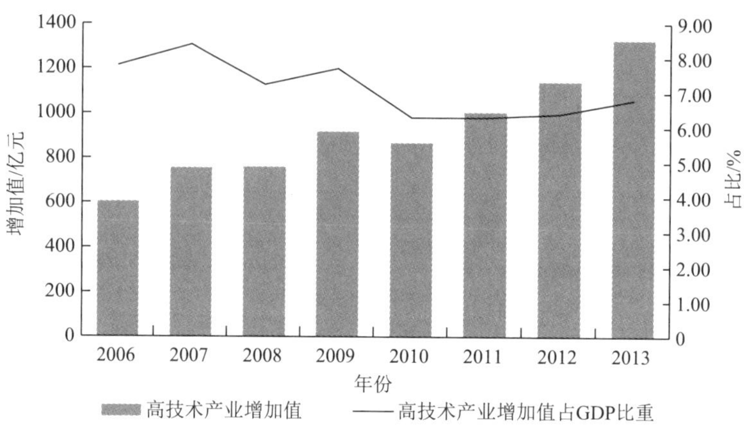

图 10　2006～2013 年北京高技术产业增加值及其占 GDP 比重

数据来源：根据北京市 2006～2013 年国民经济和社会发展统计公报整理

尽管北京现代服务业已经取代传统服务业成为城市的主导产业，但是与纽约、东京、伦敦等全球科技创新中心城市已经发展成熟的现代服务产业体系相比，北京第三产业的内部结构总体不够高端，生产性服务业所占比重和发展水平还十分有限，自主创新能力及应用、服务与支撑能力仍有待提高。从服务业内部结构来看，批发和零售业仍是三次产业增加值的主要贡献者，2013 年批发和零售业占服务业比重为 18.3%，仅次于金融业，远高于信息传输、计算机服务和软件业的 11.7%以及科学研究、技术服务和地质勘查业的 9.6%。因此，未来北京应进一步促进服务业内部产业结构的优化，大力鼓励战略性新兴服务业发展。

3. 经济与产业总体水平与全球科技创新中心城市仍存在差距

北京的经济总量规模与产业总体发展水平在全国均处于领先水平，但是与全球科技创新中心城市相比仍存在较大差距。2012 年，北京的 GDP 总量仅为纽约的 21%，东京的 19%，伦敦的 46%左右[①]。劳动生产率水平既是表征城市总体生产能力发展水平的指标，也代表了城市产业的总体发展水平，与世界发达国家相比，北京劳动生产率仍较低（表 3），2012 年北京劳动生产率约为 16.4 万元/人，仅为美国的 25%，日本的 29%，香港的 39%。《中国现代化报告 2015》

① OECD 数据库（https://stats.oecd.org/）和《北京统计年鉴 2013》。

指出，2010 年中国工业经济水平比德国、英国落后 100 多年，比日本落后 60 多年[4]。这足以表明在总体技术水平上，我国还处于较为落后的水平，北京作为全国科技创新中心，在未来产业调整中，一定要将产业高端化作为调整的核心，这既是北京城市产业发展的需求，也是北京对于创新型国家和制造强国建设所担负的责任。

表 3　2012 年北京与发达国家劳动生产率对比

项目		劳动生产率/（万元/人）
国内主要城市	北京	16.4
	香港	42.3
世界主要发达国家	德国	50.8
	日本	57.5
	法国	54.6
	美国	64.5
	英国	48.1

数据来源：《中国统计年鉴 2013》、《北京统计年鉴 2013》、世界银行数据库（https://data.worldbank.org.cn/）

4. 现代制造业技术含量水平不足，高技术产业优势有待进一步发挥

现代制造业与高技术产业是北京近年来发展较快的行业，除 2008 年和 2009 年以外，增长速度一直远高于北京产业平均增长水平（图 11），然而与发达国家的产业技术含量相比，北京现代制造业与高技术产业的技术含量却明显不足，通过与经济合作与发展组织（OECD）国家的产业技术密集度①进行对比可以看出，根据 OECD②的划分标准，凡技术密集度达到 10%以上的为高技术产业；在 3%～10%的为中高技术产业；在 1%～3%的为中低技术产业；在 1%以下的为低技术产业。而北京 2013 年高技术制造业与现代制造业的技术密集度分别为 8.6%与 4.2%，仅属于 OECD 的中高技术产业，可见在产业技术水平上，北京仍存在较大的提升空间。

① 产业技术密集度是指 R&D 经费支出占产业总产值、增加值或发货额等的比重。

② 这里取 OECD1999 年标准，产业技术密集度取 R&D 经费支出占产业总产值比重，我国与 OECD 制造业分类存在一定的差别，因此，在部分产业对照上可能存在一定的差异。2001 年，OECD 将高技术产业划分为 5 类，分别为航空航天制造业、计算机及办公设备制造业、电子及通信设备制造业、医药制造业、专用科学仪器设备制造业。

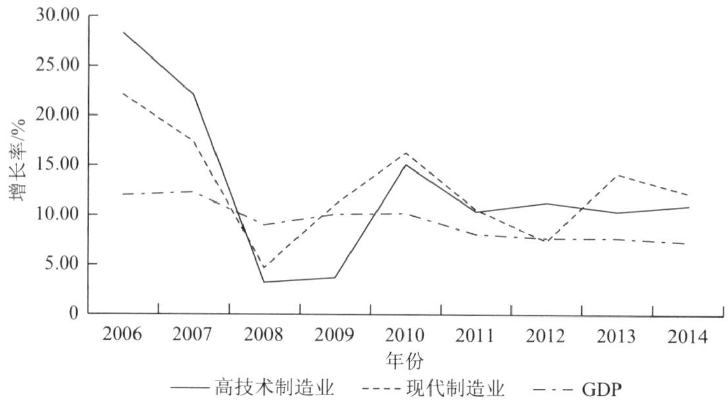

图 11 2006～2014 年高技术制造业、现代制造业与 GDP 增长率变化

数据来源：根据北京市 2006～2014 年国民经济和社会发展统计公报整理

此外，在北京高技术产业发展中，并不是所有的高技术制造业都在全国具有行业比较优势（表 4）。据测算，北京高技术制造业中的医药制造业，航空、航天器及设备制造业，医疗仪器设备及仪器仪表制造业在全国具有较大的比较优势，而本应作为北京产业强项的计算机及办公设备制造业和电子及通信设备制造业并没有表现出十分明显的行业优势，这要求北京在未来产业调整中应在继续保持提升现有优势产业的基础上，加大投入力度，尽快将北京在计算机及办公设备制造业和电子及通信设备制造业的智力资源优势发挥出来，提升其在全国行业中的比较优势。

表 4 2013 年北京高技术制造业的区位熵

产业名称	区位熵
医药制造业	1.64
航空、航天器及设备制造业	3.33
电子及通信设备制造业	0.59
计算机及办公设备制造业	0.85
医疗仪器设备及仪器仪表制造业	2.10

数据来源：北京市第三次全国经济普查数据、《中国高新技术产业统计年鉴 2014》

5. 科技创新成果产业化水平不高，创新产业集群有待培育

北京是全国科技创新资源汇聚的高地。2012 年北京拥有研发机构 379 所，比上海多 243 所，约占京津冀区域科研与开发机构总数的 73.88%，占全国的

10.32%。其中，中国科学院约 50%的科研院所、1/3 的国家重点实验室和工程中心落户北京。同时，北京拥有高等院校 89 所，比上海多 22 所，约占全国的 3.64%，汇集了全国 1/4 以上的著名高等院校。北京科技创新成果比较丰富，国外主要检索工具收录的科技论文数和专利申请授权量以及技术成交额在全国均居前列。2012 年北京被三大检索系统（SCI、EI、ISTP）收录的科技论文数达到 112 949 篇，远高于上海的 71 343 篇，占全国的 1/10，位居全国第 1。与科技论文数相似，2012 年，在技术成交额方面北京达到 2459 亿元，占全国的 38.20%，是上海的 1.74 倍[①]。

尽管北京集中了大量的科技人才、资本、技术、产权等创新要素，总体上科研成果丰硕，专利授权等也在全国占有相当大的份额，但科技成果主要流向京津冀区域以外。例如，2013 年北京技术流向京津冀区域的技术合同为 58 668 项，比长三角地区少 13 509 项，对周边地区技术转移及支撑产业发展的能力不强。同时，北京对试验发展的投入较基础研究和应用研究而言显示出了一定的不足。在产学研互动方面，北京高等院校与企业合作情况仍不够紧密。北京高等院校的科技经费主要来源于政府，而作为技术创新主体的企业支持的 R&D 经费相对较少，2012 年北京高等院校 R&D 经费中企业资金比重为 27.61%，低于全国 33.37%的平均水平和上海 31.45%的平均水平[①]。究其原因，首先是京津冀区域内部技术承接能力不强；其次，科技创新投入的大部分资源投入到基础研究和应用研究环节，未能很好地支持试验发展使科研成果转化为实际产品，北京需要科技金融创新来支持产业的转移与成果转化；最后，北京目前的产学研合作不够紧密。科技创新中心应更加全面地覆盖创新链的各个环节，同时具有自我完善、自我强化、自我更新升级的能力。然而，尽管北京的科技创新产业在京津冀区域已初步形成了产业梯度，但在创新链、产业链、功能链等方面的合作融合仍不够充分，科技创新资源对周边地区的技术转移及支撑产业发展的能力不足，辐射能力依然有限。这是由于北京所处的京津冀区域内部有创新能力的产业链条及产业集群不多，在现代服务业、先进制造业等产业的产业链延伸方面还比较欠缺。虽然部分产业已经嵌入国际产业供应链，但尚未形成具有自主创新能力的，以本地企业为核心建立起来的区域完整产业链及创新链，尚未形成规模化的具有国际竞争力的产业创新集群。

---

①《中国科技统计年鉴 2013》。

三、首都产业结构调整的总体思路、基本原则与重点方向

1. 首都产业结构调整的总体思路

主动把握和积极适应经济发展“新常态”，坚持首都城市战略定位，牢牢把握北京建设科技创新中心的历史机遇，紧密围绕产业发展的高端化、服务化、集聚化、融合化、低碳化，着力以技术创新引领产业转型升级、高端发展。率先形成“北京创造”和“北京服务”的城市品牌。以科技创新作为推动产业发展的重要支撑，将高技术产业和现代服务业作为双引擎，重点发展原创性战略新兴产业，进一步优化产业结构，提高自主创新能力，营造良好的产业发展和区域创新环境，促进产业空间融合发展，形成集群化、网络化产业空间格局。进一步集聚和高效利用科技创新资源，拓展技术发展深度，针对技术特性，建立关键点式的新产业培育机制，发挥区域优势，提高科技成果转化率，打造创新产业链与创新集群，促进创新对产业的支撑和带动作用，重点发展以新一代信息技术、生物医药、新材料、新能源、高端装备制造等为代表的战略性新兴产业，壮大发展科技服务业，推动金融服务业等生产性服务业的再提升，从而形成利用现代科技手段，开展提升生产、生活价值和品质的创新活动，促进北京科技与产业发展更为紧密的融合，提升产业核心竞争力和城市品质，相应地落实不同空间尺度的科技创新链条，形成“高精尖”产业集聚，最终实现经济转型升级与绿色低碳发展的“双赢”。

2. 首都产业结构调整的基本原则

1）进一步破除“大而全”的产业发展思路，走“高精尖”产业发展之路

城市应该发展什么样的产业，是否一定要产业门类“大而全”，这与城市的功能定位以及城市本身的资源禀赋息息相关。目前，北京城市“四个中心”的功能定位以及所面临的“大城市病”问题都要求北京的产业布局和发展应与城市战略定位相适应，做到“瘦身健体”，即调整疏解非首都功能，转移腾退不符合城市战略定位的产业，构建“高精尖”经济结构，形成高端引领、创新驱动、绿色低碳的产业发展模式。

北京已经进入后工业化发展阶段，产业发展已经呈现出知识经济主导型的特点，主要表现为知识集约化和经济服务化。北京三次产业占 GDP 比重为 77.9%，为纽约、东京、伦敦等全球科技创新中心城市的 85%以上，还有较大

的提升空间。北京高技术产业占 GDP 比重一直徘徊在 10%以下，2013 年高技术产业占 GDP 比重为 6.8%，远低于批发和零售业的 12.2%①，这与北京建设全国科技创新中心地位是不相符的。因此，无论从产业总体结构来看，还是从发展水平来看，北京产业仍需要进一步向高端化迈进，进一步提升高技术产业和现代服务业在总体产业中的地位与作用，用创新提升改造传统产业，提升传统产业的技术含量，促进产业向产业链的高端发展，促进企业向价值链的高端集中。随着高技术产业的发展，高技术产业将会为现代服务业，尤其是生产性服务业提供较大的市场需求，带动生产性服务业的迅速发展。因此，未来北京在促进高技术产业高端化发展的同时，应着力发展包括科技服务业、金融服务业、信息服务业、高端商务服务业在内的生产性服务业，提升服务业的品质和专业性，逐步转移和淘汰与首都功能定位不符的低端服务业。

此外，随着经济发展与人口、资源、环境之间的矛盾日益尖锐，破解“大城市病”，改变产业结构“大而全”，腾退“三高”产业成为北京产业转型升级所面临的重要挑战，产业发展的低碳化与产业发展的高端化、服务化相结合是缓解这一问题的根本途径。因此，北京在产业升级调整过程中，应积极鼓励发展低碳产业，促进节能环保产业、新能源与新材料等行业的大力发展。

2）进一步融合创新链与产业链，走融合创新发展之路

北京建设全国科技创新中心肩负着引领创新型国家建设的重任，理应成为我国自主创新的策源地，知识创新与技术创新的发动机，为实现创新型国家建设和《中国制造 2025》目标提供有力支撑。但是目前北京仍面临高技术不高、产业技术含量不足的问题，这是因为科技创新能力并没有真正转化为高技术产业创新能力和国际竞争力。科技创新应是许多创新要素有机结合、复合型创新链和产业链共同构建的体系，既要适应知识与技术创新的需求，又要适应市场、体制、机制和管理等方面的创新需求。从创新链角度来看，科技创新中心是科学发明、研发/设计、生产制造、市场营销等各类创新活动在有限的地理空间中的长期聚集，并产生巨大的辐射力和影响力[5]。尽管北京是我国科技创新资源最为集聚的区域，但是在基础研究、应用研究、试验与发展、产品（服务）生产，乃至营销的各个创新环节并未建立起完整完善的创新链条，尤其在创新链的后端环节更加薄弱。此外，也有学者[6]指出，高技术部件与其最终产品在生产环节中的分离，是导致我国高技术不高的主要原因。由于高技术产品具有核

①《北京市 2013 年国民经济和社会发展统计公报》。

心功能集成化与整体功能模块化的特点，新国际分工使发达国家从事高创新率、高附加值和高进入壁垒的核心部件生产，发展中国家从事惯例化的、低附加值和几乎没有进入壁垒的劳动密集型生产环节。这归根结底是缺乏拥有自主创新的核心技术以及相配套的创新产业链。因此，北京应充分发挥科技创新主体的作用，不断提高自主创新能力，发展原创性新兴产业，不盲目追求创新链与产业链的规模扩张，而要面向产品创造，在创新链的关键点与制高点的重要领域环节有重大突破，构建跨界融合的新兴产业。同时，积极发展“互联网+”经济模式，充分促进科技成果产业化和新技术、新产品的推广应用[7]。

3）进一步跳出首都看首都，走京津冀区域创新产业协同发展之路

经验表明，科技创新中心的建设应在比较大的空间内进行统筹谋划，需要具有规模范围的地域空间载体，以不断实现科技产业的成长和发展。产业创新集群的产生既是生成科技地域密集系统的变化过程，也是科技的地域选择和落实、空间调整和提高的过程。纵观全球科技创新中心城市，从产业的内容与布局形式两个维度可以将全球科技创新中心城市分为以下四种类型：综合型+集中型、综合型+分散型、专业型+集中型、专业型+分散型。其中，综合型+分散型的代表性城市为伦敦、东京。伦敦、东京与北京一样同为首都，又同为国家科技创新中心，发展都依托更为广大的首都区域，因此综合型+分散型的发展模式也是北京未来科技中心建设的目标与方向。北京建设科技创新中心，并不是简单的科技和创造，而是涉及包括科技成果应用在内的各个方面和各个环节，是一条涵盖了发明、发展、应用的完整链条。同时，在产业模式上不仅有基础研究，还有创新高技术研发，以及承接了企业研发总部基地的重任。因此，在产业内容模式上应当建成综合型的科技创新中心，即产业的内容是多元化多样性的，不是某种单一的产业门类，而是综合型的产业门类；同时，就产业的空间布局而言，建设北京科技创新中心应在京津冀科技创新的空间格局框架下展开，应跳出北京，在整个京津冀区域进行产业创新集群的发展与统筹。天津滨海新区现代制造和研发成果转化核心区、京津高新技术产业创新带、沿海现代工业技术创新示范带、环京津绿色发展创新创业带等均是共同发展承接北京科技创新成果、创新产业外溢的重要区域。

随着《京津冀协同发展规划纲要》的获批，京津冀区域的发展将迎来难得的历史机遇，京津冀协同发展战略的核心是有序疏解北京非首都功能，调整首都经济结构和空间结构，走出一条内涵集约发展的新路，探索出一种人口经济密集地区优化开发的模式，促进区域协调发展，形成新增长极。国家战略层面

的助推，更有利于北京加快建设成为京津冀区域科技创新的统领区。在建设过程中，北京应立足京津冀区域，以北京为科技创新中心，以点带线，打造涵盖发明、发展、应用的完整的创新产业链条，完善创新产业链各个环节建设和商业模式的创新，积极推动科技创新成果应用在各个方面和各个环节，通过极点的辐射和带动作用。利用技术扩散改造提升周边区域传统产业，最终把京津冀区域建成以北京为创新核心，“研发在北京，转化在周边”的具有国际竞争力的产业创新集群集合。

3. 首都产业结构调整的重点方向

当前世界处在新一轮科技革命和产业变革交替的历史机遇期，新一代信息技术与制造业、服务业深度融合，正在引发影响深远的产业变革，新的生产方式、产业形态、商业模式和经济增长点正在形成，而我国也适时提出制造强国战略。北京应积极把握这一契机，结合北京建设全国科技创新中心，进一步强化北京在知识创新中的源头作用，促进产业向价值链的高端环节发展，加快全球创新要素与高端服务要素集聚，做大做强知识经济，积极将产业向高端化、服务化、集聚化、融合化、低碳化方向调整。

未来北京应进一步促进第一、第二、第三产业结构的优化调整，适度提升第三产业在三次产业结构中的比重；促进第一产业与现代技术的融合，着力提升第一产业的发展品质；重点推进第二产业结构优化升级，着力促进新一代信息技术、生物医药产业、新能源汽车等工业战略性新兴产业的发展；全力优化三次产业内部结构，提升生产性服务业发展水平，着力发展互联网和信息服务业、科技服务业，优化提升金融服务业、文化创意产业，稳步推进高端商务服务业的发展。在空间上，北京应立足六大高端功能聚集区、四大高端产业新区[①]，即与京津冀区域，积极统筹北京与周边区域产业发展的阶段特点和产业优势，延伸打造完善完整的创新产业链条，推动创新成果在天津和河北产业化，带动天津制造业-服务业融合发展、河北制造业转型升级。

1）积极发展现代都市型农业

随着首都产业结构的调整，未来首都第一产业的经济作用仍将弱化，在三次产业中所占比重将会逐步降低。未来北京应在保证首都农产品应急供应保障

---

① 四大高端产业新区：通州高端商务服务区、新首钢高端产业综合服务区、丽泽金融商务区、怀柔文化科技高端产业新区。来源于《北京市“十二五”时期现代产业建设发展规划》。

能力的前提下，以科技自主创新为引领，大力发展生产、生活、生态三生合一的现代都市型农业。以国家现代农业科技城（简称农科城）建设为契机，围绕农科城建设，聚焦农业高端研发，加大农业科技自主创新的研发投入，与京津冀区域以及其他省市国家农业科技园区联合打造研发、成果转化到产业化的农业创新产业链，着力推动北京昌平国家农业科技园区、北京顺义国家农业科技园区、河北三河国家农业科技园区、天津滨海国家农业科技园区、天津津南国家农业科技园区等京津冀区域农业科技园区在研发成果上的互联以及产业链的承接。围绕农业科技创新和涉农龙头企业发展的需求，积极创新服务模式，促进资本、技术、人才、信息等现代都市型农业服务要素的聚集，形成“高端研发、品牌服务和营销管理在京，生产加工在外”的发展模式。

2）着力发展工业战略性新兴产业

（1）巩固提升新一代信息技术产业[①]。

在巩固北京在新一代信息技术产业方面优势的基础上，进一步提升新一代信息技术产业的品质，提高产业总体技术水平和效率以及在首都产业体系中的份额。重点围绕新一代移动通信技术，积极推进下一代互联网、物联网、三网融合、新型平板显示、高性能集成电路和云计算等核心技术的发展，推动相关移动通信、集成电路、数字电视、计算机产业等产业的快速发展，加速形成新业态。重点突破第五代移动通信（5G）技术、核心路由交换技术、超高速大容量智能光传输技术、“未来网络”核心技术和体系架构等的发展。集成电路产业应与国家重大科技专项对接，大力推进自主知识产权的高端通用芯片研发，进一步缩小与世界先进水平的差距，提高其在世界集成电路生产制造中的份额。以北京数字电视产业园为核心基地，以京东方为龙头企业，与数字电视工程国家实验室建立产业联盟，突破高世代 TFT-LCD 工艺关键技术，提升生产线技术整合能力，加大液晶和 LED 背光等关键材料、部件的自主开发力度，不断促进液晶电视向 3D 化、智能化升级，提升本地产业配套能力，建设高水平的平板显示制造体系，推动新型显示技术在京实现升级发展。创新服务和商业模式，加快形成标准、芯片、软件、节目制作、信号处理、前端设备、发射与接收、增值服务互动发展的产业链。计算机产业可以从新型计算机产品和下一代互联网关键技术等着手，加快高端容错、工业控制和高性能计算机研制进程，推动

① 新一代信息技术产业既包括制造业也包括服务业，这里主要是针对新一代信息技术产业中的制造业发展与调整进行讨论，而服务业相关内容则放到生产性服务业部分进行讨论。

特种计算机产品在交通、商业、金融、财税等领域的应用。研发下一代互联网关键技术，加快推进远程医疗、远程教育、电子商务、网络电视等新兴业态的发展。加快推动自主 CPU 产品与自主操作系统、自主品牌整机结合，推进平板电脑等新型终端产品的生产。

（2）夯实壮大生物医药产业。

未来北京应更加立足于其在医药研发、医疗器械与设备研发制造、人才与市场等方面的优势，继续壮大发展北京生物医药产业，提高医药制造业、医疗仪器设备及仪器仪表制造业以及生物医药服务业在首都产业体系中的份额。以北京生物医药产业跨越发展工程（简称 G20 工程①）为核心，紧紧把握国际生物医药发展的先进技术前沿，继续加大研发投入力度，搭建高品质公共服务平台，积极引进与培育生物医药创新型人才，促进生物医药、医疗器械与设备研发创新成果的孵化和产业化，提高创新能力和产业化水平，重点发展针对重大疾病的化学药物、中药、生物技术药物新产品，以及医疗影像设备、医用机器人等高性能诊疗设备，实现生物 3D 打印、诱导多能干细胞等新技术的突破和应用。鼓励促进健康产业的发展。培育一批医药产业龙头企业，提高产品的市场占有率，重点推动拜耳医药保健新工厂、北京四环制药通州产业化基地等医药产业化基地的重大项目建设[8]。立足京津冀区域，积极与石家庄等医药强市，以及中医药种植区域进行生物医药创新产业对接，尤其要发挥石家庄国家生物产业基地的优势，强强联合，打造京津冀区域生物医药产业创新集群。

（3）重点培育新材料与新能源产业。

新材料与新能源、信息技术、生物技术被公认为是 21 世纪最主要的高新技术，世界科技发展的历史表明，材料技术与能源技术的每一次重大突破都会带来生产与制造技术的重大变革。北京应把握其在新材料与新能源产业的研发优势和人才优势，重点培育引导新材料与新能源产业的发展，提升其在首都产业体系中的份额。

在新材料产业方面，北京应积极依托北京纳米科技产业园、北京石化新材料科技产业基地和中关村永丰国家新材料高新技术产业化基地，以高端纳米材料、分子材料、特种金属功能材料等为发展重点，完善新材料产业创新链条，积极推动超导材料、纳米材料、石墨烯、生物基材料等前沿性战略材料在能源、电子、环境、生物医药等领域的应用[9, 10]。

---

① G20 工程于 2010 年 4 月 23 日由北京市政府启动，是北京促进生物医药产业跨越式发展的重大举措。

在新能源产业方面，北京应在现有《北京市新能源产业专项规划（2013—2015）》[11]的基础上，结合城市发展需求，重点推动太阳能、地热能、核能、风能、智能电网五大领域新能源产业的发展。围绕昌平国家新能源示范城市建设，推动新能源的技术研发与服务，做强延庆新能源产业基地和平谷绿能产业基地，推动海淀分布式光伏集中应用示范区、通州光机电一体化产业基地、亦庄风电产业园等一批新能源产业集聚区的建设。以新能源汽车产业发展为重点突破口，加强关键技术研发及核心装备研制，增强示范应用效果，推动自主品牌新能源汽车同国际先进水平接轨。加强与京津冀区域内新能源产业发展具有优势和基础的省市联合，重点与保定新能源产业基地对接，建立京津冀区域性新能源产业创新集群。

（4）重点优化高端装备制造业。

高端装备制造产业既包括传统制造业的高端部分，也包括新兴产业的高端部分，是战略性新兴产业的重要引擎之一。北京应积极跟进研究国外主要城市再工业化、工业 4.0 等产业发展的具体实施路径、策略，重点关注信息技术深度应用可能带来的制造技术、系统、模式、业态的新发展，从法律、政策、法规等方面做好顶层设计和保障。立足自身的研发与人才优势，积极把握高端装备制造业的研发及应用的高端环节，积极推进北京高端数控装备产业技术跨越发展工程（简称精机工程①），重点优化提升高端数控设备制造、航空航天器研发与制造等北京高端装备制造业中的优势行业。利用互联网转型，尝试开展互联网设计、柔性制造、网络协同制造、工业云的深入渗透。推动制造业服务化，由单纯的产品制造向服务制造转变。鼓励个性化定制，通过以用户为中心的产品设计，大数据为基础的市场分析，由规模化标准产品向个性化定制产品延展。以用户需求为导向，积极发展研发试制无人机等高端环节，推动卫星通信技术、卫星遥感技术、卫星导航技术的产业化，促进军民两用。不断拓展北京在高端装备制造业新领域中的地位，稳步提升北京高端装备制造产业在制造业中的份额。与天津滨海新区、廊坊统筹合作，整合创新产业链条，重点打造航空航天制造、电子及通信设备制造、新能源智能汽车制造等产业创新集群。设立智能制造产业投资基金，对符合智能制造发展需求的信息技术转化项目提供支持，加快技术成果的产业化步伐。完善政府对促进工业转型升级的智能制造应用工程和技术改造项目的采购与补贴制度。优化中小企业发展环境，为企业和个人

① 精机工程于2011年11月6日由北京市政府启动，是北京促进高端数控装备产业跨越式发展的重大举措。

的创新发展营造良好的产业环境与氛围。

（5）积极培育节能环保产业。

节能环保产业是国家加快培育和发展的 7 个战略性新兴产业之一，北京是全国节能环保产业较为发达的地区之一，2011 年，北京节能环保领域的企事业单位数量超过 2000 家，从业人数超过 5 万人，主营业务收入约 1800 亿元，约占全国节能环保产业产值规模的 10%[①]。随着北京“大城市病”问题的日益严重，以大气污染防治、节水与水资源保护、垃圾处理和资源化利用、生态环境治理等为重点领域的节能环保产业发展的需求将增大，产业将迎来高速发展期，未来北京应积极将节能环保产业培育为北京产业发展的新增长极。

目前，北京的环保产业还处于起步阶段，产值较低，劳动生产率也低于北京平均劳动生产率。因此，未来北京应壮大产业规模，提升产业效率，对传统制造业进行绿色改造，重点推动石化、汽车、电子信息以及食品饮料企业的生态化设计与技术改造，重点推动大气污染成因与预警预报研究、重点污染源防治技术、节能技术、清洁能源技术、环境检测技术等的创新与推广应用，争取突破一批关键技术，培育一批龙头企业。联合大专院所、行业协会与核心企业编制相关的行业标准，建立节能环保标准体系，引导发挥大型企业的辐射带动作用，积极推动节能环保技术的产业化，完善相应的法律法规体系[12, 13]。

3）全力发展生产性服务业

生产性服务业是新技术的重要应用领域，高技术的发展更为知识密集型生产性服务业的发展提供了新动力，新技术与服务业的融合是生产性服务业创新能力的重要来源，北京在未来生产性服务业调整过程中，应秉持在科学技术服务、金融服务、互联网和信息服务、高端商务服务等重点领域的比较优势，依托《北京市服务业扩大开放综合试点总体方案》的政策优势，创新生产性服务业发展模式，打造立足区域、服务全国、辐射世界的“北京服务”城市品牌。

（1）壮大发展科技服务业。

科技服务业是生产性服务业的重要组成部分，对科技创新和产业发展具有重要的支撑力，是推动产业结构优化升级的关键产业。作为全国科技创新中心，北京科技服务业发展应进一步壮大与发展，提高在三次产业中的份额，强化在首都产业体系中的重要地位与作用。北京应以中关村国家自主创新示范区为核心，发挥在京大专院所、科研机构等创新资源富集的优势，积极培育和壮大科

① 《北京市节能环保产业发展规划（2013—2015 年）》。

技服务市场主体，主要包括支持高等院校、科研院所、研发类企业、市场化新型研发组织、研发中介、科技中介等，面向市场提供专业化的研发服务和科技成果转化服务等，支持产业联盟开展协同创新，搭建平台，推动产业技术研发机构面向产业集群开展共性技术研发等。创新服务模式和商业模式，以市场化方式整合现有科技服务资源，建立多层次技术交易市场体系，鼓励技术转移机构创新，为企业提供跨领域、跨区域、全过程的技术转移集成服务。进一步放宽科技中介服务机构市场准入条件，加强分类指导，规范运行机制。加大科技服务业人才的培养力度。此外，北京科技服务业的发展要与京津冀区域发展紧密结合，促进京津冀区域科技服务的协同发展，以北京为核心，发挥北京科技研发与技术市场优势，逐步建立与完善京津冀区域科技成果转化和交易信息服务平台，完善信息共享、标准统一的技术交易服务体系[14, 15]。

（2）优化提升金融服务业。

北京金融服务业在全国具有较大的比较优势，北京应进一步优化提升金融服务业发展水平，适度提高其在三次产业中的份额。未来北京金融服务业的发展应继续立足金融街、丽泽金融商务区打造“北京高端金融服务”的城市品牌。提高国际化水平，为外资金融机构设立外资银行、民营资本与外资金融机构共同设立中外合资银行提供可能的便利条件，支持有实力的金融机构通过设立境外分支机构、并购等多种渠道开展境外业务，适时引导证券等金融机构到境外开展国际业务。鼓励金融领域的创新，尤其是金融服务、金融产品的创新，丰富金融市场层次和品种。拓宽金融资金的融资渠道，鼓励符合条件的民间资本和外资进入金融服务领域。积极吸引金融服务业高端人才，培养专门化人才，为北京金融服务业的发展提供人才保障。

此外，北京科技创新中心的发展需要科技金融为其提供高水平的支撑，因此，北京应积极把握中关村“1+6”系列政策所带来的改革机遇期，促进科技与金融的深度融合，提高北京科技金融发展水平，完善多层次资本市场，促进科技成果转化和产业化，促进创新创业。加大对新一代信息技术、高端装备制造、新材料、新能源、生物医药等重点创新领域的支持力度。加大科技金融投资力度，研究设立科技成果转化引导基金，促进建立首都科技创新投融资体系。创新科技金融融资平台，探索利用互联网金融平台服务科技创新。完善投融资担保机制，支持天使投资、创业投资等股权投资对科技企业进行投资和增值服务。加快研究推动中关村科技银行、北京股权交易中心等的建设。

（3）巩固提升互联网和信息服务业。

互联网与信息服务是指在网络环境下，信息机构和行业利用计算机、通信和网络等现代技术从事信息采集、处理、存储、传递和提供利用等一切活动，其目的是给用户提供所需的网络信息数据、产品和快捷的服务，是北京生产性服务业调整发展的重点领域，也是北京在全国的重点优势产业之一。北京应在巩固互联网和信息服务业发展的基础上，进一步提升产业发展的技术含量，促进自身创新以及与其他产业融合创新。重点推动三网融合，推动云计算、物联网、移动互联网、下一代互联网等服务模式和商业模式创新，拓展信息服务产业链，强化与电子制造业、软件产业、集成电路设计等高技术产业的衔接和互动，促进互联网和信息服务业国内外资本合作，鼓励外资进入相关新兴产业，通过合作管理、技术外溢等途径，提高北京互联网与信息服务的国际化水平，积极支持内外合资从事信息技术支持管理、财务结算等国际服务外包业务，推动信息服务外包的高端化、国际化发展，打造全球领先的接包地。同时，还应该注重信息服务业软环境建设，因为互联网与信息服务业需要保持快速发展态势不但要有良好的要素保障（用地、科技、融资、人才等）硬环境，而且需要有开放包容的软环境。因此，要努力为信息经济的发展创造服务最优、成本最低、效率最高的项目建设服务环境。此外，还要进一步优化政务环境，针对目前对传统服务业管制较多和制度缺失并存现象，持续扩大通信领域改革试点，进一步畅通民营资本进入电信等领域的管道，为互联网和信息服务的进一步发展创造宽松的政策环境，宽严相济，加强信息服务业企业信用制度建设，倡导建立“诚实守信”的行业风气。

（4）着力提升文化创意产业。

全国文化中心是北京四大城市功能定位之一，北京应积极发挥全国文化中心的示范作用，充分挖掘利用其在文化方面的优势，秉持其在文化、体育和娱乐服务业方面的比较优势，促进文化创意产业向规模化、集约化、专业化发展，着力提升文化创意产业的发展品质，进一步提高其在首都产业体系中的份额，扩大产业规模，提高产业劳动生产效率，提升产业发展水平。

未来北京应着力推动文化创意产业领域的改革创新，聚焦创新要素，促进体制机制创新，着重推动文化艺术、广播影视、新闻出版三大传统行业优化升级，积极扩大广告会展、艺术品交易、设计服务三大优势行业规模，推动文化与科技、文化与金融、文化与其他产业多元融合发展。以北京 CBD 国际传媒产业集聚区、国家新媒体产业基地、北京出版发行物流中心、中关村创意产业先导基地、中关村科技园区雍和园、惠通时代广场、北京时尚设计广场、DRC 工业设计创意产业基地、798 时尚创意功能区、宋庄原创艺术与卡通产业集聚区、中国乐谷文化创意产业集聚区等为主要空间载体，促进文化创意产业集群发展与创新。积极依托奥运财富，以奥林匹克中心区为空间载体，提升现有体育场馆综合利用水平，积极开展各类体育高端赛事，借助承办 2022 年冬季奥运会的契机，健全政府监管、社会承办、市场运作的办赛模式，引导社会力量参与申办和举办高水平国际体育赛事[16, 17]。

此外，北京应积极探索建立文化科技创新体系，强化文化对信息产业和创意设计的内容支撑；同时，加大现代信息技术在文化创意产业中的应用，提高文创企业的先进技术装备水平和文化产品的科技含量。进一步加大对文化创意高端人才的吸引力度和对文化创意专门化人才的培养力度，为北京文化创意产业的发展做好人才储备。

（5）稳固发展高端商务服务业。

商务服务业是北京的比较优势产业之一，近年来，高端商务服务业逐步在北京发展壮大，北京未来应稳固推进高端商务服务业的发展，重点推动会展、电子商务等产业的发展。全国国际交往中心是北京四大城市功能定位之一，北京作为我国对外交流最重要的窗口，承担了大量国际高端会议和知名品牌展会。根据国际大会与会议协会（ICCA）发布的数据，在 2014 年接待国际会议数量的全球城市排名中，北京排名第 14 位，居中国首位，亚洲第 2，奥运会、APEC 会议成为北京城市服务的新名片[18]。未来，北京商务服务业应在现有基础上，积极稳妥地发展高端商务服务业，继续以“市场化、专业化、规模化、国际化”为导向，借鉴国外先进理念，创新商业服务模式，拓宽商务服务领域，以北京 CBD，奥林匹克中心区、北京雁栖湖国际会展中心等为核心，支持重点商务楼宇发展，推动本土企业在全球范围内提供对外投资、融资管理、工程建设等领域的高端咨询服务。同时，提高中国（北京）国际服务贸易交易会、中国北京国际科技产业博览会等品牌会展的国际化程度，引进国际知名的品牌会展在京落户，培育一批本土高端商务服务品牌，形成功能完善、服务规范、与国际接轨的商务服务体系，大力发展电子商务，营建电子商务产业聚集区，积极建立全球商务服务高层次分工体系，打造全球商务服务网络的重要节点和国际会展之都。全面提升北京电子商务发展水平，完善北京跨境电子商务公共信息平台建设，引导和支持第三方跨境电商平台向国际一流服务商看齐，探索跨境电子商务切实可行的交易模式，促进跨境电子商务协同发展，培育服务水平优良、国际竞争力强的大型现代跨境物流企业。加快传统产业向电商转型升级力度，支持流通业利用电商转型。大力发展北京电子商务中心等电商集聚基地，充分发挥北京市电子商务业集聚优势，带动整合供应链，强化首都电子商务配套服务功能。

<<<参 考 文 献>>>

[1] 李国平, 王立, 孙铁山等. 面向世界城市的北京发展趋势研究[M]. 北京: 科学出版社, 2012.

[2] 北京大学首都发展研究院. 首都发展报告 2015[M]. 北京: 科学出版社.

[3] 李国平, 刘翊, 王婧媛等. 科技创新支撑首都“高精尖”经济结构的架构和发展方向研究[R]. 2015.

[4] 中国科学院中国现代化研究中心. 中国现代化报告 2015: 工业现代化研究[M]. 北京: 北京大学出版社, 2015.

[5] 熊鸿儒. 全球科技创新中心的形成与发展[J], 学习与探索, 2015(9).

[6] 贾根良, 秦升. 中国“高技术不高”悖论的成因与政策建议[J]. 当代经济研究, 2009(5).

[7] 北京市人民政府. 北京技术创新行动计划(2014—2017 年)[Z]. 2014.

[8] 北京市科委生物医药处, 北京生物技术和新医药产业促进中心. 北京生物医药产业 G20 工程 2014 年终盘点[C]. 2015.

[9] 王朝华. 北京新能源发展现状与对策分析[J]. 经济论坛, 2012(9).

[10] 杨晓丽. 北京市新材料产业发展现状及展望[J]. 新材料产业, 2014(1).

[11] 北京市发展和改革委员会. 北京市新能源产业专项规划(2013—2015)[Z]. 2013.

[12] 周艳玲. 北京市环保产业发展的战略选择[J]. 中国环保产业, 2000(3).

[13] 北京市发展和改革委员会, 北京市科学技术委员会, 北京市经济和信息化委员会. 北京市节能环保产业发展规划(2013—2015 年)[Z]. 2013.

[14] 中华人民共和国国务院. 国务院关于加快科技服务业发展的若干意见[Z]. 2014.

[15] 北京市人民政府. 北京市人民政府关于加快首都科技服务业发展的实施意见(京政发〔2015〕25 号)[Z]. 2015.

[16] 北京市发展和改革委员会. 北京市文化创意产业提升规划(2014—2020 年)[Z]. 2014.

[17] 北京市发展和改革委员会. 北京市文化创意产业功能区建设发展规划(2014—2020 年)[Z]. 2014.

[18] 曹政. 北京包揽全国三分之一国际会议[N]. 北京日报, 2015.

北京市土地利用总体规划修编的若干基本问题探析[①]

林　坚

《北京市土地利用总体规划（2006—2020年）》修编自2004年开始启动，历经五年时间获国务院批准。规划修编开展过程，适逢国家深化改革严格土地管理措施不断出台，北京市全面实施国务院批准后的《北京城市总体规划（2004年—2020年）》，以及成功举办第二十九届夏季奥林匹克运动会等，土地供需矛盾日益尖锐。如何应对各种不确定的发展形势并化解各类用地矛盾，成为规划修编的关键。本文结合规划修编的体会，从规划修编的任务目标、指导思想、工作原则、技术理念、技术体系、战略目标和空间布局等方面进行分析。

一、北京市土地利用总体规划修编的任务目标

《北京市土地利用总体规划（1997—2010 年）》实施以来，农用地，特别是耕地保护力度不断加大，建设用地集约利用水平不断提高，生态环境建设水平不断提升，土地规划管理保障社会经济可持续发展能力不断增强，但受人口、经济高速增长、工业化和城市化进程不断推进等因素的影响，规划设想的部分用地规模提前达到、城市空间布局发生调整。在《北京市土地利用总体规划（2006—2020年）》修编过程中，北京市土地利用管理面临的基本状况在于：一是耕地规模逐年减少，基本农田结构复杂；二是建设用地日益集约，存量资源仍需盘活；三是中心地区用地高效，城乡建设反差明显；四是区域协作不断加强，平原山区更需统筹；五是生态环境明显改善，国土整治仍需加强；六是

① 本文发表于《北京土地》2010年第2期。作者简介：林坚，北京大学首都发展研究院副院长，北京大学城市与环境学院城市与区域规划系主任、教授，北京大学首都高端智库学术委员会委员，研究方向为土地利用、城市与区域规划。

保障措施逐步加强，管理机制仍待完善。而从未来北京市的发展态势来看，首都效应促使北京市人口、经济快速增长，土地资源受到全国乃至世界的青睐，战略价值非常突出。北京市作为国家首都和京津冀地区的龙头城市，其对区域和全国的经济增长及人口集聚的影响力日益增强，土地资源的供应需要服务于全国、服务于全球的态势正在形成；而土地资源的先天条件不佳致使后备土地资源不足、城市发展空间回旋余地小。在促进首都经济社会较快持续发展的进程中，如何妥善处理土地资源保护和保障之间的协调关系是规划修编需要思考的关键。

针对这种情势，《北京市土地利用总体规划（2006—2020 年）》修编应充分体现“符合国策，首都特色”，即既要符合最严格的保护耕地和节约用地的土地管理制度要求，又要凸显首都的特色。因此，规划修编的任务目标进一步归纳为“两个落实，一个协调”。

第一，落实国家严格土地管理，运用土地政策参与宏观调控的要求。胡锦涛在 2004 年中央人口资源环境工作座谈会上的讲话中指出，搞好新一轮土地利用规划的修编工作，充分发挥土地利用规划和供应政策在宏观调控中的作用。在 2005 年中央人口资源环境工作座谈会上，胡锦涛进一步强调，要按照建设节约型社会的要求，积极探索建立国土资源管理的新机制，全面落实土地管理的各项措施，节约和集约使用土地，切实保护耕地特别是基本农田，加强资源管理、提高资源利用效率。

第二，落实国务院对《北京城市总体规划（2004 年—2020 年）》的批复要求，以土地资源的节约、集约利用支撑首都经济社会的可持续发展。《国务院关于北京城市总体规划的批复》（国函〔2005〕2 号）要求，坚持节约优先，积极推进资源的节约与合理利用，严格控制城镇建设用地规模，把北京建成节约型城市，保障北京市可持续发展；要坚持集中紧凑的发展模式，节约用地、集约用地、合理用地，切实保护好基本农田，积极推动存量建设用地的再开发。《北京市土地利用总体规划（2006—2020 年）》修编是在首都城市化、工业化加快发展，社会需求结构发生深刻变化，但经济增长方式和土地利用方式仍然比较粗放的形势下展开的，节约、集约用地是首都经济社会可持续发展的客观需要。

第三，妥善协调土地资源在保障首都全面实现现代化过程中面临的突出矛盾。《北京市土地利用总体规划（2006—2020 年）》修编必须深入研究一系列重大土地问题，妥善处理需要与可能、局部与整体、城市与农村、平原与山区、建设与生活、发展与保护、当前与长远的七大关系，重点协调在区域、城乡、近远期发展之间建设用地的需求与供给、城乡接合部的未来结构优化与现实功能混杂、耕地和基本农田的占用与保护、农村建设用地和园区等建设用地的拆旧与建新、建设宜居城市与土地生态退化等一系列突出矛盾。

二、北京市土地利用总体规划修编的指导思想和工作原则

1. 指导思想

“科学发展，集约用地，统筹协调，制度创新，从严管理”是未来北京市土地利用总体构思的重要指导思想，也是《北京市土地利用总体规划（2006—2020 年》修编的指针。

具体而言，从《北京市土地利用总体规划（2006—2020 年》编制和实施的角度来看，主要反映在：规划的修编必须体现以人为本的思想，以体现公共利益、构建和谐社会首善之区作为规划的出发点和成功的衡量标准；首都土地资源的有限性决定了未来北京市土地利用必须采取以供给制约和引导需求的模式，走节约集约利用、高效使用增量、积极盘活存量的道路，努力将北京市建设成为节约集约利用资源的高效型城市；规划确定的土地资源数量、结构、空间和时序的配置，将直接关系到不同利益主体的切身利益，影响未来城市空间发展的总体格局，必须进行充分的统筹和协调；规划的实施有赖于制度的保障，需要不断创新制度和建设执行环境；完善而科学的制度，必须通过严格的管理和执行，才能收到成效，才能从真正意义上促进首都土地的合理利用和高效配置。

2. 工作原则

在构思未来北京市土地利用蓝图时，应遵循以下原则。

（1）依法编制，科学决策。《北京市土地利用总体规划（2006—2020 年》修编应遵循国家法律法规、《国务院关于深化改革严格土地管理的决定》（国发〔2004〕28 号）文件规定和有关技术要求；坚持“政府组织、部门合作、专家领衔、公众参与、科学决策”的方式，广泛听取社会各界的意见和建议，应用先进的规划方法和工具，提高规划成果的科学性和权威性。

（2）统筹兼顾，综合协调。按照“五个统筹”发展的要求，统筹考虑首都经济、社会、资源、环境等各种因素及土地供需状况，与《北京城市总体规划

（2004 年—2020 年）》、“十一五”规划等各类规划充分协调，并注重上下级规划的衔接、反馈和联动修编。

（3）因地制宜，突出特色。从首都发展的实际出发，充分考虑社会主义市场经济条件下的首都土地节约集约利用要求，编制符合“国家首都、国际城市、文化名城、宜居城市”城市发展定位的规划方案。

（4）有的放矢，完善监管。正确处理政府与规划、政府与市场的关系，突出政府的宏观调控、市场监管、社会管理、公共服务职责，本着有所为、有所不为的思想，重点解决土地资源在保障北京市经济社会全面协调发展中的突出问题。逐步建立健全必要的规划实施监控预警机制，完善规划实施监管和规划依法调整机制，促使各级政府行为更加“归位”。

（5）刚柔并济，强化实施。妥善处理规划的刚性和弹性、指令性和指导性、近期和远期、整体和局部的关系，以应对未来发展的诸多不确定性，提高规划的可操作性。

三、北京市土地利用总体规划修编的技术理念和技术体系

1. 技术理念

随着社会主义市场经济体制的建立，政府的职能已从物质生产和建设活动的计划安排者转向公共资源的管理者。土地是重要的公共资源，对其供给和需求矛盾的调节，是当前各级政府面临的棘手难题。特别是人多地少的中国正处在快速城市化、工业化、机动化的历史阶段，未来的社会经济发展有着诸多的不确定因素，解决土地资源保护和保障、当前需求和长远需要的矛盾异常困难。

北京，作为一个迅速发展的大国首都，发展中遇到的问题和矛盾尤其复杂。针对这种情势，在城市未来土地利用总体格局的谋划上，第一，政府应本着珍惜资源的思维研究和把握未来土地供给的客观潜力，基于节约集约用地的要求来权衡未来各项事业对土地的客观需求；第二，政府应引导和带动社会各界，选择和构筑共同的理想，促使各类行为主体在土地资源保护和利用问题上达成共识；第三，通过规划编制手段、管理方式的创新来应对各种复杂问题，弹性编制、刚性管理和动态调控将成为规划编制与管理的重要改革方向。

为此，《北京市土地利用总体规划（2006—2020 年》修编倡导的技术理念如下。

（1）编制方法应强调问题导向型与目标导向型相结合，规划思路应以确定的因素来判断未来的不确定因素。

北京市在土地利用过程中面临着各种利益主体（人与人）、用地结构及景观（地与地）、人与土地（自然、环境）相互间的各种错综复杂的矛盾和问题。从系统论的角度来看，土地利用矛盾的本质是“红绿黄蓝”之争，即建设空间、林地等生态空间、耕地等农业生产空间、水体及水资源保障之间的矛盾。一个好的土地利用总体规划，要努力做到“红绿黄蓝”和谐共存。但是，规划又不可能立刻解决所有的矛盾和问题；特别是基于所处时代的各种环境，规划编制对未来潜在的问题和矛盾予以准确地预见几乎是不可能的。因而，作为首都和一个直辖市的总体规划，它应在对存在问题和矛盾有着深刻认识的基础上，依据未来社会经济发展的明确方向，确立有限的规划目标，以确定的因素判断未来不确定的因素，促使规划所涉及的利益主体能协商互让、求同存异，从而妥善安排各类用地的规模、空间及近远期的需求，协调土地功能，为实现首都的可持续发展与和谐社会建设提供支撑。针对北京市的实际情况，规划修编是在国家深化改革严格土地管理、国务院批准《北京城市总体规划（2004 年—2020 年）》的背景下开展的，因此，落实《国务院关于深化改革严格土地管理的决定》（国发〔2004〕28 号）和《国务院关于北京城市总体规划的批复》（国函〔2005〕2 号），是规划修编的重要前提。

（2）规划内容应从数量调控主导型转向数量调控和空间引导并重型，通过现代技术手段，提高规划编制及管理的空间分析和引导管制能力。

现阶段，我国已经形成从国家到乡（镇）的五级规划体系，采取上下结合、逐级调控的编制方式，调控的关键是建设用地规模控制、耕地规模保障、基本农田保护、建设用地占用耕地规模控制，因而，数量调控为主的技术方式是以往土地利用总体规划（特别是省级、地市级规划）的重要特色。但是，伴随土地利用总体规划在社会经济生活中的宏观调控作用不断增强，《国务院办公厅转发国土资源部关于做好土地利用总体规划修编前期工作意见的通知》（国办发〔2005〕32 号）明确指出，科学制定并严格实施土地利用总体规划是深化改革和严格土地管理的重大举措，是一件关系国家和人民长远利益的大事。土地利用总体规划是政府管理土地的重要法定依据，不加强规划的空间引导和管制，很难使规划实施和管理落到实处。

2. 技术体系

结合《北京市土地利用总体规划（1997—2010 年）》的实施情况，按照规划编制指导思想和原则，“厘清一个关系，把握两条主线，构建三个体系，突出四个重点”成为《北京市土地利用总体规划（2006—2020 年）》修编技术体系的总纲领。

（1）厘清一个关系。规划的首要任务是研究北京市首都功能的发挥和土地资源保护、保障的关系。只有厘清北京市经济社会发展和土地利用的关系，规划修编及实施才可能实现。

（2）把握两条主线。规划修编应把握“和谐持续发展”与“节约集约用地”两条主线，以和谐发展推动首都和谐社会的构建，以土地资源的节约集约利用推动首都各项事业的和谐发展。

（3）构建三个体系。规划研究与建构首都的农用地资源和生态空间保护体系、建设用地节约集约利用体系和土地利用规划实施保障体系。

（4）突出四个重点。结合首都土地利用存在的主要问题和矛盾，借鉴国际城市土地利用经验，适应首都发展的客观要求，规划重点开展建设用地整合和节约集约利用规划、耕地和基本农田保护规划、绿色空间体系建设规划，着重研究土地利用规划管理的机制创新问题。

四、北京市土地利用总体规划修编的战略目标和空间布局

1. 战略目标

1）首都的土地功能定位

北京市土地利用方式和功能结构的调整，应按照首都政治、经济、社会、文化发展的要求，着力体现首都土地独有的战略价值，高度重视土地的资源、资产双重属性，充分发挥首都土地的国家服务、公共服务、生态服务的功能，优先满足国家政治事务和党政机关行政办公、国家级文体教育、国防安全、国际交往、历史文化名城保护和现代服务业的用地需求。北京市非建设用地的利用，必须充分考虑城市发展空间保障功能、生态服务功能、景观文化功能和鲜活农副产品生产功能。

北京市的发展和土地利用必须注重区域之间的统筹协调，强化各区县功能

定位、产业布局和土地利用的有机衔接，有序推进首都功能核心区、城市功能拓展区、城市发展新区、生态涵养发展区四类功能区的发展。

2）土地利用战略

一是积极推行和谐持续发展战略，实施土地利用城乡统筹、绿色空间区域共筑、文化名城城乡共建策略。

二是大力推进节约集约用地战略，实施用地结构布局优化、城镇用地理性增长和存量建设用地集约挖潜、基本农田规模保护策略。

3）规划目标

一方面，未来北京市土地利用的总目标是“城乡和谐发展，节约集约用地”，具体而言：着力加强耕地保护，特别是基本农田保护，着力巩固生态安全网络建设，着力优化土地利用结构和空间布局，着力促进城乡区域统筹发展，全面促进土地节约集约利用，进而促进首都“三圈九田多中心”土地利用总格局的形成，实现“城乡和谐发展，节约集约用地”的土地利用总目标，为将北京市建设成为“国家首都、国际城市、文化名城、宜居城市”提供土地资源保障。

另一方面，严格落实各项用地调控指标，具体如下。

（1）落实《全国土地利用总体规划纲要（2006—2020 年）》的要求，切实保护耕地，特别是基本农田，因地制宜地推动农村土地整治，严格控制各项建设用地规模，不断提高节约集约用地水平，努力实现各项用地调控指标。

（2）规划到 2010 年和 2020 年，耕地保有量分别保持在 2260 平方公里和 2147 平方公里。确保 1867 平方公里基本农田数量不减少、质量有提高。其中，规划近期（2006—2010 年）北京市新增建设占用耕地控制在 133 平方公里以内，确保新增建设占用耕地实现占补平衡。

（3）规划到 2020 年，建设用地总规模为 3817 平方公里，其中城乡建设用地总量控制在 2700 平方公里以内。继续加大存量建设用地挖潜力度，有效控制新增建设用地规模，不断提高节约集约用地水平。

2. 空间布局

1）构筑“三圈九田多中心”

针对首都土地利用的特点，结合“两轴-两带-多中心”的城市空间结构，探索北京市的生态空间、农业生产空间和城市空间之间的新型布局组织关系，着力构建首都“三圈九田多中心”的土地利用总格局。其中，“三圈”指围绕城市中心区的三个“绿圈”，即以第一道绿化隔离带和第二道绿化隔离地区为主体的环城绿化隔离圈、以“九田”为基础的平原农田生态圈，以及以燕山、太行山山系为依托的山区生态屏障圈。“九田”指位于延庆县、昌平区、顺义区、平谷区、通州区、大兴区、房山区七个区县的九片规划基本农田集中分布区。“多中心”指中心城、新城，以及其他服务全国、面向世界的重要城市节点。

2）划分四大土地利用区域

依据首都经济社会发展的区域功能定位要求，结合自然条件、生态条件、历史文化传承和行政区划等因素，按照“优化城区、强化郊区”的原则，划定首都功能核心区、城市功能拓展区、城市发展新区、生态涵养发展区四大土地利用区域，因地制宜，分类引导和管制，保障首都社会、经济与环境的和谐发展。

新总规生态环境建设指标解析[①]

蔡满堂

中共中央、国务院正式批复的《北京城市总体规划（2016年—2035年）》（简称新总规）成为指导北京城市发展的纲领性文件。和以往的城市总体规划以城市建设为主线相比，这次北京的新总规表现出了独特的城市发展思想，从战略定位、发展目标、城市规模与空间布局上，在首都发展“以人为本”和“以国为重”这两个重要维度上，表达了北京城市发展的新需求。

作为一个城市，北京具备巨型城市的特点，其发展首先需要解决的是如何克服“大城市病”，建立一个和谐宜居的国际大都市。但北京不仅是一个普通城市，还是首都，北京的城市发展必须维护一个大国首都在政治、文化、国际交往和科技创新等诸多领域的优势地位。无论是作为和谐宜居的国际大都市，还是彰显大国首都功能的国家核心区，生态环境建设是基础。生态文明建设是我国新时期发展的重要国家战略，是“五位一体”总体布局的重要组成部分。在新总规中，生态文明建设的相关指标成为指导整个城市发展的约束性条件贯穿始终。

一、从发展目标看生态文明建设部署

新总规所表述的发展理念，就是要落实“两个一百年”奋斗目标和中华民族伟大复兴中国梦的历史使命，将落实“四个中心”城市战略定位和建设国际一流和谐宜居之都作为总体目标，分阶段提出了北京城市发展的具体目标。其中，北京生态文明建设的阶段性目标分为环境治理、建设生态城市和最终打造美丽家园“三部曲”。

---

① 本文发表于《前线》2018年第3期。作者简介：蔡满堂，北京大学首都发展研究院副院长，研究方向为环境管理与政策、社区自然资源管理。

2020年发展目标是“生态环境质量总体改善，生产方式和生活方式的绿色低碳水平进一步提升”。改革开放以来，城市的快速发展带来了很多大城市特有的病症，包括交通拥堵、环境质量下降等一系列问题。根据新总规，到2020年的重点就是要缓解“大城市病”。在生态文明建设方面，主要是治理和改善生态环境质量，推崇低碳环保的生产方式和生活方式，为建立健全的生态文明体制机制奠定基础。

2035年发展目标是“成为天蓝、水清、森林环绕的生态城市”。利用15年的时间打造“生态城市”，这是新总规提出的建设目标，其重点是空气质量的改善和水体污染的治理，以及大面积森林建设与保护。北京生态文明建设进入实质性阶段，力争打造全国生态文明体制机制建设的样板城市。

2050年发展目标是“成为富裕文明、安定和谐、充满活力的美丽家园”。从“生态城市”起步，再用15年，将北京打造成一个美丽的家园，每一个北京人的美丽家园。这是一个具有高度物质文明、精神文明和生态文明的美丽家园。

二、从空间布局看北京生态屏障建设

落实北京的战略定位和发展目标是通过合理的空间布局来实现的。新总规提出了“一核一主一副、两轴多点一区”的城市空间结构，形成一个多中心的城市发展格局，以应对因为单中心集聚而引起的“大城市病”。仔细分析城市空间格局，更能发现“生态环境”在分区中的重要性。在“一核一主一副、两轴多点”格局中，传统城市功能规模包括首都核心区92.5平方公里、中心城区1378平方公里、城市副中心155平方公里以及5个平原地区新城的面积约为3720平方公里，合计5000多平方公里。而作为生态涵养区的门头沟、平谷、怀柔、密云、延庆、昌平和房山的山区，其总面积已经达到11 000多平方公里，占北京总面积的比例高达68%。生态涵养区主要位于北京的西部、北部山区，是北京重要的生态屏障。大区域的生态屏障建设，将有利于打造一个具有优良生态环境的宜居大都市。

三、从城市建设理念看生态城市建设创新

在城市建设中引入了人与自然和谐相处的新理念，作为生态城市建设的指导思想，并提出了具体措施。在疏解非首都功能的过程中，加强城市修补，提

高核心区环境质量，是支持首都功能定位的核心内容。新总规提出，要坚持“留白增绿”，改善环境品质，推进城市修补和生态修复，提升城市品质和生态水平。主要措施包括因地制宜地增加绿地游憩空间，即通过腾退还绿、疏解建绿、见缝插绿等途径，增加公园绿地、小微绿地、活动广场，为群众提供更多游憩场所。在副中心建设规划中，进一步强调要“遵循中华营城理念、北京建城传统、通州地域文脉，构建蓝绿交织、清新明亮、水城共融、多组团集约紧凑发展的生态城市布局，形成‘一带、一轴、多组团’的空间结构。”提出了城市“绿心”概念，将水、绿、城有机结合，规划建设水城共融的生态城市，以流域水系网络为基础，在北运河、潮白河和温榆河等主要水系区域打造亲水景观带，构建城市水源涵养体系。提出了蓝绿交织的森林城市规划蓝图，构建大尺度绿色空间，实现城、绿共融的森林城市景观。

四、从生态廊道建设规划看生态系统重建

生态环境质量的提升，主要表现在生态系统服务功能的加强。通过生态修复，改善城市生态系统的功能，提供稳定和可持续的生态服务。新总规中提出，开展生态修复，建设两道一网，提高生态空间品质。主要措施包括通过自然生态空间的生态环境评估，开展有针对性的区域生态修复以健全首都生态廊道体系，即森林防护林带构成的绿色廊道系统，结合城市建设措施构建城市通风廊道系统，以水网贯穿形成的蓝色水系廊道系统。城市生态廊道系统的构建将分布于城市的绿地、湿地等主要生态功能区域连接起来，在增强其生态系统功能的基础上，形成强大的生态防护体系。根据新总规，到 2020 年北京中心城区建成市、区、社区三级绿道，总长度由约 310 公里增加到约 400 公里；到 2035 年增加到约 750 公里，形成 5 条宽度 500 米以上的一级通风廊道，多条宽度 80 米以上的二级通风廊道，远期形成通风廊道网络系统。到 2020 年中心城区景观水系岸线长度由约 180 公里增加到约 300 公里，到 2035 年增加到约 500 公里。这将是一个庞大的生态系统格局，为北京提供强大的生态保护和生态系统服务功能。

五、从生态涵养区规划看北京后花园建设的制度设计

从北京城市空间格局分配来看，北京大约 2/3 的土地划定为生态涵养区，

包括门头沟、平谷、怀柔、密云、延庆、昌平和房山的山区。这些地区处于北京市域内主要流域的上游，在北京的大气质量和水资源保护中具有重大的作用。将这些地区划定为生态涵养区，建设首都重要的生态屏障和水源保护地，是首都生态建设的重中之重。这些地区同时也是北京城乡一体化发展的敏感地区，如何处理好保护与发展的关系，是建设首都后花园面临的挑战。

在新总规中，不仅强调了“后花园地区”的生态屏障建设任务，也给每个地区明确了经济发展的方向与定位。门头沟作为首都西部重点生态保育及区域生态治理协作区，同时加大力度建设首都西部综合服务区和京西特色历史文化旅游休闲区；平谷作为首都东部重点生态保育及区域生态治理协作区，同时发展服务首都的综合性物流口岸和特色休闲及绿色经济创新发展示范区；怀柔作为首都北部重点生态保育及区域生态治理协作区，重点发展服务国家对外交往的生态发展示范区和绿色创新引领的高端科技文化发展区；密云在建设首都最重要的水源保护地及区域生态治理协作区的同时，打造国家生态文明先行示范区和特色文化旅游休闲及创新发展示范区；延庆、昌平和房山在建设好生态屏障的同时，积极打造生态文明示范、科技创新和特色历史文化旅游区。

通过有效的政策调控，将保护与特色产业发展有机结合，以满足“坚守生态屏障，尽显绿水青山”的管控要求。特别强调生态价值的彰显，通过生态补偿等一系列政策措施，最终达到缩小城乡差距的目的。这是一个可行的制度设计，能从根本上解决生态建设中保护与发展的冲突。

六、从生态规模与质量看北京生态建设的决心与高度

在新总规中，对生态建设的规模和质量做出了具体的安排。在“保护和修复生态系统，维护生物多样性，提高生态系统服务功能”的总体规模和质量控制原则下，提出了生态建设规模和质量的具体措施。首先，严格划定生态保护红线和永久基本农田保护红线。对于重要生态功能区和生态环境敏感区，划定生态保护红线。占市域面积25%左右的土地将进入强制性生态保护红线刚性约束区域，基本农田保护面积在2020年将保持在150万亩①的水平。以生态保护红线和基本农田保护红线为基础，还将具有重要生态价值的山、林、河、湖等生态用地和水源保护区、自然保护区、风景名胜区等划入生态控制线。到2020

① 1亩≈666.7平方米。

年全市生态控制区面积比例将达到 73%，到 2035 年提高到 75%，到 2050 年提高到 80%以上。也就是说，当我们进入“美好家园”时代，北京市域内 80%的土地属于生态控制区。

在强制性生态控制区管理制度下，首先保证生态建设规模，并通过加强生态区建设，系统构建北京市域内的生态系统，提高生态建设的质量。根据新总规，北京将构建“一屏、三环、五河、九楔”的市域绿色空间结构，构建森林城市。到 2020 年，森林覆盖率将由现在的 41.6%提高到 44%，到 2035 年不低于 45%。通过水城融合和水生态保护、公园和绿道相互交织的游憩绿地体系等重要城市生态建设，提高城市生态环境质量，真正实现山、水、林、田、城有机融合的美丽家园建设蓝图。

总之，新总规充分贯彻了党的十九大报告提出的生态文明建设思想，从发展目标、发展理念和具体举措方面，提出了完整的生态环境建设蓝图。在生态环境建设中，还将面临很多技术和政策的挑战。要真正实现这个蓝图，最大的压力是如何实现生态服务功能的价值体现。要通过生态补偿及其相关配套政策的实施和生态文明建设的体制机制创新，实现生态价值的计量、交换和消费，将北京建设成为中国引领生态文明建设的示范区域。

轨道交通对其沿线商品住宅价格的影响分析

——以北京地铁5号线为例①

冯长春　李维瑄　赵蕃蕃

一、引　言

20世纪70年代，国外学者就开始研究公共交通对住宅价格的影响，其中，欧美学者比较重视轨道交通对住宅价格影响的时效性。Bajic循着多伦多轨道交通建设过程进行分析研究，表明城市轨道交通在短时间内快速发展，对其附近房地产价值的影响远远高于其他地区。他认为这是因为轨道交通提高了可达性，减少了通勤时间[1]。Henneberry对1995年建成的英国谢菲尔德轻轨系统进行了跟踪研究，发现在该轻轨系统建设期间，附近住宅价格不升反降，可能是由轻轨建设过程中的噪声等一些负面影响造成的，但建成运营后这些负面影响会消失[2]。Koutsopoulos认为，公共交通对住宅价格的一个主要影响表现为新的交通线路能够为人们的出行提供更多选择，减少人们的出行成本，并建立了公共交通影响模型（mass transit impact model），来评估新设的公交车线路对丹佛住宅价格的影响[3]。Cockerill和Stanley对近年来西方国家对轨道交通影响的研究进行盘点后，指出轨道交通站点对800m距离内的住宅价格有明显影响，该影响效果以200～300美元/m^2的速率呈同心圆式递减[4]。同时，应注意的是，轨道交通建设与开发对不同类型的物业影响程度有所差异。Weinstein和Clower[5]、Han[6]的研究认为，轨道交通对于商业和办公楼的增值影响幅度要高于对商品住

① 本文发表于《地理学报》2011年第66卷第8期。冯长春，北京大学首都发展研究院副院长，北京大学城市与环境学院教授，北京大学首都高端智库学术委员会副主任，研究方向为城镇化与区域发展、房地产经济、城市与区域规划、土地利用规划与评价、基础设施规划与建设；李维瑄，北京大学城市与环境学院06级城市与区域规划专业本科生；赵蕃蕃，北京大学城市与环境学院06级城市与区域规划专业本科生。

宅的影响。另外，也有少数研究分析了轨道交通建设对周边房地产开发带来的负作用，如 Bowes 和 Ihlanfeldt 指出地铁产生的噪声污染，以及地铁周边的犯罪率上升等因素会对周边的房地产带来负面影响[7]。

近年来，国内学者也十分关注轨道交通对住宅价格的影响。张小松等从理论上分析了城市轨道交通开发的可能受益对象，并探讨了建立城市轨道交通开发利益影响范围理论计算模型[8]。王琼以上海住宅价格为依据，在排除个别异常情况的干扰进行曲线拟合后得出，距离轨道站点越近的住宅，其价格的提升作用越明显；而距离轨道站点越远的住宅，其价格则越低；同时，考虑异常值产生地区房价可能受到区域文化、区位条件和住宅周围环境等因素的影响，又将城市轨道交通 1、2、3 号线沿线的房价归纳为简洁的一元二次方程，解释出现异常值的原因。王琼认为这些地区房价受轨道交通的影响微弱，与它们处在高档住宅区有关，同时，与这些地区大多毗邻快速道路交通干道及开发区也有很大关系[9]。另外，也有一些文献采用房地产特征价格法定量分析了轨道交通对于住宅价格的提升作用,梁青槐等采用特征价格法分析得出北京地铁 13 号线对沿线 2km 范围内住宅具有相对明显的增值效应[10]。聂冲等分析指出，城市轨道交通的空间增值效应影响范围为距离地铁站点 700m 半径内的区域[11]。关于轨道交通对于不同类型物业的影响程度，研究结果不尽一致。聂冲等在研究深圳地铁一期建设时发现轨道交通对周边办公楼价格变化的影响显著高于对住宅价格变化的影响，而郑捷奋和刘洪玉则分析认为住宅的增值幅度要大于商业房地产和办公房地产[12]。谷一桢和徐治乙在总结多项研究的基础上提出，分市场效应导致各研究结论之间存在差异[13]。总体来看，对于北京轨道交通对其沿线住宅价格影响的系统研究还较少，加之房地产市场的区域特性明显，因而有必要开展这方面的定量分析。

城市轨道交通具有快速、准点、低污染等特点。它不仅能节省出行者的出行时间并降低其出行成本，而且对沿线的土地开发利用强度和房地产价值的提升产生影响，甚至影响城市的空间结构和形态。北京地铁 5 号线于 2007 年 10 月 7 日建成并开始运营。该条线路北起昌平区境内的东三旗，向南穿过老城区，至丰台区的宋家庄，是贯通北京市区南北的交通大动脉。地铁 5 号线的开通运营，对其沿线的商品住宅价格有多大的影响？其沿线商品住宅价格呈现出怎样的分布规律?本文试图通过定性与定量分析，来回答和解释这些问题。

二、地铁5号线对其沿线住宅价格的影响分析

1. 研究范围与影响因素确定

由于轨道交通对住宅价格的影响范围一般只限于一定区域内，国外研究表明，这个范围一般在距车站0.25～0.50mile①的合理步行区内，超过该范围，影响则会很小[14]。借鉴国外经验，并通过笔者对地铁5号线的实地考察，确定研究范围为地铁5号线沿线站点2km半径范围（若周围还有其他地铁线路通过则以二者之间的中线为界）。

另外，不同类型的房地产受地铁的影响程度不同，而且地铁沿线某些类型房地产的分布极其不均，因此本文仅将研究范围限于地铁沿线的商品住宅。考虑到影响住宅价格的因素错综复杂，经过借鉴先前的研究成果、专家评判并初步剔除共线性，筛选出10个指标分析它们对商品住宅项目销售均价（元/m^2）（y）的影响。选择的10个指标如下：距最近地铁站的最短路径距离（m）（x_1）、距市级商服中心的距离（km）（x_2）、周边1km内公交路线数（x_3）、容积率（x_4）、1km内是否有重点中小学（x_5）、1km内是否有普通中小学（x_6）、1km内是否有医院（x_7）、1km内是否有公园（x_8）、房屋精装修程度（x_9）、物业类型（x_{10}），其中x_5～x_{10}为虚拟变量。

2. 资料搜集与数据处理

1）数据采集与整合

根据调查获得的北京商品住宅交易项目原始数据，从交易数据中剔除单位房、限价房、经济适用房等制度性住房样本，筛选出地铁5号线沿线商品住宅交易样本193个，落实空间位置，绘制出分布图（图1）。

从所筛选的空间范围来看，2006年的地铁5号线周边的住宅均价相较于2005年增长了34.0%，高于全市住宅均价的增长幅度28.0%，说明在剔除市场因素后，地铁周边住宅价格受到了地铁5号线开通的预期影响。因此，选取地铁开通前至地铁开通后一年，即2006～2008年的数据作为分析对象。同时，2006～2008年北京房地产市场波动较大（图2）。2007年住宅均价比2006年增长40.3%。2008年住宅均价较2007年回落0.4%。从数据上看，商品住宅市场

---

① 1mile=1.609 344km。

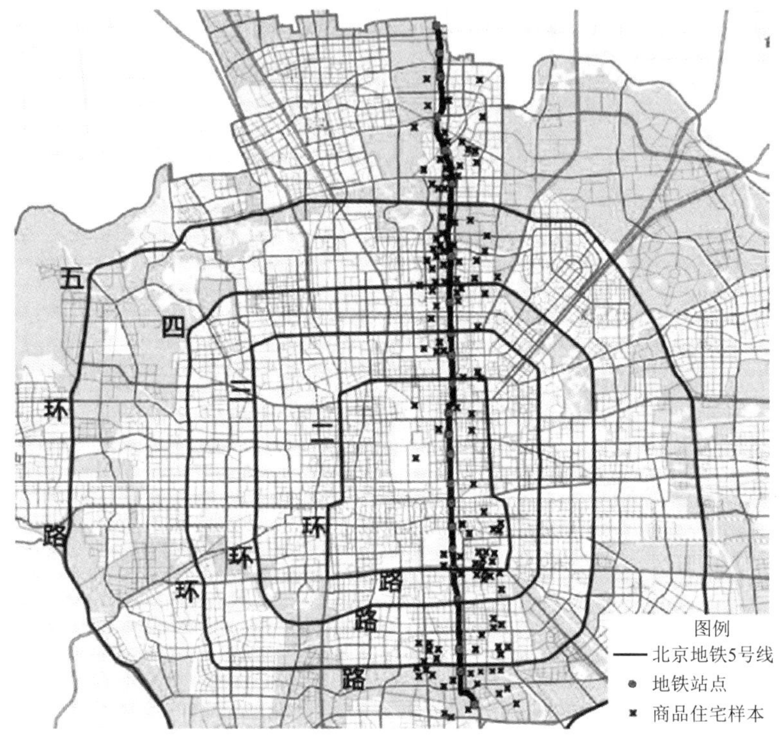

图 1　北京地铁 5 号线沿线商品住宅样本分布图

的波动在很大程度上导致了商品住宅价格的变化。因此，为了避免由市场因素引起的异方差，对样本数据进行市场因素修正和整合，即以 2007 年为基准年，将 2006 年、2008 年的交易数据进行 40.3%和 0.4%的增幅修正，使得住宅交易项目处于同一市场水平下。

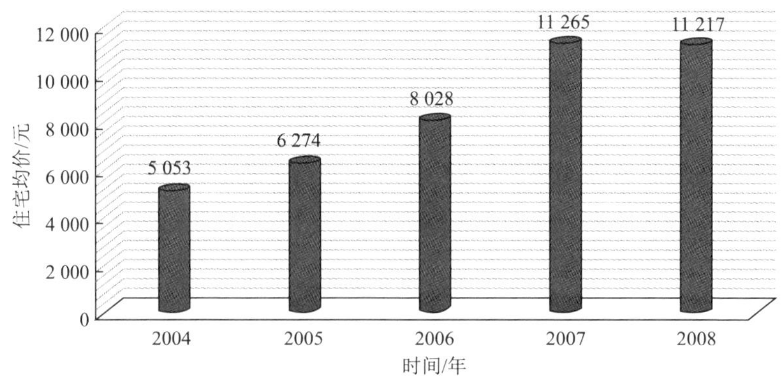

图 2　2004～2008 年北京住宅均价变动图

数据来源：北京市统计局及北京市房地产交易管理网[15]

根据修正后的样本数据，使用 SPSS 17.0 对样本按时间分组检验，结果显示方差齐性假设成立（显著性水平 0.224>0.05），其对应的 t 检验结果显著性水平为 0.736>0.05，可见在 95%置信水平下，修正后的 2006 年、2007 年、2008 年的商品住宅交易样本价格不存在统计上的明显差异，可用此数据样本集进一步做数据变换和筛选。

2）数据变换和筛选

经正态检验，样本中的连续变量呈现不同程度的偏度，采用传统的对数方法和 Box-Cox 方法进行变换，Box-Cox 方法变换后数据更接近严格的正态分布，因此使用 Box-Cox 变换后的变量作为后续分析的依据。变换公式为

$$\begin{cases} x_i' = \ln x_i & \lambda = 0 \\ x_i' = x_i^{\lambda} & \lambda \neq 0 \end{cases} \tag{1}$$

式中，x_i 为原始变量；λ 为变换参数；x_i^{λ} 为经 Box-Cox 变换后得到的新变量，记为 x_i'。由式（1）可得到对数似然函数 L 取最大值的 λ 的值，即最接近正态分布的值[16]。公式如下：

$$L = -\frac{v}{2}\ln s^2 + (\lambda - 1)\frac{v}{n}\sum \ln x_i \tag{2}$$

式中，v 为商品住宅样本的自由度；n 为样本数；s^2 为变换后数据的方差。

将上述 193 个样本交易数据的因变量和 4 个连续的自变量（x_1～x_4）代入式（1）和式（2）运行，结果显示，对于商品住宅项目销售均价，$\lambda=-0.22$ 为最优估计值，同时，其 95%置信区间为[−0.54，0.07]，所以，当数据变换取 $\lambda=0$ 时，既能较好地满足正态分布条件，又能使变换操作更为简单。其他各个连续变量的置信区间与取值如表 1 所示。变换后的变量使用相应的大写字母 Y 和 X_i 表示。

表 1　变量的 Box-Cox 及λ取值

变量	最优估计值	95%置信区间	λ取整值
Y	0.22	[−0.54，0.07]	0.0
x_1	0.42	[0.21，0.64]	0.5
x_2	0.59	[0.40，0.81]	0.5
x_3	0.55	[0.38，0.69]	0.5
x_4	0.30	[0.07，0.52]	0.5

对虚拟变量做均值差异的显著性检验，结果如表 2 所示。6 个变量均通过方差齐性检验（$P>0.05$），其中 x_7、x_9 与 x_{10} 的 t 检验的 P 值都小于 0.05，说明 1km 内是否有医院、房屋精装修程度、物业类型对商品住宅项目销售均价具有显著影响；而 x_5、x_6、x_8 的 t 检验的 P 值均大于 0.05，说明 1km 内是否有重点中小学、1km 内是否有普通中小学、1km 内是否有公园对商品住宅项目销售均价不具有显著影响，因此排除 1km 内中小学和公园变量对商品住宅项目销售均价的影响。

表 2　虚拟变量的独立样本 t 检验结果

变量	方差齐性检验		均值差异的 t 检验		
	F	P	t	P	95%置信区间偏差
x_5	0.126	0.723	1.284	0.201	$[-4.15303\times10^{-2},\ 1.96553\times10^{-1}]$
x_6	0.311	0.577	1.732	0.085	$[-1.47399\times10^{-2},\ 2.26942\times10^{-1}]$
x_7	0.071	0.790	−2.206	0.029	$[-2.82591\times10^{-1},\ -1.58080\times10^{-2}]$
x_8	1.700	0.181	0.279	0.781	$[-1.01438\times10^{-1},\ 1.34807\times10^{-1}]$
x_9	0.031	0.861	−5.477	0.000	$[-6.11899\times10^{-1},\ -2.40807\times10^{-1}]$
x_{10}	0.920	0.399	−5.973	0.000	$[-4.43729\times10^{-1},\ -2.20253\times10^{-1}]$

三、模型设计及运算过程

1. 分析模型

经过试算，多元线性回归模型能够较好地解释多种因素对于商品住宅项目销售均价的影响，因此建立以下理论模型：

$$y=\beta_0+\beta_1x_1+\beta_2x_2+\beta_3x_3+\beta_4x_4+\beta_5x_7+\beta_6x_9+\beta_7x_{10} \tag{3}$$

式中，y 为商品住宅项目销售均价；x_1 为距最近地铁站的最短路径距离；x_2 为距市级商服中心的距离；x_3 为周边 1km 内公交路线数；x_4 为容积率；x_7 为 1km 内是否有医院；x_9 为房屋精装修程度；x_{10} 为物业类型。

2. 运算过程

运用 SPSS 17.0 对因变量与自变量进行 Spearman（斯皮尔曼）相关分析，

结果表明，筛选出的诸因素与因变量存在显著的相关关系（表3）。

表3 Spearman 相关分析结果

变量	与 y 的相关性	P
x_1	–0.896*	0.000
x_2	0.359*	0.000
x_3	0.602*	0.000
x_4	0.487*	0.000
x_7	0.660*	0.000
x_{10}	0.133	0.065
x_{11}	0.355*	0.000

*显著性水平为0.01（双尾），其他未加*的相关性数据的显著性水平为0.05（双尾）

对连续的自变量进行内部相关分析，结果显示 x_1 与 x_4 和 x_6 呈弱相关（相关系数 r=–0.384，P=0.000）；x_2 与 x_4、x_7 呈弱相关（相关系数 r=–0.374，P=0.000）。可见这几个自变量之间仍存在一定的共线性，因此采用多元岭回归方法以减少共线性对于结果的影响[17, 18]；在进行岭回归之前，首先利用可行广义最小二乘法（FGLS）消除异方差。

在岭回归中，取步长为0.01，计算该回归的岭参数 k 的岭迹图（图3）。对于 k 值的选取，首先应保证岭迹图上各回归系数的岭估计基本稳定，符号合理，残差平方和增大不太多[19]。同时，由于 k 增加时，未知参数岭估计方差减小，而其偏度增加[20]。从图中可以看出，当 k<0.20时，岭回归线波动较大，各驱动因子的回归系数不稳定，当 k>0.40时，岭回归线趋于平稳。因此，取 k 值为0.50，以保证各驱动因子回归系数在稳定的同时偏度最小。将选定 k 值代入式（3），可得出如下回归模型，括号内数字为系数的标准差：

$$y = 0.080 - 0.059x_1 + 0.020x_2 + 0.146x_3 + 0.195x_4 + 0.240x_7 + 0.096x_9 + 0.155x_{10}$$

$$(0.0012)(0.0027)(0.0236)(0.0142)(0.0148)(0.0470)(0.0526)(0.0429) \quad (4)$$

$$\overline{R}^2=0.796 \qquad R^2=0.803 \qquad P=0.000 \qquad \text{DF}=185$$ ①

模型的可决系数为0.803，残差符合平均值为 3.05×10^{-10}、标准差为0.003的正态分布，如图4所示。残差通过 α=0.001的怀特检验（R^2=0.10），故不存

① $\overline{R}^2$ 为调整后的复决定系数，R^2 为可决系数，P 为概率，DF为自由度。

在异方差，回归方程有效。回归前进行了 Box-Cox 变换，式（4）不能直观地显示出商品住宅项目销售均价与各个因素之间的原始关系，因此根据 Box-Cox 变换方式将式（3）还原，得到自变量与因变量的相关关系如下：

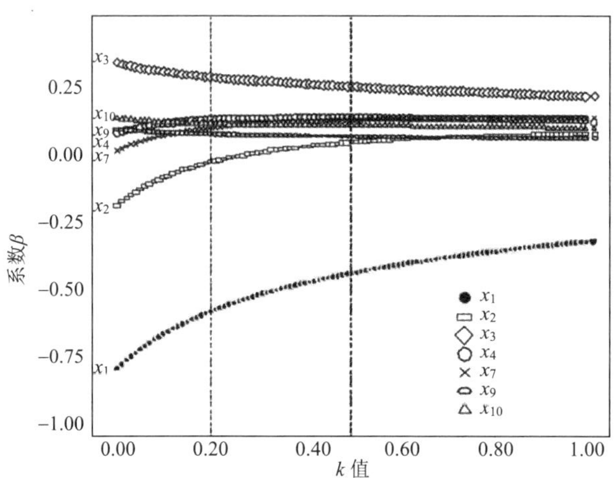

图 3　商品住宅项目销售均价因素分析的岭迹图

$$y = \mathrm{e}^{0.080-0.059\sqrt{x_1}+0.020\sqrt{x_2}+0.146\sqrt{x_3}+0.195\sqrt{x_4}+0.240x_7+0.096x_9+0.155x_{10}} \tag{5}$$

为了各个因素的系数能更直观地反映出各因素对于商品住宅项目销售均价的贡献大小，需将式（5）做标准化处理，得到下面的公式：

$$y_{标准化} = \mathrm{e}^{-0.463\sqrt{x_1}+0.017\sqrt{x_2}+0.222\sqrt{x_3}+0.101\sqrt{x_4}+0.110x_7+0.040x_9+0.079x_{10}} \tag{6}$$

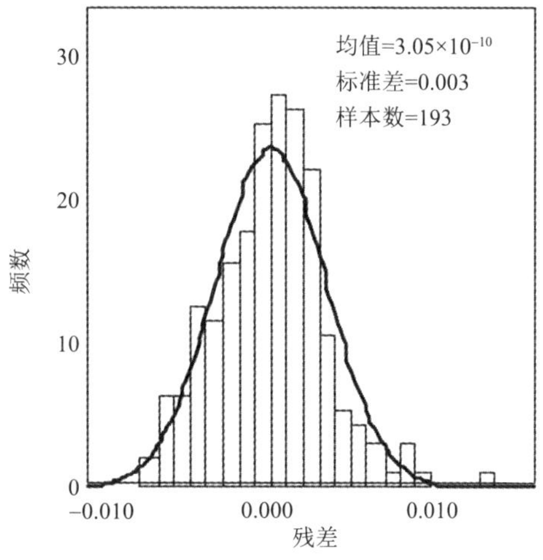

图 4　残差分布图

四、结果分析

由标准化后的回归式[式（6）]可以看出，在影响商品住宅项目销售均价的各个因素中，x_1 系数的绝对值最大，表明轨道交通距离对商品住宅项目销售均价的影响最为显著；其次影响较大的是 x_3。

这两个因素一并反映了人们在选择商品住宅时更加偏好附近公共交通条件较好的项目，因此交通条件较好的商品住宅项目销售均价相对较高。紧接着对商品住宅项目销售均价存在一定影响的是 x_7，该因素反映了住宅周边配套设施的完善程度对于商品住宅项目销售均价存在一定程度的影响；再次则为 x_4、x_9 和 x_{10}，这三项因素的系数较小，表明它们对于商品住宅项目销售均价的影响程度有限，不是影响人们住房选择的主要因素；影响最小的因素是 x_2，这主要是因为住宅周边的一般商业服务设施即可满足人们基本的购物需求，因此并不需要经常到市级商服中心进行采购，人们对其较低的依赖性使得它对于商品住宅项目销售均价的影响也较低。

x_1 的系数为负值，即表明商品住宅项目销售均价与距最近地铁站的最短路径距离存在距离衰减关系，即距离最近地铁站越远，可达性越差，商品住宅项目销售均价也随之降低（图5）。

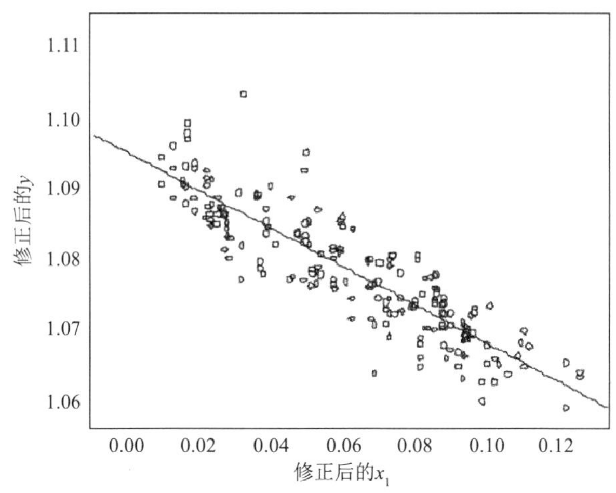

图5　异方差修正后的商品住宅项目销售均价（y）与距最近地铁站的最短路径距离（x_1）关系图

可以认为,距轨道交通的距离对于商品住宅项目销售均价的影响十分巨大。需说明的是，轨道交通的影响是具有时效性的，它在规划期间、施工期间、开通运营前期、开通运营中后期等不同的时期对商品住宅项目销售均价的影响都是不同的。而该模型只能表明在地铁施工末期和开通前期商品住宅项目销售均价与轨道交通相关性较强的事实。

由式(5),对商品住宅项目销售均价 y 与距最近地铁站的最短路径距离 x_1 求导，得出距最近地铁站的最短路径距离对商品住宅项目销售均价的影响因素可表达为如下公式：

$$\frac{\mathrm{d}y}{\mathrm{d}x}=\left|-0.059\frac{y}{2\sqrt{x_1}}\right| \tag{7}$$

轨道交通对商品住宅项目销售均价的影响程度随距离的增加呈现指数递减的趋势（图 6）。在设定其他因素不变的情况下，可得到表 4，可以看出，轨道交通对于商品住宅项目销售均价的影响程度随着距离的增加而逐渐减小。

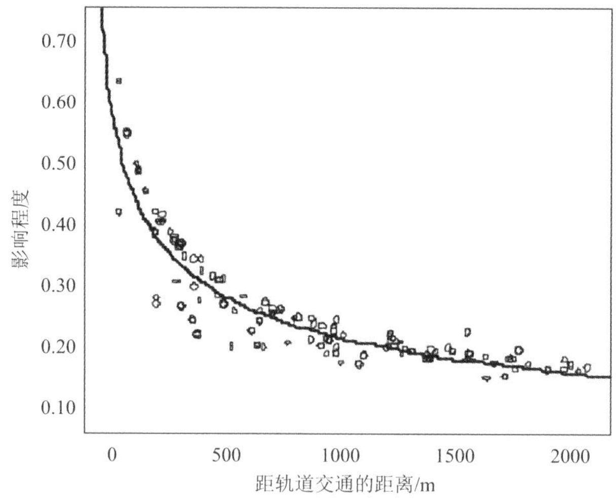

图 6　轨道交通对商品住宅项目销售均价的影响程度变化图

表 4　轨道交通对商品住宅项目销售均价的影响程度

距轨道交通的距离/m	轨道交通影响程度/%	距轨道交通的距离/m	轨道交通影响程度/%	距轨道交通的距离/m	轨道交通影响程度/%
100～150	14.18	200～250	10.35	300～350	8.53
150～200	11.83	250～300	9.31	350～400	7.92

续表

距轨道交通的距离/m	轨道交通影响程度/%	距轨道交通的距离/m	轨道交通影响程度/%	距轨道交通的距离/m	轨道交通影响程度/%
400～450	7.42	950～1000	4.84	1500～1550	3.85
450～500	7.00	1000～1050	4.72	1550～1600	3.79
500～550	6.65	1050～1100	4.60	1600～1650	3.73
550～600	6.35	1100～1150	4.50	1650～1700	3.67
600～650	6.08	1150～1200	4.40	1700～1750	3.62
650～700	5.84	1200～1250	4.30	1750～1800	3.56
700～750	5.63	1250～1300	4.22	1800～1850	3.51
750～800	5.44	1300～1350	4.14	1850～1900	3.47
800～850	5.27	1350～1400	4.06	1900～1950	3.42
850～900	5.11	1400～1450	3.98	1950～2000	3.37
900～950	4.97	1450～1500	3.92		

同样，从对各个自变量与因变量的 Spearman 相关分析中（表 3）可以看出，地铁站点的最短路径 X_1 与商品住宅项目销售均价 Y 的相关性达-0.896（P=0.000），相关性最高且显著。若控制其他变量，对 X_1 与 Y 进行偏相关检验，其结果与 Spearman 相关分析结果类似（相关性为-0.870，P=0.000）。因此可以确定，地铁 5 号线开通前后，在距地铁站 2km 范围内，与最近地铁站的最短路径距离会对商品住宅项目销售均价造成不同程度的影响。这主要是由于轨道交通具有快速、准时、抗干扰等特性，可以提高出行效率、降低时间成本、增加出行舒适度，已经超越了传统公共交通的影响，成为当下首选的新型交通方式。

五、结　论

在强调发展低碳环保的公共交通的时代背景下，对于轨道交通与其周边商品住宅价格相互关系的探讨越来越重要，而本文的分析成果将为轨道交通对周边商品住宅价格提升作用的研究提供一定的参考价值，论证了轨道交通不仅可发挥其公共运输功能，同时亦可为周边的房地产项目带来一定的市场开发潜力。本文用统计学方法建立模型对地铁 5 号线周边的商品住宅价格变化影响因素进行分析，得出以下结论。

（1）运算结果表明，北京地铁 5 号线在开通前后对于站点周围 2km 以内的商品住宅价格存在一定的影响，而影响程度的大小与距最近地铁站的最短路径距离成反比。同时，商品住宅项目周边公交路线数的多少和医院这一配套设施的完善程度也会在一定程度上影响商品住宅价格，而其本身的容积率、房屋精装修程度、物业类型则对商品住宅价格影响相对较小。

（2）研究表明，轨道交通对于商品住宅价格的影响具体表现为距离衰减作用，即随着与轨道交通距离的增加，商品住宅价格呈现下降趋势。这主要是由于距离轨道交通较近，商品住宅可达性较好，商品住宅价格较高；反之，商品住宅价格则较低。这反映出轨道交通作为提升商品住宅可达性的重要方面，对商品住宅价格的变化存在影响。另外需要补充的一点是，考虑到轨道交通的影响一般具有一定的时效范围，即主要围绕地铁修建前后，因此本文的定量分析只能说明在施工末期和开通前期的地铁 5 号线与其周边的商品住宅价格存在较强的相关性。

（3）轨道交通对于商品住宅价格的影响程度随着两者距离的增加而呈指数递减的趋势，即随着与轨道交通距离的增加，商品住宅价格的下降程度由降幅明显以指数变化形式过渡到逐渐趋于缓和。这表明，在距轨道交通较近的范围内，商品住宅价格受轨道交通影响程度较为明显；而随着距离的增大，轨道交通对商品住宅价格的影响程度逐步减弱。

本文研究表明，地铁作为便捷廉价的出行方式，具有提升沿线商品住宅价格的作用。本文所使用的研究方法也可以推广到定量分析其他轨道交通线路对其沿线的商品住宅、二手房、出租房及其余物业类型的增值影响研究上。本文的研究结论可以为相关部门、房地产项目和消费者行为提供现实的借鉴和参考。本文所论证的轨道交通为沿线房地产带来的正外部性提供了控制地铁建设溢价的新的思考路径，即综合考虑地铁开发成本与周边房地产增值效应，这为确定城市轨道交通受益返还方式、扩展城市轨道交通建设投融资渠道提供了理论依据和数据支持；同时，在考虑未来轨道交通建设时，要统一规划、整体布局，将线路开发、站点安排与土地利用和城市空间布局结合起来，在最大限度地发挥地铁效益的同时，促进房地产业的发展。

<<<参 考 文 献>>>

[1] Bajic V. The effects of a new subway line on housing prices in metropolitan Toronto. Urban Studies, 1983, (20): 147-158.

[2] Henneberry J. Transport investment and house prices. Journal of Property Valuation and Investment, 1998, 16(2): 144-158.

[3] Koutsopoulos K C. The impact of mass transit on residential property values. Annals of The Association of American Geographers, 1977, 67(4): 564.

[4] Lee Cockerill, Denise Stanley. How will the centerline affect property values in Orange County. Institute of Economic and Environmental Studies, California State University-Fullerton, 2002.

[5] Weinstein B L, Clower T L. An assessment of the DART LRT on taxable property valuation and transit oriented development. Center for Economic Development and Research, University of North Texas, September 2002.

[6] Han B R. Neighborhood land value changes from subway construction: Case study generalized least squares. Dankook University Regional Studies, 1991, (11): 125-146.

[7] Bowes D R, Ihlanfeldt K R. Identifying the impacts of rail transit stations on residential property values. Journal of Urban Economics, 2001, 50: 8-13.

[8] 张小松, 胡志晖, 郑荣洲. 城市轨道交通对土地利用的影响分析.城市轨道交通研究, 2003, (6): 24-26.

[9] 王琼. 城市轨道交通对沿线房地产价格的影响. 城市轨道交通研究, 2008, (2): 10-13.

[10] 梁青槐, 孔令洋, 邓文斌. 城市轨道交通对沿线住宅价值影响定量计算实例研究. 土木工程学报, 2007, 40(4): 98-103.

[11] 聂冲, 温海珍, 樊晓锋. 城市轨道交通对房地产增值的时空效应. 地理研究, 2010, 29(5): 801-810.

[12] 郑捷奋, 刘洪玉. 深圳地铁建设对站点周边住宅价值的影响. 铁道学报, 2005, 27(5): 11-18.

[13] 谷一桢, 徐治乙. 轨道交通对房地产价值影响研究综述. 城市问题, 2007, (12): 45-50.

[14] 何芳, 王晓丽. 轨道交通对房地产价值的影响. 房地产市场, 2004, (9): 13-15.

[15] Beijing Statistics Bureau and the Beijing Real Estate Exchange Network. www.bjfdc.gov.cn[2009-08-20].

[16] 陶澍. 应用数理统计方法. 北京: 中国环境科学出版社, 1994: 60-61.

[17] Donald W M, Ronald D S. Ridge regression in practice. The American Statistician, 1975, 29(1): 3-20.

[18] Hoerl A E, Kennard R W. Ridge regression: Biased estimation of nonorthogonal problems. Technometrics, 1970, 12: 55-67.

[19] 杨楠. 岭回归分析在解决多重共线性问题中的独特作用. 统计与决策, 2004, (3): 14-15.

[20] 黄幼才. 岭估计及其应用. 武汉测绘科技大学学报, 1987, 12(4): 64-73.

老城区存量土地集约利用潜力评价

——以北京市东城区为例①

冯长春　程　龙

一、引　言

在国家推行建设节约型社会、严格土地管理、紧缩“地根”的情况下，充分利用和盘活存量土地显得尤其重要。开展城市土地利用潜力分析与评价研究，对于提高城市用地的集约利用程度，缓和城市建设用地的需求与土地有限供给的矛盾，提高土地利用经济效益、社会效益和环境效益，科学规划和管理土地资源利用，实现城市土地可持续利用具有重要的现实意义。特别是在城市的老城区，土地集约利用潜力评价对于旧城更新、改造有重要的参考价值。

但目前此方面的研究仍处于起步探索阶段，而从微观尺度对城市土地的集约利用水平进行评价的研究更是薄弱，与实践工作的结合也很少。这是因为，一方面，很多外国的国情与我国不同，国外人少地多，土地集约利用的迫切性不强，因此可借鉴的外来经验很少；另一方面，国内的研究还处于起步阶段，主要工作集中在对概念、内涵的分析和界定，以及宏观尺度的集约利用水平进行评价。总体而言，我国目前对土地集约利用评价的研究，主要体现在以下几个方面：“城市土地集约利用潜力评价系统的开发与应用”（高佩华和高秋华，2003）、

① 本文发表于《城市发展研究》2010 年第 7 期。作者简介：冯长春，北京大学首都发展研究院副院长，北京大学城市与环境学院教授，北京大学首都高端智库学术委员会副主任，研究方向为城镇化与区域发展、房地产经济、城市与区域规划、土地利用规划与评价、基础设施规划与建设；程龙，北京大学城市与环境学院 07 级硕士研究生，研究方向为房地产经济、城市规划。

“城市土地集约利用潜力评价系统设计与实现”（章其祥和孙在宏，2003）、“基于 GIS 与 Internet/Intranet 长春市城市土地利用潜力评价系统城市土地利用综合效益评价与案例研究”（张绍建等，2006）等从计算机软件技术开发的角度进行了研究；“城镇土地利用潜力评价——以广州市天河区为例”（欧雄等，2007）、“城镇土地利用潜力评价方法研究”（唐旭等，2009）等从评价模型选择的角度进行了研究，此外王雨晴（2006）、张晓玲等（2007）也进行了类似研究；“城市土地集约利用潜力评价指标体系的构建”（查志强，2002）、“城市土地集约利用潜力宏观评价探讨——以内蒙古包头市为例”（白冰冰等，2003）、“城镇土地集约利用的潜力计算与宏观评价”（雷国平和宋戈，2006）等从指标体系构建的角度进行了研究。总体来说，是偏宏观轻微观、重研究轻实践。

本文着眼于微观尺度的城市土地集约利用潜力评价，设计了一套指标评价体系，并在北京市东城区进行了实证研究。通过计算每一个评价单元的潜力值，确定需要提高利用强度的土地的空间分布，为政府的土地管理提供科学依据，并为政府下一期的土地利用计划提供参考。

二、评价思路与评价方法探讨

1. 评价思路

本文采用多指标综合评价法对存量土地集约利用潜力进行评价，首先从土地集约利用潜力的概念和内涵入手，确定影响因子和评价指标；然后选择科学方法计算各指标的权重值；最后运用计算模型计算各评价单元的潜力值。多指标综合评价法就是运用多个指标对 n 个评价单元进行评价的方法，其基本思想是将多个指标转化为一个能够反映综合情况的指标进行评价。

2. 概念与内涵的界定

综合已有的对土地集约利用潜力的研究，加上笔者在这方面的研究和实践，本文将其定义为：在某一发展时期内，以城市区域的合理用地结构和布局为前提，以城镇建成区所能利用的三维空间为研究范围，主要通过调整存量土地的结构、功能和强度，在现存土地总量不变的前提下使土地利用达到更（最）优状态。从这个定义来看，土地集约利用潜力有如下内涵：功能潜力，指通过改变土地利用性质所能实现的土地价值增量；强度潜力，指通过提高地块的容积率和建筑高度所能实现的土地价值增量；区位潜力，指外部因素对土地价值增量的影响程度，当将其转变为土地价值的内生变量时，可以理解为区位条件产生的土地价值转化量。必须指出的是，土地集约利用潜力是基于某时点的经济实力和科技水平来评价的，因此它并不是一个固定值，而是随着时代变化而不断动态变化的。

3. 评价方法设计

1）评价单元的确定

评价单元的确定，既要具有可比性和科学性，又要具有可操作性，有利于土地管理。目前使用的划分评价单元的方法主要有网格法、道路切割法和宗地法。笔者选取宗地为评价单元，这是因为：第一，权属明晰、用途基本一致；第二，土地管理以宗地为单位，输出成果与管理部门易对接，可操作性强；第三，土地信息化、地籍调查都与宗地挂钩，可获得的信息量充足。网格法因为是对城市空间的机械性划分，所以存在实际整块用地的分割、数据的重复统计问题，而且网格的大小也存在争议。道路切割法将城市道路作为界限，划分若干地块，但是一个地块内可能是一个宗地、两个宗地或者更多，导致出现权属不明、用途复杂等情况。

2）影响因子分析

影响城市土地价值的因素包括宏观因素（如整体发展水平、经济增长率等）、微观因素（如区位、建筑指标等）。对于城市土地利用，宏观因素主要影响土地价值的平均值，而微观因素则在宏观因素决定的平均值基础上决定土地的相对值和实际价值。本文研究致力于比较老城区存量土地范围内各宗地的集约利用潜力的相对值，即找出现期内最适于开发的土地，因此我们将从微观角度选择因素，不考虑城市用地比例、地均技术投入、地均基础服务设施水平等中宏观因素的影响。根据土地集约利用潜力的内涵，选取功能潜力、强度潜力和区位潜力三个影响因子。

（1）功能潜力为属性变量。老城区存量土地的使用主要存在以下几种情况：第一，土地寸土寸金，适于用作经济产量大的用地性质——商业办公；第二，工业用地基本丧失发展空间，必须迁出，部分仓储用地可继续使用；第三，在提倡人口疏散的同时，保持一定量的居住人口有利于维持城区人气，防止城市空心化，因此居住用地也要保持相当的比例；第四，其他用地类型与居住、商业办公、工业用地之间的转化，主要是出于维护城市生态环境和满足某些特殊需要，必须满足法定规划的要求，以土地使用效率的高低进行土地利用评价失去了社会价值，本文不做讨论并定义此类用地的集约利用潜力为零。

（2）强度潜力为数值变量，潜力的大小取决于现状值与目标值的差距大小。根据级差地租理论，土地收益会随着单位面积土地上技术、资金、劳动力的投入增加而增加。但是，根据土地报酬递减理论，当其他要素投入量超过一个极限后，边际收益将逐渐降低，导致总利润下降，因此城市土地利用强度需要一个合理度，不能无限制地提高利用强度。所以，在计算强度潜力时，现状值为调查时点的土地实际利用水平，目标值则是根据城市控制性详细规划所设置的最大值。

（3）区位潜力为属性变量。任何一个宗地的价值都不能由其自身条件完全决定，其所处的区位条件会影响它的价值和潜在价值，也就是说区位条件会对潜在价值有放大效应或缩小效应。例如，两个同等开发条件的宗地，在再开发的过程中，假设容积率初始值相等、增加额度相同，用地性质相同且建筑设计完全相同，唯一的区别在于一个处于市中心附近而另一个处于郊区，那么两个宗地根据建筑成本计算的平均土地收益是相同的。但是，相比于平均收益，区位条件将放大市中心宗地的收益而缩小郊区宗地的收益，导致土地开发潜力值出现差异。本文的区位潜力评价，是在假定周边环境都不变的情况下，评价宗地相比于其他宗地所具有的区位优势；当区域发展条件出现较大变动时，需要重新进行评价。

特别需要强调的是，与大多数从经济效益、环境效益、社会效益出发进行的宏观评价不同，本文的研究是以宗地为研究对象进行的评价，对于某一宗地进行社会效益和环境效益的评价没有意义也不具有可行性，因此不设置相关评价指标。

3）评价指标的选取

第一，对于功能潜力因子，选取土地利用性质作为指标，根据用地性质转变与否，人工赋值为 0 或 1。用地性质发生转变的宗地，其功能潜力赋值为 1，包括工业用地向住宅、商业办公用地的转换，以及住宅和商业办公用地的相互转换；没有发生用地性质转变的宗地，其功能潜力赋值为 0。工业用地不适合占用老城区的土地，因此在用地性质转变过程中不存在向工业用地的转变。这一属性值需要在具体评价过程中，由研究者根据总体规划、控制性详细规划等相关指导性材料和当地发展条件进行综合评定与判断。

第二，对于强度潜力因子，共选取四个指标。

（1）建筑高度。高度的目标值即为宗地的限高，来自于控制性详细规划或相关政策文件，对于那些有景观要求、日照要求的区域尤为重要。对于现状建筑高度已超出法定规划的，将此指标赋值为 0，避免出现负值。

（2）容积率。这是一项综合指标，其目标值来自规划或文件的宗地最大容积率，虽然在容积率的指标中会隐含高度的部分信息（高度与建筑层数的关系），但是它们反映了不同的土地利用特征且不能完全替代，因此选为评价指标。对于现状容积率已超出法定规划的，此项指标赋值为 0，避免出现负值。

（3）地均 GDP。该指标可表征商业办公用地的使用效率，目标值为老城区研究范围内的商业办公用地地均 GDP 的最大值。

（4）人口密度。该指标可表征居住用地的使用效率，目标值为老城区研究范围内的居住用地人口密度的最大值。

其中，地均 GDP 和人口密度两个指标为替代关系，只设置一个权重值 w，即如果为商业办公用地，则地均 GDP 的权重为 w，人口密度的权重为 0；如果为居住用地，则权重取值相反，地均 GDP 的权重为 0。两种特殊情况需要进行处理：第一，现状为混合用地的，非法自建自改的要根据法定用途进行计算，符合法律的混合用地按照一定比例将现状的人口密度换算为地均 GDP（该比例为老城区内的地均 GDP 最大值与人口密度最大值的比），然后与现状的实际地均 GDP 求和，作为该宗地的该项指标值。第二，现状为工业用地的，规划中将转换为居住用地或商业办公用地的，以上四个指标的现状值均赋值为 0，并参照商业办公用地进行评价；规划中转换为其他类型用地的，其目标值与现状值的各指标均赋值为 0。

第三，对于区位潜力因子，共选取四个指标。

（1）与地铁站的距离，交通便捷度的衡量指标之一。根据甘勇华（2006）对轨道交通与其他交通衔接的研究，地铁站的步行辐射范围为 500～800m，地铁站的自行车辐射范围为 800m～3km，地铁站的机动车辐射范围为 2～5km。机动车因素（地铁站的机动车辐射范围）与距城市道路的距离的指标有较大重复，因此不考虑机动车的辐射范围。老城区可根据本城市居民的出行特点确定一个步行适宜最大距离，作为赋值分界点，即在步行适宜最大距离以内的宗地，此项指标赋值为 1；超过此距离，但小于自行车适宜最大距离（3km）的宗地，此项指标赋值为 0.7；距离超过 3km 的宗地，此项指标赋值为 0。

（2）与城市道路的距离，交通便捷度的衡量指标之一。在基准地价测算中，有较为系统的基于作用衰减原理的道路便捷度测算模型和方法，比较适于进行区域性的分析。但是，对于某一个宗地的道路便捷度，运用模型方法计算出精确的数值过于复杂，可简化为通过几个距离阈值给宗地的便捷度进行赋值，从而达到各宗地之间比较的目的。城市道路级别取三级，即城市主干道、城市次干道和城市支路。具体赋值如下：邻近城市主干道红线赋值为1，距离城市主干道红线 *a*m 以内赋值为0.6，超过 *a*m 赋值为0；邻近城市次干道红线赋值为0.8，距离城市次干道红线 *a*m 以内赋值为0.4，超过 *a* m 赋值为0；邻近城市支路红线赋值为0.4，距离城市支路红线 *b*m 以内赋值为0.2，超过 *b*m 赋值为0；其中 *a* 取值在50～100m，*b* 取值在30～50m，各城市可根据自身城市特点选择具体数值。值得注意的是，宗地在不同道路间求得的便捷度需要进行叠加处理。例如，某宗地既满足邻近城市主干道红线，又满足邻近城市次干道红线，则其得分为1.8。

（3）与商服中心的距离，公共服务设施水平的衡量指标之一。和与城市道路的距离的计算方法一样，也采用距离阈值的赋值方法。首先，老城区需根据商业经济总量确定出区域的商服中心，可分为两个级别：市级中心和区级中心。具体赋值如下：距离市级中心 *a*km 以内的宗地，该指标赋值为1，超过 *a*km 的宗地赋值为0；距离区级中心 *b*km 以内的宗地，该指标赋值为0.6，超过 *b*km 的宗地赋值为0；其中 *a* 取值在2～5km，*b* 取值在1～3km，各城市根据自身城市大小等特征选择具体数值。该指标的计算也需要进行叠加。

（4）与小学的距离，公共服务设施水平的衡量指标之一。没有选取医疗设施，是因为受非典型肺炎、甲型 H1N1 流感等流行病的影响，与医院邻近的传统区位优势已经不存在，所以这个指标存在不确定性，不作为指标进行评价。根据国家相关的设置规范，小学的服务半径不宜超过500m。因此，以小学为中心，在500m范围内的宗地，该指标赋值为1；不在范围内的宗地，该指标赋值为0。

4）指标体系的构建

该指标体系应由以下三个层次组成：目标层为土地集约利用潜力；因子层包括功能潜力、强度潜力、区位潜力；指标层包括土地利用性质、建筑高度、容积率、地均 GDP、人口密度、与地铁站的距离、与城市道路的距离、与商服中心的距离、与小学的距离九个指标，构建的指标评价体系如图1所示。

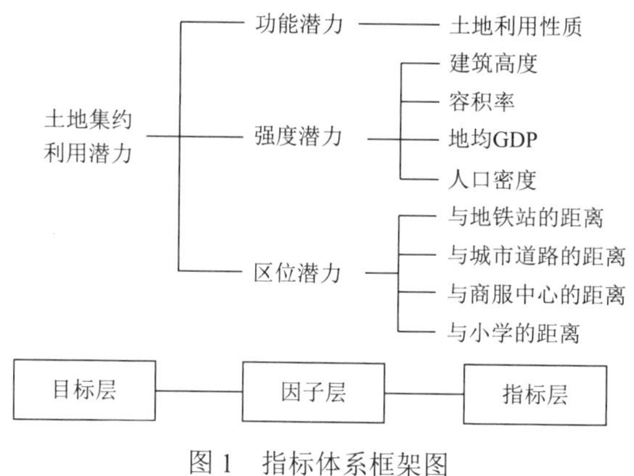

图 1　指标体系框架图

5）权重的取值

权重取值的科学性与否，直接影响到最终的评价结果，因此是至关重要的。根据指标体系的设计，需要进行三组权重的确定，本文采用成对比较法进行计算。成对比较法是指将需要确定权重的各因素先列入表格的行，再列入表格的列，然后将行因素与列因素进行两两比较，两因素权重和为 1，行因素在这两因素中的重要性为多少即打分多少，打分分值在 0～1；相同因素比较得分为 0。表 1 为某专家针对因子层所赋的权重，如 0.7 表示强度潜力相对功能潜力更重要，重要程度的比例是 0.7：0.3；以此类推，收集统计所有的打分表，再计算求得权重。一般来说，打分表量控制在 10～30 个。

表 1　综合开发潜力打分

项目	强度潜力	功能潜力	区位潜力	备注
强度潜力		0.7	0.6	
功能潜力	0.3		0.4	权重在 0～1
区位潜力	0.4	0.6		

6）评价模型与潜力值计算

首先，进行数据搜集、整理、计算，确定各指标的数值，同时进行数据标准化处理，形成 0～100 的数列；其次，利用成对比较法确定各层次的指标权重，同时根据式（1）和式（2）求取各宗地的强度潜力值和区位潜力值；最后，根据式（3）计算求得宗地的土地集约利用潜力值。

求取强度潜力值：

$$S_i=A_{i1}\times u_1+A_{i2}\times u_2+A_{i3}\times u_3 \tag{1}$$

式中，S_i 为宗地 i 的强度潜力值；A_{i1}、A_{i2} 分别为宗地 i 的建筑高度、容积率标准化处理得分；当用地性质为居住用地时，A_{i3} 为人口密度标准化处理得分，否则其为折算后的地均 GDP 标准化处理得分；u_1、u_2、u_3 分别为上述三个指标的权重，且有 $u_1+u_2+u_3=1$。

求取区位潜力值：

$$L_i=B_{i1}\times v_1+B_{i2}\times v_2+B_{i3}\times v_3+B_{i4}\times v_4 \tag{2}$$

式中，L_i 为宗地 i 的区位潜力值；B_{i1}、B_{i2}、B_{i3}、B_{i4} 分别为宗地 i 的与地铁站的距离、与城市道路的距离、与商服中心的距离、与小学的距离四项指标的标准化处理得分；v_1、v_2、v_3、v_4 分别为上述四个指标的权重，且有 $v_1+v_2+v_3+v_4=1$。

求取土地集约利用潜力值：

$$C_i=U_i\times w_1+S_i\times w_2+L_i\times w_3 \tag{3}$$

式中，C_i 为宗地 i 的土地集约利用潜力值；U_i、S_i、L_i 分别为宗地 i 的功能潜力值、强度潜力值、区位潜力值；w_1、w_2、w_3 分别为上述三个指标的权重，且有 $w_1+w_2+w_3=1$。

首先，基于调查收集的各项指标数据，运用以上评价方法和计算公式，即可求得各宗地的土地集约利用潜力值。然后，根据聚类分析方法，将分值在 0～100 的潜力值分为 5 档，每 20 分一档，从最高档到最低档依次为高潜力宗地、较高潜力宗地、中等潜力宗地、较低潜力宗地、低潜力宗地。其中，具有高潜力和较高潜力的宗地是最适合近期进行开发改造的宗地。最后，利用 GIS 等空间分析和表现工具，将分级后的宗地落在老城区的地图上，从而有利于空间发展决策。

三、北京市东城区的实证研究

1. 概况

东城区是北京市的老城区之一，总面积为 25.38km^{2}①，北东两面与朝阳区

① 本文写作发表时（2010 年），东城区与崇文区还未合并，此处为原东城区。

相接，南与崇文区[①]相接，西与西城区相邻。东城区是北京市重要的商业文化中心和行政中心，其拥有的王府井商业中心是市级商业中心，在北京市商服体系中具有举足轻重的作用。但是，区内仍存在大量20世纪五六十年代的建筑，旧城更新任务紧迫。2007年，东城区开展了“城市土地集约利用评价与潜力释放”的工作，为老城区的土地储备管理提供了重要参考。

2. 评价单元

东城区的特点是存在大量的文物保护单位和机关事业单位，也存在许多历史遗留下来的划拨用地，产权比较复杂。出于可操作性的考虑，对原来以宗地为单位的评价单元进行了调整。第一，根据相关规划的要求，文物保护用地和其他特殊用地不宜进行评价，直接赋潜力值为0；第二，近十年来出让并开发的宗地，其各项用地指标均已用足，甚至突破，因为此类用地当前时期内已经不具有集约利用潜力，即为无潜力用地，潜力值也为0；第三，将相邻且现状用地特点相同、规划条件相同的宗地进行合并处理，作为一个评价单元，但被道路切割的宗地之间不能进行合并处理。

评价单元的调整过程，相当于初步的集约利用潜力评价，即将所有用地分为有潜力用地和无潜力用地。其中，无潜力用地包括历史文化保护区和近年来已经达到各项用地指标的地块。对有潜力地块进行划分单元的调整，对符合条件的地块进行合并，最终确定有潜力地块共110个，且评价单元多为平房区、简易楼和储备用地等。

3. 计算过程

首先，通过数据和资料调查，确定各指标的赋值、现状值和目标值；计算求得各指标的值，并进行数据标准化处理；分别向10名土地研究的专家和10名东城区有多年工作经验的政府人员发放对比打分表，利用对比打分法确定三套权重值。然后，运用评价模型分别计算求得功能潜力得分、强度潜力得分和区位潜力得分，再加权因子层得分得到最终的土地集约利用潜力值，如表2所示。

---

① 2010年7月崇文区正式撤销，与东城区合并。

表 2　土地集约利用潜力值

地块编号	潜力值	地块编号	潜力值
14-08	83.544 270	……	……
18-09	75.164 340	03-02	10.012 540
18-03	71.857 670	15-08	9.688 111
09-04	71.820 250	17-13	9.179 958
03-06	70.452 000	13-06	8.279 869
15-06	69.828 990	13-01	7.875 314
……	……	14-02	6.128 150

4. 结果分析

将表 2 的潜力值进行分级，每 20 分一级，分为高、较高、中等、较低、低五个级别。另外，加上历史文化保护区和无潜力区的地块，实现了全覆盖的老城区土地集约利用潜力评价，最终得到潜力分布图，显示的空间分布特征如下。

（1）历史文化保护区占地比例大。北京市东城区约有 1/4 的用地为历史文化保护用地，这与首都的历史沿革息息相关，不能随意占用。同时，个别文物保护用地对周围用地的建筑高度有景观要求，也就造成了部分区域的建筑高度指标偏低。

（2）无潜力区占地比例大。近几年，大量房地产开发和旧城改造项目的落实，使得东城区的可开发用地数量骤减，总面积不足全区面积的 10%，东城区可用发展用地急缺。

（3）高潜力与较高潜力的评价单元不多。它们主要集中分布在北京站区域和王府井区域，同时由于地铁和交通的便捷性，东四路口和安定门站附近的地区也具有很高的潜力；中等潜力的土地，集中在建国门大街附近和鼓楼外大街区域；较低潜力和低潜力的土地则多为地块中心区域，距离主干道较远。高潜力和较高潜力的土地单元分布呈现出明显的交通导向与商服中心导向，区位影响效果明显。

（4）从区域角度来看，体现出一定的空间集聚性。有潜力的城市土地大部分集中在东城区的东南部，北部有少量分布；中部为大量的历史文化保护地区，东侧东直门地区则已经过开发和出让释放了土地潜力，短期内不具有再次土地升值的条件。

5. 小结

在北京市东城区的实证研究中，因东城区独特的城市发展特点而进行了评价单元的调整，但整体的研究思路还是得以实施，并取得了很好的效果，得到了政府部门和专家的认可。本次应用的成功证明了本套老城区存量土地集约利用潜力评价方法的科学性和可操作性。

四、总　结

本文着眼于老城区存量土地的微观尺度，以宗地为评价单元，将多指标综合评价法作为评价方法；从概念内涵入手，逐层选取评价指标，构建了评价指标体系，最终计算求得老城区存量土地集约利用潜力值；并且通过在北京市东城区的实践应用，证明了本套评价方法的科学性和实用性。但是，由于微观评价还处于探索阶段，还有许多不完善的地方，希望更多的专家和学者能一起探讨，共同设计出一套适合我国城市老城区土地集约利用潜力评价的方法体系。

<<<参 考 文 献>>>

1 白冰冰, 成舜, 李兰维. 城市土地集约利用潜力宏观评价探讨——以内蒙古包头市为例[J]. 华东师范大学学报(哲学社会科学版), 2003, (1): 83-88.

2 陈莹, 刘康, 郑伟元, 邓红蒂, 唐程杰. 城市土地集约利用潜力评价的应用研究[J]. 中国土地科学, 2002, (4): 26-29.

3 高佩华, 高秋华. 城市土地集约利用潜力评价系统的开发与应用[J]. 东北测绘, 2003, (2): 49-51.

4 甘勇华. 城市轨道交通与其他交通方式衔接规划[J]. 华中科技大学学报(城市科学版), 2006, (S2): 112-116.

5 雷国平, 宋戈. 城镇土地集约利用的潜力计算与宏观评价[J]. 学习与探索, 2006, (6): 184-187.

6 欧雄, 冯长春, 李方. 城镇土地利用潜力评价——以广州市天河区为例[J]. 地域研究与开发, 2007, (5): 100-104.

7 唐旭, 刘耀林, 赵翔, 杨祝晖, 扈传荣. 城镇土地利用潜力评价方法研究[J]. 中国土地科学, 2009, (2): 64-69.

8 王雨晴. 城市土地利用综合效益评价与案例研究[J]. 地理科学, 2006, (6): 743-748.

9 查志强. 城市土地集约利用潜力评价指标体系的构建[J]. 浙江统计, 2002, (4): 9-11.

10 章其祥, 孙在宏. 城市土地集约利用潜力评价系统设计与实现[J]. 测绘技术学报, 2003, (4): 346-349.

11 张绍建, 王冬艳等. 基于GIS与Internet/Intranet长春市城市土地利用潜力评价系统城市土地利用综合效益评价与案例研究[R]. 国土资源科技管理, 2006.

12 张晓玲, 戴吉开, 关欣, 文倩. 基于主成分分析法的城市土地利用潜力评价[J]. 湖南农业大学学报(自然科学版), 2007, (1): 113-116.

北京市居住用地价格的空间异质性研究①

李　虹　宋　煜　崔娜娜

一、引　言

自 2004 年"8・31 大限"②以来，北京市土地交易逐步走向市场化。对于一线城市北京市来说，土地供需矛盾日益加剧。近几年，北京市居住用地呈现出"出让数量少、出让不均衡"的特点，居住出让地块多集中在五环和六环，而内城区几乎没有可供出让的居住地块。首都资源的极化效应和用地的供需不平衡使得北京市居住用地价格（简称居住地价）不断攀升，"地王"现象层出不穷。因此，有必要探讨这十多年来北京市居住地价的影响因素及其空间分异，以期为相关部门规范当前过热的地价片区提供参考。

有关居住地价的空间异质性，已有研究主要从两个方面进行测度。一是引入地统计学模型，利用半变异函数和空间插值技术测度地价的空间异质性。例如，楼立明[1]采用半变异函数研究了宁波市中心城区地价的空间分布，发现确定性因素（交通状况、基础设施等）对地价的影响要大于随机因素。吴宇哲和吴次芳[2]利用 Kriging 技术建立了杭州市中心城区住宅地价等值线图，并对比市场价格，证实了 Kriging 法的可靠性。武文杰等[3]利用 Kriging 插值法分析了 1996～2006 年北京市居住用地的时空演变特征。二是运用计量回归模型探讨居

① 本文发表于《经济与管理》2018 年 5 月，第 32 卷第 3 期。作者简介：李虹，北京大学首都发展研究院副院长，北京大学国家资源经济研究中心主任，北京大学经济学院教授，研究方向为能源经济与政策；宋煜，北京大学经济学院 2014 级博士研究生，研究方向为产业经济；崔娜娜，北京大学政府管理学院 2017 级博士后，研究方向为应用经济学。

② 2004 年 3 月，国土资源部、监察部联合下发了《关于继续开展经营性土地使用权招标拍卖挂牌出让情况执法监察工作的通知》（即"71 号令"），要求从 2004 年 8 月 31 日起，所有经营性的土地一律都要公开竞价出让，即所谓的"8・31 大限"。

住地价的空间异质性。研究方法多采用特征价格模型、空间扩展模型、地理加权回归（geographically weighted regression，GWR）模型等。例如，Walden[4]利用特征价格模型研究学校质量对城市地价空间分异的影响，发现学校质量高的地区城市地价比学校质量差的地区高约 6%。Ding[5]研究了北京市建成区内的地价空间分异与距离城市中心的关系，并指出了居住用地的地租曲线斜率。吕萍和甄辉[6]采用GWR模型探讨了北京市住宅用地价格的影响因素及其空间规律。董冠鹏等[7]选取 2004～2009 年北京市出让的居住地块，采用特征价格模型、空间扩展模型、GWR 模型研究了北京市城市住宅土地市场的空间异质性。曹天邦等[8]使用 GWR 模型对比了南京市 2003 年、2009 年住宅地价的空间分异，探讨了城市内部不同因素对住宅地价影响的空间差异性及其随时间变化的特点。

以往的研究往往从以上两个方面分开探讨居住地价的空间异质性，鲜有研究将地统计学和计量回归模型结合起来。同时，有关北京市居住地价空间异质性的研究也存在出让年份较早、时间跨度短、样本量少等问题，缺少多方法、多模型的对比分析。基于此，本文从微观层面出发，以北京市 2004～2015 年六环内出让的居住用地为研究对象，首先利用 Kriging 空间插值技术和半变异函数探讨居住地价的空间异质性结构，其次利用 GWR 模型更为深入地探讨北京市居住地价影响因素的空间分异。

二、数据来源与研究方法

1. 数据来源

以北京市六环以内出让的居住地块为研究对象，出让交易数据来源于北京市国土资源局网站（http://www.bjgtj.gov.cn/）[现北京市规划和自然资源委员会网站（http://ghgtw.beijing.gov.cn/）]发布的土地出让信息、中指数据库（CREIS）及搜房网。共搜集到北京市 2004～2015 年通过招拍挂成交的 672 块居住用地，其中，位于六环内已成交的有 422 块居住用地，地块样点空间分布西南方向较为集中，南部、东南部、东部和东北部次之，西北方向较为稀疏。数据包含宗地名称、宗地位置、交易日期、交易方式、土地属性、占地面积、建设用地面积、容积率、总建筑面积、商品住宅面积、容积率、底价、成交价、底价均价、成交均价、竞得企业、竞争对手数量、溢价率等。为保证不同年份的居住地价具有时间上的可比性，本文根据北京市国土资源局网站公布的北京市居住用地地价指数，将 2004～2015 年的交易价格统一修正到 2015 年的价格水平。

2. 研究方法

1）地统计学方法

地统计学是研究地理现象的空间分异与空间结构的一门学科[9]，以区域化变量理论为基础，最初常用于水文、土壤等领域的研究[10-12]。随着空间统计的快速发展，近年来，地统计学结合 GIS 平台被引入城市地价的研究中，其中，最常用到的是地统计学的半变异函数和空间插值技术。

（1）半变异函数。半变异函数是地统计学的基本函数之一，可反映区域化变量在地理空间上的结构性，如空间变异和空间相关[13]。其前提假设如下：假设距离较近的样本点比距离较远的样本点更相似，距离较远的样本点对相异性和方差较大；假设邻近样本点的相似只与距离有关，而与位置无关，即符合二阶平稳假设[14]。半变异函数的测度可借助 GIS 或 GS+（Geostatistics for the Environmental Sciences）软件平台实现。假设有一组空间样本（$x_1, x_2, \cdots, x_n$），符合二阶平稳假设，其半变异函数 γ（h）定义为

$$\gamma(h)=\frac{1}{2N(h)}\sum_{i=1}^{N(h)}\left[Z(x_i)-Z(x_i+h)\right]^2 \qquad (1)$$

式中，h 表示样本点间距（lag，步长）；N（h）表示距离为 h 的样本点对数；Z（x_i）表示区域化变量 Z 在空间位置 x_i 的观测值；Z（x_i+h）表示与 x_i 距离为 h 处的观测值。γ（h）不仅与间隔距离 h 有关，而且也与方向有关，γ（h）是各个方向的变异函数的总和。半变异函数曲线包含块金值（C_0）、变程（A_0）、偏基台值（C_1）和基台值（C_0+C_1）四个参数。块金值/基台值［$C_0/(C_0+C_1)$］、偏基台值/基台值［$C_1/(C_0+C_1)$］指标分别反映区域化变量空间变异的随机性因素和结构性因素占比。当变异函数在各个方向上的变化相同时，称为各向同性；反之，称为各向异性。常用的理论半变异函数模型有球状模型、高斯模型、指数模型、线性模型等。可通过拟合模型的残差平方和（residual sum of squares，RSS）来比较各模型的优劣。

（2）空间插值技术。居住地价出让样本点往往分布不均且比较离散，因此，要根据已出让居住地价样本点数据推求未知点居住地价数据，则需用到空间插值技术。空间插值方法有很多，如反距离加权法（inverse distance weighted, IDW)[15]、趋势面法、Kriging 法[16, 17]等，每种方法都有其适用范围、优缺点和局限性[18]。其中，Kriging 法最为常用[19-21]，其公式为

$$Z(x_0)=\sum_{i=1}^{n}\omega_i Z(x_i) \quad (2)$$

式中，$Z(x_0)$ 表示未知点的居住地价；$Z(x_i)$ 表示已知点的居住地价；ω_i 表示第 i 个已知点对未知点的权重；n 表示居住地地价样本点的个数。

2）GWR 模型

GWR 模型是由 Brunsdon 提出的空间变系数回归模型，该模型将观测点的空间位置纳入回归方程中，利用局部加权最小二乘法进行逐点参数估计[22]。其中，权重是回归点所在的地理空间位置到其他各观测点的地理空间位置之间的距离函数。GWR 模型是对普通线性回归全局模型的扩展，其回归参数是随着地理位置而变化的，是空间变系数回归模型[23]。扩展后的模型如下：

$$y_i=\beta_0(\mu_i,\nu_i)\sum_{k=1}^{p}\beta_k(\mu_i,\nu_i)x_{ik}+\varepsilon_i,\quad i=1,2,3\cdots,n \quad (3)$$

式中，y_i 表示第 i 个点的被解释变量；x_{ik} 表示第 i 个点的第 k 个解释变量；(μ_i,ν_i) 表示第 i 个观测点的空间地理位置坐标；$\beta_0(\mu_i,\nu_i)$ 表示第 i 个观测点的回归常数；$\beta_k(\mu_i,\nu_i)$ 表示第 i 个观测点的第 k 个变量回归系数；ε_i 表示独立同分布的随机误差项，通常假定服从正态分布，且各观测点随机误差项在统计意义上相互独立。

GWR 的核心是空间权重矩阵，它通过选取不同的空间权函数表达其对数据间空间关系的不同认识。因此，空间权函数的选择决定了 GWR 的回归系数。常用的权函数有距离阈值法、距离反比法、bi-square 函数和 Gaussian 函数，其定义和特点如表 1 所示[24,25]，但距离阈值法和距离反比法在 GWR 的参数估计中不宜采用或不宜直接采用[24]，而 bi-square 函数和 Gaussian 函数是目前 GWR 中最常用的两类权函数。

表 1　常见的几种权函数及特点

权函数		定义	特点
距离阈值法	$\omega_{ij}=\begin{cases}1 & d_{ij}\leqslant D\\ 0 & d_{ij}>D\end{cases}$	小于距离阈值，权重为 1；大于距离阈值，权重为 0	函数不连续，参数估计会发生突变
距离反比法	$\omega_{ij}=1/d_{ij}^{a}$	权重随着距离增大而逐渐减小	当回归点本身是样本点时，权重会无穷大

续表

权函数	定义		特点
bi-square 函数	$\omega_{ij}=\begin{cases}\left[1-\left(d_{ij}/b\right)^2\right]^2 & d_{ij}\leqslant b\\ 0 & d_{ij}>b\end{cases}$	小于带宽，权重随距离增加而衰减；大于带宽，权重为 0	只考虑一定范围内样本点的影响，对样本分布稀疏的区域比较敏感
Gaussian 函数	$\omega_{ij}=\exp\left[-\left(d_{ij}/b\right)^2\right]$	权重随着距离增大按自然指数逐渐减小	将研究区内所有样本点都纳入考虑

注：ω_{ij} 表示点 i 和点 j 之间的权重，d_{ij} 表示点 i 和点 j 之间的欧式距离，D 表示距离阈值，a 表示合适的常数（通常 a 取值为 1 或 2，即分别对应距离的倒数和距离倒数的平方），b 表示带宽

由于北京市 2004～2015 年出让的居住地块样本点分布并不均匀，如西南方向较为集中，西北方向较为稀疏，而 bi-square 函数对样本分布稀疏的区域比较敏感，因此本文选择权重变化相对缓和的 Gaussian 函数为权函数。此外，带宽的选择对 GWR 的回归结果有较大影响，带宽越大，权重随距离的增加衰减越缓慢；反之，带宽越小，权重随距离的增加衰减越迅速[26]。若根据邻居个数定义带宽，则会出现在西北方向等样本点分布稀疏的区域，远处的地块也将被赋予较大权重，因此，本文选择 Fixed Gaussian 函数。带宽选取的常用准则有交叉验证法（cross-validation，CV）和 Akaike 信息量准则（Akaike information criterion，AIC），其中 AIC 应用比较广泛。但在样本量小的情况下，AIC 的表现不太好，为此人们提出修正的 AIC,即 AICc（c 表示修正后的 AIC 估计值）；当样本量 n 增加时，AICc 收敛成 AIC[27]，因此，AICc 可以应用在任何样本大小的情况下。综上，本文在 GWR 模型中分别选择 Fixed Gaussian 函数和 AICc 为权函数和带宽确定准则，但同时为了验证回归结果是否稳健，本文也给出 Adaptive Gaussian、Fixed bi-square、Adaptive bi-square 三种权重和带宽组合下的 GWR 估计结果。

三、北京市居住地价的空间异质性结构分析

1. 居住地价的描述性统计

从表 2 可以看出，样本中居住地价平均值为 25 458 元/m^2，最小值为 1804 元/m^2（位于大兴区榆垡镇），最大值为 105 310 元/m^2（位于朝阳区大屯北顶村）。从 25%分位数和 75%分位数来看，居住地价频数明显右偏，不是正态分布。为了

减少非正态可能导致的数据波动较大和误差估计偏大，这里对居住地价进行对数变换，变换后的统计量如表 2 所示。为了更直观地检验居住地价是否呈正态分布，分别使用 P-P 图（基于累计观测概率）和 Q-Q 图（基于分位数）对其原始数据和对数变换后的数据进行检验。如果样本基本分布在 P-P 图和 Q-Q 图的对角线上，则说明该数据呈正态分布。可以看出，经对数变换后的居住地价（ln_price）服从正态分布。

表 2　居住地价样本的描述性统计

居住地价	样本数/个	均值/（元/m²）	中值/（元/m²）	标准差	最小值/（元/m²）	25%分位数	75%分位数	最大值/（元/m²）
原始数据	422	25 458	20 239	19 145	1 804	11 701	34 693	105 310
对数变换后	422	9.876	9.915	0.755	7.498	9.367	10.454	11.565

2. 居住地价的空间分布格局

采用 Kriging 插值技术对居住用地样本点的出让价格进行插值分析，并借助 Surfer 软件进行等值线和 3D 图形展示。可以看出，居住地价表现出多中心的圈层式空间分布，由内向外居住地价逐渐递减。出让单价高于 45 000 元/m^2 的居住用地主要集中在五环以内，其中，高值区主要分布在国贸 CBD、金融街、朝阳公园、万柳、国家奥林匹克体育中心等区域。其中，国贸 CBD 和金融街是北京市两大重要的商业中心集聚地，朝阳公园和万柳是北京市高端住宅的集聚地，如万柳书院。作为 2008 年北京奥运会的举办地国家奥林匹克体育中心版块，同样是北京市居住地价较高的区域，奥林匹克公园集观光、休闲、健身等多功能于一体，是五环内最大的城市公园，因而具有很高的景观溢价能力，带动了周边地价和房价的上涨。而出让单价低于 20000 元/m^2 的居住地块主要分布在五环以外，尤其是南五环的大片区域。

3. 居住地价的空间变异分析

根据不同空间位置上居住用地的地价数据，计算实际半方差函数值并绘制半变异函数曲线图。半方差函数的计算要求数据符合正态分布或近似正态分布，如果是偏态数据，则有可能导致空间分析中的比例效应[28, 29]，这就需要对数据进行正态变换。由于居住地价原始数据 price 并不具有正态性，对数转化后 ln_price 服从正态分布。因此，这里使用对数转化后的居住地价进行半变异函数分析。利用 GS+软件分别采用球状（Spherical）、指数（Exponential）、高斯（Gaussian）、线性（Linear）等模型对半变异函数进行拟合（表 3 和图 1），并选择拟合优度 R^2 最大，残差平方和 RSS 最小的模型。可以看出，球状模型的拟合效果最好，其拟合优度 R^2（0.957）最大，残差平方和 RSS（0.0064）最小。按照区域化变量空间自相关程度的分级标准，当块金值/基台值［$C_0/(C_0+C_1)$］分别为 25%、25%～75%、大于 75%时，空间自相关程度分别为强烈、中等、弱空间自相关[30]。当 $C_0/(C_0+C_1)$ 为 49.9%时，说明北京市居住地价具有中等程度的空间变异，其中随机性因素（如政策因素）贡献了 49.9%的空间变异，结构性因素（如区位交通、公共服务设施等）贡献了 50.1%的空间变异。

表 3　居住地价的半变异模型拟合参数

模型	块金值 C_0	偏基台值 C_1	基台值（C_0+C_1）	$C_0/(C_0+C_1)$	$C_1/(C_0+C_1)$	R^2	RSS
球状模型	0.311	0.312	0.623	0.499	0.501	0.957	0.0064
指数模型	0.309	0.337	0.646	0.478	0.522	0.933	0.0077
高斯模型	0.087	0.47	0.557	0.156	0.844	0.345	0.0761
线性模型	0.405	0.266	0.671	0.604	0.396	0.803	0.0228

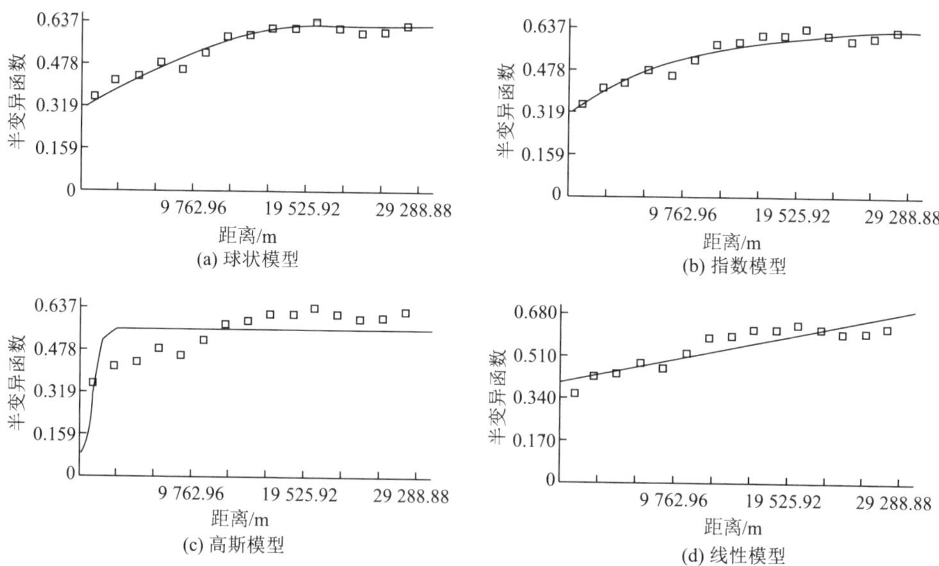

图 1　半变异函数模型拟合曲线

四、实证分析

1. 指标选择与说明

根据以往居住地价影响因素的相关文献及土地价格的有关理论，本文初步筛选出影响居住地价的几个特征。

（1）区位交通特征。在影响地价的因素中，区位因素最为重要。Alonson[31]证明了城市土地价格随到城市中心距离的增加而减少，即存在城市土地价格负的梯度。衡量交通的指标一般选择公交、地铁站、城市快速路等，其中，相比于比较成熟的公交站和城市快速路，城市轨道交通对地价的影响相对较大，但这种影响在城市区域内并非完全相同，取决于轨道交通线是否成为周边区域的重要通勤途径，以及站点对周边区域的可通达程度[32]。本文选择到天安门（Tiananmen）的距离、最近公交站（Bus）、最近地铁站（Subway）的距离等指标刻画区位交通特征。其中，到最近地铁站的距离使用的是出让地块到其出让年份已开通地铁站的距离，因此对居住地块出让时间和地铁站的开通时间进行了一一对应。

（2）邻里特征。社会经济变量（如社区阶层分布、收入等）、公共服务设施变量（如学校、医院、公园、绿地等）以及外部性变量（如污染程度、交通噪声等）均属于邻里特征。现有学术研究的邻里特征多指公共服务设施。其中，教育资源往往被认为是最为重要的邻里特征之一。本文选择到最近公园（Park）、最近三甲医院（Hospital）和最近重点小学（Kschool）的距离等指标刻画邻里特征。

（3）结构特征。结构特征包括地块面积、形状、容积率、土地开发程度等。一般情况下，地块面积越大，意味着土地的综合利用价值越高，因而居住地价越高[33]，然而，过大的宗地面积也会增大投资的成本压力。为此，本文引入地块面积的二次方，以探讨地块面积对地价的边际影响。容积率是衡量土地利用强度及其利用效益高低的指标，它的大小直接决定土地利用效益的高低[34]。此外，土地出让方式也是影响居住地价的重要因素，2004 年土地招拍挂以来，北京市居住用地出让以招标和挂牌为主，而拍卖出让的居住地块极少。基于数据的可获得性，本文选择地块面积（Area）、地块面积的平方（$Area^2$）、容积率（FAR）、土地出让方式（Leasing）等指标刻画结构特征。利用 ArcGIS 软件，分别计算出居住用地样本点到天安门、最近公交站、最近地铁站等的直线距离，各变量的统计结果如表 4 所示。

表 4 变量描述

变量特征	变量	变量描述及计算方法	均值	标准差
因变量	居住地价（land_price）	居住用地单位面积价格（元/m^2）的对数值	9.88	0.75
区位交通特征	天安门（Tiananmen）	地块到天安门距离（m）的对数值	9.73	0.44
	最近公交站（Bus）	地块到最近公交站距离（m）的对数值	5.73	0.74
	最近地铁站（Subway）	地块到出让年份开通运营的最近地铁站距离（m）的对数值	7.90	1.19
邻里特征	最近公园（Park）	地块到最近公园距离（m）的对数值	7.28	0.73
	最近三甲医院（Hospital）	地块到最近三甲医院距离（m）的对数值	8.47	0.87
	最近重点小学（Kschool）	地块到最近重点小学距离（m）的对数值	8.90	0.96
结构特征	地块面积（Area）	居住地块面积（万 m^2）	8.47	6.70
	地块面积的平方（$Area^2$）	居住地块面积的平方（万 m^2×万 m^2）	116.42	204.76
	容积率（FAR）	地块出让的容积率（%）	2.27	0.75
	土地出让方式（Leasing）	挂牌=1，招标=0	0.68	0.47

2. 模型对比

作为参照，本文基于特征价格模型（hedonic price model），测算出单个变量对居住地价的全局影响程度。该模型以普通最小二乘法（ordinary least squares，OLS）为基础，其回归系数可以提供平均意义上的解释。在特征价格模型中（表 5），拟合结果的校正 R^2 为 0.418，说明该模型对北京市居住地价的解释程度为 41.8%。天安门、最近地铁站、最近重点小学、容积率、土地出让方式通过了 1%的显著性检验，最近公交站、地块面积、地块面积的平方通过了 5%的显著性检验，而最近公园和最近三甲医院变量则不显著。天安门、最近地铁站回归系数为负，说明到天安门、最近地铁站的距离每增加 1%，居住地价分别下降 0.28%、0.12%；到最近重点小学的距离每增加 1%，居住地价下降 0.20%；地块面积变量的回归系数为正值，但地块面积的平方变量的回归系数为负值，说明地块面积对居住地价的影响整体表现出面积越大，居住地价越高，但边际影响递减；容积率每提高 1，居住地价提高 0.32%；挂牌出让的居住地价比招标出让的居住地价高 0.32%。特征价格模型的回归系数只提供平均意义上的解释，不能提供局部区域的影响程度。

表 5 OLS 和 GWR（Fixed Gaussian）估计结果

变量	OLS 回归系数	GWR（Fixed Gaussian）					
		平均值	最小值	25%分位数	中位数	75%分位数	最大值
常数项（Intercept）	12.99	14.276	7.789	12.823	13.967	15.753	22.498
天安门（Tiananmen）	−0.28***	−0.484	−1.503	−0.705	−0.474	−0.199	0.230
最近公交站（Bus）	0.10**	0.085	−0.247	0.021	0.102	0.163	0.271
最近地铁站（Subway）	−0.12***	−0.106	−0.277	−0.212	−0.094	−0.015	0.078
最近公园（Park）	0.05	0.017	−0.199	−0.040	−0.005	0.097	0.279
最近三甲医院（Hospital）	0.04	0.036	−0.155	−0.015	0.045	0.086	0.219
最近重点小学（Kschool）	−0.20***	−0.089	−0.309	−0.164	−0.100	−0.049	0.400
地块面积（Area）	0.03**	0.024	−0.045	−0.003	0.025	0.048	0.076
地块面积的平方（$Area^2$）	−0.001**	−0.001	−0.003	−0.001	−0.001	0.000	0.076
容积率（FAR）	0.32***	0.333	−0.174	0.239	0.277	0.502	0.634
土地出让方式（Leasing）	0.32***	0.297	−0.031	0.163	0.302	0.4	0.689

、*分别表示显著性水平为 0.05、0.01

因此，为进一步探究北京市居住地价的空间异质性，继续采用 GWR 模型进行分析。利用 GWR 测度出单个变量对居住地价的局部影响程度，为了保证 GWR 估计结果的稳健性，本文分别基于 Fixed Gaussian、Adaptive Gaussian、Fixed bi-square、Adaptive bi-square 四种不同的权重和带宽，做出四种 GWR 实证结果，并对其拟合效果和 AICc 值进行对比（表 6）。结果如下：

（1）基于 Adaptive Gaussian、Fixed bi-square、Adaptive bi-square 的估计结果，其回归系数的平均值、各分位数值的符号和大小与基于 Fixed Gaussian 的估计结果较为相似，说明 GWR 的估计结果相对稳健。

（2）从拟合优度来看，GWR 模型的解释力度较 OLS 明显提高，其中基于 Fixed Gaussian 的 GWR 的校正 R^2 最高，模型解释程度从 41.8%提高到 53.4%。

（3）从 AICc 来看，AICc 值越小，说明模型越好。GWR 的 AICc 值远低于 OLS，根据 Fotheringham 的判别准则，AICc 值下降大于 3 则表示 GWR 模型适用[35]，且基于 Fixed Gaussian 的 GWR 的 AICc 值最小。综上，模型估计效果 GWR>OLS，且基于 Fixed Gaussian 的 GWR 估计结果最优且稳健。因此，下面以基于 Fixed Gaussian 的 GWR 估计结果（表 5）为基础，进一步对影响因素的空间异质性进行探讨。表 5 给出了基于 Fixed Gaussian 的 GWR 模型的系数估计结果，包括回归系数的平均值、最小值、最大值和四分位数值。由于四分位数不受两端个别极大值或极小值的影响而相对稳定。因此，在考察空间分异时，关注回归系数的平均值、四分位值的方向和绝对值才有意义，而回归系数的最大值、最小值等极端值则不是本文重点考虑的对象。

表 6　模型对比

模型类型	权函数	R^2	校正 R^2	AICc
OLS	—	0.432	0.418	742.807
GWR	Fixed Gaussian	0.634	0.534	702.003
	Adaptive Gaussian	0.542	0.481	714.467
	Fixed bi-square	0.619	0.528	708.273
	Adaptive bi-square	0.605	0.522	703.869

3. 影响因素的空间异质性

根据上述 GWR 的估计结果，分别做出各影响因素回归系数的插值结果。可以看出，在三环以内，天安门的可达性优势并未凸显出来，而在三环以外，到天安门的距离越近，居住地价越高，且影响程度（回归系数的绝对值）由内向外逐渐变大。除西北部山地区域外，对于大部分区域，到最近公交站的距离越远，居住地价反而越高，这是因为北京市的公交网络非常发达，高可达性使得距离最近公交站的远近不再是开发商拿地主要考虑的因素。随着居住用地供需矛盾的越发激烈，地价的不断上涨，因而出现距离最近公交站稍远，但出让时间较晚的地块反而居住地价更高的现象。最近地铁站的回归系数在 25%分位数和 75%分位数上方向一致，说明对绝大多数样本点地铁站的可达性越高，居住地价越高，在西南方向的房山区、大兴区，地铁站对居住地价的提升作用更为明显。总之，交通设施越是不发达的区域，交通设施对居住地价的提升越明显。最近公园对居住地价的影响表现出方向性的南北差异，最近三甲医院对居住地价的影响表现出方向性的内外城差异，但最近公园和最近三甲医院在特征价格模型中并不显著。除海淀区、西城区等教育资源丰富的地区外，其他区域教育资源设施不足，因此到最近重点小学的可达性越高，居住地价越高。地块面积的回归系数均值为正，整体表现出地块面积越大，居住地价越高，但增加幅度变低。这是因为随着北京市六环内可供出让的大面积的居住地块越来越少，越来越稀缺，地块面积越大，意味着开发商可以进行大面积的土地组合开发，建设更高品质的小区，但地块面积越大，则意味着拆迁成本也越高，所以居住地价上涨的边际幅度是降低的。容积率的回归系数在 25%分位数和 75%分位数上方向一致，除东南方向的大兴区，其他区域容积率越高，居住地价越高。在绝大多数区域，挂牌出让的居住地价高于招标出让的居住地价。

五、结论与讨论

居住地价的空间异质性一直是地理学的研究热点。本文以北京市 2004～2015 年六环内居住用地样本为研究对象，借助 ArcGIS、Surfer、Stata 和 GWR 软件，首先，使用半变异函数和 Kriging 空间插值等地统计分析方法探讨了居住地价的空间异质性结果；然后，基于特征价格模型及不同权重和带宽下的 GWR 模型，进一步探讨了北京市居住地价影响因素的空间异质性。研究发现：

（1）居住地价呈多中心圈层式递减分布，且具有中等程度的空间变异。其中，居住地价的高值区主要分布在国贸 CBD、金融街、朝阳公园、万柳、国家奥林匹克体育中心等区域；低值区主要分布在五环以外，尤其是南五环的大片区域。

（2）GWR 模型改进了传统的特征价格模型，显著提高了模型的解释程度。同时，相比于 Adaptive Gaussian、Fixed bi-square、Adaptive bi-square 等的权重和带宽，基于 Fixed Gaussian 的 GWR 估计结果最优且稳健，能更有效地刻画居住用地和影响因素的空间异质性。

（3）天安门对居住地价的影响表现出显著的内外城差异，对三环以外的区域影响更为明显；交通设施越是不发达的区域，其对居住地价的提升越明显，如最近地铁站对远郊区的提升强度更大；地块面积对居住地价有正向推动作用，但边际推动递减；容积率越高，居住地价越高；相比于招标出让，挂牌出让的居住地价相对更高。这些因素由于受到区位化供给和动态需求的影响而表现出影响程度的空间异质性。

本文的研究结果可以为北京市居住用地的精细化管理及居住地价的制定提供参考借鉴，也可以为居住空间规划和居住地价的更新提供依据。本文在指标选择的过程中，没有将政策因素纳入模型中，而且在指标量化中采用了直线距离而非实际路网距离，这是下一步需要探讨和改进之处。

<<<参 考 文 献>>>

[1] 楼立明. 城市地价信息的空间分析及其应用研究[D]. 杭州：浙江大学, 2004.

[2] 吴宇哲, 吴次芳. 基 Kriging 技术的城市基准地价评估研究[J]. 经济地理, 2001, 21(5): 584-588.

[3] 武文杰, 张文忠, 刘志林, 等. 北京市居住用地出让的时空格局演变[J]. 地理研究, 2010, 29(4): 683-692.

[4] WALDEN M L. Magnet schools and the differential impact of quality on residential property values[J]. Journal of Real Estate Research, 1990, 5(2): 221-230.

[5] DING C R. Urban spatial development in the land policy reform era: evidence from Beijing[J]. Urban Studies, 2004, 41(10): 1889-1907.

[6] 吕萍, 甄辉. 基于 GWR 模型的北京市住宅用地价格影响因素及其空间规律研究[J]. 经济地理, 2010, 30(3): 472-477.

[7] 董冠鹏, 张文忠, 武文杰, 等. 北京市城市住宅土地市场空间异质性模拟与预测[J]. 地理学报, 2011, 66(6): 750-760.

[8] 曹天邦, 黄克龙, 李剑波, 等. 基于 GWR 的南京市住宅地价空间分异及演变[J]. 地理研究, 2013, 32(12): 2324-2333.

[9] 刘爱利, 王培法, 丁园圆. 地统计学概论[M]. 北京: 科学出版社, 2012.

[10] 路鹏, 彭佩钦, 宋变兰, 等. 洞庭湖平原区土壤全磷含量地统计学和 GIS 分析[J]. 中国农业科学, 2005, 38(6): 1204-1212.

[11] 胡庆芳, 杨大文, 王银堂, 等. 利用全局与局部相关函数分析流域降水空间变异性[J]. 清华大学学报(自然科学版), 2012, 52(6): 778-784.

[12] 张余庆, 陈昌春, 尹义星. 江西多年平均降水量空间插值模型的选取与比较[J]. 水土保持研究, 2013, 20(4): 69-74.

[13] 王劲峰. 空间分析[M]. 北京: 科学出版社, 2006.

[14] 汤国安, 杨昕. 地理信息系统空间分析实验教程[M]. 北京: 科学出版社, 2006.

[15] 王宇航, 缪亚敏, 杨昕. 采样点数目对反距离加权插值结果的敏感性分析[J]. 地理信息世界, 2012, 10(4): 31-35.

[16] 汪学兵, 柳玲, 吴中福. 空间内插方法在 GIS 中的应用[J]. 重庆建筑大学学报, 2004, 26(1): 35-39.

[17] 邓羽, 刘盛和, 姚峰峰, 等. 基于协同克里格的基准地价评估及空间结构分析[J]. 地理科学进展, 2009, 28(3): 403-408.

[18] 冯锦霞. 基于 GIS 与地统计学的土壤重金属元素空间变异分析[D]. 长沙: 中南大学, 2007.

[19] 郭旭东, 傅伯杰, 陈利顶, 等. 河北省遵化平原土壤养分的时空变异特征: 变异函数与 Kriging 插值分析[J]. 地理学报, 2000, 55(5): 555-566.

[20] 孟键, 马小明. Kriging 空间分析法及其在城市大气污染中的应用[J]. 数学的实践与认识, 2002, 32(2): 309-312.

[21] 曾怀恩, 黄声享. 基于 Kriging 方法的空间数据插值研究[J]. 测绘工程, 2007, 16(5): 6-10.

[22] BRUNSDON C, FOTHERINGHAM A S. Some notes on parametric significance tests for geographically weighted regression[J]. Journal of Regional Science, 1999(39): 497-524.

[23] BRUNSDON C, FOTHERINGHAM A S, CHARLTON M E. Geographically weighted regression: a method for exploring spatial nonstationarity[J]. Geographical Analysis, 1996, 28(4):

281-298.

[24] 覃文忠. 地理加权回归基本理论与应用研究[D]. 上海: 同济大学, 2007.

[25] 张洁. 基于 GWR 模型的城市住宅地价空间分异研究——以杭州市为例[D]. 杭州: 浙江大学, 2012.

[26] 刘卫东, 刘红光, 范晓梅, 等. 地区间贸易流量的产业——空间模型构建与应用[J]. 地理学报, 2012, 67(2): 147-156.

[27] BURNHAM K P, ANDERSON D R. Multimodel inference: understanding AIC and BIC in model selection[J]. Socilogical Methods & Research, 2004, 33(2): 261-304.

[28] 梅志雄. 基于半变异函数的住宅价格空间异质性分析——以东莞市为例[J]. 华南师范大学学报(自然科学版), 2008(4): 123-128.

[29] 於崇文. 数学地质的方法与应用[M]. 北京: 冶金工业出版社, 1980.

[30] CAMBARDELLA C A, MOORMAN T B, NOVAK J M et al. Field-scale variability of soil properties in central Iowa soils[J]. Soil Science Society of America Journal, 1994, 58: 1501-1511.

[31] ALONSO W. Location and land use: toward a general theory of land rent[M]. Cambridge Massachusetts: Harvard University Press, 1964.

[32] 何剑华. 用 Hedonic 模型研究北京地铁 13 号线对住宅价格的效应[D]. 北京: 清华大学, 2004.

[33] 罗罡辉, 吴次芳, 郑娟尔. 宗地面积对住宅地价的影响[J]. 中国土地科学, 2007, 21(5): 66-69.

[34] 鲍振洪, 李朝奎. 城市建筑容积率研究进展[J]. 地理科学进展, 2010, 29(4): 396-402.

[35] FOTHERINGHAM A S, BRUNSDON C, CHARLTON M. Geographically weighted regression: a natural evolution of the expansion method for spatial data analysis[J]. Environment & Planning A, 1998, 30(11): 1905-1927.

超大城市执法分权改革研究[①]

——北京市的调查与分析

万鹏飞

首都城市管理体制和机制正处于一个大的转型和变迁之中。以“横向整合、纵向分权”为内容的改革从2017年初开始实施，目前基本完成。本文以北京市区街道城管执法重心下移改革的调查为基础，首先明晰与这次改革相关的基本概念，其次考察北京市城管执法重心下移的背景和主要内容，再次是对这次改革进度的考察和过程的初步分析，最后进行深层次的思考和建议，并给出结论。

一、基本概念和研究方法

1. 基本概念

1）超大城市

超大城市（megacities）是指城区常住人口在1000万人以上的城市[②]。2016年，中国人口超千万的城市增长到13个，其中，截至2016年末，北京市常住人口达到2172.9万人。从世界范围来看，困扰超大城市的“城市病”主要表现为城市无序蔓延、交通拥堵、社会分化严重、可负担性的住房供给不足、环境

① 本文根据北京市城市管理综合行政执法局委托的课题“在构建首都城市管理大格局中发挥城管职能作用的研究——北京市下移城管执法重心改革的调查分析”研究报告改编而成。作者简介：万鹏飞，北京大学首都发展研究院副院长、北京大学政府管理学院副教授，研究方向为比较地方政府、中国基层政权的制度建设、政治与行政学理论等。

② 超大城市的界定主要依据联合国和中国政府的标准：United Nations. 2014. World Urbanization Prospects: The 2014 Revision. New York：Department of Economic and Social Affairs, Population Division；《国务院关于调整城市规模划分标准的通知》（国发〔2014〕51号）。

恶化问题严重[1]。北京市作为一个超大城市，所患“城市病”和世界其他超大城市大同小异，主要表现为人口过多、交通拥堵、房价高涨、生态环境恶化①。

2）城市管理

城市管理（urban management）可界定为城市政府利用立法、行政和司法赋予的权力，综合运用政治的、法律的、管理的理论和方法，规划城市、建设城市、维护城市、促进城市发展、提高城市生活品质活动的总称。城市管理可确保水电交通、医疗卫生和教育等基本公共服务的提供、公共利益的保护、公共资源的有效和公平配置、基础设施的运营和发展、多元利益的兼顾与协调、冲突的解决等。为确保上述目标，城市政府必须采用多种工具或手段激发各方创意，释放各方潜能，整合各方资源，建立战略性公私伙伴关系，形成城市发展合力。城市政府不仅仅扮演直接领导角色，更要发挥“四两拨千斤”的间接领导作用[2]。

3）城市治理

城市治理（urban governance）是指城市政府在合法利用公权力和发挥整合作用的前提下，贯彻共建、共享、共治理念，将政府主导治理与社会自我治理有机结合，联合社会多元主体，通过一系列程度不一的制度化安排，提供服务，实施管理，促进发展，提高民众福祉。城市治理体制机制建设，更注重多元主体的参与、非等级制方法的采用、政府和社会的合作等方面。

从语义学角度来看，管理和治理可通用，它们共通的含义是照看某些事项和做出决定的行为或活动，因此可互换。它们之间的差别是，治理主要用来指国家事务的合法控制。现代治理概念更多地强调动态性、多元性、协同性。因此，传统的城市管理特性是政府作为单一管理主体突出，指挥、控制色彩明显，手段简单、粗放；而城市治理则更多地集中于包括政府在内的多元治理主体，更多地强调参与、合作和非等级制方法。

4）城市执法

城市执法（urban law enforcement）是指城市政府在其辖区内为更好地管理城市而促使人们守法、改变或终止危害公共利益和公共秩序而采取措施的行动，具体包括：①检查，查明义务人有无违法行为；②协商，与未遵守法律的义务人进行协商，以便制定双方均同意的旨在认真履行法律义务的日程表和方法；③选择执法行动，包括口头警告、书面通知、罚款等；④提起法律诉讼，

① 习近平总书记2014年视察北京市的2·26讲话。

只有在必要时才提起法律诉讼；⑤促进守法，鼓励人们自愿遵守法律规定，如通过教育、技术援助、资金补助等措施，鼓励人们自觉、自愿守法。本文所说的守法，是指全面履行、实施城市管理有关的法律规定，其目的在于，按照城市管理法律规定的要求进行作为和不作为，实现法律规定要求的变化和结果。守法者包括所有由相关法律规定涵盖的义务人，包括公民、企业、社会组织，也包括政府自身[3]。

5）分权

从词源学上看，分权（decentralization）是指职能和权力的分配，更具体的是指政府权力从中央向区域或地方的授权[4]。本文所说的分权，是指区级政府根据中央政府和北京市政府的要求，将区级执法权力向街道和乡镇分权的举措。人们通常认为，最大限度的分权能实现公共资源分配的最大效率，能够动员地方自身资源更有效地满足地方需要，解决地方面临的问题。分权通常分为两大类，一类是具有宪法性法律所规定的分权，具有法治保障的特点；另一类是行政指令下的分权，不具有法治保障特性，这里的分权主要是一种组织系统内部的授权，视上级政府的意愿，可随时收回分权。就总体而言，学术界的共识是，为了有效促进效率和公平，有必要实现某种程度的分权化决策和集权化协调的有机统一[5]。

2. 研究方法

1）实地座谈

课题组先后赴北京市石景山区、房山区、延庆区、西城区、海淀区实地调研，与上述五区城市管理综合行政执法监察局进行座谈，走访了海淀镇城管执法队，了解改革进度和遇到的问题。

2）发放调查表

课题组和北京市城市管理综合行政执法局一起先后设计了城管执法体制改革情况调查表和街道（乡镇）城管执法队基本情况调查表，汇总全市改革基本数据。

二、北京市下移城管执法重心改革的背景和主要内容

1. 2017 年 1 月前北京市城管执法体制

北京市城市管理工作在新中国成立之初就已经开始，并随着首都政治经济

的发展逐步专业化、系统化和综合化。从新中国成立初期市、区两级分别设有爱国卫生委员会对城市环境卫生的单一管理，到改革开放之初形成市、区（县）、街道（乡镇）三级管理体制，再到 20 世纪 90 年代初出现分散的多个专业部门共同执法格局，再从共同执法逐步发展成为城市综合行政执法的管理模式。

1）北京市城管执法总体管理体制

到 2016 年底，北京市形成了“两级政府、三级管理”和“三级政府、三级管理”的综合执法体制。“两级政府、三级管理”是指市、区两级政府，加市、区、街道三级管理，街道办事处为区政府派出机构，不是一级政府，但是承担一级政府的管理工作。“三级政府、三级管理”是指市、区、乡镇三级政府，加市、区、乡镇三级管理。市局和区局之间是业务指导的关系，区局和街道之间是领导和派出的关系，即街道和乡镇是区局的派出机构，以区执法局的名义执法。具体职责分工如下：①市局主要负责制定政策法规和标准规范，指导、监督、考核区级城管执法工作，查处跨区域和重大复杂违法违规案件。②区局主要负责组织落实本辖区内执法工作，负责街道（乡镇）城管执法队人员的招录培训和重大执法活动的指挥调度、指导监督。③街道（乡镇）城管执法队是区局的派出机构，代表区局负责本区域内的日常执法工作。

改革前，北京市城管执法力量如下：北京市城管执法局 1 个，区级城管执法局 20 个，街道城管执法队 139 个，乡镇城管执法队 154 个，特殊地区城管执法队 36 个，市直属城管执法队 49 个。市、区、街道（乡镇）三级执法力量履行的处罚权力有 12 个大类 402 项（表 1）。

表 1　改革前北京市城管执法事项

序号	执法类别	处罚权数/项
1	市容环卫	153
2	公用事业	82
3	食品安全	35
4	施工现场	30
5	环境保护	29
6	园林绿化	29
7	市政	22
8	停车	15
9	工商（无照经营）	3

续表

序号	执法类别	处罚权数/项
10	城市规划（违法建设）	2
11	交通运输	1
12	旅游	1
	总计	402

数据来源：北京市城市管理综合行政执法局调研，2017 年 12 月

市级层面共有执法人员 6600 余人，皆为公务员编制，其中，大专学历占 16.85%，本科学历占 71.91%，博士、硕士学历占 11.24%。中共党员占 80%，非中共党员占 20%[①]。

2）区和街道（乡镇）执法权力关系模式

1997 年北京市城管执法力量成立之初，城管执法力量、管理重心就完全在街道（乡镇）。2004 年北京市召开第五次城市管理工作会，将区城管执法部门和街道（乡镇）双重管理执法队伍的体制调整为由区城管执法部门对街道（乡镇）基层执法队实行直接管理的垂直模式。截至 2016 年底，北京市城管队伍管理主要存在以下三种模式。

（1）东城区垂直管理模式。即街道（乡镇）城管执法队直接由区城管执法部门统筹管理"人、财、物"，不受属地监督机制约束，日常配合街道（乡镇）开展工作。①优点：一是区城管执法部门在基层执法人员管理上统一规范，在执法上能给予专业指导，确保了街道（乡镇）城管执法队的专业性、规范性；二是区城管执法部门可对全区城管队伍实施统一指挥、统一调度，解决了执行区级决策打折扣、基层执法队各自为政等问题；三是街道（乡镇）城管执法队摆脱街道（乡镇）对执法工作的干预，有效避免了属地政府的干扰，保证了执法的权威性和统一性。②缺点：一是街道（乡镇）缺少管理手段，对街道（乡镇）城管执法队进行调动、指挥存在困难，容易造成街道（乡镇）有职能、有"眼睛"、无手段；二是街道（乡镇）城管执法队日常执法协调需区城管执法部门与相关区级部门沟通，协调成本高、效率低。北京市大部分区采用这种模式。

（2）朝阳区属地管理模式。即街道（乡镇）城管执法队的"人、财、物"由街道（乡镇）管理，但业务接受区级城管执法部门的领导、指挥和监督。①优

① 北京市城市管理综合行政执法局调研，2017 年 12 月。

点：一是街道（乡镇）具有城市管理工作的拳头力量，调动城管执法队伍更加直接，并对辖区内的城管执法工作负总责，不是仅对城管一支执法队伍负责；二是街道（乡镇）城管执法队在本辖区内进行执法，便于通过街道（乡镇）平台与其他执法部门进行快速协调，协调的效率较高；三是基层城管执法人员在本街道（乡镇）范围内进行转任交流，队伍管理出口较大，同时可以得到较多的财物投入。②缺点：一是街道（乡镇）城管执法队易成为街道（乡镇）的“乡丁”，街道（乡镇）可能考虑本辖区利益，对部分违法行为选择性查处，出现执法不公现象；二是街道（乡镇）使用城管执法编制比较随意，人员被借调是普遍现象，执法业务骨干难以保留，影响执法队伍的稳定；三是区城管执法部门与基层城管执法队工作指导脱节，长期缺乏专业培训和规范管理，影响队伍的专业性、规范性、统一性。

（3）石景山区试点改革模式。2014 年，石景山区作为北京市唯一的城市管理体制改革试点区，赋予了街道办事处更大的统筹基层执法队伍的权力，具体是在街道层面成立社会治理综合执法指挥中心，全面负责辖区社会治理和综合执法工作，并坚持重心下移的原则，整合了 8 个常驻单位的执法力量，建立了街道综合联动执法体系。城管执法队也由统一管理改变为“条块结合、以块为主”的双重管理，在编制不变、职责不变、主体不变“三不变”的前提下，城管执法队整建制移交街道，日常按照指挥中心的部署开展工作。①优点：一是减少了条与条之间的执法缝隙，避免了专业部门的推诿扯皮，实现了问题早发现早解决；二是遵从目前街道办事处承担大量管理工作的现实，在工作上会比较顺利；三是自主性、灵活性加大，街道办事处能根据辖区实际积极开展工作。②缺点：一是街道办事处不是一级政府，却承担起了一级政府的职能，不符合现行法律规定；二是街道办事处力量的强化必然导致区政府职能部门更名正言顺地向街道派活甚至推责，容易造成部门的不作为。

2. 2017 年 1 月北京市下移城管执法重心改革的背景

2017 年 1 月推出的北京市下移城管执法重心改革是多种因素作用下的产物，其改革背景有以下几点[①]。

---

① 由以下三份文件综合而成：《中共中央 国务院关于深入推进城市执法体制改革 改进城市管理工作的指导意见》（2015 年 12 月 24 日）；《中共中央 国务院关于进一步加强城市规划建设管理工作的若干意见》（2016 年 2 月 6 日）；《中共北京市委 北京市人民政府关于全面深化改革提升城市规划建设管理水平的意见》（2016 年 6 月 13 日）。

1）中央推进城管执法体制改革的需要

中央推进城管执法体制改革体现了先整合，后下沉的思路。2015 年 12 月 20～21 日中共中央在北京市召开城市工作会议，会议共出台了两份纲领性文件：一是《中共中央 国务院关于深入推进城市执法体制改革 改进城市管理工作的指导意见》；二是《中共中央 国务院关于进一步加强城市规划建设管理工作的若干意见》。根据文件要求，到 2017 年底，实现市、县政府城市管理领域的机构综合设置。到 2020 年，城市管理法律法规和标准体系基本完善，执法体制基本理顺，机构和队伍建设明显加强，保障机制初步完善，服务便民高效，现代城市治理体系初步形成，城市管理效能大幅提高，人民群众满意度显著提升。横向综合、纵向分权是这次改革的总体思路，坚持以人为本、依法治理、源头治理、权责一致、协调创新各项基本原则，为这次分权改革指明了方向。根据中央要求，北京市于 2016 年 6 月 13 日出台了《中共北京市委 北京市人民政府关于全面深化改革提升城市规划建设管理水平的意见》。

上述文件是中国城市下移执法重心改革最主要的指导性文件。就下移城管执法重心改革来说，重点要解决以下两个方面的问题。

一是解决市区层面重点生产和生活领域城管执法碎片化的问题。尽管中国各城市都有城市综合执法部门，但由于部门利益的驱动，执法部门的整合程度还很初步。故本次改革首先强调进一步调整优化城市管理综合执法的范围，重点在与群众生产生活密切相关、执法频率高、多头执法扰民问题突出、专业技术要求适宜、与城市管理密切相关且需要集中行使行政处罚权的领域推行综合执法。健全完善规划、住房城乡建设、水务、交通等领域专业执法与综合执法衔接配合的体制机制。由城管执法部门牵头，搭建城市管理联合执法平台，建立城市管理综合执法与公安消防、市场监管、安全生产、环境保护等的联合执法机制。推进城市管理综合执法体系向农村地区延伸。

二是解决城管执法体制中条强块弱的问题。中国城市管理体制的一个很重要的特点是组成市区政府的各职能部门掌握着管理城市的主要资源，分兵把守，各管一摊。构成城市最基层的街道办事处和乡镇政府却权力有限、资源有限，总是被派活、被干活，他们看到问题，却没有解决问题的资源和能力，出现“看得见的，管不着；管得着的，看不见”现象。为解决条强块弱的问题，本次改革决定推进执法中心下移，明确市、区、街道（乡镇）各自职责，充实基层资源，强化基层能力，以更快速地处置违法现象，更有效地提高城管执法水平。因此，改革的方向如下：市级层面主要负责制定政策法规和标准规范，指导、监督、考核区级城管执法工作，以及查处跨区域和重大复杂违法违规案件；区级层面主要负责组织落实本辖区内的执法工作，负责街道（乡镇）城管执法队人员的招录培训和重大执法活动的指挥调度、指导监督；街道（乡镇）城管执法队仍作为区城管执法局的派出机构，管理体制调整为以街道管理为主，主要负责本区域的日常执法工作。充实基层执法力量，减少行政执法层级，稳定基层执法队伍。

2）完善城市社会治理机制的需要

中央城市工作会议强调，要落实市、区、街道、社区的管理服务责任，健全城市基层治理机制。进一步强化街道、社区党组织的领导核心作用，以社区服务型党组织建设带动社区居民自治组织、社区社会组织建设。增强社区服务功能，实现政府治理和社会调节、居民自治良性互动[6]。下移城管执法中心有助于完善城市社会治理机制。

3）疏解非首都功能、治理北京市“大城市病”的需要

疏解非首都功能是优化和保障首都功能的重要前提，是治理“大城市病”的根本性举措，是京津冀协同发展最重要的内容。疏解非首都功能中拆除违章建筑、清理污染企业、疏解区域性的物流基地和专业性的市场、整治“开墙打洞”和无照经营等，都需要明确街道（乡镇）属地责任，发挥联合执法优势，开展市、区两级专项整治行动。

3. 2017 年 1 月北京市下移城管执法重心改革的内容

2017 年 1 月 10 日，北京市机构编制委员会以 1 号文的形式颁发《北京市机构编制委员会关于调整区级城市管理体制下移执法重心有关问题的通知》(简称《通知》)，正式启动北京市下移城管执法重心改革，改革内容如下。

1）总体目标

按照“权责一致、加强统筹、协调创新”的原则，理顺权责关系，合理划分市、区、街道以及区级部门间在城市管理和执法方面的职责；明确区级城市管理主管部门，分清主次责任；下移执法重心，保障街道有能力履行相应职责。到 2017 年底，各区城市管理和执法体制基本调整到位，机构和队伍建设得到加强，保障机制初步完善，城市管理效能得到提高。

2）体制设计

（1）调整管理体制。将区街城管执法体制由区城管执法主管部门实行统一管理调整为以街道办事处为主的双重管理，业务上接受区城管执法主管部门的

指导和监督。领导干部实行双重管理、以街道管理为主。具体管理办法由各区根据工作实际研究确定。区城管执法部门派驻乡镇（地区办事处）的执法机构可参照街道做法，对管理体制一并进行调整。

（2）明确机构定位。体制调整后，街道城管执法队仍作为区城管执法主管部门的派出机构，机构名称、编制类型不变，以区城管执法主管部门的名义进行执法，相关行政复议和应诉的具体事务由街道办事处负责办理。

（3）坚持力量下沉。体制调整后，街道城管执法队使用的行政执法专项编制同步划转至街道，纳入街道办事处编制总额，其人员编制、领导职数由街道办事处进行管理。执法力量要向基层倾斜，一线执法人员数量不得低于 90%，严禁降低一线执法人员的数量，确保一线执法工作的需要。

（4）规范协管队伍。街道办事处可以根据实际工作的需要，采取招用或劳务派遣等形式配置城管执法协管人员。协管人员数量不得超过在编人员，并应当随城管执法体制改革逐步减少。协管人员只能配合执法人员从事宣传教育、巡查、信息收集、违法行为劝阻等辅助性事务，不得从事具体行政执法工作。

（5）加强指导监督。体制调整后，区城管执法主管部门要加强对街道执法工作的业务指导、专业培训和执法监督。区级层面原则上可以保留一支人员少而精的直属执法队，负责对街道城管执法工作的督查，以及跨区域及重大复杂违法案件的查处。开展重大执法活动时，区城管执法主管部门对街道城管执法队具有跨区域的调动指挥权。各区原有的特殊地区城管执法队原则上可以予以保留。区政府法制工作部门要加强对街道办事处法制工作事务的指导，提高依法行政水平。

（6）完善运行机制。理顺街道城管执法队与街道办事处职能科室、网格化指挥平台及市、区驻在街道的相关管理机构之间的关系，建立以街道城管执法队为骨干、公安为保障、相关行政部门共同参与的联合执法机制，切实提高街道办事处在城市管理工作中的统筹协调能力。健全相邻街道城管执法队之间的信息共享、协同联动、无缝衔接机制。

（7）实行费随事转。按照费随事转的原则，及时调整街道城管执法队伍的经费渠道，实现事权与财权保障相适应。街道城管执法队应当配备全国统一的执法制式服装、标志标识，按照规定配备必要的执法车辆、调查取证器材、防护用具等执法装备并规范管理。加大财政投入力度，行政执法、技术装备、检验检测所需经费全部纳入财政预算，保证体制调整后工作经费水平不降低。

3）时间进度

各区城市管理体制调整和执法重心下移工作方案应于2017年3月底前报北京市机构编制委员会办公室备案后组织实施，调整工作应于2017年6月底之前完成。有关机构调整事宜，需按权限履行相关审批程序。街道城管执法队伍双重管理办法制定工作，以及权力清单、责任清单制定公布工作应于2017年底前完成，并报北京市机构编制委员会办公室备案。

三、北京市下移城管执法重心改革的进度和过程分析

1. 北京市下移城管执法重心改革的进度

北京市下移城管执法重心改革看似简单，但实施起来却比较复杂。《通知》要求，16个区应根据各自的区情拿出实施方案。由于市级层面的改革内容总体比较原则，区与区之间差异较大，从课题组调查的情况来看，各区进度不一。

1）总体改革方案制定和落实进度

截至2017年9月20日，北京市16个区改革方案制定和落实进度如下（表2）：改革方案正在研究的有朝阳区、房山区、顺义区、密云区，共4个区；方案已提交区委区政府的有西城区、门头沟区、通州区、大兴区、怀柔区、延庆区，共6个区；区委区政府已通过方案的有东城区和丰台区，共2个区；方案已通过正在落实的有海淀区、昌平区、平谷区，共3个区。由此可见，方案已通过且在落实的区仍较少，执法体制改革仍处于初期。

表2　北京市16个区执法分权改革总体方案制定和落实情况

区	改革方案进展情况			
	方案正在研究	方案已提交区委区政府	区委区政府已通过方案	方案已经通过正在落实
东城区			√	
西城区		√		
朝阳区	√			
海淀区				√
丰台区			√	

续表

区	改革方案进展情况			
	方案正在研究	方案已提交区委区政府	区委区政府已通过方案	方案已经通过正在落实
石景山区				
门头沟区		√		
房山区	√			
通州区		√		
顺义区	√			
昌平区				√
大兴区		√		
怀柔区		√		
平谷区				√
密云区	√			
延庆区		√		

数据来源：北京市城市管理综合行政执法局调研，2017年10月

注：石景山区方案已经通过但还未落实

2）区城管执法局机关改革前后人数

从汇总的数据来看，除海淀区、西城区、朝阳区、门头沟区和顺义区（缺少海淀区改革前后的数据，缺少西城区、朝阳区、门头沟区、顺义区改革后的数据）外，北京市大多数区直属队伍机关科室编制人数在改革后都减少了，其中怀柔区下降幅度最大，编制人数减少了26名，下降了60.5%；大兴区改革前后机关科室编制人数没有变化；丰台区和通州区在改革后机关科室编制人数反而上升，分别上升了16.1%和3.8%[①]。

3）区城管执法局机关改革前后直属队伍人数

总体来看，北京市大多数区直属队伍编制人数在改革后都减少了，其中东城区下降幅度最大，编制人数减少了149名，下降了84.7%；西城区改革前后直属队伍编制人数没有变化；石景山区、通州区、怀柔区在改革后直属队伍编制人数反而上升，分别上升了22.0%、84.8%、35.7%[①]。

4）街道（乡镇）城管执法队改革前后人数

总体来看，北京市绝大多数区街道（乡镇）城管执法队编制人数都增加了，

① 北京市城市管理综合行政执法局调研，2017年10月。

其中延庆区街道（乡镇）城管执法队编制人数增加幅度最大，编制人数增加了123名，增加了3.84倍；西城区和大兴区改革前后街道（乡镇）城管执法队编制人数没有变化[①]。

5）街道（乡镇）城管执法队改革后人员基本素质

课题组从学历构成、专业构成、年龄和性别、人员来源四个方面对改革后街道（乡镇）城管执法队的基本素质进行了考察，结果如下[①]。

（1）学历构成。从执法人员的学历构成上来看，北京市街道（乡镇）城管执法队伍整体素质较高。83%的在编执法人员拥有本科及以上学历，其中本科学历的人群基数最大，占整体的73%；大专及以下学历仅占17%，占比较低。

（2）专业构成。从执法人员的专业构成上来看，北京市街道（乡镇）城管执法队伍的专业配置较为合理。法学、管理学等与执法相关领域的人群占50%以上，且城管队伍的专业类型丰富，涵盖经济学、工学、农学、文学等诸多领域，符合城管执法跨学科特点和多方面的需要。

（3）年龄和性别。从执法人员的年龄构成上来看，北京市执法队伍中30岁以下、30～40岁、40～50岁、51岁以上的人群占比较为相近，41～50岁的人群占比相对较多。从执法人员的性别构成上来看，各执法队的执法人员主要以男性为主，男性占比达到了71%。

（4）人员来源。从执法人员的来源人数上来看，通过社会招聘的方式进入城管队伍的执法人员占绝大多数，占比为46%；其中出于国家政策需要，有25%的执法人员通过军转的方式进入城管执法队伍；同时，岗位调整进入城管队伍的比例也不低，占到了17%。总的来说，城管执法人员主要来自社会招聘。

6）改革前后编制总人数

这里的编制总人数=直属队伍编制人数+街道（乡镇）城管执法队编制人数+机关科室编制人数。除海淀区、西城区、朝阳区、门头沟区、顺义区、大兴区和密云区因缺少数据无法统计外，北京市大多数区总体编制人数在改革后都增加了，其中通州区上升幅度最大，编制人数增加了397名，增加了1.46倍；怀柔区在改革前后总体编制人数没有变化；东城区在改革后总体编制人数小幅度

① 北京市城市管理综合行政执法局调研，2017年10月。

下降，和改革前基本持平[①]。

2. 北京市下移城管执法重心改革的过程分析

北京市下移城管执法重心改革是一项正在进行中的改革，对改革存在的问题和效果做科学、全面的评估还为时过早，这里仅就下移执法重心过程中课题组的发现做初步总结和分析。

1）区街道两级认知有差异

从五个区调研的情况来看，区城管执法局对于将区级直管改为以街道为主的双重管理体制有一些保留看法，担心执法队伍的专业性会受到影响，调动力量不那么方便；街道（乡镇）城管执法队员则比较倾向新体制，他们觉得，新体制可以让他们享受职级并轨的政策，双休日可以正常休息，个人发展空间更大[②]。

2）个别区卜移存在“一刀切”现象

北京市下移城管执法重心改革方案由北京市机构编制委员会颁发。方案规定了全市改革的原则、框架和具体内容，将各区实施方案留给各区机构编制委员会办公室去做，对于北京市这样一个超大城市来说是明智的做法，值得肯定。但是，缺乏对 16 个区的分类研究，导致改革方案的一些具体内容和取得区情脱节。例如，延庆区是一个城市化程度低、人口密度低、工业比较少的生态涵养发展区，一些乡镇根本没有执法任务，但是却依然要教条式地向那里下沉执法力量，导致执法任务集中地区执法力量不够。2017 年 1～8 月，延庆区共接到举报案件 1291 件，城区为 920 件，有些乡镇，如大庄科、四海、千家店都是一两件，有些地方则一件都没有[③]。

3）下移内容与中发〔2015〕37 号文有差异

根据中发〔2015〕37 号文，即《中共中央 国务院关于深入推进城市执法体制改革 改进城市管理工作的指导意见》，在设区的市推行市或区一级执法，市辖区能够承担的，可以实行区一级执法，区级城市管理部门可以向街道派驻执法机构，推动执法事项属地化管理；市辖区不能承担的，市级城市管理部门可以向市辖区和街道派驻执法机构，开展综合执法工作。派驻机构业务工作接受市或市辖区城市管理部门的领导，日常管理以所在市辖区或街道为主，负责

① 北京市城市管理综合行政执法局调研，2017 年 10 月。

② 海淀镇城管执法队访谈，2017 年 11 月 25 日。

③ 延庆区城市管理综合行政执法监察局调研，2017 年 8 月 8 日。

人的调整应当征求派驻地党工委的意见。逐步实现城管执法工作全覆盖，并向乡镇延伸，推进城乡一体化发展[7]。”很明显，中发〔2015〕37 号文逻辑很清晰：①街道（乡镇）城管执法队是区城管执法局的派驻机构；②街道（乡镇）城管执法队的业务工作接受区城管执法局的领导；③街道（乡镇）城管执法队的日常管理以街道（乡镇）为主；④街道（乡镇）城管执法队人员的调整应征求街道（乡镇）党工委的意见。

再对比看《北京市机构编制委员会关于调整区级城市管理体制下移执法重心有关问题的通知》（京编委〔2017〕1 号），调整管理体制，将区街城管执法体制由区城管执法主管部门统一管理调整为以街道办事处为主的双重管理，业务上接受区城管执法主管部门的指导和监督。领导干部实行双重管理、以街道管理为主。具体管理办法由各区根据工作实际研究确定。区城管执法部门派驻乡镇（地区办事处）的执法机构可参照街道做法，对管理体制一并进行调整。可以看出：①逻辑清晰的语言变为模糊不清的双重管理语言；②尽管街道（乡镇）城管执法队仍是区城管执法局的派出机构，但其和区城管执法局的关系、和街道（乡镇）的关系与中央的规定差异较大。

此外，北京市执法分权改革的时间进度与中发〔2015〕37 号文也很不一致，前者的要求就一年时间，即到 2017 年底，各区城市管理和执法体制基本调整到位，机构和队伍建设得到加强，保障机制初步完善，城市管理效能得到提高。中发〔2015〕37 号文则规定如下：到 2017 年底，实现市、县政府城市管理领域的机构综合设置。到 2020 年，城市管理法律法规和标准体系基本完善，执法体制基本理顺，机构和队伍建设明显加强，保障机制初步完善，服务便民高效，现代城市治理体系初步形成，城市管理效能大幅提高，人民群众满意度显著提升。

4）部分条款可能会产生法律争议

课题组对北京市下移城管执法方案印象最深的是体制设计的第 2 条，即“明确机构定位，体制调整后，街道（乡镇）城管执法队仍作为区城市执法主管部门的派出机构，机构名称、编制类型不变，以区城管执法主管部门的名义进行执法，相关行政复议和应诉的具体事务由街道办事处负责办理。”因为这一条与中国现行法律相悖，而且几乎所有区都提到了这个问题。

自 1954 年设立以来，街道办事处作为市辖区、不设区的市的人民委员会/人民政府的派出机关这一性质从来没有改变过，“市辖区、不设区的市的人民政府，经上一级人民政府批准，可以设立若干街道办事处，作为它的派出机关。[8]”就目前法律规定而言，街道办事处不是一级行政主体。行政主体是指依法享有国家行政权力，以自己的名义实施行政管理活动，并独立承担由此产生的法律责任的国家行政机关和社会组织。其中，非常重要的判定条件是行政主体必须能够“以自己的名义实施行政管理活动”并“独立承担法律责任”，而“街道作为区政府的派出机关，受区政府领导”，从法理上严格来讲，并不是一级政府，只能行使由区政府赋予的部分职权。也就是说，街道应以区政府的名义，行使区政府赋予的行政职权，实施行政管理活动，并不承担行政权的行使而产生的法律责任。因而街道只是行政管理活动的实施主体，而不是一级行政主体[9]。既然街道不是一级行政主体，它就不能独自负责办理行政复议和应诉事项，除非现行法律明文规定或有明确的司法解释。

几乎调查过的区都一致担心，“以区局的名义执法，相关的行政复议及诉讼由街道（乡镇）受理。我们对其法理性产生了质疑，咨询延庆区政府法制办公室，他们的回复是，该模式是现行体制下唯一可行的办法。但我们认为，这种做法将来会后患无穷。区局可能在什么都不知道的情况下，就要去应诉当被告……街道（乡镇）的执法队人财物已经不归区局管理，但还是区局的派出机构，将来受到起诉的是区城管执法局而不是街道（乡镇）城管执法队，实际责任由执法队承担但城管执法局是被告，如果败诉也是以城管执法局的名义败诉①。”

5）方案内容存在不严谨之处

从实施角度来看，北京市下移城管执法重心改革方案内容有些不严谨，导致各区在制定实施方案时产生歧义和疑惑，主要表现在以下三个方面。

（1）究竟什么是“双重管理”？

改革方案体制设计部分第1条规定：将区街城管执法体制由区城管执法主管部门统一管理调整为以街道办事处为主的双重管理，业务上接受区城管执法主管部门的指导和监督。领导干部实行双重管理、以街道管理为主。具体管理办法由各区根据工作实际研究确定。各区对这条规定都很困惑，实际涉及区局和街道办事处之间的职责划分。从调查的情况来看，目前似乎只有石景山区做了相对清晰的说明，他们提出了“四放六不放”②：

“放”主要包括：①日常执法管控下放给街道，属地管理主责。②日常的

① 延庆区城市管理综合行政执法监察局调研，2017年8月8日。
② 石景山区城市管理综合行政执法监察局调研，2017年8月1日。

人员、经费、装备维护下放给街道。③基层班子建设下放给街道。④队伍的日常管理下放给街道。

“不放”主要包括：①干部的轮岗交流权不放。干部在某一属地工作一段时间之后，职位怎么调，调谁，调到哪里需要由区城管执法局决定。②跨区域的执法力量调动指挥权不放。在有需要的情况下，保证城管执法局可以调动所有城管队伍。③人员招录的标准、流程、招录工作不放。保证人员素质、形象、能力符合统一标准。④监督考核的监察权不放。发现问题、派发问题、跟进问题的权利需要由城管执法局掌握。⑤教育培训及相关的指导标准不放。只有符合标准，才能参与执法。⑥业务指导数据和任务导向不放。业务指导的数据包括任务量、任务成果、考核结果等，这些需要进行通报。任务导向主要指的是自上而下的指导，将上级的指示传递给下级，指导下级该干什么、怎么干。

（2）究竟什么是“执法力量”？

改革方案体制设计部分第 3 条规定：执法力量要向基层倾斜，一线执法人员数量不得低于 90%，严禁降低一线执法人员的数量，确保一线执法工作需要。这里的“执法力量”是指区局的直属执法队，还是指区直机关人员加区局直属执法队，不得而知。结果，延庆区在制定实施方案时就向区机构编制委员会办公室询问，区机构编制委员会办公室再请示北京市机构编制委员会办公室，得到的答案是整体编制的 90%，即区直机关人员加区局直属执法队，结果区局就剩 15 个人左右，机关已无法正常运转[①]。

（3）究竟什么是“重大复杂违法案件”和“重大执法活动”？

改革方案体制设计部分第 5 条规定：区级层面原则上可以保留一支人员少而精的直属执法队，负责对街道城管执法工作的督查，以及跨区域及重大复杂违法案件的查处。开展重大执法活动时，区城管执法主管部门对街道（乡镇）城管执法队具有跨区域的调动指挥权。这里的“重大复杂违法案件”和“重大执法活动”的内涵究竟是什么？谁来界定？房山区城市管理综合行政执法监察局认为，这两个术语必须在双重管理办法中说清楚。谁来说呢？编制部门无法界定，只能靠区局来界定。根据他们的看法，凡是市区领导指派和关注的执法活动都叫重大执法活动；至于重大复杂违法案件的标准则由区局界定，

① 延庆区城市管理综合行政执法监察局调研，2017 年 8 月 8 日。

权限在区局①。

6）影响部分区执法队伍的稳定

房山区的情况比较明显。改革前，区直机关人员加区局直属执法队共计 150～160 人，改革后区直机关人员 31 人加区局直属执法队 19 人，共计 50 人，大量人员调到街道和乡镇。因为地理位置偏僻和街道待遇不如区局，区直机关有 4 人去了其他区政府部门，1 人辞职。执法队人员心理上也出现了不稳定现象，过去再偏地方的执法队也是区直机关派来的，现在从区级变为乡镇了，心理感觉不同。同时，协管人员也出现了不稳定现象。过去再远，也是区直机关派的，但是下放之后则变为乡镇，出现了辞职现象①。

四、深层次的思考和建议

为了更有效地发挥城管执法在首都城市管理大格局中的作用，构建更加科学、法治、合理的城管执法体制，可考虑在 2017 年执法重心下移改革的基础上，对未来 3～5 年的城管执法体制的改革做深层次的谋划和思考，并制定首都城管执法体制改革战略规划，统筹考虑，分类施策；依法改革，促进法治；三级联动，协同支撑；科学分析，配置力量。

1. 统筹考虑，分类施策

根据《北京城市总体规划（2016 年—2035 年）》对北京市 16 区的功能进行分类，结合各区城管执法的特性，对 16 区的城管执法改革进行科学分类，提出政策指引。课题组根据本次调查统计数据和北京市城市管理综合行政执法局提供的执法密度数据，综合辖区面积、人口、人口密度和执法密度四方面指标，发现北京市城管执法分权改革可分为三种类型，即执法核心区、执法拓展区和执法外延区，对其进行分类施策可能更加合理。

1）辖区面积

从辖区面积上来看，如图 1 所示，北京市城管执法的辖区面积从左往右可以分为三类，第一类是东城区和西城区，是北京市的核心区，辖区面积很小，仅为怀柔区的 1/43；第二类是其余的城四区；第三类是北京市远郊十区。

---

① 房山区城市管理综合行政执法监察局调研，2017 年 8 月 10 日。

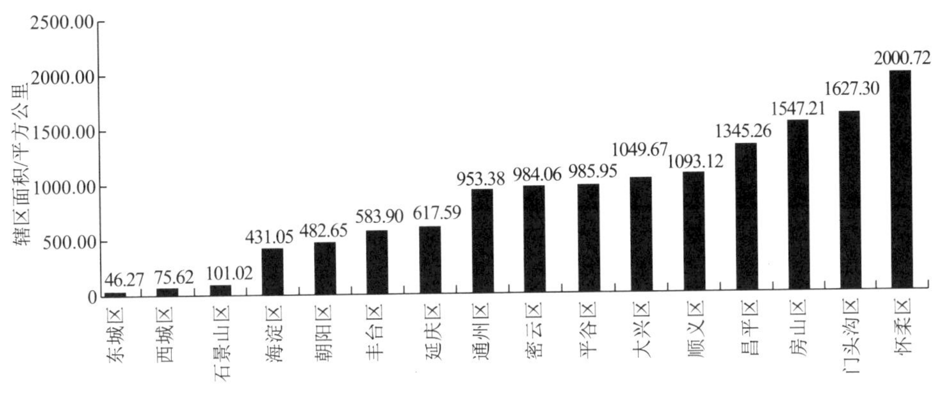

图 1　北京市各辖区面积示意图

数据来源：2017 年 9 月课题组调查统计数据，下同

2）辖区人口

从辖区人口上来看，人口数量最多的是朝阳区和海淀区，常住人口分别为 325 万人和 292 万人，两个区流动人口数量也很多，分别为 224 万人和 147 万人，管理难度大；人口数量最少的是延庆区，常住人口仅有 9 万人，仅为朝阳区的 2.8%[①]。

3）辖区人口密度

从人口密度上来看，如图 2 所示，东城区和西城区的人口密度显著高于其他区，为第一梯队；剩余城四区（朝阳区、海淀区、石景山区、丰台区）人口

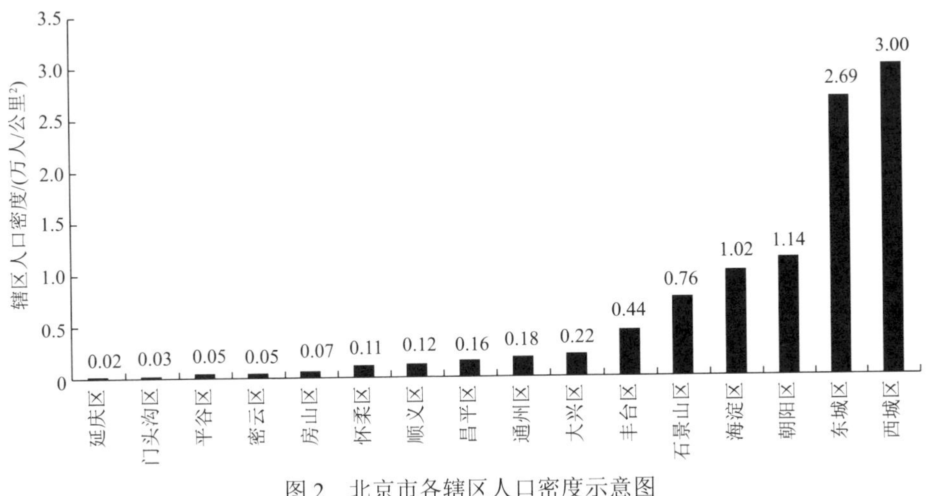

图 2　北京市各辖区人口密度示意图

① 2017 年 9 月课题组调查统计数据。

密度不到东城区和西城区人口密度的一半，为第二梯队；北京市远郊十区人口密度较低，如延庆区，其人口密度不到西城区的 1%，这些区可作为第三梯队。由此，按人口密度划分的梯队和按辖区面积划分的圈层基本吻合。

4）辖区执法密度

本文采用的执法密度计算公式为

$$执法密度=\frac{年度结案数}{执法辖区面积}\times 100\% \tag{1}$$

执法密度可用于衡量区域内执法压力的大小。选取年度结案数作为分子避免了季度性带来的偏误，分母使用执法辖区面积而非执法辖区人口是因为执法队根据区域进行划分而非人口，这样可以使执法密度较为准确地反映区域的执法压力大小。北京市各辖区执法密度如图 3 所示。

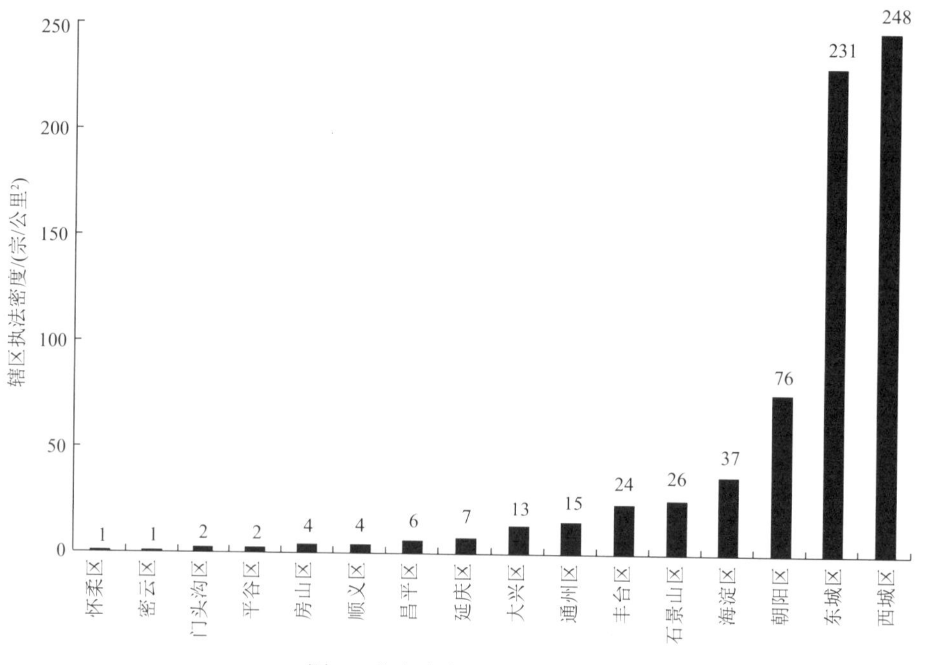

图 3　北京市各辖区执法密度

根据式（1），我们可以将北京市各辖区的行政执法分为以下三类。

（1）第一梯队——执法核心区：东城区和西城区两区。

在各类执法领域中，东城区和西城区无论是执法力量，还是执法密度都位于北京市 16 个区前列，均超过排名第三的朝阳区 2 倍以上。此外，东城区和西城区多数执法领域都显著高于北京市其他区，如在无证游商和摆摊设点方面，西城区执法密度为海淀区的 5 倍，为延庆区的 25 倍。因此，东城区和西城区的执法压力都非常大，在全市处于突出地位，应集中投入执法力量加以应对。

（2）第二梯队——执法拓展区：海淀区、朝阳区、丰台区、石景山区四区。

海淀区、朝阳区、丰台区、石景山区四区执法密度、人口密度不如东城区和西城区那么高，但显著高于北京市远郊十区，如海淀区的人口密度为平谷区的 20 倍，总体执法密度为怀柔区的 18 倍，因此海淀区、朝阳区、丰台区、石景山区四区作为北京市行政执法的拓展区，应综合考虑不同执法领域的执法状况，适当投入执法力量。

（3）第三梯队——执法外延区：门头沟区、房山区、通州区、顺义区、昌平区、大兴区、怀柔区、平谷区、密云区、延庆区十区。

北京市远郊十区：门头沟区、房山区、通州区、顺义区、昌平区、大兴区、怀柔区、平谷区、密云区、延庆区的人口密度与执法密度和城六区相比均相差较大，而彼此则较为接近，如通州区总体执法密度为 15 宗/公里^2，大兴区总体执法密度为 13 宗/公里^2。这十个区可作为执法外延区来配备执法力量。

2. 依法改革，促进法治

本次执法重心下移改革最为人所诟病的问题是有悖法律的条款，即要求“街道办事处以区城市管理执法主管部门的名义进行执法，相关行政复议和应诉的具体事务由街道办事处负责办理。”这一条规定的社会效果还有待观察。但是不管如何，执法体制改革首先要依法进行，这是最基本的要求，建议北京市可按三条路径寻求改进：一是严格按照中发〔2015〕37 号文的要求推进下一步的改革，街道（乡镇）城管执法队为区城管执法局的派出机构，不涉及执法主体的变更，不涉及区街执法体制的根本改变，只是一种属地化的管理手段，分权更是一种技术性安排；二是明确区城管执法局负责相关行政复议和应诉的具体事务；三是尽快重新制定或修改北京市街道办事处工作规定。在执法重心下移的大背景下，在“街道吹哨、部门报到”的要求下，街道的地位和作用越来越吃紧，进一步明确新形势下街道办事处的地位、作用及其与区政府各职能部门、辖区其他组织之间的相关关系尤为紧迫，也是依法改革、促进法治的必然要求。

3. 三级联动，协同支撑

根据市委、市政府要求，“市级层面主要负责制定政策法规和标准规范，指导、监督、考核区级城市管理执法工作，以及查处跨区域和重大复杂违法违规案件。区级层面主要负责组织落实本辖区内的执法工作，负责街道（乡镇）城管执法队人员的招录培训和重大执法活动的指挥调度、指导监督。街道（乡镇）城管执法队仍作为区城管执法局的派出机构，管理体制调整为以街道管理为主，主要负责本区域的日常执法工作[10]。”市、区、街道三级定位比较明确，但仍需细化。目前，正在推进的街道（乡镇）实体化综合执法平台建设[11]，是一个很好的探索。就方案来说，课题组认为还需做好以下几点。

（1）市级应尽快重新制定或修改北京市街道办事处工作规定，依法支撑实体化综合执法平台的建设。

（2）市级应进一步明确实体化综合执法平台的定位。但是，目前方案并不明晰。课题组认为，可将平台定位如下：基层综合执法平台，执法资源聚集平台，共建、共享、共治平台。

（3）市区两级政府应加大力度，提高街道（乡镇）城管执法队员的待遇。目前，街道（乡镇）城管执法队伍普遍存在地位低、待遇低、人员老化、人才流失、执法强度大等问题，对基层执法队伍的发展和稳定很不利。建议方案在目前机构实、人员实、责任实、机制实、运行实的基础上加上待遇实，可能会更加全面①。

（4）市区两级城管执法部门应改革和优化目前对街道（乡镇）城管执法队的考核办法。

一是建议加大综合执法版块分数权重，从绩效管理的逻辑来看，综合执法版块的指标属于城管部门的关键绩效指标（KPI）。因此，在赋予权重时应予以重点考虑，2015～2017年综合执法版块的分数权重虽大于其他版块，但与综合监管和队伍建设相比没有拉开距离，未能突出综合执法的重要性。建议将综合执法版块分数权重调整为40%左右，即400分左右[12]。

二是建议加大市民满意度考评的分量，逐步建立以市民满意度为主的考评机制，解决由以任务为主的考评机制所带来的恶性竞争、弄虚作假等问题。以2015～2017年综合执法版块的“街面环境秩序9类问题查处情况”项为例，违法建设按人均参与查处宗（起）数排名和按人均参与查处拆除面积（平方米）排名进行考核，其他类问题按人均案件数（起）排名和按人均罚款数（元）排名进行考核。这种考核方式的初衷是提高城管执法的主动性，但在实际执行过

① 房山区城市管理综合行政执法监察局调研，2017年8月10日；海淀镇城管执法队访谈，2017年11月25日。

程中，由于相互竞争关系，很容易使执法主动性发生异化，偏离考核初衷。具体来说，城管执法是为了惩罚违法行为和防止违法行为发生，执法发生在违法之后，是违法行为的结果。执法状况变好对应的是违法数量的减少，反映在执法力量上是执法力量的减少，这一点应该作为考核的逻辑基础。而现有的考核办法却是反向考核，从而逆向淘汰真正执法状况变好的区域，因此并不合理[①]。

三是建议执法工作中的关键事项应该采用加分制。以海淀区专项执法工作考核标准为例，整套考核标准中执法数量考核一般采用扣分制，罚款金额考核采用加分制。例如，非法小广告专项中，考核标准制定了海淀区各执法队停机号码采集录入数量，完成采集录入数量在 50%（含）以上未到 100%的，扣除 3 分；执法队当月完成小广告类立案处罚的，当月罚款额累计达到 10 000～15 000 元（含 10 000 元）加 2 分[②]。

上述考核方式过于粗放。从组织行为学的角度来看，加分是正激励，减分是负激励，即加分的逻辑是提升部门人员的主动性，减分的逻辑是降低部门人员的惰性。因此，结合 KPI 绩效管理理论，建议对于执法工作中的关键事项应该采用加分制，以提高执法队人员的积极性为主；对于执法工作中的次要工作应该采用扣分制，以减轻执法队人员的不作为现象。换句话说，每年专项执法工作的考核应该首先明确哪些工作是该年度/季度/月度执法工作的“牛鼻子”，对于这些工作，执法数量考核和罚款金额考核都应采用加分制，对于相对次要的工作，执法数量考核和罚款金额考核则应采用扣分制。

4. 科学分析，配置力量

不同执法类型在计算执法力量时，不应简单地只根据结案数量衡量执法力量，需充分考虑执法类型的特性赋予权重。例如，违法建设执法需要的人力、器械、工具较多，相较于无证游商和摆摊设点所需的人财物更多，因此同样是一件执法案件，违法建设执法案件的执法压力就远大于无证游商和摆摊设点案件的执法压力。

因此，在计算执法力量时，要对不同执法类型加权求总。具体权重应根据执法经验，通过专家调研赋值。例如，非法建设执法案件平均需要 5 名执法队

---

① 北京市城市管理综合行政执法局，2015~2017 年全市城管系统依法立案及罚款情况；北京市海淀区城市管理综合行政执法监察局，《关于印发 8 月份占道经营整治执法任务的通知》和《2017 年海淀城管执法监察局街面环境秩序八类专项指标任务（二季度）》。

② 海淀区城市管理综合行政执法监察局，《2017 年海淀区专项执法工作考核标准》。

员、2台推土车，而摆摊设点案件平均需要2名执法队员，可将非法建设执法案件权重赋值为6，摆摊设点案件权重赋值为2，分别乘以各自结案数再加总，从而得到执法力量总数。

在考虑如何配备执法资源时，应围绕执法压力/工作量展开，衡量执法压力最好的指标是执法密度，其他指标如人口密度也是通过反映在执法密度上进而影响执法压力。执法资源配置的结果要符合执法密度的分布规律，至少在高低排序上要符合。例如，2016年东城区执法密度为231宗/公里^2，丰台区为24宗/公里^2，说明东城区执法压力比丰台区大，然而执法改革后东城区编制总数为548人，丰台区为839人，东城区执法力量反而比丰台区小，这就说明两个区域的执法力量配置不合理。

五、结　论

北京市执法重心下移改革是一个正在进行中的个案。这项改革为我们提供了一个窗口，来观察中央政府关于城市执法分权改革的总体要求和北京市的实施方案。城市执法分权改革是中国政府全面深化改革的一个组成部分，也是中国政府致力于国家治理体系和能力现代化建设的重要组成部分。北京市作为中国的首都和一个超大城市，想用一年的时间完成中央计划五年实现的目标，不能不说是一种雄心和抱负。

北京市级层面出台一个改革框架性方案，让各区制定各自的实施方案，本身就是一个分权的做法，倒也省时省力。但是，在方案实施过程中可以看到，这项改革并不是一个谋定而后动的改革，改革方案显得有些仓促、草率和粗放。一是北京市的改革方案与中发〔2015〕37号文的原则要求有较大差异，改革形式相近，但精神不同，值得检讨。改革方案将中央清晰的改革内容模糊化，不利于改革的整体推进，增加了改革的成本。二是改革未能体现中央强调的依法治理要求。尽管北京市的街道办事处总体规模较大，地位较重要，但毕竟不是一级政府。将街道办事处置于行政执法主体的位置并不是突破现行体制的明智做法，与法治政府建设大趋势不一致。三是改革方案的整体考量和顶层设计不充分，对北京16个区缺乏类型学的研究和划分，导致一些改革措施简单化和“一刀切”，具有形式主义的特征。四是方案的实施更加凸显改革方案的粗放。一些关键词没有清晰的概念和界定，导致各区在方案实施过程中歧义迭出，不得不临时征询，北京市机构编制委员会办公室也不得不以口头方式告知。这种对改革方案的阐释方式带有很大的主观性和随意性，很不严肃，是行政主导一切的典型体现，是人治的典型体现，与中央和北京市强调的精细化管理要求相矛盾。五是改革方案没有充分考虑到与现行体制的有机衔接，大改大动，看似坚决，实则鲁莽，导致人员队伍不稳定。六是城管执法体制的一些问题也不是完全可以靠执法重心下移所能解决的。

北京市目前正在试点推进的街道（乡镇）实体化综合执法平台的建设值得肯定，但配套措施仍需细化，效果尚有待观察。北京市下移城管执法重心改革能否可持续，是否过一段时间又重新陷入分权-集权-再分权-再集权的循环，值得关注。

<<<参 考 文 献>>>

[1] Kübler D, Lefèvre C . Megacity governance and the state. Urban Research & Practice, Urban Research & Practice, 2017: 378-395.

[2] 罗森布鲁姆 D H, 克拉夫丘克 R S. 关于公共行政的界定//《公共行政学: 管理、政治和法律的路径》(第 5 版). 北京: 中国人民大学出版社, 2002: 5-6；Acioly Jr C. Urban Management: an introductory note// Sirry A. Urban Management Practices in Secondary Cities in Egypt: the case of Belbeis. Cairo: Elias Modern Publishing House, 2003.

[3] 美国国家环保局. 环境执法原理. 王曦等译. 北京: 民主与建设出版社, 1999: 5.

[4] merriam-webster dictionary online. https://www.merriam-webster.com/dictionary/decentralization [2017-12-05].

[5] Wong K K, Socha T. Decentralization// International Encyclopedia of the Social Sciences. Darity Jr W A. Detroit: Macmillan Reference USA, 2008: 250-251.

[6] 中共中央 国务院关于进一步加强城市规划建设管理工作的若干意见. http://www.xinhuanet.com//politics/2016-02/21/c_1118109546.htm[2018-12-23].

[7] 中共中央 国务院关于深入推进城市执法体制改革 改进城市管理工作的指导意见. http://www.qstheory.cn/yaowen/2015-12/31/c_1117632025.htm[2018-12-23].

[8] 中华人民共和国地方各级人民代表大会和地方各级人民政府组织法. http://www.npc.gov.cn/npc/xinwen/2015-08/31/content_1945578.htm[2018-12-23].

[9] 徐静琳. 行政法与行政诉讼法学(第二版). 上海: 上海大学出版社, 2010: 69-71.

[10] 中共北京市委 北京市人民政府关于全面深化改革提升城市规划建设管理水平的意见. http: //zfxxgk.beijing.gov.cn/11011518/gz22j/2016-12/06/content_767104.shtml[2018-12-23].

[11] 北京市城市管理综合行政执法局. 关于进一步加强街道乡镇实体化综合执法平台建设的指导意见(征求意见稿), 2017.10 月 25 日；张工同志在全市加强街道乡镇实体化综合执法平台建设推广部署会上的讲话, 2017 年 11 月 9 日。

[12] 北京市城市管理综合行政执法局. 关于印发城管执法系统考核评价办法的通知, 2015 年 12 月；2017 年北京市城管执法系统考核评价办法实施细则.

北京市完善服务中央单位和驻京部队工作机制及对策研究①

李平原　李　珂

党的十八大以来，党中央团结带领全国各族人民，统筹推进“五位一体”总体布局，协调推进“四个全面”战略布局，以五大发展理念引领时代发展，奋进在全面建成小康社会的大道上，开创了治国理政新篇章，首都北京与全国一样在大发展大繁荣中取得显著成效。

习近平总书记十分关心北京市的发展，2014 年和 2017 年两次视察北京市并发表重要讲话，系统阐述了与首都发展有关的方向性、根本性问题，深刻阐述了“建设一个什么样的首都，怎样建设首都”这一重大时代课题。北京市高度重视学习贯彻习近平总书记两次视察北京市时的重要讲话精神。北京市委书记蔡奇表示，首都发展的全部要义，就是牢固确立首都城市战略定位，加强“四个中心”功能建设，提高“四个服务”水平，这也是首都职责所在②。

其实，早在 1983 年 7 月，中共中央、国务院在关于《北京城市建设总体规划方案》的批复中，提出了首都“四个服务”的职能定位。2005 年 1 月，国务院在关于《北京城市总体规划（2004 年—2020 年）》的批复中，进一步明确了做好“四个服务”的要求，即为中央党、政、军领导机关的工作服务，为国家的国际交往服务，为科技和教育发展服务，为改善人民群众生活服务。随着中国的国际地位迅速提高，北京市的各项工作必须要更加有利于为中央党、政、

① 本文为 2013 年北京市人民政府对外联络服务办公室（简称市外联办）委托课题的主要研究成果。作者简介：李平原，北京大学首都发展研究院副院长、博士，研究方向为公共政策、现当代中国政治研究、政府治理；李珂，管理学博士，中国劳动关系学院劳动关系与工会研究中心研究员，研究方向为劳动社会学与高等教育管理。

② 北京市委书记蔡奇：奋力开创首都发展更加美好的明天. http://cpc.people.com.cn/n1/2018/0514/c64094-29985378.html[2018-12-10].

军领导机关服务，为日益扩大的国际交往服务，为国家教育、科技、文化和卫生事业的发展服务，为市民的工作和生活服务。应该说，北京市的“四个服务”已经融入经济社会发展的方方面面，在服务“四个中心”功能建设中发挥着重要作用。

服务中央单位和驻京部队工作是北京市做好“四个服务”的内在要求和政治责任，是新时代彰显大国首都风范，保障首都核心职能高效运转的重要支撑。北京市委、市政府始终强调，要全力搞好“四个服务”，牢固树立首都意识、大局意识、服务意识，把“四个服务”作为做好首都工作必须完成的基本任务。2006年以来，北京市政府进一步强化服务意识、提高服务效率，以高度的政治责任感，努力为中央单位和驻京部队的发展服务。近年来，服务工作取得显著成效：领导体制更加完善，统筹协调能力大幅度提升；服务机制不断创新，服务对象满意度不断提高；服务效率进一步提高，重大项目落地显著加快；以服务促合作，互利共赢的良好局面不断巩固。

服务中央单位和驻京部队是一项非常复杂的系统工作，涉及面广，头绪繁杂。在体制机制运行上还存在一些困难和问题：市区、部门间联动效率和服务水平仍需提高，各区县和职能部门的服务水平存在差距；服务意识需进一步增强，尤其是主动服务的意识；战略合作的潜力需进一步挖掘，以加强与中央单位和驻京部队的有效对接、资源共享；双向沟通需进一步加强，要积极寻找合作互动的契合点、共赢点；服务方法与方式需进一步创新。

课题组主要采用问卷调查法和访谈法了解并掌握全市服务中央单位和驻京部队工作情况。此次调查采取定向发放问卷的方式，共发放问卷146份，收回有效问卷130份。其中，向北京市各职能单位和区县发放问卷65份，收回有效问卷65份；向中央单位和驻京部队发放问卷81份，收回有效问卷65份。

一、北京市服务中央单位和驻京部队的现状分析

1. 北京市服务中央单位和驻京部队的现状

（1）从机构设置上看，北京市各职能部门和区县间还存在较大差异。从调查问卷的统计结果来看，“设立专门机构服务中央单位和驻京部队”的比例仅为26.2%，而“未设立专门服务机构，由办公室或其他职能部门承担服务功能”的比例则为73.8%。目前，各单位在服务机构建设方面主要有以下三类情况：

①承担服务事项较多的市属职能部门和区县，如北京市住房和城乡建设委员会、西城区、东城区、海淀区等设立了专门的外联服务机构；②有些单位在办公室或其他职能部门加挂外联办牌子，赋予相应的服务职能；③其他单位虽然没有设立正式的（或挂牌）外联服务机构，但都指定相应部门专职负责服务中央单位和驻京部队工作。

（2）从任务负担上看，各市属职能部门和区县间也存在较大差异。在所有区县中，服务事项多于 150 项的约占 1/4，服务事项较多（年均 50～150 项）的比例稍高于 1/2。而北京市职能部门服务事项在年均 50～150 项的比例为 36.5%，这一集中趋势与各区县相同。但北京市职能单位服务事项多于 150 项的比例为 34.6%，这一比例高于区县。以上数据表明，无论是区县，还是职能部门，服务规模在年均 50～150 项的比例最高。北京市政府服务中央单位和驻京部队的工作机制已为工作常态。在市属职能部门中，发改、教育、人力社保、规划、国土、住建等部门的服务任务较重；在区县中，东城区、西城区、海淀区等中心城区承担的服务项目较多。

（3）从任务来源上看，职能范围内的常规服务和市政府及市外联办交办等被动服务是各单位服务事项的主要来源，主动服务意识还需要进一步加强。从调查问卷的频次统计结果来看，职能范围内的常规服务和市政府及市外联办交办居前两位，远高于其他类别的比例，而主动向服务对象征求的服务事项比例则最低。

（4）从服务对象上看，由于各单位职责任务不同，其服务对象的范围也存在较大差异，中央国家机关和驻京部队是北京市职能部门和区县在服务工作中联系比较普遍的对象。从调查问卷的统计结果来看，中央国家机关和驻京部队作为服务对象的频次分别为 44 次和 35 次。中央在京高校和主要科研院所作为服务对象的频次为 32 次，中央企业作为服务对象的频次为 27 次，中央在京金融机构作为服务对象的频次最低，为 17。由于职责任务不同，各单位服务对象的范围也存在较大差异，只有很少市属职能部门和区县服务对象能够涵盖所有类型中央单位和驻京部队。

（5）从服务内容上看，周边环境治理服务、教育服务、规划建设土地服务、资金支持服务等是当前北京市为中央单位和驻京部队服务的主要内容。从调查问卷的统计结果来看，周边环境治理服务被选中的频次最高，达到 26 次，其他依次是教育服务为 22 次，规划建设土地服务和资金支持服务频次相同，为 19 次。其余服务内容依次是就业和社会保障服务、水电气热服务、医疗卫生服务、治安交通服务、园林水务服务、社会建设和人口综合管理服务。

（6）从服务方式上看，公函交流是北京市服务中央单位和驻京部队的主要方式，具体而言，区县和职能部门的情况还有所不同。从调查问卷的统计结果来看，在区县和职能单位的服务方式上，来函被选择的频次最高。对于区县来说，居第二位的是上门服务；而对于职能单位来说，居第二位的则是电话服务。

2. 北京市服务中央单位和驻京部队的困难及问题分析

总体来看，北京市服务中央单位和驻京部队的困难及问题主要包括以下几个方面。

1）区县和职能部门对服务中央单位和驻京部队工作的认识存在差异

单独将服务中央单位和驻京部队工作提出予以加强，该如何认识？一些区县和职能部门在工作实践中存在认识不清的问题。这些问题主要体现在：一是政府各职能部门已有的职能分工体系已经承载了各项公共服务职能，现在要强调服务中央单位和驻京部队，这些服务与原来已有的服务有什么不同？二是辖区内中央单位和驻京部队数量有限，或职能部门职责与中央单位和驻京部队几乎没有交叉，服务工作如何强化？三是市委、市政府从全市角度所提出的关于服务的要求能否适合各区县或职能部门的实际？

2）"人、财、物"匮乏是区县和职能部门普遍遇到的困难

在市级层面成立了北京市服务中央单位和驻京部队工作领导小组（简称领导小组），统筹协调这项工作；且在市政府办公厅下设专门办公室负责日常工作的运行。而在各区县和职能部门这一层级，目前设立专门机构与市外联办及服务对象联系的区县和职能部门尚属少数，大部分区县和职能部门还没有设立这一专门机构。

3）北京市与中央单位和驻京部队的沟通渠道已经建立，但仍有拓展的空间

双方对接过程中存在一定的困难。一方面，有些区县反映，由于级别相差较大，区级单位和中央单位之间缺乏规范长效的联系、沟通机制，信息不对称，如果中央单位不主动与区级单位联系，区级单位就难以了解相关情况。另一方面，中央单位和驻京部队通过多种途径与北京市方面取得联系，进而协调解决相关事宜，更多属于"一事一议"性质的沟通，并没有形成稳定的、长期的沟通联络机制。

4）中央单位和驻京部队的一些服务需求高于区县或职能部门的服务能力

服务中央单位及驻京部队面临土地、资源、环境等条件相对紧缺的问题，

部分用地单位对国家和北京市土地管理政策法规缺乏了解，再加上历史原因导致占地情况复杂，遗留问题较多，影响了项目依法合规落地和土地确权认定。而中央单位和驻京部队存在很多涉密事项，难以审批类信息的报送尺度和信息反馈机制需进一步完善。

二、中央单位和驻京部队对北京市的服务期待分析

1. 中央单位和驻京部队对北京市政府外联服务的需求及总体评价

（1）中央单位和驻京部队对市外联办已经有一定了解，但了解程度还有待提高。从调查问卷的统计结果来看，对市外联办工作熟悉且经常联系的占18.5%，比较熟悉但很少联系的占30.9%，听说过但没有联系的占21%，不熟悉和从没听说过的一共占 29.7%。其中，在经常与市外联办联系的服务对象中，通过市外联办与北京市联系的比例高达 93.3%；与之相对的，在对市外联办工作的了解程度为听说过但没联系、不熟悉、从没听说过的服务对象中，不是通过市外联办与北京市联系的比例也分别高达 94.1%、90.9%、100%，因此北京市联系的主要渠道和市对外联办的了解程度具有较强的相关性，二者相互印证。

（2）在与北京市沟通方面，中央单位和驻京部队存在较大差异。在调查问卷中，我们对中央单位和驻京部队与北京市的沟通预设了五个渠道，结果显示，对于中央单位而言，排在第一位的渠道是市委、市政府其他职能部门，被选中的频次为41次；而对于驻京部队而言，排在第一位的渠道则是北京市外联办，频次为9次。从调查问卷的统计结果所反映的数据及排序情况来看，中央单位在与北京市沟通方面体现了“自上而下”的体制沟通特点；而驻京部队与北京市的联系则更多地体现了“程序沟通”的军地共建特点。

（3）辖区内中央单位和驻京部队的数量决定了服务对象与辖区政府的联系频次；而职能部门的职责分工是决定服务对象与其联络的重要变量。在所有的区县中，服务对象联系频次比较密集的前三名是西城区、海淀区、东城区，频次分别为42次、33次、22次。而在北京市职能部门中，与市规划委员会、市住房和城乡建设委员会、市公安局、市人力资源和社会保障局、市政府办公厅、市国土资源局、市交通委员会、市政府国有资产监督管理委员会、市地方税务局等单位的联系频次较高，其中，市规划委员会、市住房和城乡建设委员会、市公安局、市人力资源和社会保障局的频次更是达到了30次及以上。总体

来看，中央单位和驻京部队的联系对象与北京市职能部门和区县的服务对象基本上呈现一致性特征。

（4）中央单位和驻京部队对北京市的服务需求主要集中于民生领域的公共服务和关涉自身单位发展的规划建设土地需求。从调查问卷的统计结果来看，被中央单位和驻京部队选中事项的频次排名前六的依次是医疗卫生和教育、治安交通、规划建设土地、行政审批、水电气热、就业和社会保障，调查对象对这六项服务需求的频次都在 30 次以上。其他服务需求也有反映，但在需求的广泛性上远不如上述六项服务。显然，从中央单位和驻京部队所反映的需求来看，主要包括两大类：一大类是医疗卫生和教育、治安交通、就业和社会保障等民生方面的需求；另一大类则是在涉及单位自身发展建设方面时所产生的规划建设土地需求。

（5）中央单位和驻京部队对北京市所提供的服务总体是满意的。从调查问卷的统计结果来看，大部分中央单位和驻京部队对北京市的服务工作是比较满意的。北京市在加强对中央单位和驻京部队服务工作的同时，服务对象对北京市服务的满意度也大幅增加，不仅认为“没有问题”，而且与北京市合作共赢的新局面正在形成。

2. 中央单位和驻京部队与北京市合作共赢情况及分析

1）服务促进发展，合作共赢现状

中央单位和驻京部队给予北京市经济社会发展的大力支持主要体现在以下六个方面：一是贡献地方财政，促进经济发展；二是强化科技创新领域合作，助推核心区建设；三是加强人才培养和交流，共建高端人才基地；四是参与城市建设，支持社会管理和创新；五是驻区单位积极参与功能区建设；六是共促文化发展繁荣，共创文明城区。

2）对合作共赢机制的分析

中央单位和驻京部队在参与和推动首都经济社会发展方面主要有四个模式框架。

一是借助中央国家机关，争取政策支持，改善民生建设。在涉及某些具体民生领域的事项时，北京市可以充分利用其地利优势，加强与中央国家机关的沟通，争取国家的政策支持和资源倾斜，以提升北京市在相关民生领域的建设水平，从而达到互利双赢。

二是吸引中央企业投资高质量项目，实现互利双赢。北京市可以根据整体发展规划，在确定未来产业结构布局的基础上，加强与中央企业的战略合作，多吸引一些富有高科技含量、引领产业发展、强化自主创新的项目在北京市落地。

三是与国家级科研院所和中央在京高校加强联系，整合科研教育资源，强化科研成果的就地转化力度。北京市通过加大与中央在京高校共建政策、资金支持力度，将共建高校改革发展纳入北京市经济社会发展的总体规划中，深入推动人才培养模式完善，大力支持教学改革与科研创新，全面提升办学水平和文化影响力；促进中央在京高校科技成果转化和产业化发展进程。

四是实现军地共建，建设爱军拥军模范城。北京市各个层面的政府部门均应进一步增强国防意识，深刻认识驻京部队对国家发展稳定、促进社会和谐及提高综合实力的巨大作用，建设爱军拥军模范城。

3）辩证认识中央单位和驻京部队与北京市的合作共赢关系

建立健全服务中央单位和驻京部队工作体制机制，着力做好联络沟通、统筹协调、整合对接工作，构建联络更加紧密、服务更加有力、合作更加深入的工作格局，是做好这项服务工作的基本目标。

对合作共赢关系应有一个全面、辩证的认识：一是做好服务工作是地方政府的当然义务，不因是否具有合作共赢关系而存在；二是合作共赢关系的构建是做好服务工作的“果”，而不能成为做好服务工作的“因”；三是合作共赢，赢的不仅是眼前利益。

三、关于完善服务工作机制的政策建议

在以上分析的基础上，我们认为应从两个层面着手推进服务工作机制的完善。首先，确立服务工作的价值理念，该理念是开展此项工作的思想基础，只有确立了正确的工作理念，才能在实际工作中取得实效。其次，从体系建设、机制完善、合作共赢、绩效考核、沟通交流等方面提出具体思路。

1. 价值取向

1）公众本位价值取向

公众本位是指以公众为主体、为核心，以公众的意愿、期望和需求作为政府服务的出发点与归宿点，体现了新公共管理中倡导的“公众至上”的理念，

是当代公共管理的新趋向。在政府服务中央单位和驻京部队的过程中，政府服务要坚持公众本位的价值取向，符合民主政治、执政为民和社会主义市场经济发展的要求。

（1）民主政治的要求。按照卢梭在《社会契约论》中所界定的契约要义，民主政府的公共权力最终来源于公众的“授权和让渡”。政府作为公共权力的行使者，其权威的不可侵犯性是毋庸置疑的，政府权力具有凌驾于其他一般社会组织之上的天然性，但是公民根据契约让渡给政府的公共权力不是无条件的，而是以政府代表公共利益，提供优质服务并向公民负责为前提的。也就是说，政府必须对公众负责，为公众服务，维护公众利益。

（2）执政为民的体现。立党为公，执政为民，是新时期中国共产党的执政之基，力量之源，同样也是各级政府行政的主题。这就要求政府在进行公共服务的过程中，应当始终坚持最广泛地集中公众的智慧，最充分地表现公众的意愿，最真诚地关注民生；应该做到热情服务，深怀爱民之心，恪守为民之责，善谋富民之策，多办利民之事，诚心诚意为人民谋利益。坚持民主决策，民主执行，有效提供公共产品和公共服务，满足公众要求。

（3）社会主义市场经济发展的需求。健全和完善社会主义市场经济，要求政府在管理过程中始终以公众为本位，提高政府制定和执行法律、公共政策的能力，满足公众对市场经济发展的秩序诉求；健全社会保障制度，满足公众对市场经济发展中的稳定诉求；加强政府的宏观调控能力，满足公众对市场经济发展中的公平诉求。因此，政府必须切实把公众本位的价值取向贯彻到政府服务的公众满意度测评中，把握公众的需求结构，追求公众的价值期望，提高公众的满意度。推行“阳光”行政，建立双向沟通机制，才能消除对政府服务的疑虑，融洽彼此间的关系，不断增加中央单位、驻京部队对政府的信任和了解。

2）服务型政府价值取向

服务型政府一般是指以市场为导向，以企业、社会和公众为主体，以提供公共服务为特征的政府行政模式。它以提高公共管理质量和公共服务水平为目标，以发展为主题，是市场经济条件下政府管理的一种新模式。也有学者认为，服务型政府是指政府以公民本位、社会本位为指导理念，以为人民服务为宗旨，向公民和社会企业提供公共服务和公共产品。由此可见，服务型政府的一个核心职能就是服务，根本目标就是公众满意，政府不断改善和提高自身的服务质量，从服务中赢得公众与社会的认可和满意。在政府服务的公众满意度测评中以服务型政府为价值取向，是创新政府服务的现实要求。

要建立以提供服务为特征的政府管理机制。在这种机制中，虽然也有“管制”，但不是计划经济体制中的直接管制，而是用市场的方法进行引导和协调，使政府管理既不越位，也不缺位、错位，全力以赴做好自己该做、能够做好的事情；改变“政府管理就是审批，就是管理和处罚”的错误认识，真正实现政府职能重心由统治职能向管理职能，由管理职能向服务职能的历史性大转移、大超越，以适应时代的要求，满足公众的需要。

转变对服务型政府的认识，增强现代服务意识。服务型政府不仅要求政府改变服务态度，还要求政府全面提升服务绩效和变革服务理念，其目标是要塑造一个让公众满意的政府。好的服务态度和好的服务环境是服务型政府的一个要求，但不是本质的、根本的要求。服务型政府的本质是政府职能重心的转移，其根本则是公众的满意，其具体的实现则有赖于公共服务市场化与公共服务绩效管理条件下维护性公共服务、社会性公共服务的提供。适时地从对服务型政府的错误认识中解放出来，不仅可以增加对服务型政府本质内涵的理解，而且可以避免使服务型政府建设流于形式。

市场经济发展的需求。健全和完善社会主义市场经济，要求政府在管理过程中始终以公众为本位，提高政府制定和执行法律、公共政策的能力，满足公众对市场经济发展的秩序诉求；健全社会保障制度，满足公众对市场经济发展中的稳定诉求；加强政府的宏观调控能力，满足公众对市场经济发展中的公平诉求。因此，政府必须切实把公众本位的价值取向贯彻到政府服务工作中，把握中央单位和驻京部队的需求结构，提高服务工作的效率和满意度。

3）绩效为本价值取向

绩效为本是指在政府服务中央单位和驻京部队的过程中，以政府服务的绩效作为测评满意度的依据和标准。在政府服务中央单位和驻京部队的过程中坚持绩效为本的价值取向，既是有效地评估政府服务绩效的需要，也是准确测评其服务公众满意度的必然要求。在传统的政府管理中，政府服务总是处于“恩赐者”的地位，服务对象不可能，也不能对其服务提出异议，因而也就谈不上对其服务进行绩效评估。事实上，离开了对政府服务的绩效进行评估，缺乏绩效为本的意识，很容易导致对政府服务的监督乏力，再加上政府行为自利性的驱使，从而使政府自身利益很难与公众利益协调起来，甚至出现不同程度的背离，最终影响服务对象对其服务的满意度。政府服务绩效缺乏必要的衡量标准，因而一些政府服务带有很大的随意性。例如，有些政府服务部门在服务过程中只注重服务结果，倡导结果为本，不计政府服务的投入和成本，从而使政府服务成本居高不下，效率低下。更有甚者，在政府服务中只做表面文章，不求真正的实效。因此，以绩效为本的价值取向，首先就是可以引导政府的相关服务部门转变服务观念，注重服务绩效。其次，就是要求为政府的服务绩效评估设立评估的标准，建立科学的评估机制，为测评政府服务的绩效创造条件。同时，也使服务对象真正了解政府服务绩效，从而认真评估与相关部门的合作情况和服务需求。可见，在政府服务中央单位和驻京部队的过程中坚持绩效为本的价值取向，就是要求在服务中既要追求服务的效果，又要追求服务的效率，更要注重服务的成本，把服务的结果和服务的过程统筹兼顾起来，把服务的效率与效益结合起来，真正建立一个让人满意的高绩效政府，而不是“辛苦政府”或“好人政府”。

2. 具体思路

1）进一步完善组织机构，建立市级统筹、上下联动、全市“一盘棋”的服务格局

组织体系的建设是一个长时间、多维度的工作。就北京市服务中央单位和驻京部队的工作而言，服务体系建设应从以下几个方面着手。

（1）充分发挥领导小组的统筹协调作用。

中央单位和驻京部队的很多项目通常需要高层审批决策，对于一些项目而言，没有市级领导的直接参与，推进力度就难以保障。只有加强中央单位、驻京部队与北京市级领导会晤沟通，才能更好地推动项目的具体落实。北京市已经于 2013 年 11 月在市级层面建立了领导小组，由分管市领导亲自挂帅，这大大加强了服务中央单位的工作保障力度。客观而言，首都各区县在功能定位上有所不同，依照目前的划分来看，各区县可分为功能核心区、城市功能拓展区、城市发展新区和生态涵养发展区。从工作实际出发，在不同功能区的中央单位和驻京部队的服务需求也存在较大差异。因此，北京市应从市级层面给予总体统筹和协调，根据各区县中央单位和驻京部队的数量及服务需求情况，相应地推动服务组织体系和服务队伍的建设，从而因地制宜地满足区县所属的中央单位和驻京部队的需求。

（2）推动市级职能部门、区县服务机构的建设。

在领导小组统筹协调的基础上，完善综合服务体系的组织框架，由市外联办牵头梳理不同事项的办理流程，确定各类工作标准。同时，加强对各部门人员的培训，实现全市对外口径一致。组建全市范围内的、系统的、规范的、纵

向联系和横向联系畅通的服务体系；进一步完善、细化综合服务协调机构的职能和机构设置，提高其协调服务能力；在市属各委办局和 16 个区县统筹设置分支机构，明确职能、隶属关系，定岗定编，建立规范的工作制度。在这样的服务体系框架下，领导小组办公室既可以推进分级协调机制在实践中良性运行，又可以对各区县和各职能部门的服务工作进行相应的督查，以提高服务工作的效率和质量。

具体到各单位，建议成立以市属各委办局和 16 个区县党政一把手为主要负责人的领导小组，并坚持重大事宜上会集体讨论，以确保高质量完成工作任务。严格贯彻落实制度体系，坚持主管领导亲自负责，相关处室统筹做好服务保障工作，逐级建立工作指挥体系，中心机关各处室及所属各单位分工协作、密切配合，加强与市外联办及各单位属地区政府对口部门的联系，积极主动地开展工作。

2）健全服务协调机制，确保与中央单位和驻京部队之间的沟通顺畅

（1）建立服务事项分级协调机制。

在服务工作实践中，就每一项服务事项而言，其涉及的工作部门和层级有所不同。为提高服务效率，推动服务事项的落实，可以根据服务事项的不同建立分级协调机制：①主责单位协调。对于相关责任单位可独立做出决定的事项，主责单位即可在职权职责范围内迅速处理，并及时反馈给服务对象。对于一些需要相关区县或部门配合的服务事项，主责单位也可以根据工作需要主动与其他部门沟通，并作为牵头部门对服务事项进行协调。②领导小组办公室专项协调。北京市已成立服务中央单位和驻京部队工作领导小组，领导小组办公室设在市政府办公厅，市外联办具体承担领导小组办公室工作，负责组织协调本市服务工作。在这种制度安排下，对于主责单位难以协调解决的一些事项，可由领导小组办公室召集相关区县和部门进行协调磋商，形成解决方案后，经领导小组批准同意，再按议定事项尽快办理。③领导小组办公室专题协调。一些服务事项涉及的政策层面较高、动用资源较多，已超出领导小组办公室的协调范畴。在这种情况下，可由领导小组办公室将这类事项提交领导小组召开专题会议进行研究，报请相关市领导，由市政府牵头协调，最后再通过相关责任单位予以落实。

（2）建立专项服务事项综合协调机制。

通过对近几年服务工作实践的总结梳理，大部分服务事项具有明显的行业性和日常性特征，但也有一些服务事项只涉及某一具体单位，具有阶段性和唯

一性特点。对于这些服务事项，应借鉴项目管理运行机制，建立专项服务事项综合协调机制。可根据中央单位和驻京部队的需求实际，成立由相关责任单位组成的专项协调小组，进而在领导小组的领导下，对专项服务事项进行研究协调，建立专项服务制度。领导小组可根据服务事项的进展情况择机听取专项协调小组的工作汇报，而专项协调小组则应定期（至少每季度一次）以口头或书面的形式向领导小组汇报工作进展情况，在每年度末则要向领导小组提交书面的本年度服务工作总结及下一年度工作计划。在专项服务事项协调运行中，领导小组办公室要发挥组织联络作用，对专项协调工作进行定期总结，针对协调进程中需要解决的焦点问题，可由领导小组办公室召集相关责任单位予以研究商讨，拟定具体意见后上报领导小组审定。

（3）完善高层会商机制。

经过近年来的积极探索，北京市与中央单位和驻京部队已形成了稳定、高效、密切的互动关系，且已经建立了高层联动会商机制，如每年度三个座谈会、半年一度的首都经济形势分析会等。高层会商既有利于市委、市政府与中央单位和驻京部队在宏观层面上充分沟通、互相交流、达成共识，也有利于中央单位和驻京部队了解和掌握北京市委、市政府的经济社会形势，为双方开展有效合作奠定基础。因此，应不断完善高层会商机制，具体而言：领导小组办公室可定期（至少半年一次）组织召开由市委、市政府、中央单位和驻京部队相关领导出席的工作座谈会；针对一些具体的服务事项，领导小组办公室可以安排市委、市政府主要领导到中央单位走访座谈，听取中央单位和驻京部队的意见与建议，就服务事项进行沟通交流，解决一些服务过程中的难点问题；中央在京企业和金融机构既是北京市的服务对象，也是首都经济的重要组成部分，可邀请这些单位的相关领导或专家参加市委、市政府组织召开的经济形势分析会，并听取他们对首都经济发展的看法和建议；通过近年来的积极探索，北京市与中央单位和驻京部队已经形成了良好的高层会商机制，为双方的沟通联络奠定了坚实的基础，领导小组办公室承担统筹协调职责，在日常工作中，应及时以纪要、公函、备忘录等书面形式总结梳理高层会商成果；为安排好每年的工作计划，领导小组办公室可在每年第一季度向市委、市政府专题汇报服务中央单位和驻京部队的工作情况。

（4）不断完善联系人制度。

北京市设立市外联办以来，逐步建立和完善了联系人制度，在中央单位和驻京部队明确了主管领导、部分负责人和日常联系人三级联系人，并建立了联系人台账；在各区县和各职能部门也按照“市级统筹、对口服务、属地负责”的原则成立了相应的对外联络服务机构，确定了联系人。从工作实践来看，双方的联系人架起了服务提供方与服务对象之间的桥梁，很多服务事项的日常运转和协调都是通过联系人的沟通实现的，双方的联系人在信息交流、上传下达、工作落实、程序协调等方面发挥了重要作用。

今后，应不断完善此项制度，建立北京市联络服务体系内部顺畅的横向、纵向联系机制。主要包括：①可由领导小组办公室定期（每季度末一次）组织召开联系人座谈会，双方交流情况、听取意见、研究工作。②增加本市各部门之间交流学习的机会，多举办学习交流活动和专项培训，带动各部门整体服务水平的提升，实现市级综合服务协调部门与各区县委办局服务中央相关联系人之间的顺畅沟通和紧密合作。③保持联系人台账的及时更新。编制全市范围内的联系人信息手册，并根据需要，在一定范围内共享；联系人信息如有更改，应随时通报，实现服务体系内部的横向、纵向便捷沟通。

（5）健全重要会议、重大活动服务保障机制。

北京市作为首都，中央单位和驻京部队经常在京召开重要会议或举办重大活动，对会议或活动的保障要求很高。从一定程度上来说，会议保障工作是否得力有效直接影响了会议或活动能否顺利召开。北京市作为属地单位，在会议活动保障方面承担着重要责任。在工作实际中，可根据重要会议、重大活动的实际需要，成立由相关市领导担任组长、市政府办公厅牵头组织、相关区县和部门参加的专项服务保障工作领导小组和工作机构，根据服务保障对象的目标要求、活动内容、规模规格、特点属性等，制定周详的保障工作方案，明确责任，认真落实，确保会议和活动的顺利举行。就这项工作而言，北京市在重要会议和重大活动服务保障方面积累了丰富经验，今后可将这些经验继续转化为工作机制，形成常态工作机制，从而形成制度性保障。

（6）建立意见建议征求和信息通报机制。

充分依托市外联办与中央单位和驻京部队的信息交流平台，建立意见建议征求机制，加强服务工作情况通报，促进合作交流。通过市外联办召开的服务工作会议、定期开展的服务事项满意度调查问卷以及“市外联服务动态”，全面反映市区服务工作开展情况、服务任务落实情况以及存在的突出困难和问题，并取得中央单位和驻京部队的理解支持。

领导小组办公室可通过专报、简报、工作通信等形式，定期（每季度一次）将本市阶段性中心工作与重要事项向中央单位和驻京部队进行通报。在本市出台重大政策措施和研究解决社会热点、焦点问题之前，通过市政府对外联络服务平台，及时征求中央单位和驻京部队的意见建议，并对这些意见建议进行汇总梳理，为市委、市政府科学决策提供参考。各区县和职能部门也应根据自己部门开展服务事项的情况，通过上门走访、座谈会、发函等方式，主动征求服务对象的意见建议，并将服务事项办理结果及时向具体的服务单位进行通报。

同时，积极推介区县各领域经济合作的需求情况，促进合作交流。市外联办每年尽早向各部门通报年度服务中央单位和驻京部队工作重点，随时通报新增重点关注事项，便于各单位把握重点，积极落实。

3）多渠道、多层次搭建平台，深化央地、军地间合作共赢

（1）建立资源共建共享平台，推动央地、军地资源整合。

北京市作为首都，是我国的政治中心和文化中心，有着明显的区位优势。中央单位和驻京部队是党及国家的运转中枢，关乎大局，也是国家具体政策的制定者。基于共处一地的特殊性，双方彼此依存，互相支撑，经过多年的发展实践，双方已经形成了密切的合作共赢关系。目前，北京市加强了服务中央单位和驻京部队工作，形成了稳定有序的服务工作机制。就长远发展来看，北京市致力于建设中国特色的世界城市，而中央单位和驻京部队也有自身的发展需求，可依托现有的服务体系、服务网络等建立北京市与中央单位和驻京部队的资源共建共享平台。建立资源共享平台之后，一方面，北京市可利用属地优势，为中央单位和驻京部队提供更好的服务，为他们的发展提供尽可能的有力支持；另一方面，中央单位和驻京部队可根据自身部门的发展需求，按照就地就近原则，与北京市开展战略合作，依托北京市的区位优势，实现自身的发展需求。如此一来，便可实现资源的共建共享，推动央地、军地的资源整合，实现双方的合作共赢。各区县、各部门也可在推动服务事项落实的过程中，利用资源优势，积极做好“属地对接”和“对口对接”，深入挖掘与中央单位和驻京部队的合作潜力，丰富合作内容，形成资源共享、优势互补、有效合作，强化优势互补，促进中央单位和驻京部队项目落地，推动战略合作深入发展。

（2）推动建立央地、军地联动机制，帮助破解首都发展过程中遇到的环境污染、交通拥堵等难题。

伴随着北京市的快速发展和人口规模的迅速增加，北京市作为特大型城市，也出现了大气污染、交通拥堵、资源供求矛盾等经济社会难题。这些问题的出现，既影响了北京市居民的城市生活质量，也制约了首都的可持续发展。中央单位，特别是中央国家机关，一方面可在政策等方面向北京市提供有力支持，

如在一些节能环保政策上让北京市开展先行先试、推动北京市与周边省市开展环境治理联动等；另一方面，作为首都经济社会生活的重要组成部分，中央单位和驻京部队也可以在首都节能减排、城乡绿化、城市道路微循环改善等工作中给予北京市大力配合。建议北京市通过建立首都环境综合治理联防联控机制等方式，进一步加强与中央单位和驻京部队的联系并赢得支持，逐步破解城市发展过程中遇到的各类难题，实现首都经济社会的和谐、可持续发展。

（3）搭建科研合作平台，提高北京市科技创新能力。

中央单位和驻京部队科研实力雄厚。中央单位和驻京部队及所属在京科研院校的发展，对首都教育事业的发展，促进首都率先基本实现教育现代化的目标，具有举足轻重的作用。北京市在做好“四个服务”工作的基础上，可充分利用中央在京高校资源优势，继续优化首都教育发展环境，搞好共建项目。为中央单位和驻京部队及所属在京科研院校的发展提供支撑，充分调动首都科学教育系统的科研创新能力，为北京市科技创新添砖加瓦，争取在服务中实现互利共赢。

区县与各职能部门是服务中央单位和驻京部队的实践主体，在服务中央单位和驻京部队的实践中，应该在央地、军地科技教育资源整合对接中发挥作用，积极探索利用和整合首都科技资源组织模式与运行机制，搭建首都创新资源平台，进一步整合首都高校、科研院所、中央企业等创新资源。通过北京市与中央单位和驻京部队的有效合作，形成产学研用相结合、军民融合、产业集群等创新发展模式。加快推进中关村科学城和未来科技城建设，有力地促进中关村国家自主创新示范区创新发展，并通过科技成果的有效转化，推进产业创新和产业升级。

利用北京市高等教育资源集中的优势，统筹推动在京中央高校和市属高校的共建合作，不断提升人才、学科、科研三位一体的创新能力，有效对接国家科技重大专项、重大科技基础设施和国家科技计划项目，不断优化央地科研与产业资源的对接机制，为首都的发展提供“高精尖”人才支撑和源源不断的创新动力。

4）强化全过程控制，建立更加科学规范的绩效管理体系

作为一种内部评估，绩效考核的评价方法是政府部门为提高自身的效率和责任而进行的自律式评估，应采用“专项考评”，将规范性和可行性相结合，对原有的扣分式进行改革，在实践中逐渐探索出一套适切的衡量指标。考虑从效率、能力、服务质量、公共责任和社会公众满意程度等方面，对服务中央单位

和驻京部队的投入、产出、中期成果和最终成果所反映的绩效进行评定。参考360度反馈方法，全视角地考察各区县委办局相关服务机构服务中央单位和驻京部队工作的效率和质量。就考核的机制建设而言，课题组认为，应该从以下方面予以加强。

（1）强化工作责任落实。中央单位和驻京部队的需求是北京市的服务事项源起。对于一项服务事项而言，北京市在对外联络服务机制中将服务提供方分为首办单位、主责单位、领导小组办公室等相关责任单位。这一责任分工机制，既明确了各责任单位的具体职责，也有利于分工合作，上下协调，推进服务事项的落实。服务事项应采取首办单位负责制，即首办单位负责统筹协调，全程跟踪，推进落实，并将办理结果向服务对象予以反馈通报；主责单位则负责与需求单位保持密切联系，定期（受理服务事项后，每月至少一次）沟通事项的进展情况，协商解决事项办理过程中遇到的实际困难或问题；领导小组办公室则应定期（根据服务事项情况确定周期）选取一批中央单位和驻京部队重大项目、重要事项进行全程跟踪，开展重点服务。通过上述责任分工机制，各相关单位就能明确自己的责任，为服务事项的顺利推进提供制度保障。

（2）加强督查督办，完善绩效考核。责任明确以后，关键在于落实，而工作的落实离不开一个有效、及时的督查督办机制。为确保区县和职能部门将服务的责任落到实处，提高服务质量和效率，应在市级层面建立督查督办机制，加大对各责任单位的督查督办力度，将督查督办结果纳入区县、职能部门的绩效管理范围。通过强化市外联办服务中央单位和驻京部队的监督指导作用，优化绩效考核内容及评分标准，切实起到考核的激励作用。

各区县所辖的中央单位和驻京部队的数量规模存在较大差异，不同职能部门被中央单位和驻京部队需要的程度也有很大区别。在这种情况下，如果简单地用一种“一刀切”式的考核方法，如一张统一固定的考核量表，就会抹杀各区县工作实际的差异，进而造成一定程度的不公正。所以，从考核理念上看，应该建立分类考核机制，即在对各区县和各职能部门服务中央单位和驻京部队实际情况分类的基础上，相应地制定考核方案，确定考核指标，合理设置评价分数比重，适当降低中央单位和驻京部队满意度评价分数比重，提高区县完成重点服务任务工作量得分比重，减少因主观因素造成的评价失真，进而对服务部门的工作进行综合评价分析，从而达到实事求是、客观公正的效果。

通过年底考核中服务满意度的调查考核建立信息反馈机制，对中央单位满意度调查评分较低问题较突出的主要事项进行及时反馈，促使被考察对象更有针对性地进行整改，推动北京市服务中央在京单位质量的提高。评分方法可采用加权评分的方式，即委办局可自选重点服务单位，作为满意度考评主要评分依据，其他一般服务单位作为辅助评分依据，二者各有权重，最后加权评分。根据单位性质调整评分体系的机制，充分了解各单位的实际情况，避免苦乐不均的现象。例如，针对部分服务面窄、项目少、主要面向基层的单位，一方面可以考虑设立“无不满意或无过失就不扣分”等政策，另一方面也可为服务项目少的委办局创造一定的得分条件。

5）加强基础性工作，进一步完善制度、人才、信息化等保障机制，为改进全市外联服务工作提供更好的保障

（1）完善制度保障。2013 年底，北京市出台了《全面加强服务中央单位和驻京部队工作的意见》（简称《意见》），这既是对近年来北京市服务工作的提升和概括，又对进一步做好这项工作明确了方向，提出了要求。该《意见》从制度建设层面上解决了服务中央单位和驻京部队工作的机制建设事宜，从这一点上来讲，具有里程碑意义。同时，对于区县、各职能部门、中央单位和驻京部队而言，在精确领会和认真落实该《意见》的工作实践中，一些制度要求还需要做细致解读，并因地制宜地加以落实。也就是说，为确保该《意见》能对工作实际起到实实在在的指导作用，还要继续加强制度建设，从更细致、更具操作性的角度推进该《意见》的落实。这些制度应包括《意见》实施细则、领导小组工作规则、信息报送制度、督查督办办法等。如果这些配套制度能陆续出台，必将对各区县和职能部门起到更为有力的指导作用。

（2）加强信息化建设。在网络时代，信息化在我国的政务运行中发挥着越来越重要的作用。对于对外联络服务工作而言，推动沟通联络方式创新的主要途径就是加强信息化建设。依据部分区县服务中央单位和驻京部队的成功经验，运用现代信息技术，通过网站建设、网络服务流程设计、远程服务沟通等手段，加强服务方式创新。这样一来，既有利于降低北京市与中央单位和驻京部队的沟通联络成本，又可以实现提供服务方和服务对象之间的有效对接，为政策宣传、事项办理、联络沟通、信息搜集反馈等提供基础平台。

（3）重视人才队伍建设。组织管理服务工作最终还要落实到人，没有一支强有力的队伍，则无法将工作方针落实到实践中。基于当前的工作实际，可以采取专职和兼职相结合的方式加强干部队伍建设，确保在区县和职能部门层面达到“有机构、有人员”，只有这样，才能确保服务工作区别于常规意义上的政府服务，且不流于形式，能够实现与中央单位和驻京部队的深度沟通及合作。

服务队伍成立以后，应加强有针对性的教育培训。其中，服务理念的培训至关重要，应让每一位从事这项工作的人都能领会到，做好“四个服务”关乎工作大局，应从政治高度来看待这项工作。同时，这项工作也是一个政策性较强的工作，是非主观意愿就能做好的，市级层面定期组织相关单位人员开展培训和专题研究，可以实施实地观摩、经验交流、学习研讨等措施，深入学习相关政策，不断提高服务能力，从而推动工作水平不断提升。

总之，随着中央单位和驻京部队服务事项的大幅度增长以及服务内容涵盖范围的扩展，市政府以及相关部门需要切实提高服务中央单位和驻京部队的本领，解决供需之间的矛盾，为双方的合作共赢创造有利条件。

<<<参 考 文 献>>>

1 卢梭. 社会契约论. 何兆武, 译. 北京: 商务印书馆, 2003.

2 周志忍. 政府绩效评估中的公民参与: 我国的实践历程与前景. 中国行政管理, 2008(01): 111-118.

3 燕继荣. 服务型政府的研究路向——近十年来国内服务型政府研究综述. 学海, 2009(01): 191-201.

4 郭金龙主持会议研究服务中央单位和驻京部队工作等事项. http://cpc.people.com.cn/GB/64093/117005/11758634.html[2018-12-02].

5 吉林同志在北京市服务中央单位和驻京部队工作会上的讲话. 2011-04-26.

6 全力推动联络服务工作取得新突破新成效. 中共北京市委常委、常务副市长吉林同志在服务中央单位和驻京部队工作会议上的讲话. 2012-05-10.

7 北京市各委办局 2012 年服务中央单位和驻京部队工作总结. 2012-12-01.

8 服务促发展 力创新业绩——外联服务办 2012 年工作总结及 2013 年工作计划. 2012-12-18.

京津冀协同发展战略篇

中国首都圈发展的三大战略①

谭成文　李国平　杨开忠

一、构建首都圈的必要性

首都圈是都市圈的一种。它是以首都为中心的都市圈，通常从城市规模、科技水平等方面进行研究，以人流、物流、信息流、经济流为划分标准[1, 2]。我国对于首都圈没有过系统的研究，但是有过规划实践（1982 年的《北京城市建设总体规划方案》）。谭成文和杨开忠[3]根据经济联系的紧密程度，划分出中国首都圈的范围：主要包括北京、天津、廊坊、保定、沧州、承德、张家口、唐山、秦皇岛 9 个城市。总面积为 168 739km^2，1998 年人口为 6016 万人，占全国总人口的 4.8%；总就业人口为 3029.6 万人，占全国总就业人口的 4.3%②。根据国际经验和历史经验，首都要实现可持续发展，要建设成为具有国际竞争力的世界城市，必须有一个相邻地区（即首都圈）作为支撑，与周边地区（即首都圈内其他地区）协调发展。首都圈正是首都可持续发展，建设成为世界城市的区域战略。

1. 城市因素——北京发展的需要

1）北京建设世界城市的需要

1993 年，中共中央、国务院在关于北京城市建设总体规划方案的批复中明

---

① 本文发表于《地理科学》2001 年第 21 卷第 1 期。作者简介：谭成文，发表文章时为北京大学博士生，现为国家发展和改革委员会投资司城建投资处处长，研究方向为区域经济、品牌战略、房地产研究；李国平，北京大学首都发展研究院院长，北京大学首都高端智库首席专家，教授，研究方向为经济地理学、区域经济学、城市与区域规划、首都区域研究；杨开忠，首都经济贸易大学副校长，北京大学教授，北京大学首都高端智库学术委员会主任，研究方向为经济地理学、区域科学/区域与城市经济学、规划与政策分析、可持续发展理论与政策、中国发展与改革。

② 根据《北京统计年鉴 1999》、《天津统计年鉴 1999》和《河北经济年鉴 1999》有关数据计算而得。

确提出，将北京建成现代化国际城市。从世界城市发展的一般规律来看，竞争优势是其出现的动因，规模经济和外部经济是其发展、壮大的强大推动力，即世界城市的崛起有其区域原因。世界区域是世界城市的依托，世界区域孕育世界城市的发展。一方面，只有生产要素和社会、政治、文化活动不断向世界城市集中，并形成具有规模经济的世界区域，才可使经济社会效益最大化；另一方面，世界城市建设还必须充分借助区域内其他城市提供的正外部效应。

2）北京可持续发展的需要

北京要实现可持续发展，必须解决水问题和环境问题。要解决水问题和环境问题，仅仅局限于北京内部是行不通的。北京缺水，很显然无法依靠自身解决；环境问题与产业有关，产业结构调整必须从区域的角度进行考虑。

北京目前最为稀缺的生产要素莫过于水资源。北京水资源储量小，且时空分布不均，水污染严重，以及其他种种自然和人为原因，使得北京成为中国，乃至世界上严重缺水的城市之一，水资源短缺已成为北京进一步发展的重要制约因素。北京只有和周边地区协调好关系，从周边地区获得水供给（开源），将一些耗水的产业转移至周边富水地区（节流），才能实现其可持续发展。

环境问题的产生是产业和人口过度集中的一种反映，北京环境质量差是最根本的不可持续因素。数百年的人类开发，特别是新中国成立后大力发展重工业的方向，使得北京面临很大的生态环境压力。尽管近年来北京开始注意工业结构改造和技术改革，环境保护投入不断增加，控制和治理城市污染的呼声与日俱增，加强环境管理的政策措施大量出台，但北京地区的生态环境改善进程缓慢。目前采用的衡量大气污染的 3 项指标中，氮氧化物含量和总悬浮颗粒物（TSP）含量全年超标，二氧化硫含量在采暖期间超标，其现状是堪忧的。在更大的区域尺度考虑产业与人口的配置，消除过度集中，也有利于环境问题的解决。

2. 区域因素——区域一体化的需要

1）中国北方经济持续发展的需要

随着改革开放的深入，以经济区域为主结构的新的发展形式，正在演变成为中国经济格局的最大地区性特征[4]。在全球化、区域化的进程中，我国区域经济也在努力发展，以期在 21 世纪获得更大的国际竞争优势。在我国华南经济发展中，珠江三角洲起到了龙头作用；在华东及长江流域经济区发展中，上海及长江三角洲起到了龙头作用。而我国整个北方经济的发展相对落后，尚且没有形成如此强大龙头作用的经济区域。但是，北京与周边地区作为一个具有中心作用和前景的经济区域，最有可能成为此类龙头地区。因此，加快北京与周边地区的发展，就成为加快中国北方经济发展的必由之路。

2）区域经济协调发展的需要

北京与周边地区存在严重的产业趋同化现象，在基础设施方面，存在封闭经营的问题。大市场分割导致资源无法优化配置，严重地削弱了地区参与国际市场分工的竞争优势，使得区域国际竞争力低下。改革开放以来，特别是实行市场经济以来，这种状况在一定程度上得到了改善。只有加强北京与周边地区的联系，真正依据各自的比较优势进行定位，在正确定位的基础上，制定协调的区域政策，发挥各自的竞争优势潜能，才能增强区域整体实力，在参与国际分工时获取巨大的竞争力。

3. 国际经验

在国外首都发展的历程中，都曾依托其周边地区，并与其周边地区共同形成首都圈，促进其国际化的进程。首都圈为首都迈向世界城市做出了不可磨灭的贡献，典型的例子为日本。日本构建首都圈的目的，是要通过首都圈的运作实现中心城市（东京）的功能疏导与重新组合，扩大城市功能调整的空间幅度，减轻首都由于高密度发展带来的压力，同时促进周边地区的发展。中心城市的发展不是以自身绝对规模的增长来实现的，而是通过与周边城市的一体化发展而获得的（表1）。通过首都圈整体协调发展来增强区域竞争力。

表1 日本首都圈改造计划的城市职能分工[5]

项目	业务核都市及其性质职能	副核
东京中心市	政治、行政的国际国内中枢机能； 金融、情报、经济、文化的中枢功能	
多摩自立都市圈	八王子市、立川市（40~50km），商业集镇、大学立地	青梅市（50km）
神奈川自立都市圈	横滨市、川崎市（30km），国际港湾、工业集镇	厚木市（50km）
埼玉自立都市圈	大宫市、浦和市（30km），内陆交通枢纽	熊谷市（70km）
千叶自立都市圈	千叶市（40km），国际空港、港湾、工业集镇	成田市、木更津市
茨城南部自立都市圈	土浦市、筑波科学园都市（60km），学术研究机能	

注：括号内数字为各个业务核都市和东京都心的距离

因此，北京要取得国际竞争优势，就必须要遵循世界城市借助与其周边城市互竞共促的关系和依托国际性区域不断提高其全球控制力的发展规律。即北京在迈向世界城市的过程中只有确立“大北京、大首都国际区域战略”才可能在与东亚地区其他世界城市竞争中取得竞争优势。

二、中国首都圈关系重构

1. 背景与基础

在计划经济体制下，资源的开发和利用基本都是自成体系，经济要素流动不畅，资源得不到优化配置。具体到北京与周边地区，如北京与天津竞相建立了产业结构雷同、规模水平相当的独立工业体系，造成北京与其周边地区相互争投资、争项目、争能源、争资源。北京与周边地区之间的竞争，一方面扭曲了北京与周边城市的经济关系，如大规模发展重化工业，制约了周边城市，特别是天津的工业发展，抑制了天津港口优势和传统工业优势的发挥；另一方面，这种发展模式也扭曲了北京的城市职能，加剧了首都资源供给紧张和环境负荷加重的局面。这严重地削弱了地区参与国际市场分工的竞争优势，从而使区域国际竞争力低下。改革开放以来，特别是 20 世纪 90 年代以来，市场经济规律开始发生作用，影响地区之间经济发展关系的因素已由原来的中央行政指令转变为依靠各省市在共同经济利益基础上的相互经济协作。首都圈地区间的经济联系在地区分工协作基础上得到加强，地区之间物资流增多，并呈现逐渐扩大的态势。1997 年，首都圈地区通过北京海关的进出口总额除承德外均在 400 万美元以上，通过天津海关的进出口总额除承德外均在 1 亿美元以上。因此，只有加强首都圈地区的联系，真正依据各自的比较优势进行定位，在正确定位的基础上，制定协调的区域政策，发挥各自的竞争优势潜能，才能增强区域整体实力，在国际分工中获取巨大的竞争力。首都圈关系应根据发展社会主义市场经济的要求，并以国家制定的国民经济和社会发展的中长期计划及环渤海区域经济发展规划为指导，按照“扬长避短、形式多样、互惠互利、共同发展”的总方针进行重构。

2. 首都圈重构思路

从地区的比较优势和地区产业分工的关系分析，河北属于资源型地区，采掘业、重加工工业占优势；天津属于加工型地区，以非农产品为原料的轻加工工业具有优势；北京属于知识型地区，高新技术产业和文化产业都具有优势。

首都圈经济技术协作和物资交流的基本格局是：北京的高技术产品和知识性产品流向首都圈其他地区；天津的工业最终产品、高技术产品流向北京及首都圈其他地区；河北的农副产品、矿产品、初级工业产品、重工业产品、部分高技术产品和劳动力流向京津。原有的经济关系将会在各地经济共同调整增长中日趋紧密，区域经济发展规律将促进京津冀地区产业结构的重组，逐渐向区域分工和区域联合的方向发展；京津加快经济结构调整和产业结构升级，也将促使京津部分产业向周边地区扩散。首都圈物资交流的增多，能够促进各地区经济增长和技术交流，促使首都圈共同发展。

首都圈关系重构思路如下。

新关系域 1：知识经济域。这是首都圈的核心域，包括北京和天津。该域以发展第三产业、高新技术产业、污染轻的工业等为主，其他产业为辅，大力发展并努力实现知识经济，成为首都圈的首脑域。

新关系域 2：旅游文化域。包括北京、保定、承德、秦皇岛。该域要充分发挥其丰富的旅游资源优势，接纳首都的部分功能转移，即解决首都的空间扩展问题。同时，以发展旅游业、文化产业、轻型工业为主，其他产业为辅，分散北京旅游旺季的客流压力。

新关系域 3：工业经济域。包括天津、唐山、廊坊、保定、张家口、沧州。该域要充分发挥其历史上已有的工业经济优势，调整自身产业结构，寻找自身的优势产业，以发展重工业、加工工业、部分轻型工业为主，其他产业为辅，成为首都圈内为首都发展提供工业经济基础和接受产业转移的区域。

新关系域 4：出海通道网络。包括天津（塘沽）、唐山、秦皇岛、沧州。各港口分工协作，形成首都圈等级功能各异的港口群。

三、首都圈发展战略一：空间联系网络化战略

1. 网络化基础设施体系建设

首都圈功能的发挥必须建立在区内与区外便捷的空间联系和优势互补的基础上。然而，首都圈内部及与外部的空间联系网络化建设目前尚不尽人意。

基础设施建设严重滞后是影响首都经济发展的重大制约因素。北京的基础设施状况与国际差距比较明显。北京在交通、通信、能源、环保等方面的基本指标远远落后于主要国际城市的水平[6]。首都圈其他地区的基础设施状况更是

如此，交通运输是首都经济圈发展中的薄弱环节，特别是铁路、公路网的密度低，运力紧张，尽快建立综合快速交通运输网势在必行。发达的国际通信能力是国际城市的重要标志，当代国际城市已建立起完整的现代化通信网络，并着手建立面向 21 世纪的“信息高速公路”，以便在未来发展与竞争中保持领先地位。所幸的是，北京的通信事业迅速发展，与国际差距正在缩小。

可以预见，首都地区的经济将以高于全国平均水平的速度继续增长，这势必带来交通运输量的高速增长。首都圈区域经济发展一体化的趋势，要求在这一地区统筹规划、共同建设交通运输等重大基础设施，全面推进以大交通为重点的，包括通信、能源、给排水、环境保护等在内的一系列基础设施建设，同时构建能源供给保障系统，以适应发展的需要。应统筹规划和共同开展区域与城市间高速铁路交通通道及公路交通通道的建设，北京与各城市间信息公路的建设，以及首都与中心城市间空中通道的建设，以形成综合快速交通运输网。共同规划设计城市群体的形态布局和综合整治环境。

区域内的交通发展可以减轻北京交通的压力。1996 年，京九铁路完工并投入运营，它是贯通北京联结南方的两条干线——京广和京沪线之间的一条干线。尽管如此，北京的交通压力仍然未得到缓解。应该加大基础设施建设力度，对与北京联系的人流、物流等进行疏导，以缓解北京的交通压力。为此，应该加强首都圈的铁路建设、公路建设和港口建设。加强天津与保定之间的交通基础设施建设，使天津真正发挥其应有的分流作用，把华北北部东西客货流量从北京疏导一部分出去，同时沟通山西。河北中西部与天津港口城市直接联系紧密，对促进保定的发展具有重要作用，同时山西煤炭等资源亦可直接出港。总之，通过上述网络化基础设施建设，形成便捷的对内对外空间联系体系，从而不仅可以支持区内经济优势互补，形成合理的劳动地域分工，也能保证首都对全国辐射与带动作用的发挥。

2. 网络化首都圈市场体系

首都发展需要有一个巨大的一体化的区域市场。从参与国际竞争的角度出发，根据首都圈内大城市多、消费水平较高的实际情况，应该注重多途径发展区域市场体系，培育市场网络，为首都发展提供广阔的一体化的区域网络市场[4]。

北京作为全国的政治文化和对外交流中心，应根据现实发展的要求，提高市场的规模和层次，建立一批具有世界一流水平的大市场，充分发挥其对外经济窗口的作用，扩大与世界的交流。

天津则要根据实际定位，重点建立区域性的综合市场和专业市场（包括期货市场、金融市场等各要素市场），扩大我国北方地区的经济技术交流和商品贸易，发挥天津作为我国北方商贸中心、金融中心和外向型经济中心的功能。

首都圈其他城市则要重点发展区域性市场，促进首都圈内各种经济流的流动。同时，以小城镇为主的小型、中低级别的市场建设也不可忽视。

四、首都圈发展战略二：职能疏导战略

1. 产业疏导

新中国成立后，北京重化学工业的过度集中发展是北京“大城市病”的主因，它间接影响了北京的全国政治和文化中心功能的发挥。但是，新中国成立前已经很发达而且工业区位较优的天津，却没有在工业发展上受到重视。因此，天津在区内的相对经济地位下降，工业和港口功能优势亦未得到充分发挥。行政上的分割及垂直控制，亦使首都圈内北京和天津两大城市各自发展，形成类似的工业结构，即五种工业：机械、化工、纺织、食品和冶金均构成各自工业产值的一半以上。因此，两市有很多主要工业企业没有达到经济生产规模，因而其劳动生产率远落后于上海。两市产业协调发展已成为首都圈区域规划的核心问题。

北京可利用首都职能调整其经济方面的政策。首都北京产业调整与转换要适应政治中心、文化中心和对外交流中心的需要，并充分发挥此方面的优势，积极开拓现代化的新领域，逐步用先进技术改造传统产业，提高高技术、高附加值产业所占比重，重点发展第三产业（尤其是旅游业、房地产业、金融保险业及文化产业）和以计算机及软件、光机电一体化装备、微电子、生物医药、新材料等高新技术行业为主体的第二产业，逐步形成以高新技术产业为支撑、知识产业为主导的产业结构，实现首都经济发展的信息化、知识化与现代化。

为使首都政治中心和文化中心功能的发展有更宽广的空间，北京部分经济职能应转移到天津。例如，北京现有的汽车工业、重型机械工业可根据条件和时机转移至天津。同时，天津要充分利用其商贸口岸的条件，发展外向型第三产业；对机械、化学和纺织工业等传统产业进行改造，重点发展化工机械、工程机械、自动化仪表电器、集成电路等；发展轻型轿车和小型客车，开拓知识

技术密集型的新兴产业。

北京的部分建材工业和机械工业可根据条件与时机转移至唐山。同时，唐山要利用现有的工业基础和丰富的铁矿、煤炭、建材资源，进一步扩大钢铁、电力、建材工业的规模，提高产品级别，并努力开发港口资源，形成以冶金、建材、化工、机电、港口运输业为支柱产业的产业格局。

大力发展秦皇岛的旅游文化产业，以疏导北京客流，为北京分压。同时，秦皇岛要充分利用港口和旅游资源，发展以出口导向为主的外向型经济。以建材工业、旅游服务业、食品工业为支柱产业，重点发展玻璃机械、机电产品等，建成玻璃、水泥、煤炭出口基地。

廊坊以直接服务京津的蔬菜、食品、高新技术产业为主体，重点发展食品加工工业。

北京的部分政府部门可根据条件和时机转移至保定，以缓解北京的空间发展压力。同时，保定以化纤、轻纺、食品、电子工业为支柱产业，重点发展轻工机械和文化产业，建立具有特色的以轻加工为主体的产业结构。

北京的化工产业等可根据条件和时机转移至沧州。同时，沧州以化工、电力、轻工、港口运输为支柱产业，建成化工产品基地。

承德要结合旅游业的发展，重点发展占地少、污染轻、噪声小、低耗高效、运输量小的轻型工业和第三产业，为北京分担客流压力。

张家口以毛纺、皮革精细加工、肉食品加工业、机械、化工为支柱产业，建成毛纺织工业基地和独具特色的食品工业基地，为首都服务。

2. 首都圈内分散政治中心次要机能

首都圈可以协助北京疏导部分城市功能。新中国成立以来，北京城市功能曾一度过于庞杂，从而导致城市规模过分膨胀。全国各地的机构纷纷往北京挤，开设驻京办事处，造成城市规模的迅速膨胀。将不符合北京城市新定位的机构迁至首都圈其他地区，尤其是保定和廊坊，将有利于北京城市规模的控制。此两地区是北京传统的外泄区域，距北京 50～100km，与北京有着非常便利的交通联系。此外，北京的市民亦应受鼓励外迁至这些周围城市。

在首都圈分散国内政治中心的一些次要机能，为国际交往功能发展提供空间。只有国际交往中心机能在北京聚集，才可能将北京建设成国际交往中心。中国经济持续发展，国力增强，国际交往在北京必然也将达到空前的规模。但是，北京的空间是有限的。因而，为保证北京国际交往中心的发展，国内政治中心的一些次要功能必须向首都圈其他城市或地区分散。

大力发展承德、保定和秦皇岛的旅游，不但可提高地区的旅游吸引力，还可减缓北京旅游过分集中的压力。在这些地区改善交通、通信、旅馆和其他基础设施，不但对发展旅游业有助，还可促进这些城市其他方面的发展。

首都圈或首都地区应该与珠江三角洲和长江三角洲一样，拥有一个协调和一致的行政协调机构，在首都圈的规划和宏观经济协调上取得共识或一致。长远来说，一个新的首都圈行政机构或应被考虑①。

五、首都圈发展战略三：空间结构国际化战略

空间结构国际化战略主要包括以下三方面：世界区域战略、双核心都市圈战略和世界城市战略。

1. 世界区域战略

世界区域是指在生产要素、需求状况、相关产业、企业战略组织与竞争程度、可进入性、政府调控能力方面都具有国际竞争优势的区域[6]。经济全球化及区域参与国际竞争会使得区域一体化经济占据重要地位，从而带动国民经济的发展。首都圈在全球化、区域化进程中，应加快发展，以期发展成为世界区域，获得更大的国际竞争优势。

我国整个北方经济发展相对落后的主要原因之一，就是尚没有形成如南部珠江三角洲经济区、东部长江三角洲经济区一样具有强大龙头作用的经济区域。因此，加快北方经济的发展，需要强化龙头区域与中心城市的作用。将首都圈建设成为世界区域，加快首都圈的发展，有利于加强以京津两市为主导的经济中心的培育与发展，也有利于带动我国北方地区经济与社会的发展。这对于缩小南北差距，推动国民经济在地区上的合理布局与协调发展，促进国民经济可持续发展并实现共同富裕的宏伟目标，具有极其重要的意义。

2. 双核心都市圈战略

双核型都市圈的形成和发展，取决于明确京津的合理分工。北京经济技术

---

① 北京市计委. 1990—2010 年北京经济发展设想. 见：《北京城市建设总体规划方案》修订的经济社会发展依据专题. 北京市哲学社会科学“七五”规划与北京市科委软科学项目报告，1991.

基础、城市建设总体水平和陆路运输条件强于天津，而天津的企业经济效益比较好，工业园区的效益也比较高。在第三产业发展上，北京第三产业总体优势明显，发挥着全国性服务中心的职能作用；天津在第三产业服务输出上，总体明显弱于北京，主要为中国北部大部分区域服务。以物流为基础的劳动密集型服务业，北京处于绝对劣势，如水上运输业，或处于显著相对劣势地位，如仓储业、批发业；以人流、知识为基础的资金密集型、知识密集型服务业，天津相对北京的劣势则十分突出，如出版业、教科文、旅游业等。相对而言，北京发挥了人流、资金流、信息流中心的作用，天津则扮演了物流中心的角色[7]。在建设双核型都市圈时，应做到立足历史和现实，根据自身条件和比较优势，确定各自的城市性质；制定符合城市性质的发展战略，统筹规划建设基础设施。

3. 世界城市战略

在经济全球化和中国经济迅速发展并积极参与国际分工的大环境下，以首都圈为依托，在首都圈内各地区比较优势的基础上进行分工协作，尤其是协调好京津两市的关系，将北京建设成为世界城市是可能的。在不远的将来，北京不仅将会有可能与香港、上海一起加入世界城市的行列，而且，到21世纪中叶，北京甚至可能达到或超越目前东京和伦敦的水平，成为具有经济全球控制力的世界城市。因此，必须加大力度，在首都圈内共同推进市场化、信息（知识）化、生态化、人性化、一体化和全球化等。

<<<参 考 文 献>>>

[1] 顾朝林. 济南地市经济影响区的划分[J]. 地理科学, 1992, 12(1): 15～26.

[2] 王德忠, 庄仁兴. 区域经济联系定量分析初探[J]. 地理科学, 1996, 16(1): 51～57.

[3] 谭成文, 杨开忠. 中国首都圈的概念与划分[J]. 地理学与国土研究, 2000, 16(4): 1～7.

[4] 冯之浚, 陈钺. 环渤海地区经济发展战略研究[M]. 石家庄: 河北人民出版社, 1997.

[5] [日]田口芳明, 成田孝三. 都市圈多核化的展开[M]. 东京: 东京大学出版社, 1986.

[6] 陆宇澄. 世界城市理论与实践研究——北京建设世界城市的战略[D]. 北京大学博士学位论文, 1998.

[7] 谭成文, 杨开忠. 京津第三产业分工协作特征[J]. 经济地理, 1999, 19(6): 55～61.

京津冀大战略与首都未来构想

——调整疏解北京城市功能的几个基本问题[①]

杨开忠

2014 年 2 月 26 日，习近平总书记在北京主持召开座谈会，听取京津冀协同发展工作专题汇报，强调实现京津冀协同发展，是面向未来打造新的首都经济圈、推进区域发展体制机制创新的需要，是探索完善城市群布局和形态、为优化开发区域发展提供示范和样板的需要，是探索生态文明建设有效路径、促进人口经济资源环境相协调的需要，是实现京津冀优势互补、促进环渤海经济区发展、带动北方腹地发展的需要，是一个重大国家战略[②]。

调整疏解非首都核心功能已成为我国城市和区域发展的重要理论与实践问题。本文围绕为什么要疏解、疏解什么、如何疏解几个基本问题，研究提出北京城市功能疏解的基本思路和保障措施。

一、着力解决北京人口、资源、环境、发展矛盾的客观要求

改革开放以来，北京城市经济社会发展水平和“四个服务”实现了从传统到现代“质”的跨越。据统计[③]，1978～2012 年，北京人均 GDP 从 797 美元上升到 13 857 美元，按可比价格计算增长了 11 倍，实现了从低收入地区向高收入地区的成功跨越；居民消费水平从 330 元上升到 30 350 元，按可比价格计算增长了 23 倍，居民生活率先基本实现现代化。城镇人口从 479 万人增加到 1783.7

① 本文发表于《人民论坛·学术前沿》2015 年 1 月刊。作者简介：杨开忠，首都经济贸易大学副校长，北京大学教授，北京大学首都高端智库学术委员会主任，研究方向为经济地理学、区域科学/区域与城市经济学、规划与政策分析、可持续发展理论与政策、中国发展与改革。

② 习近平在京主持召开座谈会 专题听取京津冀协同发展工作汇报. http://politics.people.com.cn/n/2014/0227/c70731-24486624.html。

③ 北京市统计局、国家统计局北京调查总队编：《北京统计年鉴 2013》，如无特别说明以下同。

万人，城市化率从 55.0%上升到 86.2%。国际化程度和在全球城市网络中的地位不断上升。据拉夫堡大学（Loughborough University）全球化和世界城市（GaWC）小组的研究，北京已经稳居世界一线城市前列①。伴随着经济社会发展水平和“四个服务”从传统到现代“质”的跨越，北京人口、资源、环境和发展之间的矛盾日益尖锐，“大城市病”日益凸显。

1. 人口急剧膨胀

1978～2012 年，北京常住人口从 871.5 万人扩张到 2069.3 万人，增加了 1.37 倍，年均增长 35.2 万人。其中，1995 年以来，常住人口增长明显加快，2010 年增量达到最高峰 101.9 万人。考虑到我国区域经济从核心区向边缘区的梯度推移和基本公共服务均等化趋势，特别是京津冀一体化发展，北京未来人口年均增加量将继续 2011 年以来的下降趋势。然而，由于未来一段时间内我国尚处于以城市群为主体形态的城市化时期，如果不痛下决心花大力气控制人口增长，北京人口年均增长量下降到 30 万人以下的可能性不大。如果按这种态势发展下去，北京常住人口将突破《北京城市总体规划（2004 年—2020 年）》制定的目标。外来人口是北京人口增加的主要方式。1978～2012 年，非户籍常住外来人口，总量从 21.8 万人扩张到 773.8 万人，增加了 34.5 倍，占常住人口比重从 2.5% 上升到 37.4%。由于外来人口和户籍人口的社会权利与保障的双轨制，人口急剧膨胀不仅给北京资源、环境、交通带来巨大压力，而且不断扩大了北京社会分割的规模，进而给社会秩序的稳定带来严峻挑战。

2. 地下水严重超采，生态严重破坏

随着人口和经济聚集，加之多年持续干旱，世纪之交以来，北京缺水形势日益严峻，2001～2012 年人均水资源量仅在 100～200m^3，只能维持人口生存最低标准（300m^3）的 1/3～2/3。为缓解水资源极度紧缺的形势，在提高水资源利用效率②和跨区域调水③的同时，北京不得不把地下水作为主要水源，严重超

① http://www.lboro.ac.uk/gawc/gawcworlds.html。

② 据统计，2001～2012 年，万元 GDP 水耗由 104.91m^3 快速下降到 20.07m^3；人均生活用水整体上由 82.9～89.2m^3 下降到 80m^3 以下。2003 年以来，再生水开始成为重要水源，供水量逐年上升，2004～2012 年，再生水由 2.1 亿 m^3 上升到 7.5 亿 m^3，占全部用水量的比重由 5.8%上升到 20.9%。

③ 2008 年南水北调开始供水，2012 年已达 2.8 亿 m^3，占全部用水量的 7.8%。2005～2012 年，年度应急供水 2.5 亿～3.2 亿 m^3，占全部用水量的 7.2%～9.2%。

采地下水。2001～2012年，年度地下水供水量保持在18.3亿m^3，最高年度达到27.2亿m^3，占年度全部用水的比重最高达到70.9%。2004年以后，虽然趋于下降，但2012年仍达到51%，地下水年均超采约5.6亿m^3。地下水严重超采，加之大量动用水库库存水和1999～2006年大幅调减环境用水，导致自然生态严重破坏，这主要表现在：地下水位快速下降，已下降到35m左右，而适宜的地下水位为8～10m；沉降区持续扩大，已达2650km^2[①]；主要河流断流、干涸，自然湿地大量消失，河床大面积荒芜和沙化，一些多沙河道成为风沙源；河湖稀释和自净能力显著降低，河湖水质严重污染。同时，地下水水质下降。

3. 建设用地迅速扩张，用地资源趋于枯竭

中国科学院地理科学与资源研究所根据遥感影像估计[②]，2000～2010年，北京建设用地年均增加93km^2。这意味着，同期北京人口年平均每增加1万人，建设用地就增加1.57km^2。按此计算，2004～2012年，北京建设用地年均增加106.9km^2，总计增加了962.1km^2，也就是说，北京建设用地估计已由3085km^2增加到4047.1km^2。北京用地资源趋于枯竭，表现在：建设用地规模已远远超过《北京市土地利用总体规划（2006—2020年）》设定的2010年3480km^2控制目标，而且较2020年控制目标3817km^2高出230.1km^2；北京建设用地中大致80%位于北京平原地区，按此计算，北京平原地区建设用地3238km^2，土地开发强度达50.7%[③]，已与伦敦、巴黎等世界城市同等辐射范围开发强度相当。

4. 交通拥堵严重，通勤时间增加

2004年以来，北京新增建设项目的50%聚集在中心城区。2012年，中心城区人口由1981年的432万人增至1300多万人，远超《北京城市总体规划（2004年—2020年）》提出的2020年850万人以内的控制目标；中心城区建设用地已达到《北京城市总体规划（2004年—2020年）》提出的2020年778km^2的控制目标，中心城区高密度区域扩展至五环。与此同时，城市建设呈现向更大范围扩展的趋势，新增建设项目低密度覆盖区域由30km半径范围进一步向外扩大。随着城市的扩张和机动车化，交通拥堵和通勤时间增加。近些年来，

① http://www.chinanecc.cn/website/News!view.shtml?id=118083。

② 吴良镛等：《京津冀地区城乡空间发展规划研究三期报告》，北京：清华大学出版社，第61页。

③ 郭金龙2014年3月1日在市委十一届五次全会上的讲话指出，北京城市开发强度已经达到22%，扣除山区后达到57%。

高峰时段路网拥堵成为常态。根据北京市交通委员会提供的材料，2010 年 9 月 17 日高峰时段路网平均速度低于 15km/h，拥堵指数高达 9.7，造成北京大拥堵事件；日均拥堵持续时间都在 3h 以上，2007 年达 6h45min，其中严重拥堵时间高达 2h45min（图 1）。2007 年 9 月拥堵指数达 7.95，2009 年 9 月采取限行措施拥堵指数降为 5.93，然而 2010 年 9 月尽管限行但是拥堵指数又反弹至 7.80，这与汽车保有量从 2009 年的 387 万辆增加到 2010 年的 451 万辆，总量增加有关。北京市区居民的通勤时间从 2005 年的 38min 增加到 2010 年的 43.6min[①]。

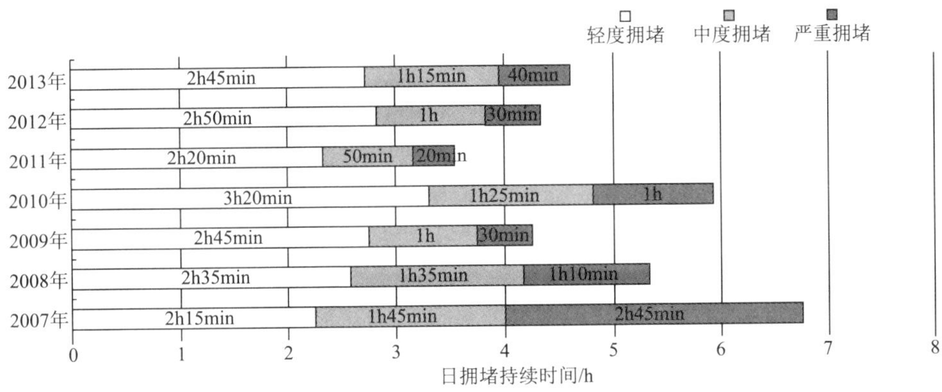

图 1　2007～2013 年北京交通拥堵持续时间

5. 空气质量显著下降，大气环境问题突出

改革开放以来，随着工业化、城市化、机动车保有量和能源消耗的剧增，北京大气悬浮颗粒物 PM_{10} 和 $PM_{2.5}$ 的浓度有较明显的上升趋势，大气污染已从典型的煤烟型污染转为复合型污染，细粒子及霾污染已经成为大气污染的关键。有关研究表明[②]，2000～2010 年，北京共发生 151 次重污染天气，其中 69 次属于霾污染，几乎占了重污染天气次数的一半。2011 年 2 月 21 日、10 月 23 日和 12 月 4 日，北京曾发生 3 次严重的灰霾天气，空气污染指数分别为 333、407 和 500，达到 5 级重度污染，其中，12 月 4 日发生的灰霾天气，被美国驻华使馆称为严重爆表的毒害天气。北京及首都圈已经成为我国灰霾天气五大高发中心之一。频繁出现的霾天气不仅使公路、水路和机场的能见度降低，区域极端

① 孟斌、郑丽敏、于慧丽：《北京城市居民通勤时间变化及影响因素》，《地理科学进展》，2011 年第 10 期。
② 李令军、王英、李金香：《2000～2010 北京大气重污染研究》，《中国环境科学》，2012 年第 1 期，第 23～30 页。

气候事件频繁，气象灾害增加，影响交通安全和正常的社会生活，而且会显著降低空气质量，引起鼻炎、支气管炎等病症，甚至影响心理健康，诱发肺癌，严重威胁人体健康；同时，对首都的国际形象造成极其负面的影响。

从大城市成长规律和“大城市病”治理的国际经验来讲，着力解决北京上述人口、资源、环境、发展矛盾，应当主要从四个方面着手：一是提升资源（水资源、能源）、生态服务供给能力；二是通过技术进步、结构优化和管理现代化推进建设资源节约、环境友好城市，提高资源、生态和环境效率；三是调整疏解城市功能，缓解资源环境压力；四是推进紧凑式发展，建设人本、高效、包容、可持续的城市。其中，调整疏解城市功能是极为重要的方面。

二、北京城市功能疏解的基本方向和关键任务

1. 迁都抑或“展都”

为疏解北京城市功能，缓解北京人口、资源、环境、发展的矛盾，2000 年以来，一部分人主张整体迁都。诚然，定都北京是决定北京城市功能聚散的关键历史基础，也是不可忽视的重要现实因素。据有关方面统计，北京中心城用地中央机构占 60%，年度申请城市规划调整项目中央机构占 50%。然而，应该重视的是，继续定都北京对国家的长治久安具有不可替代的重要意义[1]。除了众所周知的国防意义外，这主要表现在：一是平衡南北发展关系。我国北方地区经济地理条件总体上远不及南方地区，与沿海内陆关系一样，平衡南北关系始终是我国面临的重大发展问题。北京是“三北”地区的经济地理接合部，在北京定都是促进“三北”地区发展、平衡南北关系的最佳选择。二是有利于国土生态安全建设。北京地处我国重要生态脆弱区和生态屏障——北方农牧交错带以南的附近地区，在这里定都有利于决策者更好地重视生态建设，提升国土生态安全水平。因此，北京城市功能疏解应坚持国家首都定位，解决北京“空间”危机的出路不在迁都，而在于“展都”，即形成以北京为核心的首都功能承载区。2014 年 2 月 26 日，习近平总书记在北京主持召开座谈会，坚持和强化首都全国政治中心、文化中心、国际交往中心、科技创新中心的核心功能；要调整疏解非首都核心功能。这在实质上表明，中央做出了“展都”的战略决策。

① 杨开忠：《北京出路不在迁都》，http://pkunews.pku.edu.cn/zdlm/2008-01/09/content_119923.htm。

2. 坚持和强化首都核心功能

按照基本-非基本理论，城市功能一般可分为基本功能和非基本功能。基本功能为外部市场提供产品和服务，是城市发展的决定和支配力量；非基本功能也称为地方功能，为本地提供产品和服务，其发展依赖于基本功能，由基本功能及就业人口的需求所决定，并对基本功能有效运行起着不可或缺的辅助作用。

应该特别注意的是，城市基本-非基本功能的现状和规划目标可能是不同的。例如，从现实来看，除居民服务业外，北京非农产业几乎都是北京的基本功能，但其中大部分都不在《北京城市总体规划（2004 年—2020 年）》规定的北京城市主要基本功能目录范围内。一般来讲，我们可以把公共政策或规划确认的基本功能及为其服务的非基本功能统称为城市核心功能，城市存在或可能存在的，但非公共政策或规划确认的基本功能及为其服务的非基本功能统称为非城市核心功能。为了发挥城市在地域分工中的作用，实现公共政策和规划的愿景与目标，城市在未来的发展中必须坚持和强化核心功能。因此，不能把“坚持和强化首都核心功能”等同于“坚持和强化首都基本功能”。

具体确定首都核心功能的清单要遵循以下原则。

首先，要把握公共政策和规划明确的城市功能愿景与目标，即城市性质。新中国成立以来，北京城市性质不断演进。20 世纪 80 年代以前，北京城市定性是国家首都，全国的政治、经济、文化中心。20 世纪 80 年代以后，在坚持国家首都、全国政治和文化中心，并确立现代化国际城市、世界古都和宜居城市的同时，北京不再定位于经济中心①。2008 年以来，北京城市性质又出现了新的探索，这主要包括：2008 年中共北京市委北京市人民政府正式发布《关于促进首都金融业发展的意见》，提出将北京建设成为具有国际影响力的金融中心城市；2009 年《国务院关于同意支持中关村科技园区建设国家自主创新示范区的批复》提出使中关村科技园区成为具有全球影响力的科技创新中心；2010 年习近平在北京调研时提出“五都”概念，即努力把北京打造成国际活动聚集之

---

① 与此相配套的是，天津城市逐步定性为北方经济中心。新中国成立至 20 世纪 70 年代，天津城市一直仅被定性为综合性工业基地。1982 年《天津市城市总体规划》首次确定把天津建设成为我国北方的经济中心。1986 年国务院批复《天津市城市总体规划方案》，确定天津城市性质为：拥有先进技术的综合性工业基地，开放型、多功能的经济中心和现代化的港口城市。1999 年国务院批复《天津市城市总体规划（1996 年—2010 年）》，将天津城市性质提升为环渤海地区的经济中心，要努力建设成为现代化港口城市和我国北方重要的经济中心。2006 年国务院批复《天津市城市总体规划（2005 年—2020 年）》，把天津城市性质进一步提升为：天津是环渤海地区的经济中心，要逐步建设成为国际港口城市、北方经济中心和生态城市。

都、世界高端企业总部聚集之都、世界高端人才聚集之都、中国特色社会主义先进文化之都、和谐宜居之都；2011 年《北京市加快国际商贸中心建设的意见》提出把北京建设成为国际商贸中心城市。2014 年 2 月 26 日习近平总书记在视察北京工作时对新的探索做了总结，他指出：坚持和强化首都全国政治中心、文化中心、国际交往中心、科技创新中心的核心功能，深入实施人文北京、科技北京、绿色北京战略，努力把北京建设成为国际一流的和谐宜居之都。显然，中国特色社会主义先进文化之都、和谐宜居之都分别是与国际一流的和谐宜居之都、全国文化中心统一的，而国际活动聚集之都、世界高端企业总部聚集之都、世界高端人才聚集之都应是国际交往中心题中之义。因此，从经济本质来讲，北京国际交往中心就是高价值、高效率、高辐射的世界级总部经济，进而从根本上解决了 20 世纪 80 年代以来一直令人困扰的北京城市经济功能的定位问题。

其次，要按照城市性质，进一步修正首都基本功能规划清单。《北京城市总体规划（2004 年—2020 年）》指出，北京城市的主要基本功能定位包括六个方面：第一，中央党政军领导机关所在地；第二，邦交国家使馆所在地，国际组织驻华机构主要所在地，国家最高层次对外交往活动的主要发生地；第三，国家主要文化、新闻、出版、影视等机构所在地，国家大型文化和体育活动举办地，国家级高等院校及科研院所聚集地；第四，国家经济决策、管理，国家市场准入和监管机构，国家级国有企业总部，国家主要金融、保险机构和相关社会团体等机构所在地，高新技术创新、研发与生产基地；第五，国际著名旅游地、古都文化旅游，国际旅游门户与服务基地；第六，重要的洲际航空门户和国际航空枢纽，国家铁路、公路枢纽。为贯彻落实坚持和强化全国政治中心、文化中心、科技创新中心和国际交往中心核心功能的要求，建议对这一基本功能清单做以下具体修正：为凸显文化和科技创新中心的国际功能，将第三条修改为国家和世界主要文化和体育活动举办地，国家主要高等院校及科研院所聚集地；为凸显世界企业总部功能和科技创新中心的核心功能，将第四条调整为国家经济决策、管理，国家市场准入和监管机构，世界高端企业总部，国家主要金融、保险机构和相关社会团体等机构所在地，高精尖技术创新研发基地。

最后，优化调整“四个服务”的内涵和外延。1983 年 7 月，中共中央、国务院在关于《北京城市建设总体规划方案》的批复中，提出了首都“四个服务”的职能定位。2005 年 1 月，国务院在关于《北京城市总体规划（2004 年—2020 年）》的批复中，进一步明确了做好“四个服务”的要求，即为中央党、政、军领导机关的工作服务，为国家的国际交往服务，为科技和教育发展服务，为改善人民群众生活服务。实质上，“四个服务”即为规划的首都基本功能服务的非基本功能。因此，要根据“四个中心”定位的要求，重新定位优化调整“四个服务”的内涵和外延，可考虑调整为为中央党、政、军领导机关的工作服务，为国际交往服务，为科技创新和文化发展服务，为改善人民群众生活服务。

3. 调整疏解非首都核心功能

相对城市核心功能而言，非城市核心功能是指城市存在或可能存在的，但非公共政策或规划确认的基本功能及为其服务的非基本功能的总和。那种把“调整疏解非首都核心功能”等同于“调整疏解非首都基本功能”的认识，是不正确的。从理论上讲，由于非基本功能依赖于基本功能，并对基本功能的有效运行起着不可或缺的辅助作用，单纯强调“调整疏解非首都基本功能”，不仅将达不到有效疏解北京城市功能的目的，而且可能因基本和非基本在空间上的不合理分离而影响首都功能正常有效地运行。调整疏解非首都核心功能应当按照发挥市场决定作用和政府辅导作用相结合的原则，一方面，着力打破地方封锁、市场垄断，实现要素自由流动，建立健全区域开放统一、公平竞争的共同市场，让市场机制在调整疏解非首都核心功能中发挥决定作用；另一方面，借鉴国内外首都功能疏解的经验，着力制定实施政府引导非首都核心功能调整疏解的政策。

首先，在市场经济条件下，尽管政府可以改变企业选择区位的环境，但不能代替企业决定企业的区位。然而，政府举办之公共事业或政府机构自身的区位则是（按一定程序和规则）由政府自己决定的。因此，疏解政府机构自身或政府举办之公共事业，是各国调整疏解首都功能的一个普遍做法。1973 年，东京教育大学迁到东京都东北约 50km 的“筑波科学城”，并更名为筑波大学；1991 年，东京都政府从东京中心区搬迁至新宿副都心；2000 年以来，包括法务省、厚生劳动省、防卫省等几乎所有中央省厅的关东地区派驻机构进驻“埼玉新都心”。1973 年，韩国在汉城（现首尔）以南约 168km 处开始规划发展大德科技园，以政府举办的研究机关和大学主要从汉城迁入为引擎，建设韩国乃至亚洲科技中心；2012 年，韩国在首尔以南约 120km 处建成新行政中心城市——世宗特别自治市，包括国务总理室在内的 17 个政府部门的 1.3 万名公务员开始迁至世宗特别自治市。可见，调整疏解非首都核心功能，应当在发挥市场机制决定性作用的基础上，按照集中与分散相结合的方式，着力调整政府机构自身或政府举办之公共事业的区位。为此，应考虑将北京市机关单位搬迁至通州，以及在北京都市区外围规划建设国家科技城和国家行政新城。

其次，引导非世界级总部经济功能疏解。重点包括：

第一，着力疏解区域流通网络枢纽功能。特别是，加快建设北京大外环，构建京津唐保城际铁路环线、石衡仓津唐秦承张保城际铁路环线，形成首都经济圈快速高速铁路公路综合交通环线，疏解北京作为京津冀区域铁路公路交通网络枢纽的功能；培育天津、石家庄、唐山区域性枢纽机场，疏解首都航空运输压力；将（特别是）大红门、动物园服装批发市场等区域性商品批发交易市场迁往市中心 50km 以外地区。

第二，调整北京制造业发展定位。2005 年，国务院在关于《北京城市总体规划（2004 年—2020 年）》的批复中，同意北京加快发展高新技术产业、适度发展现代制造业。然而，制造业发展需要大量用工，而且经验表明，由于北京缺乏制造业文化，制造业用工主要来源于外地，这使制造业发展成为北京人口膨胀的重要因素。因此，应调整北京制造业发展定位，可考虑调整为：积极发展制造业跨国公司总部及其研发功能，全国公司、专业组织和联盟的总部及其研发功能，严格限制非高技术制造企业在京扩建新建工厂，引导制造业重点向北京新机场临空经济区和京津冀沿海地区疏散，实现北京五环内零工厂的目标。

第三，推进郊区农业转型，建设南水北调中线水源区北京现代生态农业基地。2012 年北京农业增加值仅占全市 GDP 的 0.8%，然而，农村常住人口占全市常住人口的 13.8%，而且总量逐年增加，外来人口占比较大；农业用水占全市用水总量的 9.3%，仅次于生活用水，高于工业和环境用水；农业能源消费总量虽然只占全市的 1.2%，但万元 GDP 能耗高达 0.778 吨标准煤，比工业高出 8%，为服务业的 3 倍[①]。因此，郊区农业要从提高和维持北京农产品市场自给率转移到改善北京生态环境的定位上来，着力形成以生态功能为主导的郊区农业体系。为此，要抓住北京南水北调对口协作的战略机遇，把郊区农业战略调整和南水北调中线水源区的战略规划结合起来，明确南水北调中线水源区作为北京现代化生态农业基地的定位，着力推进北京郊区种植业、牧业和渔业重点向南水北调中线水源区转移升级。

① 《北京统计年鉴 2013》。

4. 实现北京郊区城市化从外源方式向内源方式的转变

北京郊区的城市化可能有三种不同方式：第一种方式是城市郊区化，在这种情况下，中心城区人口和功能迁往郊区新城、新镇，郊区城市化伴随中心城区人口和功能疏解，中心城区、新城、新镇人口和功能协同升级，同时，没有扩张市域人口的作用；第二种方式是农村城市化，在这种情况下，郊区农村人口就业由第一产业向第二、第三产业转换，且居住地由农村地域向城镇地域迁移，郊区城市化伴随农村人口规模的减少，不会扩张全市人口，但也没有疏解中心城区人口和功能的作用；第三种方式是外源郊区城市化，在这种情况下，源于北京以外的人口和产业在郊区城镇集聚，郊区城市化与中心城区、农村的人口和功能转移分割，中心城区、新城、新镇人口和产业升级，中心城区集聚、新城和新镇蔓延及全市人口膨胀势必同时并存。第一种方式和第二种方式都是内源的郊区城市化，显然，它们的结合是郊区城市化的最佳选择。然而，北京郊区城市化却主要是由外来人口和产业驱动的。2005～2012 年，北京中心城区以外的郊区常住人口从 584.8 万人增至 841.6 万人，增加了 256.8 万人，其中，外来常住人口由 111.7 万人增加到 306.3 万人，增加了 194.6 万人，占常住人口增加量的 75.8%。同期，北京乡村人口不仅没有减少，反而由 251.9 万人增加到 285.6 万人，增加了 33.7 万人。因此，疏解北京城市功能，控制人口膨胀，必须把新城、新镇、新农村建设与中心城区人口和功能疏解有机结合起来，努力实现郊区城市化从外源向内源方式的转变。

为实现郊区城市化从外源向内源方式的转变，要在中心城区实行最严格的规划、土地、投资等项目源头管理的同时，有计划地把中心城区一些国家和地方举办的大学、科研院所、三甲医院、博物馆、艺术馆、体育馆、媒体等部分或主体设施和功能集散适度地迁移至郊区，建设不同性质的新城和新镇。例如，应在严格控制北京大学、清华大学、中国人民大学、中国科学院大学总体办学规模的前提下，鼓励和支持它们分别将校园及其附属中学、小学、医院、幼儿园等部分设施和功能疏散至海淀山后、昌平、通州和怀柔，并和当地城市化和新农村发展相结合，规划建设高品位的特色新城、新镇和新村。

三、北京城市功能疏解的保障体制机制

为贯彻上述基本思路，有效疏解北京城市功能，必须创新体制机制，积极

制定和实施以下重要措施。

1. 完善市场机制

市场失灵是北京城市功能过度膨胀的重要基础。因此，为发挥市场机制在疏解北京城市功能中的决定作用，必须着力完善市场机制。一要坚决杜绝建设用地划拨、协议出让，建立健全开放、阳光、统一的城乡建设用地市场；二要创建水权、环境权、开发权市场，健全全面反映水、环境、空间资源稀缺性的市场供求机制、竞争机制和价格机制；三要着力纠正水、电、气、热、环境、交通、房地产和公共服务价格扭曲。

2. 创新规划体制机制

土地利用规划和城市规划严重失灵是北京城市功能不合理膨胀的重要原因，究其失灵根源，主要如下：规划的有限理性；规划文本缺乏法律效力；利益集团复杂、特殊。因此，有效疏解北京城市功能，必须创新规划管理体制机制，增强规划的有效性。具体来讲，一要推进土地利用规划、城市规划等多规合一，做到全市一张规划图；二要严格规划编制、审批管理，增强规划的科学性；三要严格规划文本的审批，改革北京空间规划的批准体制，从北京市人民政府报国务院批复调整为由北京市人民代表大会通过报全国人民代表大会批准，增强规划的法律效力；四要借鉴美国经验，建立土地开发权转让制度，在规划实施中引入市场机制，建立健全土地用途制度，全面强化城市成长边界和房屋用途管制；五要整合土地规划、城市规划等空间规划部门，在此基础上，建立新的高规格的首都规划委员会，统一行使空间规划管理职能。

3. 制定实施新的北京城市总体规划

2012 年，国务院批复中关村国家自主创新示范区空间规模和布局调整方案。为确保调整方案落实到位，北京市委、市政府决定启动北京城市总体规划修改工作，组织编制《北京城市总体规划（2004 年—2020 年）》局部修改方案[①]。考虑到《北京城市总体规划（2004 年—2020 年）》严重系统性失灵，“城市病”十分突出，以及城市与国家新型城镇化规划、京津冀协同发展的新要求，“局部

① 中共北京市委、北京市人民政府关于贯彻落实《国务院关于同意调整中关村国家自主创新示范区空间规模和布局的批复》的实施意见。

修改”显然是适应形势的，合理的选择应该是抓紧重新制定实施新的北京城市总体规划。从北京城市功能疏解的角度来看，新的北京城市总体规划要特别突出强调：第一，以建设世界级智慧城市为目标，实现城市从外延式的粗放发展向内涵式的精明发展转变；第二，严格控制城市规模，考虑到水资源约束和宜居城市的新要求，到 2020 年和 2030 年北京人口规模应分别控制在 2400 万人和 2700 万人左右；第三，巩固提高政治中心、文化中心和国际交往中心功能定位，明确国家创新中心功能定位，凸显首都核心功能和世界性总部功能定位；第四，将五环以内确定为限建区域，部署城市功能疏解的空间载体，建设“一小时都市圈”和多中心网络型首都经济圈；第五，退耕还湖还林，恢复湿地，修复生态与环境，建设美丽北京。

4. 形成北京与周边地区协同疏解城市功能的长效机制

对北京全面取消地区生产总值考核，进一步强化“四个服务”绩效在考核激励体系中的地位和作用。探索建立健全京津冀协同发展委员会和专家咨询委员会，将北京城市功能疏解作为打造首都经济圈、推进京津冀协同发展的优先领域，明确北京城市功能疏解的协同攻关的重大任务和项目。着力探索将中关村国家自主创新示范区的先行先试政策在首都经济圈，甚至环渤海地区内延伸扩展，探索建立北京与周边地区共建功能区的利益分享机制和组织管理体制。中央和地方各拿一定比例的财政资金，设立京津冀协同发展专项基金和京津冀协同发展银行，优先支持北京城市功能疏解的协同攻关重大项目，针对不同类型的搬迁重点任务和项目进行差别化支持。

京津冀地区经济增长与资源环境的脱钩关系①

何　音　蔡满堂

京津冀处在环渤海经济圈以及东北亚的核心地带，以北京、天津、河北省的石家庄和保定等 13 个城市组成的京津冀区域面积达到 216 000 平方公里，2013 年末常住人口 1.09 亿，实现生产总值 6.22 万亿元，该区域以全国 2.25%的地域面积承载了全国 8%的人口，创造了全国 10%的经济总量[1,2]。京津冀人均生产总值达到 5.7 万元，是全国平均水平的 1.36 倍，整体发展水平较高。但是，近些年与区域经济发展相伴而生的是人口的快速聚集、交通的日益拥堵，环境的持续恶化和资源的加速枯竭。尤其是频发的大气污染事件，使得京津冀成为中国人与自然关系最为紧张、资源环境超载矛盾最为严重、生态联防联治要求最为迫切的区域之一。

一、文献综述

脱钩理论[3]最早是经济合作与发展组织（OECD）提出的关于打破某一地区经济发展与资源消耗、环境污染之间关系的理论。作为描述经济活动对环境影响逐渐减少的过程，计算脱钩程度常用的方法包括：①以经济增速与环境污染或资源消耗增速的背离程度来判断脱钩状态的脱钩指数法、Tapio 脱钩弹性系数法；②以某一时期资源环境消耗或污染水平随经济发展出现减少或平稳变动的情况为代表的环境库兹涅茨曲线、IPAT 方程法（计算人口、富裕度、技术对环

---

① 本文发表于《北京理工大学学报》（社会科学版），2016 年 18 卷第 5 期。作者简介：何音，中国民航科学技术研究院助理研究员，研究方向为机场发展规划、机场环境评价；蔡满堂，北京大学首都发展研究院副院长，副教授，研究方向为环境管理与政策、社区自然资源管理。

境的冲击）。作为衡量人类活动与资源环境的耦合破裂关系，脱钩理论已在国外获得了广泛关注，最初 OECD[4]将其应用于分析农业政策与市场、贸易间的均衡度。而随着该理论逐渐成为学术界的新焦点，许多国外学者如 Vehmas 等[5]运用其分析了经济发展对物质流造成的压力，并提出了改善这一状态的手段。Soytasa 等[6]则分析了美国能源消耗、碳排放与经济发展的脱钩关系，Tapio[7]利用其研究成果——Tapio 脱钩弹性系数法，测算了 1997～2001 年欧洲交通运输业面对经济驱动力，展现出动态脱钩指数的变化情况。近些年，脱钩理论被引入资源环境领域，如 Allan[8]采用 IPAT 方程测算出区域水资源利用与 GDP 的脱钩状态，Jotzo[9]借助脱钩指数法对生态系统的资源使用情况和经济效率进行评价。

国内脱钩理论研究起步较晚，目前多用于测度能源、环境、碳排放、用水量等与经济的脱钩程度。例如，王崇梅[10]基于脱钩指数法，对中国经济发展与能源消耗脱钩程度进行测算，结果显示，近 10 年的脱钩指数逐渐减小，能源使用效率不断提高。苑清敏[11]运用无残差完全分解模型对天津经济与工业污染的反弹效应展开讨论，并提出改善产业分布的政策建议。刘其涛[12]以河南省为研究对象，基于因果链分解的思路，撰文分析了经济发展与碳排放的脱钩关系。Wang 和 Yang[13]探讨了京津冀地区产业发展与碳排放的脱钩关系，并根据脱钩状态的变化制定了减排措施。另有学者朱洪利等[14]通过测度云南、贵州两省近 10 年水资源消耗与经济发展的脱钩关系，评价了 GDP 增长对水资源系统造成的压力。

以上文献显示，现有针对脱钩关系的研究存在以下特点：①研究多集中分析经济发展与碳排放、用水量等单一因素的脱钩关系，而针对经济与资源环境多方面协调关系的探讨，仍未形成系统的评价指标体系；②基于脱钩结果提出的治理措施多停留在理论层面，对改善微观领域的现状具有较弱的可参考性和可操作性；③目前，脱钩理论多应用于国家与省际层面，却较少以城市群为研究单元来分析某一区域经济增长与资源环境的综合脱钩关系。本文以京津冀地区为研究对象，选取资源环境等 9 类指标，并结合生态足迹与碳排放模型，全面核算人类活动对自然资本的利用以及对生态环境的影响，建立起区域综合资源环境指标体系，并采用改进的 Tapio 脱钩模型和判断标准，详细分析 2000～2013 年京津冀地区经济发展与资源环境的脱钩状态以及产生原因。同时，从京津冀一体化协同发展的角度出发，分别从资源保护、环境治理、产业转移、经济补偿等多角度出发，提出了区域综合生态环境建设措施。

二、数据和研究方法

1. 数据来源及处理

研究以京津冀地区为对象，数据源自 2000～2014 年的《北京统计年鉴》、《天津统计年鉴》、《河北经济年鉴》和《中国统计年鉴》。部分指标数据结合《中国环境统计年鉴》（2000～2014 年）进行了补充校订，统计年鉴中缺失的数据采用均值法进行补充，以保证研究数据的完整性和连续性。

2. 脱钩指数研究方法

研究选取压力/驱动力-状态-响应模型（PSR），通过构建资源环境与经济发展的脱钩指标体系，来洞悉京津冀地区经济活动对生态环境质量、自然资源状态的影响。在 PSR 框架中，GDP 作为驱动力指标以反映经济造成的负荷；状态指标表征环境质量、自然资源的状况；响应指标表征人类面临资源环境问题所采取的对策。利用 Tapio 弹性系数法[7]以资源、环境指标的变化率与 GDP 总量的变化率之比来表征脱钩状态，计算公式为

$$D_i = \frac{\Delta E}{\Delta F} = \frac{\left(E_{\text{end of period}} - E_{\text{start of period}}\right) / E_{\text{start of period}}}{\left(F_{\text{end of period}} \quad F_{\text{start of period}}\right) / F_{\text{start of period}}} \tag{1}$$

式中，D_i 为第 i 时期某一种资源或环境的脱钩指数；ΔE 为某一时期内资源、环境指标的变化率（即第 i 时期结束年的资源、环境指数 $E_{\text{end of period}}$ 减去起始年的资源、环境指数 $E_{\text{start of period}}$ ，再除以 $E_{\text{start of period}}$ ）；ΔF 为 GDP 总量的变化率；$F_{\text{start of period}}$ 、 $F_{\text{end of period}}$ 分别为第 i 时期起始年、结束年的 GDP 总量。

3. 脱钩程度评价标准

考虑经济增长与资源环境的变化趋势差异，OECD 将脱钩程度分为负脱钩、脱钩和连结三大类。而 Tapio 根据脱钩指数 l 大小，又将脱钩状态细分为八类（表 1），此种分类法可以更加精确地反映出某一区域在不同时期的脱钩状态变化。当 $\Delta E < 0$，$\Delta F > 0$，$l<0$ 时，表现为强脱钩（经济正向增长，资源消耗、污染物排放为负的最优状态）；当 $\Delta E>0$，$\Delta F > 0$，$l > 1.2$ 时，表现为资源消耗、环境污染的增速快于经济发展增速的扩张负脱钩；当 $\Delta F > 0$ 时，ΔE 越小，l越小，脱钩程度越高。

表 1　资源环境与经济增长脱钩程度划分标准[7]

脱钩程度	脱钩种类	ΔE	ΔF	脱钩指数=$\Delta E/\Delta F$
负脱钩	扩张负脱钩	>0	>0	$l>1.2$
	强负脱钩	>0	<0	$l<0$
	弱负脱钩	<0	<0	$0<l<0.8$
脱钩	弱脱钩	>0	>0	$0<l<0.8$
	强脱钩	<0	>0	$l<0$
	衰退脱钩	<0	<0	$l>1.2$
连结	增长连结	>0	>0	$0.8<l<1.2$
	衰退连结	<0	<0	$0.8<l<1.2$

4. 评价体系和计算方法

京津冀地区经济发展与资源环境存在相互制约、依赖的复杂关系。在保持经济高速发展的同时，必然会造成对资源的过度消耗，以及对环境超出承载力的破坏现象。研究根据 PSR 模型的概念，选取 GDP 总量作为测量经济发展指标；耕地面积、总用水量、能源消耗量和生态足迹作为测量资源消耗指标；SO_2排放量、工业废水排放量、工业废气排放量、工业固体废物产生量①和碳排放量作为环境污染指标进行测算。

1）生态足迹计算模型

生态足迹是指人类活动消耗的各种资源，都可追溯到提供此类原始物质与资源的地域空间。通过计算生态足迹可有效地评价某一区域人类在利用自然资源的过程中对生态系统造成的影响，同时阐明自然资本与经济发展的互补关系。研究采用 Wackernagel 等于 1996 年提出的生态足迹模型[15]，分别选取生物和能源等 10 类账户进行统计分析（表 2），将京津冀区域发展对自然资本的需求转化为空间面积计量（陆地和水域），计算公式为

$$\mathrm{EF}=N\times \mathrm{ef}=N\times r_j\times\sum a_k=N\times r_j\times\sum\frac{c_k}{p_k} \tag{2}$$

式中，EF 为生态足迹总量（公顷）；N 为总人口数；ef 为人均生态足迹；j 为生

① 由于 2000～2014 年，《中国统计年鉴》、京津冀三地的《统计年鉴》和《中国环境统计年鉴》中未统计出工业固体废物排放量，因此研究选取工业固体废物产生量进行分析。

物生产性土地类型；k 为消费产品的种类；r_j 为生产某种产品所对应的均衡因子；a_k 为人均消费 k 种产品所折算的生物生产面积（公顷）；c_k 为 k 种产品人均消费量（千克）；p_k 为 k 种产品全球年均生产力（千克/公顷）。

表 2　生态足迹账户的构成

生态足迹构成因素	生物资源账户					生态足迹构成因素	能源资源账户				
	粮食	蔬菜	水果	肉类	水产品		煤	柴油	燃料油	汽油	电力
土地类型	耕地	耕地	林地	草地	水域	土地类型	化石能源用地	化石能源用地	化石能源用地	化石能源用地	建筑用地
均衡因子	2.39	2.39	1.25	0.51	0.41	折算系数	20.90	72.70	50.20	43.10	11.84
全球年均生产力	2 744	18 000	350	14.9	29	全球人均生态足迹	55	93	71	93	1 000

注：全球年均生产力的单位为千克/公顷

2）碳排放计算模型

随着工业化和城市化水平的提高，京津冀地区对能源的依赖程度逐步加深，然而化石类能源在满足用能需求的同时，必然会产生大量以 CO_2 为主的温室气体，严重危害大气环境健康。在全球变暖问题日益严重的今天，中国面临着巨大的减排压力，因此，通过研究碳排放来反映能源使用过程中对生态环境所产生的影响意义重大。研究采用 IPCC 于 2006 年提出的《2006 年联合国政府间气候变化专门委员会国家温室气体清单指南》[16]方法来计算碳排放量：

$$\mathrm{CE} = \sum_{x=1}^{n} C_x \times F_x \times O_x \tag{3}$$

式中，CE 为区域碳排放总量（万吨）；x 为能源种类；C_x 为 x 种能源的消费总量（万吨标准煤）；F_x 为 x 种能源的碳排放系数；O_x 为 x 种能源的碳氧化率。研究根据 IPCC 发布的《2007 年气候变化：物理科学基础》[17]，设定 F_x 分别为煤炭 0.784、原油 0.585、柴油 0.592、柴料油 0.619、汽油 0.554；O_x 分别为煤炭 0.913、原油 0.979、柴油 0.982、柴料油 0.985、汽油 0.98。

3）综合脱钩指数计算模型

为测定区域经济发展对资源、环境两方面所产生的综合影响，研究设计了 2000～2013 年京津冀地区综合脱钩指数 RED_i，计算公式为

$$\mathrm{RED}_i = \frac{\dfrac{\sum_{\alpha=1}^{4}\mathrm{RD}_{i\alpha}}{4} + \dfrac{\sum_{\beta=1}^{5}\mathrm{ED}_{i\beta}}{5}}{2} \tag{4}$$

式中，RED_i 为第 i 时期资源、环境脱钩指数计算后的综合脱钩指数；α 为资源指标的种类；β 为环境指标的种类；$\mathrm{RD}_{i\alpha}$ 为第 i 时期 α 种资源的脱钩指数；$\mathrm{ED}_{i\beta}$ 为第 i 时期 β 种环境的脱钩指数；$\mathrm{RD}_{i\alpha}$ 、$\mathrm{ED}_{i\beta}$ 均由式（1）计算得出。

三、经济增长与资源环境的发展情况

1. 京津冀地区经济发展情况

京津冀作为中国北方最大的经济发展区，GDP 总量已从 2001 年的 9907.5 亿元跃升至 2013 年的 62 685.8 亿元，增幅达 532.7%，占全国经济总量的 10.7%[18-20]。然而，近些年经济增长方式、产业结构的调整，使得 GDP 的增长率出现大幅波动，并从 2007 年起呈现下降趋势①（图 1）。在规模比较中，2013 年末北京和天津的 GDP 总量已占到区域总量的 50%以上。其中，北京的经济规模在 13 个地级市中最大，达 19 800.81 亿元，天津排第二位，而排第三位、第四位的是唐山和石家庄，但其 GDP 总和不足北京的 33%和天津的 50%[18-20]（图 2）。在增速比较中，2007 年后，天津的 GDP 增速维持在 17%左右，常年

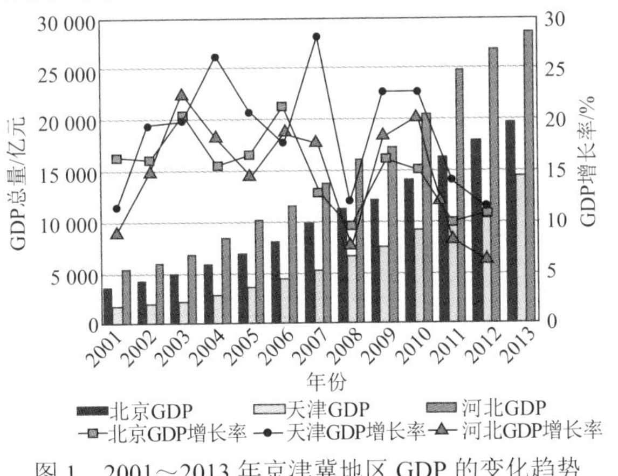

图 1　2001～2013 年京津冀地区 GDP 的变化趋势

① 2008 年的亚洲金融危机，使得京津冀地区的 GDP 发展速度大幅下滑，与 2007 年相比回落了 8.8%。为了保证经济的平稳运行，政府投入 4 万亿元进入实体经济。因此从 2009 年后，区域内的 GDP 出现了大幅增长回稳趋势。

快于北京、河北 5%～10%。由以上分析可知，京津冀区域内经济总量大的地区，经济增速缓慢；经济增速较快地区，经济总量较小，始终存在经济发展的时空分布不均衡现象。

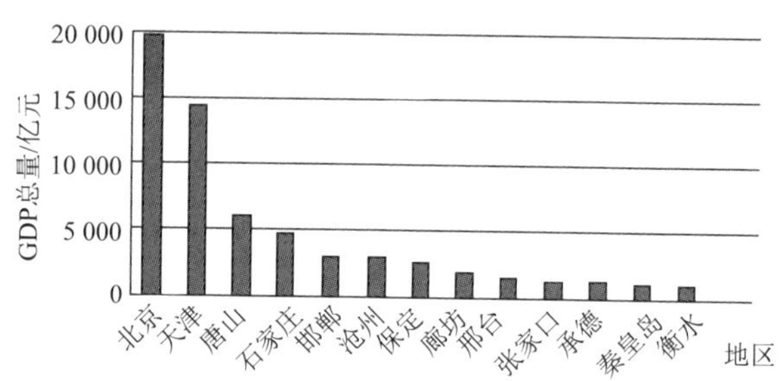

图 2　2013 年京津冀地区 13 个地级市的 GDP

2. 京津冀地区产业发展情况

京津冀地区经济发展与产业结构有着密切联系，而产业活动又影响着资源消耗、污染排放水平。对比历年产业增加值（图 3）可知，虽然第一产业产值

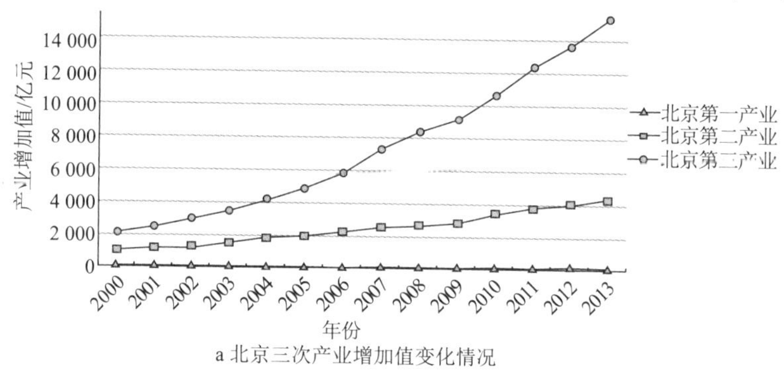

a 北京三次产业增加值变化情况

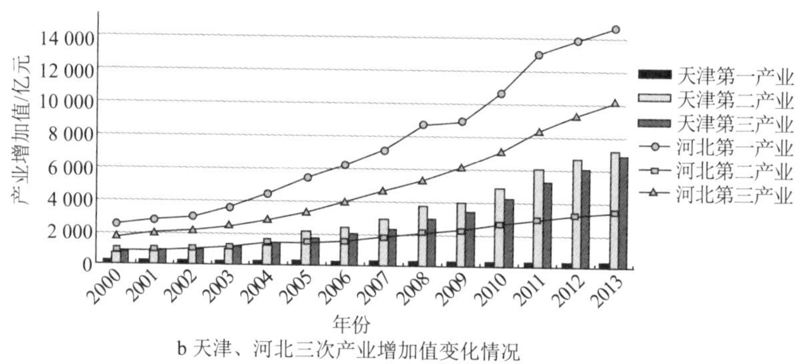

b 天津、河北三次产业增加值变化情况

图 3　2000～2013 年北京、天津、河北三次产业增加值变化情况

不断增长，但贡献率已大幅降低；第二产业呈现出快速发展趋势，截至 2013 年实现增加值 2.63 万亿元，与 2000 年相比增幅达 497.2%；而第三产业 14 年间实现 621.7%的产值扩大，成为京津冀新的经济增长点[18-20]。在区域内部比较中，北京的产业结构调整表现出明显的服务化特征，2013 年末第三产业比重为 77.8%，由于受城市资源优势和功能定位的影响，造成其第一、第二产业规模逐渐减小，因此，北京成为耕地资源消失速度最快、工业污染排放量最少的地区。天津虽表现出第二产业比重下降，第三产业比重上升的趋势，但第二产业比重仍超过 50%，工业污染现象仍较为严重。相比之下，河北的产业结构呈现“第二产业、第三产业、第一产业”的比重分布，尤其是第二产业对经济的贡献率超过了 64%，一些低技术含量、低附加值的“高污染、高排放、高耗能”产业依旧主导着河北的经济发展。

3. 京津冀地区资源消耗与环境污染情况

为分析京津冀地区经济腾飞对生态系统造成的不可逆伤害，研究以 2000 年为基期，通过资源环境指标数据的无量纲化处理①，得到 2000～2013 年资源环境指标的变化情况。

在资源消耗方面，区域 2013 年末实有耕地 1.04 亿亩②[1]，仅为全国耕地总量的 5.1%。随着城市化进程的加快，大量耕地被占用，使得 2007 年末耕地资源的无量纲化值从 100 减少到 90。2009 年后才逐步恢复到 100，但仍属于相对稀缺资源。相比耕地，水资源消耗未发生较大波动，始终维持在 100～105。但是人口增长和城市规模扩大，造成生态足迹总量在 2000～2013 年增长了 110.6%。与此同时，能源消耗量的无量纲化值也从 100 增长至 265.5，然而京津冀地区能源禀赋基本为零，煤炭、原油等资源 70%以上都要依赖外地输送[21]，进一步加剧了资源的紧缺程度。

在环境污染方面，SO_2 是唯一减少的环境指标，无量纲化值从 100 减少到 84，实际排放量也从 187.5 万吨减少到 158.85 万吨[1]。然而除 SO_2 减排工作较有成效外，区域内工业废水排放量、工业废气排放量、工业固体废物产生量均呈现快速上涨趋势（图 4），无量纲化值分别从 100 增至 260.1、519、531.7。说

---

① 无量纲化的计算公式：$Y_i=X_i/X_{2000}\times100$，以 2000 年资源、环境的统计值为标准（2000 年=100），其中，X_i 表示各指标在各年份的实际统计值；X_{2000} 表示各指标在 2000 年的统计值；Y_i 表示该指标进行无量纲化处理后可供分析的值。

② 1 亩≈666.7 平方米。

明随着第二产业产值的增长，工业污染对环境的影响不断扩大。相比之下，与大气质量密切相关的碳排放量也从最初的 13 680 万吨，增至 2013 年的 30 891.9 万吨，增幅达到 125.8%。由以上分析可知，京津冀地区经过多年发展，已出现资源加速枯竭和环境持续恶化趋势，长期依赖这种以牺牲资源和环境为代价的方式，必将造成生态系统功能的加速衰退。

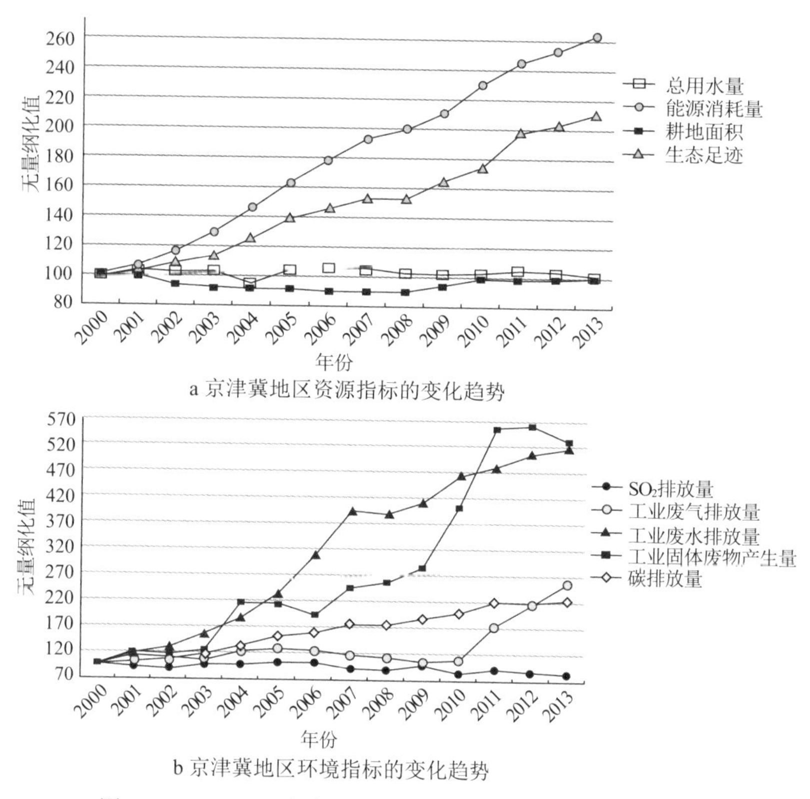

图 4　2000～2013 年京津冀地区资源与环境指标的变化趋势

四、脱钩关系的评价结果

1. 区域综合脱钩程度分析

根据式（1）～式（4），结合脱钩程度判定标准得出 2000～2013 年京津冀地区经济发展与资源环境的综合脱钩关系。为便于表述研究结果，本文将 2000～2013 年的 14 年划分为从 T1 开始的 13 个周期，如表 3 所示。

表 3　T1~T13 时期京津冀地区综合脱钩指数

脱钩指数/状态	T1	T2	T3	T4	T5	T6	T7	T8	T9	T10	T11	T12	T13
	2000～2001 年	2001～2002 年	2002～2003 年	2003～2004 年	2004～2005 年	2005～2006 年	2006～2007 年	2007～2008 年	2008～2009 年	2009～2010 年	2010～2011 年	2011～2012 年	2012～2013 年
资源脱钩指数	0.266	0.200	0.209	0.253	0.226	0.207	0.162	0.009	0.475	0.269	0.280	0.143	0.211
环境脱钩指数	1.340	0.307	0.514	0.952	0.412	0.325	0.475	−0.015	0.549	0.506	0.677	0.115	0.295
综合脱钩指数	0.803	0.254	0.361	0.608	0.319	0.266	0.318	−0.003	0.512	0.388	0.478	0.129	0.253
综合脱钩状态	增长连结	弱脱钩	弱脱钩	弱脱钩	弱脱钩	弱脱钩	弱脱钩	强脱钩	弱脱钩	弱脱钩	弱脱钩	弱脱钩	弱脱钩

在 T1 时期，区域内资源消耗、环境污染的增速趋同于 GDP 增速，呈现出较差的增长连结综合脱钩状态。而在 T2～T7 时期，由于各时期环境污染的情况不同，造成综合脱钩指数存在差异，但总体维持在 0.2～0.7，该阶段的波动说明经济增长对资源环境的负面影响依然存在。而在 T8 时期，北京奥运会的召开使得区域内环境污染现象减轻[22]，综合脱钩指数首次出现较优的强脱钩状态。但是从 T9 时期起经济发展对资源、环境的压力逐年增大，造成综合脱钩指数出现大幅增长，并长期维持在弱脱钩水平。虽然在 T11～T13 时期，综合脱钩指数开始不断变小，但是仍未达到经济增长为正值，资源消耗、环境污染排放为负值的强脱钩状态。

在图 5 和图 6 中，有 64.1%的脱钩指数处于弱脱钩状态，24.8%的脱钩指数处于强脱钩状态，但仍有 11.1%的脱钩指数处于脱钩状况不佳的扩张负脱钩状态。图 5 中，京津冀地区总用水量、耕地面积脱钩指数均呈减小趋势，前者表现为水资源消耗增速（年均增速为 0.21%）慢于 GDP 增速（年均增速为 41%），后者呈现增长连结—弱脱钩的多次变化，说明 GDP 的资源消耗压力正在减小。相比较而言，生态足迹始终处于弱脱钩状态。在 T1～T8 时期，脱钩指数的降幅达到 95.3%，但在 T9～T13 时期又重现波动性增长，与 T8 时期末相比增幅达 344.5%。而区域内能源消耗量脱钩指数在 T2～T13 时期经历了−0.5～+3.0 的波动增长，强脱钩—弱脱钩的状态变化也说明能源消耗量正在由负转正，GDP 增长对其造成的压力逐渐增大。以上分析结果显示，在京津冀地区经济快速发展的同时，未完全实现资源消耗的负增长，资源使用率和节约利用率仍处于较低水平。

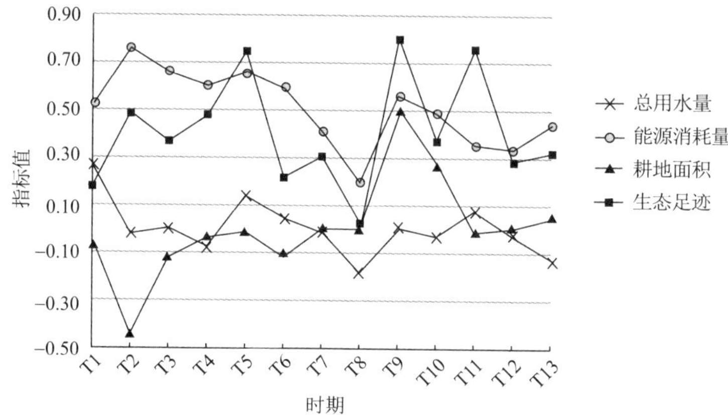

图 5 T1～T13 时期京津冀地区资源消耗的脱钩指数变化趋势

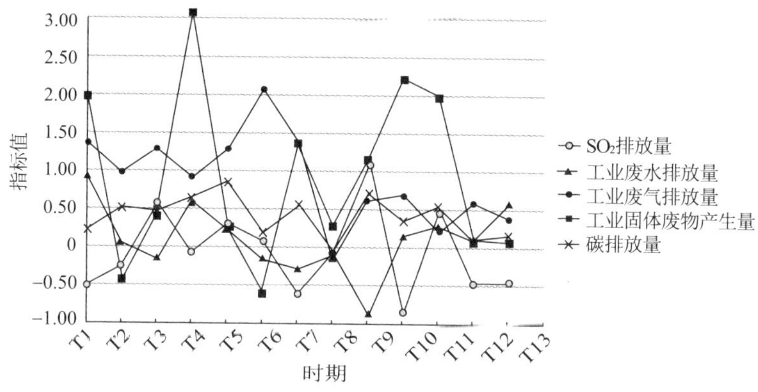

图 6 T1～T13 时期京津冀地区环境污染的脱钩指数变化趋势

图 6 中，碳排放量脱钩指数在 T1～T13 时期始终处于弱脱钩状态，虽然碳排放增速要慢于 GDP 增速，但是经济对环境的压力依然存在。区域内工业废气排放量、工业固体废物产生量脱钩指数在观察期内分别减少了 83.9%和 98%，也未达到 GDP 增长而环境污染减弱的协调水平。而 SO_2 排放量、工业废气排放量、工业废水排放量和工业固体废物产生量经历了扩张负脱钩—增长连结—弱脱钩—强脱钩的状态波动。14 年间 SO_2 排放总量减少了 15.3%[18-20]，使得其脱钩指数重新回到负值区间，经济增长朝向与环境污染强脱钩的状态发展。相比较而言，在 T13 时期末，工业废水排放量增速达到 GDP 增速的 1.36 倍，呈现出区域内唯一的扩张负脱钩状态。因此，在多因素的共同作用下，经济对环境的压力仍未减弱，而环境污染也成为影响综合脱钩水平的主要因素。由以上分析可知，京津冀地区资源、环境各项指标与经济发展的脱钩关系存在较大差

异。例如，在 T6 时期，耕地面积、总用水量和碳排放量处于弱脱钩状态；工业废气排放量处于扩张负脱钩状态，而能源消耗量、工业废水排放量、工业固体废物产生量则处于较优的强脱钩状态。因此，需要对区域脱钩状态进行更详细的分析。

2. 北京、天津、河北三地脱钩程度分析

经过式（1）～式（4）的计算，研究得出北京、天津、河北三地在 T1～T13 时期，经济发展即 GDP 变化对资源消耗、环境污染的脱钩指数，如表 4 所示。

表 4　T1～T13 时期北京、天津、河北的综合脱钩指数

时期	北京			天津			河北		
	资源脱钩指数	环境脱钩指数	综合脱钩指数	资源脱钩指数	环境脱钩指数	综合脱钩指数	资源脱钩指数	环境脱钩指数	综合脱钩指数
T1	0.028	0.309	−0.141	0.350	2.158	1.254	0.349	2.328	1.338
T2	−0.323	−0.385	−0.354	0.392	0.186	0.289	0.328	1.401	0.865
T3	0.167	−0.223	−0.028	0.176	0.385	0.281	0.263	1.812	1.037
T4	0.104	0.311	0.207	0.277	−0.118	0.079	0.243	1.844	1.044
T5	0.112	0.148	0.130	0.206	1.206	0.706	0.540	1.671	1.105
T6	0.239	−0.266	−0.013	0.199	0.335	0.267	0.198	2.392	1.295
T7	0.080	0.219	0.149	0.155	−0.141	0.007	0.225	1.740	0.982
T8	0.005	−0.847	−0.421	0.074	0.051	0.063	−0.010	0.101	0.067
T9	0.303	0.222	0.263	0.520	0.008	0.263	0.516	0.825	0.670
T10	0.111	−0.005	0.053	0.284	0.690	0.487	0.262	0.488	0.375
T11	0.130	−0.257	−0.063	0.231	0.061	0.146	0.305	0.539	0.422
T12	0.045	0.102	0.073	0.202	0.111	0.157	0.156	0.569	0.363
T13	0.192	−0.079	0.056	0.360	0.082	0.221	0.163	0.860	0.511

由表 4 可知，北京、天津、河北有 69.2%的综合脱钩指数在 0～0.8 波动，这种弱脱钩状态表明，三地的经济发展速度都快于其资源消耗、环境污染速度。而主要的强脱钩出现在 T8 时期[①]，增长连结和扩张负脱钩则多出现在 T1～T3 时期。

---

① 2008 年，为保证北京奥运会的举办，京津冀地区展开了严格的污染物减排措施，各项污染物排放指标大幅下降。

1）北京脱钩状态分析

在 T1～T13 时期，北京呈现强脱钩—弱脱钩的反复波动，三类（资源、环境、综合）脱钩指数均表现为“M 形”曲线。T1～T3 时期总用水量和污染物排放量的下降，使得经济增长对资源环境的压力逐渐减小。而在 T4～T9 时期，由于耕地面积减少 3.3 万亩，能源消耗量增加 1921.8 万吨标准煤[18]；工业废气排放量和碳排放量分别增长了 46.7%和 21.4%，造成综合脱钩状态从强脱钩转为弱脱钩。然而在 T10～T12 时期，资源、环境脱钩指数与 T9 时期末相比，分别降低了 36.5%、135.5%。该阶段虽表现为弱脱钩状态，但随着北京节能减排与环境治理工作的深入，T13 时期末工业废气排放量从 23 164 万吨下降到 9486.6 万吨，降幅达 59.05%，工业固体废物产生量也减少了 8.4%；SO_2 排放量减少 13.7 万吨[18]。实现了环境污染与 GDP 增长的强脱钩，也使得北京成为京津冀地区经济发展与资源环境协调度最高的地区（综合脱钩指数最小）。

2）天津脱钩状态分析

相比北京，天津的脱钩程度表现为扩张负脱钩—弱脱钩的“W 形”波动。在 T1～T2 时期，天津的工业废水排放量、工业废气排放量、工业固体废物产生量分别增长 20.7%、63.4%、61.1%，导致环境污染的增速为 GDP 增速的 1.25 倍，环境脱钩指数高达 2.158。但是在 T3～T8 时期，经济发展对资源环境造成的压力平稳下降。其中，耕地面积与 T2 时期相比减少了 8.3%，SO_2 排放量减少了 10.4%，但能源消耗量和生态足迹总量则分别增长 89.5%和 42.5%。正是资源、环境脱钩指数的交替变动，使得天津的综合脱钩状态维持在弱脱钩。在 T10～T13 时期，天津由于能源消耗量增加了 2975.2 万吨标准煤，生态足迹增加了 1080 万公顷，工业固体废物产生量、工业废气排放量、碳排放量也分别增长了 1367 万吨、3049 万吨、464.3 万吨（是同期北京的 2.06 倍、2.36 倍和 4.42 倍）[19, 20]，造成天津近 4 年的综合脱钩指数小幅上涨，呈现与区域相似的脱钩水平，与北京相比仍有较大的提升空间。

3）河北脱钩状态分析

作为京津冀第二产业发展的集中区域，河北的生态环境质量最差[21]。在 T1～T13 时期经历了扩张负脱钩—增长连结—弱脱钩的状态波动，三类脱钩指数均呈现倒“U 形”曲线变化。在 T1～T6 时期，资源消耗、环境污染的增速超过了 GDP 增速。其中，资源账户：总用水量增长 11 亿立方米，能源消耗量增长 10 598 万吨标准煤（是同期北京的 6 倍、天津的 6.2 倍），耕地面积减少 59.7 万亩，生态足迹增加 4454.2 万公顷；环境账户：碳排放量增长 75.4%，工业污染物排放量增长 45.5%～265%[20]，使得河北承受着经济发展带来的巨大压力。但是从 T8 时期起，河北在努力提高资源使用效率的同时，加强了对工业污染的治理力度，使得资源脱钩指数与 T6 时期相比减少 104.2%，环境脱钩指数减少 104%，经济发展质量有了较大提升。到 T13 时期末，实现了经济发展与资源环境的弱脱钩，与 T1 时期相比，河北的脱钩指数虽有大幅降低，但与北京、天津相比，依然是区域内承受资源环境压力最大的地区。

五、结论和建议

本文基于脱钩理论，分析了京津冀地区经济发展与资源环境的关系，得出以下结论：①2000～2013 年区域内资源脱钩指数一直小于 0.80，并未直接影响综合脱钩水平。相比之下，环境脱钩指数出现大幅波动，直接影响区域综合脱钩状态的变化。而综合脱钩指数呈现出的逐年下降趋势，主要归因于经济增速大于资源消耗、污染物排放的速度，而区域生态环境质量并未得到显著改善。②针对指标体系的脱钩分析表明，京津冀地区总用水量、工业废气排放量、工业固体废物产生量得到有效控制，而人口规模扩大导致生态足迹与能源消耗量增长；经济活动造成的工业废水排放量和碳排放量增长，成为制约经济与资源环境脱钩发展的主要原因。③北京脱钩程度最低，天津趋同于区域平均水平，而河北脱钩程度相对较差。究其原因主要如下：北京享有资源的优先供给权，生态环境的治理工作投入也最多。在经济高速增长的同时，面临的资源环境压力被弱化。而河北作为区域内人口规模最大、经济发展水平最低、第二产业分布最密集的区域，不可避免地成为脱钩关系最差地区。而三地在经济发展、资源消耗、环境污染水平的参差不齐，最终导致脱钩指数出现地区差异。

京津冀地区有着密切的生态依存关系，如何实现三地资源环境与经济发展的强脱钩，达成经济共繁荣、环境同优美的目标，则需要以区域一体化的协同发展思维，从资源、环境、经济三方面提出建设性措施。

1. 资源保护层面

（1）以环境容量作为经济活动的约束条件，通过制定多种类自然资源的生态红线，实施区域内资源消耗的总量控制手段，缓解因人口规模扩大、产业结构不合理带来的资源加速枯竭、生态系统严重退化。

（2）开展跨区域合作模式，打破资源行政划分边界，以其自然分布作为调整资源配比的准则，引导其在京津冀地区的合理流动。同时，建立无行政界限的管理机制，实现各级政府的责任分担和利益共享。

（3）开展生态功能区分类管理，将河北列为功能修复区，实施经济活动有限准入手段，控制资源流失。将天津列入生态风险管控区，实施暂停新建资源消耗类产业的准入制度。将北京划为生态保育区，实施慎重的经济活动审批制度。

2. 环境治理层面

（1）通过产业梯度转移提高环境质量。以京津冀城市功能定位为基础，充分利用要素的互补性和产业的可转移性，实现产业结构优化组合与换代升级。可将首都非核心功能产业向天津、河北疏解，帮助其淘汰原有高污染、高能耗产业，达到治理区域整体环境的目的。

（2）考虑区域能源结构与消耗量、经济与产业发展的差异，实行统一污染物分类、检测与治理技术标准，建立环境联防联治共性平台。解决分部门治污效率低下，行政命令重叠且不统一造成的减排难题，引导三地环保工作走向源头治理。

（3）可通过搭建京津冀地区环保、治污技术共享平台，实现技术资源与技术手段的互惠，解决区域环境治理技术水平不一的问题。建立包含专利数量、科研经费投入、科技创新能力等指标的评价体系，全面提升区域综合治污能力。

3. 经济补偿层面

（1）建立生态补偿机制，打通京津冀地区经济、生态财富交换的通道。对生态系统的产品和服务进行市场交换，提高资源利用率。本着谁污染谁治理，谁保护谁得益的原则，制定差异化的保护目标与治理责任。

（2）形成流域内（河流、大气流域）、行政区域间生态环境保护和建设的责任分担与利益共享机制。鼓励建设环保要素的市场化管理机制，建立水权、碳排放权、环境权等交易市场，实现各类权证与环境资源的有偿交换和流动。

（3）根据区域保护的功能及受益群体的差别，形成多套补偿融资办法。建立区域生态环境建设基金，支持受益面广的环境保护项目。对具有广阔市场前景的项目，坚持以市场机制为主导，推进生态环境建设。

4. 局限性及未来研究方向

本文仅对 2000～2013 年京津冀地区经济发展与资源环境脱钩关系进行研究，并没有对该区域未来经济发展与资源环境的协调程度进行预测。“十三五”时期，京津冀协同发展政策的实施效果难以评估，从而造成未来资源消耗、环境污染量难以测算，这是本研究的不足之处。而如何将脱钩分析的结果与区域环境总容量、污染治理的成本相结合，提出量化的资源环境保护目标，以便制定更加科学的区域共赢发展模式，有待于未来进一步的研究。

<<<参 考 文 献>>>

[1] 国家统计局. 中国统计年鉴[M]. 北京: 中国统计出版社, 2000—2014.

[2] 天津市统计局. 天津统计年鉴 2014[M]. 北京: 中国统计出版社, 2014.

[3] OECD. Indicators to measure decoupling of environmental pressures for economic growth[R]. Paris: OECD, 2002.

[4] OECD. Decoupling: a conceptual overview[R]. Paris: OECD, 2001.

[5] VEHMAS J, KAIVO-OJA J, LUUKKANEN J. Global trends of linking environmental stress and economic growth[R]. Turku: Finland Futures Research Center, 2003: 6-9.

[6] SOYTASA U, SARI R, EWING B T. Energy consumption, income and carbon emissions in the United States[J]. Ecological Economics, 2007, 62(3～4): 482-489.

[7] TAPIO P. Towards a theory of decoupling: degrees of decoupling in the EU and the ease of road traffic in Finland between 1970 and 2001[J]. Journal of Transport Policy, 2005(12): 137-151.

[8] ALLAN J A. Fortunately there are substitutes for water otherwise our hydro-political futures would be impossible[C]. London: ODA, 1993.

[9] JOTZO F. Quantifying uncertainties of emission targets, economics and environment[R]. Network Working Papers with Number 0603, Astralia National University, 2006.

[10] 王崇梅. 中国经济增长与能源消耗脱钩分析[J]. 中国人口·资源与环境, 2010, 20(3): 35-37.

[11] 苑清敏, 邱静, 秦聪聪. 天津市经济增长与资源和环境的脱钩关系及反弹效应研究[J]. 资源科学, 2014, 36(5): 954-962.

[12] 刘其涛. 碳排放与经济增长脱钩关系的实证分析——以河南省为例[J]. 经济经纬, 2014(11): 132-136.

[13] WANG Z, YANG L. Delinking Indicators on regional industry development and carbon emissions: Beijing-Tianjin-Hebei economic band case[J]. Ecological Indicators, 2015(48): 41-48.

[14] 朱洪利. 10 年来云贵两省水资源利用与经济发展脱钩关系研究[J]. 南水北调与水利科技, 2013(5): 1-5.

[15] WACKERNAGEL M, ONISTO L, BELLO P, et al. National natural capital accounting with the ecological footprint concept[J]. Ecological Economics, 1999, 29: 375-390.

[16] IPCC. 2006 IPCC guidelines for national greenhouse gas inventories[R]. Kanagawa: The

National Greenhouse Gas Inventories Programme, 2006.

[17] IPCC. Climate change 2007: the physical science basic[M]. Cambridge: Cambridge University Press, 2007.

[18] 北京市统计局. 北京统计年鉴[M]. 北京: 中国统计出版社, 2000—2014.

[19] 天津市统计局. 天津统计年鉴[M]. 北京: 中国统计出版社, 2000—2014.

[20] 河北省统计局. 河北经济年鉴[M]. 北京: 中国统计出版社, 2000—2014.

[21] 李磊. 京津冀都市圈经济增长与生态环境关系研究[J]. 生态经济, 2014(9): 166-170.

[22] 王少剑, 方创琳, 王洋. 京津冀地区城市化与生态环境交互耦合关系定量测度[J]. 生态学报, 2015, 35(7): 2244-2254.

京津冀产业区际有序转移的市场设计

——基于双边匹配算法①

沈体雁　齐子翔　王彦博

一、引　　言

产业转移实质上既是厂商重新选址，也是开发区迎来新的企业。随着工业进园区政策的推行，在很大程度上，地方政府的招商引资行为就是开发区这一特殊“区位”与企业之间的相互选择行为。一言以蔽之，产业转移实质上是企业与开发区一次新的双边选择，双边能否匹配对于产业结构转型升级，促进区域联动发展，化解产能过剩，推动区域经济一体化意义重大。京津冀地区地方政府利益固化的藩篱、行政边界刚性约束的羁绊和区域黏性的存在，使得地区间产业空间布局长期处于非均衡状态，引发了产业同构、恶性竞争等一系列经济顽疾，制约着区域经济的发展。随着京津冀协同发展战略的深入推进，如何打破“一亩三分地”的思维桎梏，加快建立促进京津冀区域协同发展的体制机制，着力营造承接产业转移的良好“硬环境”和“软环境”，成为京津冀产业有序转移的关键问题。本文通过北京转出企业与津冀承接开发区双边匹配的市场设计，推动制造业产能由北京向天津和河北梯度转移、有序扩散，疏解非首都功能；通过政府“搭台”，企业“唱戏”的市场设计，促进生产要素自由流动，产业链条合理延伸，避免津冀各级地方政府因争夺北京产业转移而产生区际矛盾，重塑京津冀区域良性互动、错位竞争、优势互补的产业格局。

---

① 本文发表于《经济学家》2016年4月刊。作者简介：沈体雁，北京大学首都发展研究院副院长，北京大学城市治理研究院执行院长，北京大学政府管理学院教授，北京大学首都高端智库学术委员会委员，研究方向为城市规划与治理、空间计量；齐子翔，北京大学博士后，北京物资学院经济学院副教授，研究方向为宏观经济理论与政策；王彦博，北京大学政府管理学院博士，北京市发展和改革委员会综合处干部，研究方向为市场设计与区域发展。

二、文献综述与理论梳理

Webber（1909 年）提出了工业企业产业转移的区位理论。他认为工业企业在选择区位时存在三大指向：运输指向、劳动力指向和集聚指向。Akamatsu（1930 年）提出了“产业转移雁型形态说”，他认为在工业化初期阶段，发展中国家的产业应当遵循“进口—国内生产—出口”的模式，相继更替发展，促进产业结构的转型升级。这个进展在图形上像三只大雁在飞翔[1]。Thompson 从区域的生命周期理论引出了产业的梯度转移理论[2]。Porter（1985 年）提出了全球价值链理论。该理论表明，经济全球化过程中产品内分工的出现使得世界价值创造体系出现了垂直重构，价值链环节在全球范围内重新配置，进而导致国际产业转移产生了一种新的方式——价值链环节的转移[3]。Krugman（1991）基于垄断竞争、“冰山成本”和规模报酬递增假设，建立了“核心-边缘”模型，当市场邻近效应大于生活成本效应时，在循环累积因果链的作用下，产业会不断向核心区域集聚，从而导致外围区域福利效用恶化[4]。Fujita 等提出中间产品模型，他们认为产业由一个核心地区向多个外围地区扩散，一般是依次扩散的；劳动密集度高的产业首先转移，因为劳动密集使用，所以此类产业对工资差距较为敏感，因而最先从核心地区扩散出去；消费指向的产业首先从聚集体转移出去；中间品投入少的产业首先转移[5]。

Melitz 将企业异质性引入 Krugman 的“核心-边缘”模型，建立了异质性企业垄断竞争模型[6]；Baldwin 和 Okubo 将 Melitz 的企业异质垄断竞争模型与新经济地理模型相结合，分析了异质企业的区位选择与空间集聚关系，发现效率最高的企业首先选择从小区域向大区域转移，逐渐将企业定位于市场规模较大的地区。与 Krugman 的“核心-边缘”模型的随机性产业聚集不同，该研究认为这是一种非随机的空间选择[7]。集聚效应、财税政策、土地价格、市场潜力和运输成本是影响西方国家产业转移的重要因素[8-14]。魏后凯认为产业转移实质上是企业的空间再扩张过程[15]。祝尔娟认为京津冀区域一体化正处于要素一体化阶段，面临着在区域范围内实现产业集聚、扩散、整合、链接及产业结构优化升级的紧迫任务[16]。对于外商投资企业，集聚效应或产业集群程度、地区技术进步率或研发投入程度是厂商选址或迁移的重要决定因素[17]。Justin 等从新结构经济学的角度，提出要素禀赋结构决定产业结构，适当的财政制度可以优化产业结构[18]。

然而，无论是完全竞争和报酬不变假设条件下的经典区位理论，还是不完全竞争和报酬递增假设条件下的新经济地理学理论，现有理论均是把“区位”当成一个承接产业转移的被动载体，而没有把“区位”当成一个利益主体，没有涉及参与者之间的策略性行为。这种策略性行为是不能够忽略的，因为企业与地方政府之间的某种程度的战略性互利行为可能引致区域福利损失和经济效率缺失。这种策略性行为包含双重博弈。以京津冀产业区际转移为例，第一重博弈是隐藏在产业转移背后的三地政府对有限经济资源的争夺。这一重博弈的纳什均衡是横向分税制[19]。第二重博弈是北京转出企业与津冀承接开发区之间的合作博弈。本文通过双边匹配的市场设计，运用合作博弈理论，在一定程度上减少企业与政府战略性互利行为带来的效率缺失并防止寻租行为。目前，国外大多数关于企业与政府、企业与企业之间关系的研究均使用了非合作博弈理论；但是，由于我国特殊的国情，政府与企业更多地表现出合作博弈的关系。合作博弈的方法论之一是市场设计。

市场设计的核心是匹配，匹配问题的起源以 Gale 和 Shapley 在《美国数学月刊》上发表的著名论文“大学录取与婚姻的稳定性”为标志，他们提出了递延-接受算法（即 G-S 算法）[20]。Roth 在著名学术期刊《欧洲经济评论》、《计量经济学》、《自然》和《美国经济评论》上发表学术论文，通过对实习医生与医院双边匹配的市场设计，明确提出双边匹配的概念，并将一对一的双边匹配机制扩展到多对一，为美国医学协会（AMS）升级了国家实习医生匹配程序，改进了原有的国家实习生匹配项目 NIMP（或国家住院医师匹配项目 NRMP）算法，提出了申请者优先算法（即 Applicant-Proposing 算法）。同时，证明了当偏好序是严格且学生与医院存在映射关系时，稳定的分配集是弱占优（weak dominant）均衡，是学生与医院合作博弈的核；换言之，在采用双边匹配算法对学生与医院进行配对后，至少有一组学生与医院实现了帕累托改进[21-26]。Abdulkadiroglu 和 Sonmez、Abdulkadiroglu 等研究了美国纽约、波士顿地区公立学校招生与当地学生入学双边匹配问题，提出了顶端交换循环（TTC）机制，主观地给出了优先权，同时满足帕累托最优和预防策略行为的要求；但这种机制更像一种分配机制，而不是匹配机制[27-29]。Vate 在研究中指出稳定匹配属于线性规划问题[30]。Roth 等对稳定匹配的线性结构进行了证明[31]。张米尔和王德鲁利用项目成功因子、投资机会与投资主体特征建立匹配矩阵，帮助企业进行项目选择决策[32]。曹国华和胡义利用 G-S 算法设计了风险投资家与创业者的双边匹配模型[33]。陈希等针对考虑关联性指标的双边匹配问题给出了绍凯积分

（Choquet 积分）的市场设计方法[34]。陈希和樊治平、乐琦和樊治平基于公理设计了风险投资商与投资企业双边匹配决策方法，而万树平和李登峰则基于交互式多准则决策方法（TODIM）完成了类似的工作[35-38]。

但是，迄今，少有人将市场设计引入区位理论与区域经济研究领域。其中一个可能的原因是，双边匹配弱占优问题的困扰阻碍了市场设计学与区域经济学的深度融合。双边匹配的弱占优是指现行的算法均是率先发出邀约进行匹配的一方满意而另一方不甚满意的局面，即“单边满意”，引致匹配结果不稳定。本文考虑产业转移过程中不同主体（企业与开发区）的策略行为，通过互动式合作博弈，内生给出优先级，设计双边优先级匹配（two-sided rank matching）算法，兼顾效率与公平，使双边匹配结果更加稳定。

三、基于双边匹配的市场设计——“区位”自身比较优势的自我挖掘

政府做“小”并不一定等于市场做“大”，政府去行政化后退出的“领域”并不等于市场就会自动地成长和繁荣起来，价格机制的自动调节无法迅速实现市场出清，地方政府与垄断企业的战略性互利行为引致我国工业地价出现零地价、负地价等一系列价格失灵现象。换言之，市场要对资源配置起决定性作用需要一种设计，需要一定条件，需要一个过程，需要一种状态，需要一个平台。单纯地依靠政府宏观调控或者市场对资源的决定性作用解决我国产业转移问题都是比较困难的。政府不可以决定资源配置，但政府可以干预市场、设计市场。本文试图理顺政府与市场的关系，由政府牵头设计和营造市场平台，以市场平台促进各利益主体按照自愿原则达成交易，形成企业与开发区稳定配对的交易规则，促进市场作用与政府职能有机统一，实现从政府“入口”到市场“出口”的合作博弈，走一条以常态化机制驱动产业有序转移、结构调整的新路子。

1. 基本定义与算法

设 e_i 表示第 i 个企业，$i=1,2,\cdots,n$；p_j 表示第 j 家开发区，$j=1,2,i,\cdots,m$；开发区 p_j 可招商 T_j 家企业。第 i 个企业考虑开发区 j 所处区域的集聚经济、产业集群程度、消费者偏好、市场潜力、地区技术进步率及基础设施状况等指标后，在计算机原型系统中输入自身关于开发区集合的一个偏好序清单 $A_i=\{a_{ij} \mid j\in 1,2,\cdots,m\}$。第 j 家开发区在研究拟入驻本园区的企业 i 的信用、达产后年税收额、所属行业、就业带动效应、污染物排放水平、土地出让价格报

价、万元产值能耗、投资额、注册资本等因素后，也给出拟招商企业偏好序清单 $S_j=\{s_{ji} \mid i \in 1,2,\cdots,n\}$ ，$S_j>T_j$，且两类清单是严格偏好的，即不存在两个同样好的选择。

双边优先级匹配算法的原则是在不同开发区中让优秀的开发区先选择企业；在不同企业中让优秀的企业先挑选开发区，以达到“物尽其用，人尽其才”。本文的优先级设计思路如下：让所有企业偏好序中被选为第一名次数最多的开发区排在优先级第一位，让所有开发区偏好序中被选为第一名次数最多的企业排在优先级第二位，让所有企业偏好序中被选为第一名次数第二多的开发区排在优先级第三位，让所有开发区偏好序中被选为第一名次数第二多的企业排在优先级第四位，以此类推，设定优先级。如果被选为第一名次数相等，则比较被选为第二名的次数，仿此继续。优先级数学定义如下：假设 $n_{p_{ki}}$ 为所有参加匹配的企业将开发区 p_k 在自身偏好序清单中排在第 i 位的次数，p_{m-1} 优先于 p_m 等价于 $\exists \Omega \in N$，$\Omega \geqslant 1$，使得 $\forall \varphi \in N$，$0<\varphi<\Omega$，$n_{p_{m-1}\varphi} > n_{p_m \varphi}$ 或 $n_{p_{m-1}\varphi}=n_{p_m \varphi}$；且 $n_{p_{m-1}\Omega} > n_{p_m \Omega}$。同理，定义 e_{n-1} 优先于 e_n；且企业偏好序清单中排名最后一位的开发区的下一位等价于该企业偏好序清单中排名第一位的开发区（企业按照自身偏好序清单中不同开发区的排名，由高到低逐一向开发区发出入驻申请，在将偏好序清单遍历一遍之后，继续发出申请，即循环申请，则企业偏好序清单中排名最后一位的开发区的下一位就等价于该企业偏好序清单中排名第一位的开发区），开发区亦然。该定义体现了合作博弈的思想。双边优先级匹配算法如下。

优先级排名第一的开发区 p 向它偏好序清单中排名前 T_1 的企业发出招商邀请，并形成匹配对。

第 q 步（开发区选择）：优先级排名第 j 的开发区 p_j 向它偏好序清单中被其选择次数最少的企业中排名第一，且不在 p_j 已匹配清单中的企业 e_i 发出邀请，$q=\begin{cases}2j-1, & j \leqslant n \\ j+n, & j>n\end{cases}$；若 e_i 偏好序中不含有 p_j，则 e_i 拒绝 p_j，接下来分成两种情况讨论。

情况 1：当 p 连续被拒绝的次数等于其偏好序中企业的个数时，执行第 q+1 步；

情况 2：p_j 重复第 q 步，仿此继续，直到 e_i 偏好序中含有 p_j。接下来再分成两种情况讨论。

（1）若 p 未匹配满 T_j 个企业，再分成两种情况。

①当 e_i 无匹配，则 p_j 与 e_i 匹配。

②当 e_i 有原匹配 p_k，若 $p_k > e_i p_j$[①]或 $p_k = p_j$，则 p_j 重复第 q 步，当②命令连续运行了 S_j 次，则 p_j 停止匹配，以目前的匹配为最终结果。若 $p_k < e_i p_j$，则 p_j 与 e_i 匹配，p_k 与 e_i 解除匹配，若 p_k 发出过邀请，则 p_k 执行第 $\varDelta$ 步，$\varDelta = \begin{cases} 2k-1, & k \leqslant n \\ k+n, & k > n \end{cases}$。

（2）若 p_j 已匹配满 T_j 个企业，设 e_g 是与 p_j 匹配且 p_j 最不喜欢的企业，当 $e_g > p_j e_i$，则维持原匹配；否则，再分成两种情况。

①当 e_i 无匹配，则 p_j 与 e_i 匹配，e_g 执行第 ρ 步，$\rho = \begin{cases} 2g, & g \leqslant m \\ g+m, & g > m \end{cases}$。

②当 e_i 有原匹配 p_k，若 $p_k > e_i p_j$，则 p_j 执行第 q 步，当②命令连续运行了 S_j 次，则 p_j 停止匹配，以目前的匹配为最终结果；若 $p_k < e_i p_j$，则 p_j 与 e_i 匹配，p_k 与 e_i 解除匹配，p_j 与 e_g 解除匹配。然后，若 e_g 优先于 p_k 且 p_k 发出过邀请，先执行第 ρ 步，再执行第 $\varDelta$ 步；若 p_k 优先于 e_g 且 e_g 发出过邀请，先执行第 $\varDelta$ 步，再执行第 ρ 步；若只有 p_k 发出过邀请，则只执行第 ρ 步；若只有 e_g 发出过邀请，则只执行第 $\varDelta$ 步。

（3）若上述情况1或情况2改变了 p_j 的匹配结果，则重复第 q 步；若未改变（本次不计邀请数），检查是否执行完第 $m+n$ 步，若未执行完，则继续执行第 $q+1$ 步，即下述第 q 步（企业选择）。

直到执行完第 $m+n$ 步，则算法终止。

或者

第 q' 步（企业选择）：优先级排名第 i 的企业 e_i 向它偏好序清单中被其选择次数最少的开发区中排名第一的开发区 p_j 发出邀请（已与 e_i 匹配的开发区收到邀请后忽视此次邀请），$q' = \begin{cases} 2i, & i \leqslant m \\ i+m, & i > m \end{cases}$；接下来分成两种情况讨论。

情况1：若 e 无匹配，再分成两种情况。

（1）当 p_j 未匹配满 T_j 个企业，则 e_i 与 p_j 匹配。

（2）当 p_j 已匹配满 T_j 个企业，设 e_k 为与 p_j 匹配且 p_j 最不喜欢的企业，若 $e_k > p_j e_i$，则 e_i 重复第 q' 步，当第 q' 步的（2）命令连续运行了 A_i 次，则 e_i 停止匹配，以目前的匹配为最终结果。若 $e_k > p_j e_i$，则 e_i 与 p_j 匹配，e_k 与 p_j 解除匹配，若 e_k 发出过邀请，e_k 执行第 $\varDelta$ 步，$\varDelta = \begin{cases} 2k, & k \leqslant m \\ k+m, & i > m \end{cases}$。

① 表示相对于 p_j，e_i 更加喜欢 p_k，即在 e_i 的偏好序清单中 p_k 比 p_j 排名更加靠前。

情况 2：若 e_i 有原匹配 p_g，且 $p_g{>}e_i p_j$，则维持原匹配；否则，再分成两种情况。

（1）当 p_j 未匹配满 T_j 个企业，则 e_i 与 p_j 匹配，p_g 执行第 ρ 步，$\rho=\begin{cases}2g-1, & g\leqslant n\\ g+n, & g>n\end{cases}$。

（2）当 p_j 已匹配满 T_j 个企业，设 e_k 为与 p_j 匹配且 p_j 最不喜欢的企业，若 $e_k{>}p_j e_i$，则 e_i 执行第 q' 步；若 $e_k{>}p_j e_i$，则 e_i 与 p_j 匹配，e_k 与 p_j 解除匹配，p_g 与 e_i 解除匹配；然后，若 e_k 优先于 p_g 且 p_g 发出过邀请，先执行第 $\varDelta$ 步，再执行第 ρ 步；若 p_g 优先于 e_k 且 e_k 发出过邀请，则先执行第 ρ 步，再执行第 $\varDelta$ 步；若只有 e_k 发出过邀请，则执行第 $\varDelta$ 步；若只有 p_g 发出过邀请，则执行第 ρ 步。

直到执行完第 $m+n$ 步，算法终止。

2. 企业偏好序清单生成

偏好在合作博弈中就是需求。由于“区位”带有明显的空间属性，本文使用空间计量经济学方法校准企业在区位选择时对开发区的偏好。Tobler 提出了地理学第一定律，任何事物在空间上都是关联的；距离越近，关联程度就越强；距离越远，关联程度就越弱[39]。经典回归模型往往忽视了空间自相关而造成有偏估计。Anselin 通过构建空间权重矩阵克服了空间自相关，并使用最大似然方法分别对空间滞后模型（SAR）、空间误差模型（SEM）及空间杜宾模型（SDM）进行参数估计[40]。本文借鉴 Lesage 提出的基于马尔科夫链蒙特卡罗（MCMC）方法对空间计量模型的贝叶斯估计，以我国 31 个省域单元为空间样本（即样本数为 31 个），设每个区域新增规模以上工业企业资产总计为被解释变量（企业在某一个区域选址建厂必然会给该区域带来资本的增加，所以本文使用该指标刻画新增企业的区位选择），各区域全社会投资额、职工平均工资、铁路营业里程、技术市场成交额、工业用地出让价格、社会消费品零售总额和亿元以上商品交易市场数量为解释变量①（根据本文第二部分的文献综述与理论梳理，上述指标是厂商选址时比较看重的），以 Rook 原则②构建空间权重矩阵，并对数据进行对数化处理，描述性统计见表 1，估计结果见表 2。

① 数据来源于《中国区域经济统计年鉴》，其中新增规模以上工业企业资产总计为 2012 年数据，其他变量为 2011 年数据，原因在于 2012 年新建企业会考虑上一年的经济影响。

② Rook 原则：两个省域单元拥有共同的边记为相邻，否则记为不相邻。

表 1 描述性统计

统计量	极小值	极大值	均值	标准差
新增规模以上工业企业资产总计/亿元	160.71	10 288.89	2 987.88	2 184.21
全社会投资额/亿元	516.30	26 749.70	9 865.61	6 641.61
职工平均工资/元	31 302	75 591	41 047.10	10 631.25
铁路营业里程/km	461.30	9 161.9	3 008.92	1 809.22
技术市场成交额/亿元	3.46	1 890.28	144.16	342.19
工业用地出让价格/（元/m^2）	253	1 954	696.10	358.07
社会消费品零售总额/亿元	219	20 297.50	5 932.86	4 926.48
亿元以上商品交易市场数量/个	31	2	730	163.77

表 2 估计结果

变量名称	贝叶斯估计结果		
	空间滞后贝叶斯估计（SAR）	空间误差贝叶斯估计（SEM）	空间杜宾贝叶斯估计（SDM）
全社会投资额	0.254*** （0.002）	0.235*** （0.000）	0.965*** （0.010）
职工平均工资	0.021* （0.098）	0.020* （0.066）	−0.058 （0.383）
铁路营业里程	−0.04 （0.345）	−0.01 （0.456）	0.080 （0.340）
技术市场成交额	1.025** （0.048）	0.975* （0.038）	0.070 （0.194）
工业用地出让价格	−1.655* （0.053）	−1.513** （0.044）	0.080 （0.396）
社会消费品零售总额	0.119 （0.200）	0.131 （0.128）	−0.250 （0.237）
亿元以上商品交易市场数量	−0.399 （0.424）	0.064 （0.476）	0.111 （0.254）
调整后 R^2	0.8779	0.8904	0.927
模型接受概率	SAR：SEM=0.086：0.913	SEM：SAR=0.913：0.086	SEM：SDM=0.999：0.0001

***、**、*分别代表通过了显著性水平为 1%、5%、10%的 T 检验

Madigan 等介绍的马尔科夫链蒙特卡罗方法可以被用于非空间回归模型比较[41]。Lesage 和 Parent 提出了 MC^3 的空间回归模型版本[42]。该方法通过两个

模型在抽样时得到的一列“对数-边际”值计算模型的后验模型概率。空间回归模型的接受概率分别为两者模型后验概率的比例。本文模型后验概率比为SAR：SEM=0.086：0.913，SEM：SAR=0.913：0.086，SEM：SDM=0.999：0.0001。SEM的后验概率远高于SAR或SDM，因此接受SEM而拒绝SAR或SDM，故采用SEM。依据空间误差贝叶斯回归的参数估计结果，企业在进行区位选择时更加看重该区域的全社会投资额、职工平均工资、技术市场成交额和工业用地出让价格，其中工业用地出让价格与企业选择决策呈负相关。

基于上述实证结果，我们构建了企业对开发区的指标评价体系（表3）。为了更好地发挥市场在资源配置中的决定性作用，在机制设计过程中就要充分尊重企业意愿并激发市场活力，让企业自主选择开发区，尊重企业在区位选择及产业转移过程中的主体地位，表3仅作为厂商选址的参考。双边匹配机制是一种直接机制[21]。它要求企业真实报告它们对开发区的偏好，剔除不可接受的区位集合，将“心仪”的开发区进行排序，最终得到企业对开发区的偏好序清单a_{ij}。

表3　企业对开发区的指标评价体系

一级指标	二级指标	三级指标
经济因素	c_1集聚经济程度（产业集群规模）	区位熵
		产业专门化系数
	c_2优惠政策	优惠税率
		财政补贴额
	c_3地区技术进步水平	区域研究与试验发展经费支出额
		区域技术市场成交额
	c_4产业配套基础设施水平	创新孵化器数量
		专利代理机构数量
	c_5市场潜力	批发和零售业商品销售额
		综合市场数量
区位因素	c_6交通基础设施水平	铁路营业里程
		公路里程
	c_7地理位置（沿海/内陆）	距最近航空港直线距离
		距最近海港直线距离
	c_8城市行政等级	直辖市/省会城市……

续表

一级指标	二级指标	三级指标
社会因素	c_9 社会保障水平	开发区所在市（县）医院数
		开发区所在市（县）每万人医疗机构床位数
	c_{10} 教育水平	开发区所在市（县）普通高等学校数
		开发区所在市（县）获得国家财政性教育经费

3. 开发区（地方政府）偏好序清单生成

我国的开发区大多是由地方政府主导，所以开发区对企业的偏好序清单也是地方政府的偏好序清单。地方政府偏好序清单的生成分为以下两步：首先，开发区管理委员会（地方政府）依据国家区域规划（土地指标）和国家主体功能区战略选择适合本地区发展的主导产业；其次，在剔除不符合本区域产业类型的企业后，再对符合本区域产业类型的申请入驻企业进行评价。根据本文第二部分的文献综述与理论梳理，地方政府主导的开发区在进行招商引资时更看重企业的经济效益，以便在“晋升锦标赛”中占据优势地位，所以开发区地区生产总值是地方政府考核开发区管理委员会的重要指标，而依据本文第二部分的文献综述与理论梳理，入驻企业的收入情况、集聚程度、用工情况、缴税情况、贸易情况有可能对开发区地区生产总值产生影响，自然可能成为开发区招商引资的考虑因素。本文选取我国 97 个开发区 2012 年的数据作为统计样本①，以开发区地区生产总值（GDP）作为被解释变量，以区内企业的技术性收入（PAT）、企业个数（集聚程度）（CLUSTER）、年末从业人员数（LABOR）、税收收入（TAX）、出口贸易额（TRADE）作为解释变量，通过实证分析进一步探究开发区在招商过程中对企业的指标选择偏好，为科学合理地构建开发区对企业的偏好序清单奠定经验性基础。为了减少异方差，本文首先对数据进行对数化处理，又因为不同开发区之间并不直接相邻，所以本文以 Distance=500km 为阈值，构建空间权重矩阵，分别使用普通最小二乘法（OLS）、空间滞后模型（SAR）和空间误差模型（SEM）进行参数估计，描述性统计见表 4，估计结果见表 5。

①《中国开发区年鉴 2013》。

表 4　OLS、SAR、SEM 描述性统计

统计量	极小值	极大值	均值	标准差
lnGDP	5.77	7.81	6.913 2	0.455 04
lnPAT	1.36	7.53	4.794 7	1.356 83
lnCLUSTER	1.45	4.17	2.484 8	0.477 96
lnLABOR	3.95	6.20	4.896 8	0.431 92
lnTAX	4.46	7.16	5.661 9	0.538 96
lnTRADE	2.14	6.48	5.031 9	0.787 40

表 5　OLS、SAR、SEM 估计结果

变量名称	OLS 估计	SAR 估计	SEM 估计
lnPAT	0.005 （0.732）	0.006 （0.718）	0.006 （0.722）
lnCLUSTER	−0.148** （0.052）	−0.149** （0.042）	−0.147** （0.042）
lnLABOR	0.728*** （0.000）	0.737*** （0.000）	0.728*** （0.000）
lnTAX	0.361*** （0.000）	0.365*** （0.000）	0.361*** （0.000）
lnTRADE	0.019 （0.526）	0.019 （0.515）	0.019 （0.512）
Moran's I （error） 检验	1.1977 （0.231）	1.1977 （0.231）	1.1977 （0.231）
R^2	0.919	0.919	0.920
F 统计量	203.61		

***、**、*分别代表通过了显著性水平为 1%、5%、10%的 *T* 检验

由误差项引起的空间自相关 Moran's I（error）检验 *P* 值为 0.231，接受不存在空间自相关的原假设，所以模型估计形式不再需要空间计量手段，OLS 回归即可。年末从业人员数（LABOR）、税收收入（TAX）通过了显著性水平为1%的 *T* 检验；企业个数（集聚程度）（CLUSTER）通过了显著性水平为 5%的 *T* 检验；模型拟合优度达到了 0.919，*F* 统计量为 203.61，模型整体效果较好。企业个数（集聚程度）（CLUSTER）回归系数为负值，说明我国开发区已经出现了规模收益递减的状态，但程度较轻，原因可能是东部地区开发区内企业过度集聚、资源错配和产业同构造成的产业结构不合理；而年末从业人员数（LABOR）和税收收入（TAX）的回归系数不仅显著而且分别达到了 0.728 和

0.361，说明这两个指标是地方政府（开发区管理委员会）在招商引资和对企业进行筛选过程中最为偏好的企业属性；区内企业的技术性收入（PAT）和出口贸易额（TRADE）回归系数不显著，说明这两个变量目前对我国开发区地区生产总值的贡献不明显，我国的高新区虽然叫“高新”，但整体创新能力不足，那么地方政府在招商过程中更应偏好这两项指标来弥补短板。依据表 6 的实证结果，本文构建了如下开发区对企业选择的指标评价体系（表 6）。开发区可以根据该指标评价体系对企业从高到低进行排名，从而生成开发区拟招商企业的偏好序清单 S_j。

表 6　开发区对企业的指标评价体系

一级指标	二级指标	三级指标
经济效益	注册资本	注册资本 资产规模
	投资额 达产后年纳税额 土地出让价格报价	预期投资额 达产后年纳税额 工业用地报价
	所属行业（符合地方主导产业需求）	经营范围 最近 3 年专利授权数量总和
社会效益	就业带动效应	预期吸纳就业人数
生态效益	污染物排放水平	上年废水排放总量 上年二氧化硫排放量 上年工业污染治理完成投资
	万元产值能耗	上年分行业煤炭消费总量 上年分行业原油消费总量
企业信用	企业信用	企业纳税信息 全国企业信用信息公示系统登记状态 全国企业信用信息公示系统行政处罚信息 中国人民银行征信系统信用报告
规划要求	规划要求	占地面积 限高情况 容积率 建筑密度

4. 双边匹配算法的最优解

偏好序清单的实质是反映了一种效用程度，则企业 e_i 对开发区 p_j 的偏好序清单 A_i 就是其对不同开发区满足自身效用程度的综合评价结果，开发区 p_j 对企业 e_i 的偏好序清单 S_j 就是其对不同拟入驻企业满足自身效用程度的综合评价结果。本文设 Z 为匹配双方效用之和，u_{ij} 表示一个 0～1 的离散变量，u_{ij}=1 表示 e_i 与 p_j 匹配，u_{ij}=0 表示 e_i 与 p_j 不匹配；设 T_j 为开发区 j 最多容纳企业的数量（即开发区的土地规划指标），σ 是企业优先级的 n 维行向量，ε 是开发区优先级的 m 维行向量；σ_1 为偏好序 S_j 排名中被选为第一偏好次数最多的企业，σ_2 为偏好序 S_j 排名中被选为第一偏好次数第二多的企业，以此类推，σ_i 为偏好序 S_j 排名中被选为第一偏好次数第 i 多的企业；ε_1 为偏好序 A_i 排名中被选为第一偏好次数最多的开发区，ε_2 为偏好序 A_i 排名中被选为第一偏好次数第二多的开发区，以此类推，ε_i 为偏好序 A_i 排名中被选为第一偏好次数第 j 多的开发区。为了求得最优解，本文将双边优先级匹配算法转化为线性规划模型，即最优匹配等价于匹配双方效用之和最大化：

$$\max Z = \sigma\sum_{j=1}^{m} A_i u_{ij} + \varepsilon\sum_{i=1}^{n} S_j u_{ij} \tag{1}$$

$$\text{s.t.}\sum_{j=1}^{m} u_{ij} = 1, \quad i = 1,2,\cdots,n \tag{2}$$

$$\sum_{i=1}^{n} u_{ij} \leqslant T_j,\ i = 1,2,\cdots,m \tag{3}$$

$$\sigma + \varepsilon = 1, \sigma_1 > \varepsilon_1 > \sigma_2 > \varepsilon_2 > \sigma_3 > \varepsilon_3 > \cdots > \sigma_{m-1} > \varepsilon_{m-1} > \sigma_m > \varepsilon_m > \sigma_{m+1} > \varepsilon_{m+1} \cdots > \sigma_n \tag{4}$$

$$u_{ij} = 0 \text{ 或 } 1, \quad i = 1,2,\cdots,n; j = 1,2,\cdots,m \tag{5}$$

式（1）可变形为矩阵形式：

$$\max Z = \left[\sigma_1\sigma_2\cdots\sigma_n\right]\begin{bmatrix} \alpha_{11}u_{11} + \alpha_{12}u_{12}\cdots\alpha_{1m}u_{1m} \\ \alpha_{21}u_{21} + \alpha_{22}u_{22}\cdots\alpha_{2m}u_{2m} \\ \alpha_{31}u_{31} + \alpha_{32}u_{32}\cdots\alpha_{3m}u_{3m} \\ \vdots \quad\quad \vdots \quad\quad \vdots \\ \alpha_{n1}u_{n1} + \alpha_{n2}u_{n2}\cdots\alpha_{nm}u_{nm} \end{bmatrix}$$

$$+\left[\varepsilon_1\varepsilon_2\ldots\varepsilon_m\right]\begin{bmatrix} S_{11}u_{11}+S_{12}u_{12}\cdots S_{1n}u_{1n} \\ S_{21}u_{21}+S_{22}u_{22}\cdots S_{2n}u_{2n} \\ S_{31}u_{31}+S_{32}u_{32}\cdots S_{3n}u_{3n} \\ \vdots \qquad \vdots \qquad \vdots \\ S_{m1}u_{m1}+S_{m2}u_{m2}\cdots S_{mn}u_{mn} \end{bmatrix}$$

式（1）是线性规划的目标函数；式（2）的约束条件代表一个企业只能进驻一家开发区；式（3）的约束条件代表同一家开发区所招商的企业总数不可超过其土地规划指标。因为式（1）～式（5）是含有 mn 个变量的 0～1 整数规划，又因为式（2）和式（3）的约束条件，所以它的可行域最多由 n 个可行解组成。由于可行域为 n 维向量空间的多面凸集，则如果可行域非空，那么目标函数的最优解在可行域的顶点处取得。显然，$u_{ij}=\begin{cases}1, & \text{匹配}j \\ 0, & \text{不匹配}j\end{cases}$，$i=1,2,\cdots,n$，$j=1,2,\cdots,m$，为式（1）～式（5）的可行解之一，则式（1）～（5）可行域非空。因此，由式（1）确定的目标函数在可行域某个可行解取到最大值，即式（1）～式（5）必存在最优解。

四、京津冀产业转移市场设计流程

河北和天津的开发区借助官方网络平台定期发布承接产业转移的开发区名单，确保北京的企业能够获知开发区所在地的市场潜力、交通区位、功能定位、地块出让价格、配套基础设施状况、基本规划信息、税收政策等，从而使得双方能够在对称信息的基础上进行双边匹配。确认参与当期匹配活动的开发区在全国统一的集中匹配中心开通面向企业的申请通道。当发布一期承接开发区名单时，同时设定企业注册截止日期，规定在截止日期之前，有意愿参与当期匹配交易的北京企业必须在匹配中心网站上进行基本信息注册。提交注册信息的北京企业务必接受津冀地方政府或开发区管理委员会对其材料真实性与信用信息的验证和审核。一方面，企业需提交可证明其经营资质和信用状况的信息，包括工商执照、税务登记备案、行政许可、产品、技术、服务、管理体系等信息；另一方面，企业需提交包括投资额、雇佣劳动力数量、能耗水平等信息的投资方案，以供地方政府或开发区管理委员会对申请企业进行评价排序。企业与开发区的偏好序清单的生成过程可参照本文第三部分。双方务必在截止日期之前递交对彼此的偏好序清单。在双方偏好序清单递交完毕后，设置在全国集中匹配中心的计算机原型系统运行多对一双边匹配算法，企业与开发区等待匹配结果。在双边匹配算法运行完毕后，企业与开发区登录网站查询匹配结果。确认匹配结果后，开发区、地方政府土地管理部门分别和企业双方签订“匹配确认书”和“国有土地使用权出让合同”。

五、结　论

从区域经济层面来看，中央政府通过双边匹配的市场设计，建立全国统一的集中撮合匹配中心，能够突破行政边界刚性约束的羁绊，打破地方政府利益固化的藩篱，破除阻碍产业有序、梯度区际转移的机制障碍。迄今，将双边匹配理论与产业转移理论有机结合仍然是我国产业转移研究的一个破缺。双边匹配的市场设计由各地分散市场变为区域集合交易，政府可以通过区域统一的信息发布和匹配交易平台改变中小企业信息不对称的结构性扭曲，引导产业依梯度有序区际转移，调整我国产业布局模式，促进产业结构转型升级。双边匹配的市场设计使得地方政府的比较优势得到自我挖掘和自我实现，帮助地方政府认清本区域的发展潜力，从而使其更加理性地选择地区主导产业，防止区际恶性竞争和产业同构，避免区际矛盾，克服盲目“上项目”的从众心理，化解产能过剩、重复建设等经济顽疾。

从微观经济层面来看，匹配则意味着资源配置得到了优化。市场设计是一个平台，是一种机制，是一项条件，将企业区位选择与地方政府招商引资有机结合，将市场作用与政府职能有机统一，有效地消除了市场主体由于独自搜集信息造成的成本浪费和信息的非对称性，能够防止策略性行为的发生，在一定程度上减少了政府与企业战略性互利行为带来的效率缺失。双边匹配的市场设计不是以价格为导向的交易机制，而是以市场需求为导向的交易机制，更加利于有序的市场化竞争。它不仅适用于京津冀地区，还适用于全国范围。我们希望能够为市场设计学在宏观经济与区域经济领域打开一扇“窗户”。

<<<参 考 文 献>>>

[1] 陈秀山，张可云. 区域经济理论[M]. 北京：商务印书馆，2009.

[2] THOMPSON J. H. University Some Theoretical Considerations for Manufacturing Geography[J]. Economic Geography, 1966, (42): 356-365.

[3] 迈克尔·波特著, 陈小悦译. 竞争优势[M]. 北京: 华夏出版社, 1997.

[4] KRUGMAN P. Increasing Returns and Economic Geography[J]. Journal of Political Economy, 1991, (99): 483-499.

[5] FUJITA M., KRUGMAN P., VENABLES A. J. The Spatial Economic Cities, Regions and International Trade[M]. Boston: The MIT Press, 1991.

[6] MELITZ M. J. The Impact of Trade on Intra-Industry Real Locations and Aggregate Industry Productivity[J]. Econometrica, 2003, (71): 1695-1725.

[7] BALDWIN R. and OKUBO T. Heterogeneous Firms, Agglomeration and Economic Geography: Spatial Selection and Sorting[J]. Journal of Economic Geography, 2006, (6): 323-346.

[8] JAMES R. and HINES. Taxes and the Location of Foreign Direct Investment in America[J]. American Economic Review, 1996, (86): 1076-1094.

[9] GHOSH D. K. and GHOSH S. Optimum Choice of an MNC: Location and Investment[J]. The American Economist, 1997, (41): 41-46.

[10] PFANN G. and KRANENBURG H. V. Tax Policy, Location Choices, and Market Structure[J]. Journal of Law and Economics, 2003, (46): 61-84.

[11] HEAD K. and MAYER T. Market Potential and the Location of Japanese Investment in the European Union[J]. The Review of Economics and Statistics, 2004, (86): 959-972.

[12] BOBONIS G. J. and SHATZ H. J. Agglomeration, Adjustment, and State Policies in the Location of Foreign Direct Investment in the United States[J]. The Review of Economics and Statistics, 2007, (89): 30-43.

[13] BALDEIN R. and OKUBO T. Tax Reform, Delocation, and Heterogeneous Firms[J]. The Scandinavian Journal of Economics, 2009, (111): 741-764.

[14] JORDAAN J. A. Agglomeration and the Location Choice of Foreign Direct Investmen: New evidence From Manufactoring FDI in Mexico[J]. Estudios Economics, 2012, (27): 61-97.

[15] 魏后凯. 加入 WTO 后中国外商投资区位变化及中西部地区吸引外资前景[J]. 管理世界, 2003, (7).

[16] 祝尔娟. 京津冀一体化中的产业升级与整合[J]. 经济地理, 2009, (6).

[17] 余珮, 孙永平. 集聚效应对跨国公司在华区位选择的影响[J]. 经济研究, 2011, (1).

[18] JUSTIN Y. L., XIAOFANG S., YE J. Endowment, Industrial Structure and Appropriate Financial Structure: A New Structural Economics Perspective[J]. Journal of Economic Policy Reform, 2013, (16): 109-122.

[19] 齐子翔. 府际关系背景的利益协调与均衡: 观察京津冀[J]. 改革, 2014, (2).

[20] GALE D. and SHAPLEY L. S. College Admissions and the Stability of Marriage[J]. American Mathematical Monthly, 1962, (69): 9-15.

[21] ROTH A. E. The Economics of Matching: Stability and Incentives[J]. Mathematics of Operations Research, 1982, (7): 617-628.

[22] ROTH A. E. The Evolution of the Labor Market for Medical Interns and Residents: A Case Study in Game Theory[J]. Journal of Political Economy, 1984, (92): 991-1016.

[23] ROTH A. E. The College Admissions Problem Is Not Equivalent to the Marriage Problem[J]. Journal of Economic Theory, 1985a, (36): 277-288.

[24] ROTH A. E. Common and Conflicting Interests in Two-sided Matching Markets[J]. European Economic Review, 1985b, (27): 75-96.

[25] ROTH A. E. and VATE V. J. H. Random Paths to Stability in Two-Sided Matching[J]. Econometrica, 1990, (58): 1475-1480.

[26] ROTH A. E. and PERANSON E. Association The Redesign of the Matching Market for American Physicians: Some Engineering Aspects of Economic Design[J]. American Economic Review, 1999, (89): 748-780.

[27] ABDULKADIROGLU A. and SONMEZ T. School Choice: a Mechanism Design Approach[J]. American Economic Review, 2002, (93): 729-747.

[28] ABDULKADIROGLU A., PATHAK P. A., ROTH A. E., SONMEZ T. The Boston Public School Match[J]. American Economic Review, 2005, (95): 368-371.

[29] ABDULKADIROGLU A., PATHAK P. A., ROTH A. E. The New York City High School Match[J]. American Economic Review, 2005, (95): 364-367.

[30] VATE V. J. H. Linear Programming Brings Martial Bliss[J]. Operational Research Letters, 1989, (8): 147-153.

[31] ROTH A. E., ROTHBLUM U.G. , VATE V.J. H. Stable Matching, Optimal Assignments, and Linear Programming[J]. Mathematics of Operations Research, 1993, (18): 803-828.

[32] 张米尔，王德鲁. 产业转型中项目机会研究的匹配矩阵方法[J]. 数量经济技术经济研究, 2003, (9).

[33] 曹国华，胡义. 风险投资家和创业者的双边匹配模型研究[J]. 科技进步与对策, 2009, (6).

[34] 陈希，樊治平，韩菁. 考虑关联性指标的双边匹配决策方法[J]. 运筹与管理, 2012, (6).

[35] 陈希，樊治平. 基于公理设计的风险投资商与风险企业双边匹配[J]. 系统工程, 2010, (6).

[36] 陈希，樊治平. 多指标双边匹配决策方法研究[M]. 北京：经济科学出版社, 2013.

[37] 乐琦，樊治平. 基于偏好序信息的满意双边匹配决策方法研究[M]. 北京：经济科学出版社, 2013.

[38] 万树平，李登峰. 具有不同类型信息的风险投资商与投资企业多指标双边匹配决策方法[J]. 中国管理科学, 2014, (2).

[39] TOBLER W. R. A Computer Movie Simulating Urban Growth in the Detroit Region[J]. Economic Geography, 1970, (46): 234-240.

[40] ANSELIN L. Spatial Econometrics: Methods and Models[M]. Boston: Kluwer Academic Publisher, 1988.

[41] MADIGAN D., YORK J., ALLARD D. Bayes Graphical Models for Discrete Data[J]. International Statistical Review, 1995, (63): 215-232.

[42] LESAGE J. P. and PARENT O. Bayesian Model Averaging for Spatial Econometric Models[J]. Geographical Analysis, 2007, (39): 241-267.

雄安新区实现高质量发展的战略取向[①]

李国平　宋昌耀

雄安新区作为中共中央、国务院决定设立的继深圳经济特区和上海浦东新区之后又一具有全国意义的新区，是集中疏解北京非首都功能，探索人口经济密集地区优化开发新模式，调整优化京津冀城市布局和空间结构，培育创新驱动发展新引擎的历史性战略选择[1]。作为国家大事、千年大计，雄安新区的设立所体现的重大现实意义和深远历史意义在客观上要求其高水平建设、高效率运营和高质量发展。纵观历史，从改革开放之初的“深圳速度”到如今的“雄安质量”，国家级新区发展焦点的变化既是党的十九大报告强调的作为新时代基本特征“经济已由高速增长阶段转向高质量发展阶段”的具体示范和区域样板，更是改革开放四十年后中国经济和社会发展的诉求更迭和自信彰显。当下，如何实现雄安新区的高质量发展、持续推进“雄安质量”需要进行深入的研究。为此，本文从雄安新区的功能定位和发展诉求出发，分析雄安新区实现高质量发展的战略取向。

一、高质量发展是雄安新区建设的内在要求

高质量发展是中国新时代经济和社会发展的基本特征。改革开放以来，中国经济在经历工业化初期、工业化中期和工业化成熟期后开始向工业化发达期过渡阶段转变，2017 年，国内生产总值中第三产业增加值比重达 51.6%，常住人口城镇化水平达 58.52%，人均国民收入也已经接近中等偏上收入国家的平均

---

① 本文于 2018 年发表于《改革》，2018 年第 4 期。作者简介：李国平，北京大学首都发展研究院院长，北京大学首都高端智库首席专家，教授，研究方向为经济地理学、区域经济学、城市与区域规划、首都区域研究；宋昌耀，北京大学政府管理学院，区域经济学博士研究生。

值，国民经济和社会发展的各个方面实现了巨大的突破与跨越[2]。然而，中国数十年的高速度增长所依赖的是以低价生产要素为基础、以破坏生态环境为代价的高投入、高消耗、高污染的发展模式，这种发展模式在新时代已经难以为继并面临潜在危机，国内生产总值增速的放缓正是这一发展模式弊端的体现。因此，实现高质量发展、推动新旧动能的转换在整个国家层面已经迫在眉睫、呼之欲出。

党的十九大报告指出，新时代我国社会主要矛盾是人民日益增长的美好生活需要和不平衡不充分的发展之间的矛盾①。这一主要矛盾的概括既是对我国当前经济和社会发展的主要特征、关键问题的精炼总结，也暗示着未来我国实现社会主义现代化的破解方向——高质量发展正是解决不平衡不充分发展问题的主要路径。毫无疑问，高质量发展是实现创新、协调、绿色、开放、共享的发展，是实现创新驱动、区域协调、城乡统筹、基本公共服务均等的发展，是实现生产、生活、生态共生共荣的发展。其中，区域协调、局部优化、重点推进是区域经济高质量发展的重要特征，特别是开发强度较高的东部地区，其国土空间优化开发已经成为高质量发展的主要命题[3]。在新时期，以疏解北京非首都功能为“牛鼻子”推动京津冀协同发展，高起点规划、高标准建设雄安新区是实施区域协调发展战略的重点内容。

雄安新区是中国新时代区域协调、空间优化的样板，而高质量发展是雄安新区开发建设的内在要求。第一，雄安新区现有开发程度较低、发展空间充裕，具备高起点开发、高标准建设的基本条件。第二，雄安新区地处北京、天津、保定腹地，区位优势明显、交通便捷通畅、生态环境优良、资源环境承载力较强，这些客观基础和优势有助于促进雄安新区的高质量发展。第三，雄安新区经济发展水平与北京、天津等发达地区具有一定差距；所处的京津冀地区严重缺水，河北人均水资源量只有 307m^3，仅为全国平均水平的 1/7，远低于国际公认的 500m^3 的极度缺水标准[4]；而雄安新区所依托的白洋淀的水质属于五类和劣五类[5]。这些劣势在客观上要求雄安新区高质量发展以迅速地缩小与经济发达地区之间的差距。此外，建设雄安新区作为区域协调发展战略的落实举措对其他城市的高质量发展具有重要意义。一方面，雄安新区将承接大量非首都功能，这对于有效破解北京“大城市病”、深入推动京津冀协同发展具有重要意义。

① 习近平. 决胜全面建成小康社会夺取新时代中国特色社会主义伟大胜利——在中国共产党第十九次全国代表大会上的报告. 人民日报，2017-10-28.

另一方面，雄安新区秉承世界眼光、国际标准、中国特色、高点定位的理念，在智慧城市建设、创新要素集聚、住房市场开发等方面将成为全国新型城镇化进程中其他城市和新区的标杆与示范[6]。

高质量发展是雄安新区发展的必由之路，如何实现雄安新区的高质量发展成为迫切需要回答的问题。路径的选择需要从明确的目标中找寻，雄安新区的设立对于集中疏解北京非首都功能，探索人口经济密集地区优化开发新模式，调整优化京津冀城市布局和空间结构，培育创新驱动发展新引擎具有重要意义。实现以上既定目标，需要分别采取不同的战略。笔者认为，雄安新区应当实施优质承接战略、枢纽城市战略、创新发展战略和智慧宜居战略四大战略。其中，积极承接北京非首都功能疏解是雄安新区高质量发展的前提，着力打造枢纽城市是雄安新区高质量发展的基础，着力打造创新城市是雄安新区高质量发展的动力，着力打造宜居城市是雄安新区高质量发展的落脚点（图1）。

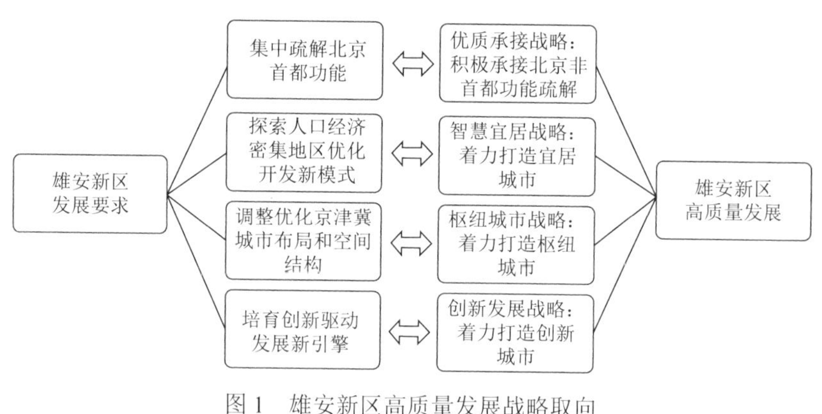

图1 雄安新区高质量发展战略取向

二、优质承接战略：积极承接北京非首都功能疏解是雄安新区高质量发展的前提

设立雄安新区一经宣布便吸引了来自全国，乃至全世界的瞩目与关注，从发展定位与目标、行政等级设定与行政长官任命都被寄予厚望。然而，雄安新区的高质量发展很难完全依靠内生禀赋实现跨越式发展，毫无疑问需要外部力量，特别是北京、天津、河北等地的优质资源、优势政策的推动。在此背景下，雄安新区积极承接北京非首都功能疏解势必成为其打造“具有全国意义的新区”的必然路径。

1. 雄安新区承接北京非首都功能疏解的重点内容

有序疏解北京非首都功能，解决北京“大城市病”是京津冀协同发展国家重大战略的基本出发点。自京津冀协同发展战略实施以来，北京已经在不同程度上对中心城区的人口和功能进行疏解[7]。疏解区域分为域内疏解（中心城区之外的其他北京市域区域）和域外疏解（北京市域以外区域），疏解方式分为分散疏解和集中疏解，而雄安新区则是北京非首都功能域外疏解的集中疏解地。2017 年 8 月 17 日，北京市人民政府与河北省人民政府签订的《北京市人民政府 河北省人民政府关于共同推进河北雄安新区规划建设战略合作协议》中指出双方要合力推动雄安新区产业转型升级①，概括而言，雄安新区将严禁承接低端产业，鼓励在京包括金融服务业在内的高端服务业和城市建设类企业的转移、承接及为雄安新区提供服务。但是，并没有指出雄安新区承接的具体内容。

雄安新区承接北京非首都功能疏解应当从北京非首都功能疏解的主要内容和雄安新区建设发展的目标两个方面进行考量，从而实现疏解和承接的双边匹配、精准识别和高效开展（图 2）。

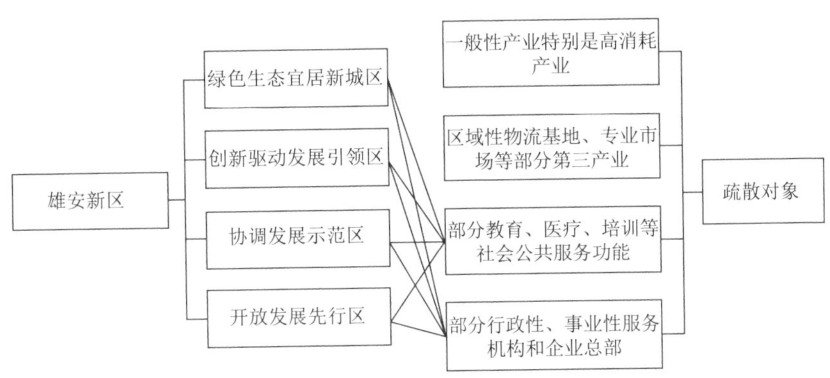

图 2 雄安新区发展目标与北京非首都功能疏解对象匹配

第一，雄安新区承接北京非首都功能疏解，应当充分考虑到北京疏解非首都功能过程中疏解什么、不疏解什么、就地关停哪些产业，以及所疏解的机构和企业的适宜距离、基础设施和生态环境要求等，全方位地了解北京疏解非首都功能的各项政策和措施。根据《京津冀协同发展规划纲要》和《北京城市总体规划（2016 年—2035 年）》，北京是全国政治中心、文化中心、国际交往中心

① 王皓. 北京与河北签订协议全力支持雄安建设. 北京日报，2017-08-18.

和科技创新中心。为贯彻落实京津冀协同发展战略，北京市人民政府通过行政、经济等手段和措施有序疏解属于非首都功能的组织与机构，疏解对象主要包括一般性产业特别是高消耗产业，区域性物流基地、专业市场等部分第三产业，部分教育、医疗、培训等社会公共服务功能，部分行政性、事业性服务机构和企业总部等。这些产业和机构是北京疏解非首都功能的主要对象，也是其他地区承接北京疏解的潜在对象[8]。

第二，雄安新区承接北京非首都功能疏解，应当充分考虑到雄安新区发展的定位与目标。依据新华社刊发的《中共中央、国务院决定设立河北雄安新区》的通稿，雄安新区要“建设绿色生态宜居新城区、创新驱动发展引领区、协调发展示范区、开放发展先行区，努力打造贯彻落实新发展理念的创新发展示范区”[1]。根据以上发展定位和发展目标，雄安新区在承接北京非首都功能时应当重点承接创新潜力大、环境污染少的高端高新产业和机构。

综合北京疏解非首都功能的主要对象及雄安新区的发展定位与目标可以明确，雄安新区承接北京非首都功能疏解的重点是推动符合雄安新区发展目标的北京非首都功能疏解转移。主要包括以下三个方面：一是教育、医疗、培训等社会公共服务功能；二是行政性、事业性服务机构和企业总部等；三是包括金融服务业、科技服务业等在内的高端生产性服务业和现代服务业。显然，以上三类产业和机构对于雄安新区的创新发展、协调发展、绿色发展均具有重要意义。

2. 雄安新区承接北京非首都功能疏解的时序路径

雄安新区承接北京非首都功能疏解需要明确、有效的实施方案与保障措施。虽然雄安新区是党中央、国务院指定的北京非首都功能疏解的集中承载地，然而非首都功能疏解的产业和机构可以选择域内疏解和域外疏解、分散疏解和集中疏解，可以在诸多潜在疏解地之间进行选择，即承接地之间面临竞争关系[9]。因此，雄安新区只有提升自身吸引力、强化软硬环境与设施、明确承接方案与路径才能实现高效、高质地承接北京非首都功能疏解，进而实现高质量发展。

雄安新区承接北京非首都功能疏解的实质是北京人口、企业和机构的迁入，这就需要确保两点原则。一是增强迁入的动机。不断提升雄安新区的城市品质与魅力，包括软硬基础设施、公共服务和生态环境等。二是提高迁入的可能性。确保雄安新区拥有能够接纳人口就业的企业、满足人口居住的住房、服务人口生活的设施等。因此，雄安新区承接北京非首都功能疏解需要主动吸纳符合雄安新区发展定位的服务业企业，增加就业机会和岗位。在这两点的共同作用下，雄安新区作为人口、企业和机构的迁入地将实现因果循环累积发展。具体而言，雄安新区可以遵循以下承接时序。

第一，承接行政性、事业性服务机构和企业总部等。这些组织为政府的隶属部门或者管辖机构，政府在动员、组织、安排其区位方面具有决定性作用。这些组织虽然数量和就业岗位相对较少，但是它们率先入驻雄安新区，既是向社会展示政府建设雄安新区的决心，也能够吸引其他辅助性、服务型组织和机构集聚于雄安新区。因此，雄安新区应当积极承接这类机构，对于吸引其他机构具有重要的示范意义。对于行政性、事业性服务机构和企业总部等，雄安新区应当着力建设政务及总部承载区。作为北京非首都功能的集中承载地和北京“一核两翼”的重要组成部分，雄安新区应当像北京城市副中心一样，在其行政区范围内明确规划建设片区，以承接行政性、事业性服务机构和企业总部，有助于实现土地的集约利用和高效的公共服务。

第二，承接教育、医疗、培训等社会公共服务功能。教育、医疗等社会公共服务兼具产业和事业双重属性。一方面，社会公共服务机构，尤其是优质公共服务资源是城市品质的象征，优质教育、医疗资源的迁入有助于吸引常住人口和流动人口的集聚，增强北京居民的迁入动机和外来人口集聚的可能性。另一方面，在美好生活时代，教育、医疗所创造的广阔的市场空间有助于增加就业机会和岗位，促使迁移人口留下来。

第三，承接包括金融服务业、科技服务业等在内的高端生产性服务业和现代服务业。高端生产性服务业和现代服务业是雄安新区打造创新驱动发展引领区、绿色生态宜居新城区的重要支撑。然而，高端生产性服务业和现代服务业对城市的行政等级、交通区位、市场规模等具有较高要求，往往是行政等级越高、交通条件越好、市场规模越大的城市能够吸引与集聚越多的高端生产性服务业企业和现代服务业企业。雄安新区应当主动出击、积极作为，吸引金融、科技、信息等企业的入驻，不应等到本区软硬基础设施相对完善、公共服务相对健全、交通条件相对发达后再着手承接。

三、枢纽城市战略：着力打造枢纽城市是雄安新区高质量发展的基础

雄安新区作为京津冀协同发展的重大举措，其高质量发展必然离不开京津冀世界级城市群的持续健康发展[10]。目前，世界级城市群已普遍进入城市化发

展的高级阶段，即多中心、网络化发展阶段[11]。从它们的规划经验来看，都已突破最初的规划模式，并通过建设轴带和多中心解决单中心聚焦的困扰，基本形成了多中心、极轴式、网络化的城市群空间格局[12]。多中心、网络化的空间结构具有其结构优势，既能实现城市的规模经济效益，又能解决单中心集聚所导致的“大城市病”问题。雄安新区肩负调整优化京津冀城市布局和空间结构的历史使命，应当打造成为符合世界级城市群发展规律的枢纽城市。在多中心、网络化已成为世界级城市群空间结构演变的一般趋势[13]的背景下，雄安新区实施枢纽城市战略应当重点促进规模适度、完善交通体系。

1. 规模适度是雄安新区枢纽城市战略的核心

从世界级城市群的发展经验来看，城市群空间发展模式出现了从超大城市为单一中心向外辐射联系的等级体系向多中心、扁平化的网络型组织体系转变的变化。在此趋势下，未来城市的高质量发展不仅取决于城市规模[14]，还取决于其在城市网络中的地位。雄安新区的城市地位不言而喻，国家重视程度、行政等级、社会关注与预期等都体现出其强大的、具有地区意义，乃至全国意义的枢纽城市的地位。因此，在世界级城市群体系下，明确雄安新区的人口规模成为雄安新区打造枢纽城市的核心。这也将成为雄安新区高质量发展的决定因素。

总体而言，雄安新区人口规模的确定应当在动态、开放的视角下，既要考虑到自身的资源禀赋，也要考虑到发展定位；既要考虑到其与其他城市，特别是北京的关系，也要考虑到国家经济和社会发展的进程。具体而言，雄安新区人口规模的确定需要考虑以下因素。

第一，雄安新区人口规模需要充分考虑雄安新区的发展定位。雄安新区作为“首都功能拓展区”和深入推进京津冀协同发展做出的一项重大决策部署，毫无疑问需要有一定的人口规模作为支撑形成“反磁力中心”，进而建设成为京津冀世界级城市群的重要节点城市。可以认为，雄安新区的发展定位要求雄安新区人口规模不能太小。太小的人口规模难以承接非首都功能疏解，也难以实现国家对雄安新区的发展定位和要求。

第二，雄安新区人口规模需要充分考虑北京非首都功能疏解的实际进展。作为非首都功能的集中疏解地，雄安新区的人口规模在很大程度上依赖于北京的疏解状况。在这一过程中，北京无疑会向雄安新区疏解一定的功能和资源，但是作为大国首都的北京及其中心城区本身亦需要一定的规模。此外，北京内部功能重组也会承接部分疏解的功能，雄安新区承接北京非首都功能疏解会在一定限度内。因此可以说，北京向雄安新区的疏解只是一个开始，其人口集聚更多地要靠内生发展和吸引来自全国的迁入者。

第三，雄安新区人口规模需要充分考虑人口发展峰值和城镇化进程。一方面，在人口政策对人口规模的约束作用下，我国将在 2025～2030 年达到人口峰值，此后人口将呈现总量规模的下降[15]。另一方面，我国常住人口城镇化已经进入后半程，逐渐趋向于城镇化率的稳定阶段，加之东部地区就业岗位减少、房价高企等诸多原因，中西部地区劳动力出现回流迹象。在此大背景下，位于东部相对发达地区的雄安新区在吸引人口方面将受到我国宏观发展环境的影响。

第四，雄安新区人口规模需要充分考虑水资源承载力。水资源是人类生存和发展的战略性资源，是区域经济发展与社会进步的硬约束。近年来，随着京津冀人口、经济快速增长，水资源越来越成为区域可持续发展的制约性因素。在此背景下，“以水定人”应运而生。“以水定人”就是将水资源作为区域人口及其经济活动存在和持续的基础条件，测定区域水资源人口承载力，进而调控区域人口规模与布局。雄安新区所处的京津冀地区属于地下水严重超采区，水质也较差。虽然可以通过改善水质、区域外调水等途径在短期内解决缺水问题，但从长远来看水资源匮乏将决定雄安新区人口规模不能太大。

总之，雄安新区人口规模既不能太大也不能太小。考虑到雄安新区的建设规模及水资源承载力，新型城镇化发展趋势[16]，以及雄安新区在京津冀世界级城市群中的地位和作用，雄安新区的人口规模不能太小，也不能无限制的增长。在此综合考虑下，笔者认为雄安新区人口规模不宜超过 300 万人。

2. 交通体系是雄安新区枢纽城市战略的重点

交通枢纽的均衡发展是实现区域经济协调发展的重要路径。完备的交通体系有助于吸引周围地区各类生产要素向枢纽城市集聚，进而实现枢纽城市的高质量发展。然而，京津冀城市群交通体系是发展最不协调的地区之一，到 2014 年，河北的高速公路密度仅为北京的 1/2、天津的 1/3。正是在此背景下，交通成为京津冀协同发展的优先推进领域之一。

雄安新区作为京津冀世界级城市群中的重要一极和京津冀协同发展的重大举措，必将承担区域交通枢纽功能，雄安新区各行业的发展也必须要依托完善的立体交通体系。从目前来看，雄安新区交通体系的完善需要从域外交通和域内交通两个角度协同推进。

第一，在推动京津冀交通体系网络化、均衡化的背景下，重点推进雄安新区交通枢纽建设。一是以雄安新区为重要节点，加强域外交通体系的网络化、立体化建设，推动公路、铁路、城市轨道、航空、管道等交通基础设施全面发展；二是加强与北京、天津、保定、石家庄等京津冀地区重点城市的交通联系，加强与北京大兴国际机场的协调对接；三是加强与中国建筑集团有限公司、中国铁建股份有限公司等大型基础设施建设集团的合作，高标准、高起点建设域外交通体系。

第二，积极打造雄安新区域内畅通有序的交通体系。雄安新区是由保定雄县、容城、安新三个县域组成的国家级新区，虽然开发程度有限，但是三个县城所在地已经实现了一定程度的开发,并将成为雄安新区内部建设的重要节点。因此，雄安新区域内交通体系建设需要在借鉴我国城市交通发展的经验和教训的基础上，充分考虑未来规划区与已有建成区之间的联系，合理预测未来人口生产、生活的域内交通需求，充分把握先进交通工具的发展趋势并采用前沿的智慧交通技术，实现雄安新区域内交通体系的畅通有序、智慧管理。

四、创新发展战略：着力打造创新城市是雄安新区高质量发展的动力

雄安新区的高质量发展必须依靠创新，这是实现国家对雄安新区培育创新驱动发展新引擎、打造贯彻落实新发展理念的创新发展示范区的要求。为此，雄安新区应当实施创新发展战略，着力打造成为创新资源汇聚、创新产业发展的创新城市。

1. 积极汇聚创新资源

雄安新区建设创新城市，没有创新要素汇聚是绝不可能完成的[17]。雄安新区应加大创新基础设施建设力度，构筑完善的区域创新体系，加强区域创新环境与创新网络建设，积极获取区域创新人才，持续增加对创新产业的资金投入，搭建众创空间等创新创业平台，创造创新的地域文化，实现创新资源的汇聚。

第一，优先发展应用型创新和产业技术创新。作为京津冀世界级城市群的重要节点，京津冀“一核两翼”在创新领域和环节上应当各有侧重，雄安新区应当与北京中心城区实现差异化发展。一方面，北京作为全国科技创新中心，拥有极具优势的高等教育资源和科技研发资源，尤其是在基础科研方面掌握的

资源和重大基础性创新领域是其他城市难以比拟的。另一方面，雄安新区所属的河北是我国重要的钢铁、冶金等工业基地，是“产业转型升级示范区”；而雄安新区所毗邻的天津更是“先进制造研发基地”。雄安新区应当以市场需求为导向，优先发展服务于制造业企业的应用型创新和产业技术创新，积极引进应用型创新企业总部、研发机构、咨询机构等，突出自身的比较优势，实现与北京创新的差异化发展。

第二，重点培育基础创新资源。雄安新区实现创新发展必须要培育基础创新资源，必须要有若干所高水平的高校和科研院所。未来，雄安新区一定会承接更多的北京高端原创性科技成果的转移转化，同时考虑到北京的高校和科研院所，在北京拓展受到用地空间等的制约，就有可能部分转移到雄安新区，助其成为创新之城。如果未来能在雄安新区筹建一所高水平大学（可以考虑由北京市内重点大学分别支持建设其中的一个学院），再适当承接部分院校（可以是分校、二级学院等多种形式）和科研院所的转移，不仅可以支撑自身的发展，而且对于改变河北高等教育和科研水平，促进河北的创新驱动发展都至关重要[9]。

第三，大力吸引创新人才。人才作为区域创新系统中的核心要素，是经济和社会发展最具根本性的战略资源。雄安新区要建成京津冀世界级城市群的重要一极，在“千年大计”的目标定位下从“一张白纸”开始实现赶超发展，必须把人力资本结构调整作为重中之重，大力培养和造就创新创业人才，不断优化人才队伍，为促进打造“科技之城”和“创新之城”提供源源不断的人才支持。雄安新区应当积极争取国家层面高端人才引进政策向雄安产业发展方向倾斜，主动吸引顶尖科学家、一流专业技术人才来雄安新区工作创业，参与国家基础研究、多学科交叉前沿研究和重大科技基础设施建设，吸引国内外创新型企业、科研机构在雄安新区设立研发中心、实验室，组建一流的研发团队，开展高水平的科学技术研发活动。

2. 着力发展创新型产业

雄安新区创新型产业的发展应当坚持服务化、高端化和低碳化的原则，积极发展科技研发类产业、新一代信息技术产业等创新型产业，同时发展金融服务业、商务服务业等支持创新型产业的发展[18]。

一是发展科技研发类产业。科技服务业是典型的智力密集型服务业，包括研究与实验、设计与咨询、产品与服务、技术与推广等领域和环节。北京城区有大量的高校和科研院所，使得大量科技型企业集聚在中心城区。雄安新区应为科技服务业创造良好的产业生存环境,积极培育和壮大科技服务业市场主体,打造完善的科技平台和科技创新体系，为科技企业提供共享大型科研设施。探索建立科技成果对接交易平台，开辟绿色审批通道，建立更加开放透明的新技术、新产品供需对接机制和市场推介机制，加速科技成果产业化应用进程。

二是发展新一代信息技术产业。新一代信息技术产业作为典型的高新技术产业，涉及核心基础设备的研发与制造、面向客户的服务技术的研发和新一代信息技术的应用三大块。通过承接和发展新一代信息基础产业，夯实产业基础，提高产业总体技术水平。重点发展新一代移动通信技术、物联网、新型平板显示、高性能集成电路和云计算核心技术。以第四次工业革命为契机，大力发展人工智能产业，加强人工智能基础层和技术层的产业发展，抢占产业革命制高点。

三是发展金融服务业。金融业是生产性服务业的重要组成部分，是现代经济发展的命脉，是高附加值的绿色产业。金融服务业包括货币金融服务、资本市场服务、保险服务、金融信托与管理服务、金融信息服务等。产业的发展离不开金融服务，因此应加大政策扶持力度，优化外资金融机构服务环境，发展对外投资管理服务行业，提升雄安新区金融业对外开放水平。进一步拓宽资金渠道，为外资企业设立外资金融服务机构提供便利。

四是发展商务服务业。商务服务业作为现代服务业的重要组成部分，对各个生产环节具有重要的“黏合剂”作用[19]。雄安新区起步建设时期无疑需要法律、会计、咨询等商务服务业的有力支撑，因而应当尤其注重对商务服务业企业的吸引与培育，主动搭建服务于商务服务业企业的平台，为其在雄安新区的发展提供便利。从长远来看，雄安新区应当建立包括知识产权、咨询服务、市场调查等在内的商务服务领域的高标准体系，引导商务服务业科学、规范地发展。

五、智慧宜居战略：着力打造宜居城市是雄安新区高质量发展的落脚点

城市首先是生活空间然后才是生产空间。随着工业化和城镇化迈向高级阶段，城市逐渐由偏向生产空间向生活空间与生产空间并重转变。在此背景下，智慧宜居成为现代城市发展的基本诉求，更成为城市汇聚优质资源的根本保证[20]。

智慧宜居的含义比较广泛，包括环境优美、生活便捷、社会文明等方面。雄安新区的七个重点任务中，智慧城市、生态城市、绿色交通、公共服务等都可以归结为智慧宜居的范畴。总结不同国际权威机构和知名学者对宜居城市的评价指标体系可以提取出一些共性的宜居要素：①社会的安全性和稳定性；②交通的便利性；③文化氛围、邻里关系等社会和谐性因素；④涵盖医疗、教育等的公共服务设施；⑤环境的舒适性和健康性。这也是雄安新区实施智慧宜居战略所必备的品质，必须在以上五方面达到和谐共生的高水平状态。概括而言，一是教育、医疗等公共服务的发展；二是生态、智慧等地方品质的塑造。

1. 积极推动雄安新区公共服务发展

对于教育、医疗等社会公共服务功能，雄安新区应当结合本地现有的公共服务资源分布和发展状况，以及北京对外疏解的公共服务资源的状况，通过整体托管、联合经营的方式实现在京资源的疏解和溢出。

在教育方面，雄安新区应当优先发展高等教育、优质发展基础教育。雄安新区应当承接北京哪些教育资源，需要从雄安新区发展定位与目标所要求的人才水平，以及雄安新区的教育现状与人才现状的角度进行分析。创新驱动发展引领区、开放发展先行区等发展定位无疑要求高素质、创新型人才的支撑，长远发展无疑需要具有内生能力的人才培养与输出机构，这就需要雄安新区具有培养高素质人才的机构，如高校、科研院所等。显然，这是雄安新区现状所不具备的。《北京市人民政府 河北省人民政府关于共同推进河北雄安新区规划建设战略合作协议》指出，北京市推动优质教育、医疗卫生等资源向雄安新区布局发展……采取“交钥匙”工程方式在雄安新区建设高水平幼儿园、小学、完全中学、综合医院各1所；河北省在雄安新区选择现有幼儿园、小学、完全中学、综合医院各1所，由北京市采取托管、集团化办学、建立医疗联合体等方式，提供办学办医支持[①]。虽然学前教育、义务教育的提质能够作为公共服务的一部分提升雄安新区城市品质，但是无论从服务区域长远发展，还是短期集聚高素质人才而言，高等教育都应当是雄安新区迫在眉睫的选择。在这一点上，雄安新区可以效仿深圳。深圳作为一个年轻的城市，在培育自身本土高校（深圳大学）和引进外部高校资源（如北京大学深圳研究生院）上无疑是明智之举，也积累了丰富的经验。为此，雄安新区应当优先向河北、北京、教育部等上层

---

① 王皓. 北京与河北签订协议全力支持雄安建设. 北京日报，2017-08-18.

部门获取高等教育资源，通过自建、援建或引进的方式逐步构建起雄安新区的高等教育体系，服务城市发展定位。

在医疗方面，雄安新区应当积极筹建三甲医院，提升基本医疗水平。由于医疗机构是服务于患者，在雄安新区没有达到一定的人口规模时，很难支撑大型医疗机构运营。因此，在雄安新区建设发展初期，通过北京优质医疗资源对口支援雄安新区医疗事业发展的方式最为经济。在雄安新区人口集聚到一定规模时，可以通过引进综合性医院、大型三甲医院提升区域公共服务水平。2016年，北京常住人口为2172.9万人，三甲医院30家①，平均每家三甲医院服务72万人。为保证雄安新区与北京的公共服务水平相一致，雄安新区104.71万人至少应当配置1座三甲医院。但雄安新区由于城镇化水平低，人口集聚水平较低，目前区内并没有三甲医院。因此，在雄安新区加快建设和人口不断集聚的情况下，适时引进大型综合三甲医院的分院尤为必要。此外，雄安新区还应当积极完善医疗服务保障，提升区域基本医疗水平，结合雄安科技基础设施和交叉平台研究，在合作建设高端医疗机构和组织的同时，统筹社区卫生服务中心和社区卫生服务站等基层医疗机构建设，完善医疗卫生服务体系。

2. 高标准高起点打造雄安地方品质

新时代城市之间的竞争是人才的竞争，而人才的区位在更大程度上取决于城市的品质[21]。雄安新区实施智慧宜居战略应当以提升地方品质为核心，考虑生态环境约束，充分利用前沿的城市管理技术，运用先进的城市治理经验，着力提升雄安新区的吸引力和竞争力。

第一，严格在生态保护红线下发展，建设生态发展示范区。一方面，雄安新区要明确湖泊、耕地、生态等基础红线，确保生态安全。在开发建设过程中，雄安新区应始终坚持在不影响生态功能和生态空间的前提下，合理利用、开发区域禀赋资源。另一方面，雄安新区应当着力推进“千年秀林”工程建设，着力推进白洋淀水体保育和水质治理工程，实现煤改气工程全覆盖，着力打造蓝绿交织、严控污染的生态环境示范区[22]。

第二，采用先进的城市管理技术，打造智慧城市。一是加强与阿里巴巴、腾讯、百度等信息和智慧型企业的合作，将人工智能、大数据、云平台等前沿先进技术运用到城市规划、设计和运营中，将“世界眼光、国际标准、中国特

---

① 北京三甲医院名单. http://www.chinabgao.com/enterprise/2304.html[2017-09-15].

色、高点定位”的发展理念落到实处。二是加强信息技术支撑城市基础设施建设，将智慧建造、智慧交通、智慧市政、智慧安防、智慧城管等理念和技术引入雄安新区发展中，实现城市的智慧管理与运营。

第三，完善生活配套措施，提升地方品质。一是完善商业服务保障。强化雄安新区商贸服务等生活服务设施建设，依托雄安城区建设文化商业综合体，培育购物休闲、生活体验有机融合的商业新业态。二是完善旅游休闲服务体系。依托白洋淀、宋辽古战道、温泉等现有生态旅游资源，提升旅游服务品质，建设完善的配套服务体系，最终形成山、城、湖相互映照，人、景、水相互融合的具有丰富景致与文化内涵的高端旅游目的地。

六、结论与建议

雄安新区的设立意义重大，作为国家大事、千年大计，高质量发展是雄安新区建设的内在要求。为此，雄安新区应当实施优质承接战略、枢纽城市战略、创新发展战略和智慧宜居战略四大战略。第一，优质承接战略，雄安新区应当承接北京非首都功能疏解的优质资源，重点包括教育、医疗、培训等社会公共服务功能，行政性、事业性服务机构和企业总部等，以及包括金融服务业、科技服务业等在内的高端生产性服务业和现代服务业。第二，枢纽城市战略，雄安新区应当以规模适度为核心，以立体化交通为重点，打造成为京津冀世界级城市群的重要节点。第三，创新发展战略，雄安新区应当积极汇聚应用型创新环节、科研单位、创新人才等创新资源，着力发展科研类产业、信息服务业、金融服务业等高端高新产业。第四，智慧宜居战略，雄安新区应当积极推动教育、医疗等公共服务发展，高起点高标准打造雄安地方品质。

雄安新区四大战略为雄安新区实现发展定位和目标明确了发展方向，特别是在凝聚资源推动雄安新区发展成为共识的情形下，需要关注以下几个问题。第一，要加强对雄安新区的政策倾斜并持续对雄安新区进行资源投入。作为政府推动的国家级新区，雄安新区的发展需要政府资源的调动以在初期形成循环累积因果的发展态势。从以往经验来看，当行政资源、政策不再注入政府主导发展的区域时，其发展步伐将有所迟滞。因此，雄安新区应当处理好政府与市场在资源配置中的关系，以政府为引导，打造创业创新的商业氛围，以市场为主导，形成地方发展的循环累积，最终实现雄安新区的可持续发展。第二，落实体制机制创新。雄安新区在行政区划上隶属于河北，在地理位置上邻近保定且在原有行政上受保定管辖，在发展定位上属于“首都功能拓展区”，在发展层级上属于国家大事，错综复杂的关系要求雄安新区发展在体制机制层面创新。雄安新区建设应当成为全面深化改革的试验田，积极解决我国新型城镇化背景下城市规划、建设、管理过程中所遇到的问题，并形成可推广、可复制的经验。概括而言，雄安新区应当实现目标明确、领导统一、政令畅通、令行禁止的城市运营机制，实现现代化城市的高效运营。第三，保持战略定力。雄安新区应当充分借鉴世界级城市群发展规律及世界城市的治理经验，充分考虑我国城镇化和雄安新区建设过程中的经验与教训，处理好当前利益和长远利益的关系，不拘当下，不急一时，以“千年大计”的眼光、以“功成不必在我”的情怀步步为营，久久为功，实现雄安新区高质量的建设与发展。

<<<参 考 文 献>>>

[1]《中共中央、国务院决定设立河北雄安新区》，《人民日报》2017 年 4 月 2 日

[2] 李国平:《中国会成为全球最大经济体吗》，《人民论坛》2017 年第 14 期，第 19～21 页

[3] 樊杰:《中国主体功能区划方案》，《地理学报》, 2015 年第 2 期，第 186～201 页

[4] 魏后凯:《推进雄安新区建设的若干战略问题》，《经济学动态》2017 年第 7 期，第 10～12 页

[5] 徐涵秋 施婷婷 王美雅 等:《雄安新区地表覆盖变化及其新区规划的生态响应预测》，《生态学报》2017 年第 19 期，第 6289～6301 页

[6] 郝寿义:《雄安新区与我国国家级新区的转型与升级》，《经济学动态》2017 年第 7 期，第 4～5 页

[7] 李国平 宋昌耀:《京津冀交界地区跨区管控研究——以通州—武清—廊坊北三县为例》，《区域经济评论》2017 年第 1 期，第 52～59 页

[8] 宋昌耀 李国平 罗心然:《基于降低企业迁移成本的北京产业疏解对策研究》，《河北经贸大学学报》2018 年第 2 期，第 71～77 页

[9] 孟广文 金凤君 李国平 等:《雄安新区：地理学面临的机遇与挑战》，《地理研究》2017 年第 6 期，第 1003～1013 页

[10] 李兰冰 郭琪 吕程:《雄安新区与京津冀世界级城市群建设》，《南开学报(哲学社会科学版)》2017 年第 4 期，第 22～31 页

[11] 李国平 王志宝:《中国区域空间结构演化态势研究 》，《北京大学学报(哲学社会科学版)》2013 年第 3 期，第 148～157 页

[12] 李国平:《京津冀北地区协调发展的目标定位及其战略构想》，《北京规划建设》2009 年第 5 期，第 83～86 页

[13] 李国平 孙铁山:《网络化大都市：城市空间发展新模式》，《城市发展研究》2013 年第 5 期，第 83～89 页

[14] 孙浦阳 武力超:《城市的最优发展规模: 基于宜居视角的研究》,《上海经济研究》2010 年第 7 期, 第 31～40 页

[15] 秦中春:《中国未来人口变化的三大转折点预测——基于年龄移算人口预测模型的分析》,《区域经济评论》2013 年第 5 期, 第 5～14 页

[16] 李国平:《质量优先、规模适度: 新型城镇化的内涵》,《探索与争鸣》2013 年第 11 期, 第 19～21 页

[17] 刘红玉 胡钦如蓝:《雄安新区创新驱动发展模式选择——基于两大后发创新城市的借鉴》,《河北学刊》2017 年第 4 期, 第 143～147 页

[18] 刘秉镰:《雄安新区与京津冀协同开放战略》,《经济学动态》2017 年第 7 期, 第 12～13 页

[19] 赵弘 牛艳华:《商务服务业空间分布特点及重点集聚区建设——基于北京的研究》,《北京工商大学学报(社会科学版)》2010 年第 2 期, 第 97～102 页

[20] 孙久文:《雄安新区的意义、价值与规划思路》,《经济学动态》2017 年第 7 期, 第 6～8 页

[21] 杨开忠:《雄安新区规划建设要处理好的几个重要关系》,《经济学动态》2017 年第 7 期, 第 8～10 页

[22] 彭建 李慧蕾 刘焱序 等:《雄安新区生态安全格局识别与优化策略》,《地理学报》2018 年第 4 期, 第 701～710 页

附　　录

北京大学首都发展研究院大事记

（1999 年 3 月～2019 年 3 月）

1999 年

3 月 20 日

首发院在北京大学成立，北京市市长刘淇、教育部部长陈至立、科学技术部部长朱丽兰和北京大学党委书记任彦申、校长陈佳洱出席了成立大会。

11 月 27 日

首发院第一次理事会在北京市人民政府会议室召开。讨论并原则通过了《北京大学首都发展研究院章程》；批准了首发院理事会名单、学术委员会名单以及院长、常务副院长名单。由北京市人民政府和北京大学主要领导以及北京大学知名学者等组成理事会和学术委员会。院长由北京大学常务副校长迟惠生担任，常务副院长由杨开忠担任。

2000 年

2 月

《持续首都——北京新世纪发展战略》一书由广东教育出版社出版。该书是首发院杨开忠等学者在全球化、知识化、生态化等大背景下考虑首都未来经济、社会、环境持续发展战略的研究成果。

7 月

通过校内招聘，北京大学马克思主义学院应届硕士毕业生程宏成为首发院第一位在编专职行政人员。

2001 年

6 月 30 日

北京市市长刘淇、副市长林文漪、科学技术委员会主任范伯元分别对首发院《关于进一步发挥首发院作用的建议》做出批示，调整首发院与市人民政府的协调单位为市科学技术委员会。

10 月

北京大学任命贾振邦副为首发院副院长。

12 月

首发院网站正式上线：www.bjdi.org。

2002 年

3 月 9 日

首发院与北京市委金融工作委员会、北京市人民政府研究室、北京市国有资产经营公司共同主办了“北京奥运会金融支持工程研讨会”。北京市副市长刘敬民和北京大学常务副校长、首发院院长迟惠生出席会议并讲话。

12 月

北京大学任命首发院常务副院长杨开忠为北京大学副秘书长。

2003 年

8 月

《国外公共卫生突发事件管理要览》由中国城市出版社出版，这是 2003 年北京“非典”期间，首发院专门组织力量编写的著作，介绍国外主要突发性公共卫生事件应急体系，服务首都公共卫生应急管理。

9 月 3 日

北京大学任命周辉、万鹏飞为首发院副院长。

12 月 12 日

北京市代市长王岐山带领相关委办局到北京大学调研，北京大学党委书记闵维方、校长许智宏及部分专家学者参加，双方共同讨论了首都高新技术产业发展、城市发展布局、法律法规建设、中关村科技园区建设等。北京大学专家学者就服务首都提出了一系列的政策建议。首发院常务副院长杨开忠出席座谈会并发言。

12 月

首发院整体搬入北京大学东门对面的中关村方正大厦 3 层办公，办公条件大大改善。

2003 年 11 月 20 日与 2004 年 3 月 11 日

北京市科学技术委员会副主任刘振刚两次到访首发院，分别就建立定期会谈制度、共同调动资源为首都经济发展服务、北京城市中心的发展和郊区城市化问题进行了深入探讨。

2004 年

1 月

首发院主办“北京节水型城市建设高层论坛”，邀请地质矿产部原副部长张宏仁、赵柏林院士和在京高校、科研院所的专家学者、政府官员，围绕北京水资源的供求形势、管理和可持续发展、北京水价改革与调整等展开了深入研讨。

4 月 7 日

北京市委组织部就“北京市-北京大学首都教育行动计划”到首发院调研，双方就北京大学支持首都人才培养、高等教育发展等进行了深入磋商。

10 月 20 日

北京市教育委员会副主任张国华一行到首发院调研，北京大学副校长林均敬、首发院常务副院长杨开忠出席会议。双方就修改后的《北京市-北京大学首都教育行动计划纲要》进行了深入交流和研讨。

11 月

北京市人民政府发文，由北京市代市长王岐山担任首发院理事长。

2005 年

12 月 14 日

由首发院主办的“首都发展专家圆桌会议”，邀请北京相关科研机构、政府部门和企业界精英，以首都创新能力问题和对策、首都应急能力问题与对策、三农问题等为主题，以内参《首都发展专家建言》的方式为北京市相应政府部门提供参考。

2006年

3月

北京大学对口支援通州区，首发院积极组织、协调、参与了对口支援通州区的工作，在通州区文化创意产业规划、支援永乐店中学医疗卫生服务等领域开展了大量工作。

4月19日

首发院举办"北京市文化创意产业政策专家座谈会"，协助北京市发展和改革委员会起草《北京市促进文化创意产业发展若干政策》。在此基础上，首发院组织编写了"首都文化创意产业促进行动计划"。

2007年

1月

北京市发展和改革委员会和北京大学联合举办"新年座谈会"，就"北京大学服务北京市发展与改革的几点建议"进行座谈。首发院常务副院长杨开忠出席座谈会并发言。

1月2日

北京大学任命蔡满堂为首发院副院长。

1月14～19日

首发院承办了"全球发展网络（GDN）第八届年会"，来自全球100多个国家和地区的600名代表会聚北京，就亚洲崛起对全球经济的影响等问题开展了高水平的学术讨论。

6月26日

北京大学任命雷虹为首发院副院长（兼）。

9月

2007年3月，北京市委常委、教育工作委员会书记朱善璐率首发院领导到东城区调研，调研期间，朱善璐建议北京大学与东城区在国子监合作建设"北京大学国子监大讲堂"。2007年9月，"北京大学国子监大讲堂"正式开讲。此后，每两周开讲一次（寒暑除外假）。"北京大学国子监大讲堂"先后获"北京市十大教育新闻提名”、“首都市民终身学习服务基地”、首批“首都市民学习品牌”和“全国终身学习活动品牌”等荣誉称号。

2008 年

12 月 2 日

由首发院承办的北京市服务中央单位和驻京部队专家研讨会在北京大学博雅国际会议中心举行。北京大学常务副校长林建华、首发院常务副院长杨开忠和北京市人民政府办公厅、对外联络服务办公室等部门的相关领导出席。

2009 年

1 月 8～11 日

北京大学周其凤校长率常务副书记吴志攀、副校长岳素兰、鞠传进及首发院常务副院长杨开忠分别拜访了北京市市长郭金龙等市领导。受北京大学委托，首发院担纲起草了北京大学立足北京、服务首都的纲领性文件《北京大学关于服务“三个北京”建设的意见》。

9 月

由首发院参与编制的《北京市土地利用总体规划（2006—2020 年）》完成。

12 月

首发院常务副院长杨开忠参与录制系列节目《城南行动》，宣传北京市发布的《促进城市南部地区加快发展行动计划》，引起了良好的社会反响。

2010 年

1 月 5 日

首发院和中国区域经济协会联合举办了中国区域协调发展专家圆桌会议。会议邀请来自国家发展和改革委员会、国务院发展研究中心、中国科学院等部门的政府官员和知名专家学者，就区域协调发展的相关问题展开研讨。

5 月 11 日

由首发院和北京市发展和改革委员会联合主办的北京世界城市建设第二期专家季谈会——“十二五”时期北京建设绿色现代化的世界城市的思路研讨会在北京大学举办。北京市相关单位、北京大学相关专家学者等出席。

7 月 9 日

北京大学任命首发院常务副院长杨开忠为北京大学秘书长。

7 月 16 日

由北京市发展和改革委员会与首发院联合主办的“首都发展论坛”在北京新大都酒店召开，论坛围绕“北京明天如何发展的更美好”的主题展开。双方约定今后将根据首都经济社会发展中的重点、热点、难点问题等，不定期举办论坛，邀请社会各界人士，从多角度为首都发展开阔思路、探寻路径。

11 月 5～7 日

首发院承办北京论坛“构建和谐的世界城市”分论坛，论坛邀请了国内外数十位著名的世界城市研究学者与会，他们从世界城市的研究理论、发展历程，世界城市建设中要注意的问题，国内外世界城市发展经验等方面做了精彩的演讲，为北京建设世界城市提供理论借鉴。

2011 年

6 月

首发院领导班子调整，北京大学任命李国平为首发院院长，冯长春、沈体雁、林坚、李平原为首发院副院长。

7 月 20 日

北京市常务副市长吉林带领市委组织部、市发展和改革委员会等相关部门的相关领导在北京大学召开了“首都发展研究院工作会议”。北京大学校长周其凤等校领导、相关职能部门和首发院领导班子全体成员出席了会议。会后，北京大学通过北京市发展和改革委员会向北京市人民政府提交了《关于进一步推动首都发展研究院发展有关问题的请示》的报告。

8 月 23 日

第十七届中共中央政治局就完善我国土地管理制度问题研究进行第三十一次集体学习，首发院副院长林坚就完善我国土地管理制度问题研究进行讲解。林坚副院长是中共十六大以来首位为中共中央政治局集体学习讲课的副教授。

11 月 4～6 日

首发院承办北京论坛“构建和谐的世界城市”分论坛，其主题是“城市转型与人类未来”。来自中国、美国、意大利、日本、泰国、菲律宾等国家和地区的 25 位嘉宾做了主题演讲。

12 月 22 日

北京市政务服务中心筹备办公室赴首发院调研。北京市人民政府副秘书长兼市政务服务中心筹备办公室副主任朱炎，筹备办公室副主任王志源、蔡明月，北京大学秘书长杨开忠，首发院院长李国平、副院长万鹏飞和李平原参加了座谈会。

2012 年

3 月

首发院网站改版后上线：www.bjdi.pku.edu.cn。新网站对首发院功能需求进行重新定位，设定相关栏目，从版式到内容都更加丰满和充实。

经北京大学授权，首发院获得非学历教育培训资格。2012 全年，首发院共为北京市、国家机关及各级地方政府举办短训班 30 余期，培训各级干部千余人次，扩大了首发院的社会影响。

4 月 23 日

北京市委书记刘淇、市长郭金龙在有关部门负责同志的陪同下到北京大学进行考察调研。首发院院长李国平汇报了首发院近年来取得的重要成果和“北京大学国子监大讲堂”的运行情况。

8 月 18 日

北京市丰台区常务副区长高朋携区发展和改为委员会、商务委员会、政府研究室一行 8 人访问首发院，北京大学秘书长杨开忠、首发院院长李国平、副院长李平原出席，双方就南中轴地区开展课题合作研究进行了沟通和交流。

9 月 27 日

由北京市规划委员会和首发院共同创建的公共服务体系创新示范研究基地在北京市规划委员会揭牌。北京大学秘书长杨开忠出席揭牌仪式并讲话。首发院院长李国平、副院长沈体雁和李平原出席。

11～12 月

为大力宣传中国共产党第十八次全国代表大会的精神和北京市第十一次党

代会精神及，首发院院长李国平作为北京市学习宣传贯彻党的十八大精神宣讲团成员赴北京市大兴区礼贤镇、北京市监狱管理局、北京市西城区卫生局、北京市妇女联合会、北京市东城区职工大学、北京市经济技术开发区、北京市大兴区建设委员会、北京市丰台区团委进行宣讲。

11 月 2～4 日

首发院承办北京论坛（2012）城市分论坛，其主题是“世界城市精神传承——经验与创新”。来自中国、美国、意大利、澳大利亚、韩国、俄罗斯、印度等国家和地区的 36 位专家学者与政界人士，从经济、文化、社会、历史、制度、就业和城市规划等角度，对世界城市精神传承的经验与创新进行了广泛而深入的研讨与交流，结合北京世界城市建设，分享了各自的研究成果与经验总结。

11 月 22 日

由首发院举办的“北京大学国子监大讲堂教学研究”研讨会在北京大学召开。多名大讲堂授课教师、北京市东城区相关领导出席研讨会。首法院院长李国平出席研讨会并致辞，研讨会由首发院副院长李平原主持。

下半年

首发院副院长蔡满堂由中国政府推荐，任全球环境展望（Global Environment Outlook，GEO5）高级政府间政府咨询委员会成员，任期为 2012～2016 年。

2013 年

1 月

“北京大学·国子监大讲堂”第 1 辑《诸子源流》由北京大学出版社出版。

1 月 22 日

北京市规划委员会和首发院在北京大学召开新年座谈会，共同商讨双方合作事宜，最终在论坛合作、地理信息决策支撑平台建设、人才培养、课题研究等方面达成共识。

1 月 28 日

北京市人民政府副秘书长杨志强、市发展和改革委员会副主任赵磊一行到访首发院。北京大学秘书长杨开忠，首发院院长李国平，副院长蔡满堂、沈体雁、李平原等出席。

3 月

由首发院承担的中国科学技术协会“十一五”重大决策咨询项目“环渤海地区 2006—2015 年经济社会发展环境承载力研究”，喜获第六届高等学校科学研究优秀成果奖（人文社会科学）（研究报告类/管理学三等奖）。

3 月 29 日

由首发院举办的“北京大学国子监大讲堂品牌推广恳谈会”在北京大学英杰交流中心召开。《人民日报》、《光明日报》和《新京报》等新闻媒体与北京市东城区教育委员会、“北京大学国子监大讲堂”学员代表应邀出席。首发院院长李国平、副院长万鹏飞和李平原出席。

4 月 11 日

首发院举行“北京大学区域经济与城市管理高级研修班”（第一期）开学典礼。北京大学秘书长杨开忠，首发院院长李国平、副院长蔡满堂和李平原出席。

5 月 23 日

北京大学国子监大讲堂流动课堂启动仪式暨首次讲座在东城区举办，首发院副院长万鹏飞、李平原出席。北京大学白巍开启首场讲座。

6 月 19 日

北京市科学技术委员会副主任朱世龙、伍建民到访北京大学，就筹备首发院新一届理事会召开等事宜进行专题调研。

7 月 5～7 日

由北京大学和世界华人不动产学会主办、北京大学城市与环境学院、首发院、北京大学不动产研究鉴定中心承办的世界华人不动产学会 2013 年会暨“新型城镇化与房地产业可持续发展国际研讨会”召开，首发院副院长冯长春担任世界华人不动产学会主席和 2013 年会主席。北京大学秘书长杨开忠到会致辞。

7 月 8 日

北京市科学技术委员会软科学处副调研员李志文、国务院发展研究中心技术经济研究部副部长李志军、第二研究室主任田杰棠一行来首发院听取汇报，启动对首发院的评估工作。

7 月 23 日

北京市科学技术委员会主任闫傲霜一行到北京大学拜会王恩哥校长，并就首发院理事会换届一事与学校领导沟通。会上，李国平院长做首发院工作报告。

7～9 月

首发院就“北京大学国子监大讲堂”宣传片脚本及宣传片拍摄、“首届全球学习型城市论坛”的举办等事宜与东城区教育委员会进行了多次沟通和磋商。

10 月 23 日

首发院院长李国平、副院长万鹏飞出席在北京孔庙和国子监博物馆举办的“首届全球学习型城市论坛”北京大学国子监大讲堂展示东城区分论坛。

10 月 29 日

首发院院长李国平、副院长蔡满堂和李平原在北京大学与北京市规划委员会委员叶大华举行工作会晤，商谈合作事宜。

11 月 1～3 日

首发院承办北京论坛（2013）城市分论坛。来自 12 个国家的 40 多位专家学者和政界人士围绕“城镇化：可持续发展规划与多样性”这一主题进行了为期两天的研讨与交流。

11 月 26 日

北京市市长王安顺邀请首发院副院长冯长春、林坚，就首都城镇化建设问题进行研讨。

12 月 2 日

落实吴志攀常务副校长批转到首发院的文件《关于征求对〈中央北京市委北京市人民政府关于支持中关村加大实施创新驱动发展战略力度加快建设具有全球影响力的科技创新中心的若干措施〉（征求意见稿）意见的函》。

12 月 3 日

吴志攀常务副校长召集首发院院长班子开会，布置北京市委托北京大学承担“首都阶段性特征及动力机制研究”（此课题作为北京市经济社会发展规律综合研究 15 个子课题之一）课题一事，由首发院院长李国平牵头完成。

12 月 13 日

新乡学院院长杨宏志、副院长吴中、财务处处长王火雷、教师发展中心主任郭莉一行四人到访首发院，就新乡学院教师培训事宜与首发院院长李国平、副院长李平原进行了商谈，并达成初步合作意向。

2014 年

6 月 23 日

国家自然科学基金管理学部应急项目“京津冀一体化发展战略研究”启动协调会在北京大学英杰交流中心举行。此项研究是由首发院杨开忠任首席科学家，联合南开大学、中国科学院、交通运输部公路科学研究院、北京市经济与社会发展研究所等机构共同承担的国家重大研究项目。

7 月 13 日

由首发院主办的京津冀区域协同发展研讨会暨《京津冀区域发展报告 2014》（李国平主编）发布会在北京大学举行。

11 月 7～9 日

由首发院和北京大学-林肯研究院城市发展与土地政策研究中心联合承办，其主题是“大都市圈的和谐发展与共同繁荣”。来自中国、美国、加拿大、英国、澳大利亚、巴西等 11 个国家和地区的 30 多位专家学者围绕大都市圈的治理、规划、环境和教育等议题展开广泛而深入的研讨与交流，分享了各自的研究成果与经验总结。

11 月 14 日

首发院在北京大学英杰交流中心举行了“京津冀一体化发展战略研究”中期检查报告会。

2015 年

1 月 20 日

北京大学任命白宇为首发院副院长。

5 月 22 日

由首发院、北京市哲学社会科学规划办公室和科学出版社联合举办“新常态下首都发展战略研讨暨《首都发展报告 2015》发布会”。《首都发展报告 2015》由首发院编著，是首部全面反映首都发展现状、规律与趋势的综合性研究报告。

9 月 16 日

以首发院为牵头单位，南开大学、清华大学、河北经贸大学和首都经济贸易大学作为主要协同合作单位的京津冀协同发展联合创新中心在北京大学成立。上述各高校的领导和部分科研院所的专家学者出席了成立大会。

11 月 17 日

北京大学任命李虹为首发院副院长。

2016 年

1 月 10 日

由首发院和京津冀协同发展联合创新中心共同主办的中国城市政策与管理新年论坛（2016）在北京大学召开，会议以“新时期的城市发展”与“京津冀协同发展”为主题。

1 月 12 日

北京市社会科学界联合会党组书记韩凯一行四人来到首发院调研首都新型高端智库建设。北京大学秘书长杨开忠，首发院院长李国平，副院长李平原、白宇、李虹等参加了调研。

1 月

受京津冀协同发展领导小组办公室委托，首发院承担了“京津冀空间规划研究”工作，课题组由杨开忠任首席科学家，林坚任课题组组长。先后对北京市、天津市、河北省三省市发展和改革委员会进行了综合调研。

6 月 3 日

京津冀协同发展联合创新中心第二次理事会议在首都经济贸易大学召开。会议审议并通过对《京津冀协同发展联合创新中心章程（草案）》的修改方案，并对中心年度工作计划、近期重大研究等进行了商议。中心理事王杰、王稼琼、纪良纲、刘伯正、杨开忠等出席会议。会议由理事长王杰主持。

7 月 15 日

京津冀协同发展联合创新中心主任工作会议在首发院召开。会议就中心各平台的工作进展进行了交流，并对遇到的问题进行了讨论与协商，对下一步各平台研究工作进行了部署。杨开忠、李国平、殷存毅、祝尔娟、石敏俊、丁渠等出席会议。

9 月 10 日

"'北京大学国子监大讲堂走进北大'暨新学期开学典礼"在北京大学英杰交流中心阳光大厅举行。首发院、北京市教育委员会、北京市东城区教育委员会等单位的领导和北京市东城区教育系统的老师、市民近 200 人参加了开学典礼。北京大学韩茂莉为学员做主题为"风物——燕园景观及文化底蕴"的讲座。开学典礼由首发院副院长李平原主持。

10 月 28 日

2016 年北京市东城区全民终身学习活动周开幕式在北京市第二中学举行。在开幕式上，首发院院长李国平为"北京大学国子监大讲堂"青年学生志愿者服务队授旗。这标志着"北京大学国子监大讲堂"首支由在校学生组成的社区工作志愿者服务队伍正式建立。

11 月 4～6 日

由北京大学城市与环境学院、北京大学－林肯研究院城市发展与土地政策研究中心和首发院共同承办的北京论坛（2016）"世界文明中的巨型城市与区域协同发展"分论坛成功举办。

11 月 5 日

由京津冀协同发展联合创新中心主办的"国际特大城市发展管理经验交流研讨会"在北京大学召开，东京大学松原宏，首尔市立大学崔瑾熙，以及北京大学李国平、薛领、孙铁山等先后做主题发言。会议由京津冀协同发展联合创新中心秘书长蔡满堂主持。

12 月 24 日

由首发院与京津冀协同发展联合创新中心联合主办的中国城市政策与管理暨京津冀协同发展新年论坛（2017）在北京大学召开，论坛主题为"城市发展与展望"与"京津冀协同发展"。

2017 年

3 月 13 日

内蒙古乌兰察布市国土资源局局长张辉一行到访首发院，就与首发院开展战略合作进行磋商。首发院院长李国平，副院长蔡满堂、李平原、白宇等参加了座谈会和战略合作协议签署仪式。

4～11 月

首发院发挥人才培养职能，对乌兰察布市国土资源局系统进行了为期四期的干部综合能力提升研修培训。

9 月

北京市第十四届哲学社会科学优秀成果奖获奖结果揭晓，由首发院院长李国平主编的《京津冀区域发展报告 2014》荣获一等奖。

9 月 15 日

“北京大学国子监大讲堂”在国子监彝伦堂举办 10 周年纪念活动。北京市教育委员会副主任黄侃、北京孔庙和国子监博物馆馆长吴志友、北京市东城区委书记张家明、北京大学副校长王博、首发院院长李国平、副院长万鹏飞和李平原等出席了纪念活动。纪念活动上表彰了 8 名优秀教师、14 名优秀学员和 11 名优秀管理者，举行了《文苑英华》的首发式。纪念活动得到国务院副总理刘延东和北京市政协主席吉林的批示。

9 月

经过多轮遴选，首发院正式入选北京市首批 14 家“首都高端智库”试点建设单位。

11 月

首发院院长李国平院长等著的《首都发展报告 2017——创新驱动产业转型升级与布局优化》由科学出版社正式出版，该发展报告为首发院的重要研究成果之一，是深入研究首都发展系列报告的第二部。

2018 年

1 月 6 日

由首发院与京津冀协同发展联合创新中心联合主办的北京大学首都发展新

年论坛（2018）在北京大学召开，论坛以“新时代的大国首都与京津冀协同发展”为主题。论坛开幕式上，《首都发展报告 2017——创新驱动产业转型升级与布局优化》正式发布。

1 月 8 日

北京市海淀区委副书记刘勇一行七人到访首发院，双方围绕海淀区新型高端智库建设进行深入交流。首发院院长李国平，副院长沈体雁、蔡满堂、万鹏飞、李平原、白宇等参加了调研座谈会。

3 月 7 日

首发院、北京孔庙和国子监博物馆、北京市东城区教育委员会在北京孔庙和国子监博物馆彝伦堂联合举办“北京大学国子监大讲堂 2018 学年度开学典礼”。北京孔庙和国子监博物馆馆长吴志友做“儒学的精华与文化自信”的专题讲座，随后学员参观了北京孔庙和国子监博物馆。

3 月 8 日

首都高端智库理事会第一次会议在北京市委召开，会议审议通过了《首都高端智库理事会议事规则》，通报了 2018 年度首都高端智库年度研究任务安排。北京大学副校长王博、北京大学社会科学部基地管理办公室主任郭琳和北京大学首都高端智库首席专家李国平与会。

3 月

由首发院创办的反映北京大学首都高端智库研究成果的《北大首都智库》正式创刊，李国平任主编，刘翊任责任编辑。

5～6 月

为了完善人才梯队建设，扩充并增强现有研究团队，提升服务首都的能力，北京大学首都高端智库启动了首批人才招聘计划。

6 月 29 日

首都高端智库理事会成立大会在北京大学召开。北京大学副校长王博、北京市首都高端智库秘书处副秘书长程文进出席。北京大学社会科学部部长龚六堂任第一任理事长。会议讨论并原则通过了《北京大学首都高端智库章程》，决定聘任陆大道为智库首席顾问，李国平为智库首席专家，杨开忠为智库学术委员主任。同日召开了北京大学首都高端智库学术委员会第一次工作会议。

由北京大学首都高端智库主办的“首都新两翼发展战略专家研讨会”在首发院召开。中国科学院院士陆大道、首都经济贸易大学副校长杨开忠、南开大学刘秉镰、河北经贸大学副校长武义青、北京市委研究室原副巡视员余钟夫、北京大学首都高端智库首席专家李国平、北京大学首都高端智库学术委员会副主任冯长春等与会并发言。

7月4日

“北大首发院”微信公众号上线，公众号：北大首发院。

7月6日

2018年度北京大学首都高端智库项目启动暨开题会召开。此次会议启动项目包括北京市首都高端智库年度立项决策咨询项目和北京大学首都高端智库自设研究项目等。

9月10日

首发院发布“关于面向北京大学全日制博士生开展首都发展研究资助的通知”，面向北京大学全日制在读博士研究生设立“北京大学博士生首都发展研究资助项目”。

9月和11月

北京市朝阳区教育研究中心先后选派两期教师到北京大学参加综合能力提升研修班，这是首发院服务首都、履行人才培养职能的体现。

10月17日

由北京大学首都高端智库主办的“改革开放四十年首都发展的回顾与展望专家研讨会”在北京大学召开。国务院参事施祖麟、北京市人民政府参事唐晓峰、北京大学首都高端智库首席专家李国平、北京大学首都高端智库学术委员会副主任冯长春、首发院副院长沈体雁等专家学者与会。

11月9日

北京大学首都高端智库“北京大学博士生首都发展研究资助项目”签约仪式暨导师见面会举行，首席专家李国平等出席。

11月13～17日

北京市社会科学界联合会副主席李翠玲，与首发院李国平、冯长春、蔡满堂、李平原五人，前往日本东京及周边地区进行超大城市建设经验的考察与调研。

12 月 21 日

北京大学成立北京大学智库工作领导小组，北京大学书记邱水平和校长郝平任组长，副校长王博任副组长。

12 月 31 日

2018 年 12 月 31 日北京大学第 950 次校长办公会审议通过并印发《北京大学首都高端智库建设经费管理细则（试行）》。

2019 年

1 月 5 日

北京大学首都发展新年论坛（2019）在北京大学隆重召开。此次论坛以“超大城市与区域治理现代化”为主题，设主会场和“首都发展与治理”、“京津冀协同发展”和“青年学者论坛”三大主题论坛。新年论坛发布了由科学出版社出版的北京大学首都高端智库系列报告《2019 首都发展报告：社会治理研究》（万鹏飞等著）与《2019 京津冀协同发展报告》（李国平主编）。

2 月 12 日

首发院副院长林坚和李虹入选北京市第十五届哲学社会科学优秀成果奖建议名单。林坚的调研报告“北京市集体建设用地减量策略研究”入选一等奖建议名单；李虹的著作《资源型城市转型新动能：基于内生增长理论的经济发展模式与政策》入选二等奖建议名单。

3 月

首发院现任领导班子成员：

院长：李国平

副院长：冯长春、林坚、沈体雁、蔡满堂、万鹏飞、李平原、白宇、李虹

院长助理：程宏、刘翊

执笔人：程　宏　李平原

北京大学首都发展研究院核心团队承担重要的国家、首都及京津冀研究咨询项目一览表

（一）国家级研究项目

1. 国家自然科学基金项目列表

序号	立项年份	项目名称	委托单位/项目类别
1	2001	中小城市房地产空间地域差异及市场运行机制研究	国家自然科学基金项目（40171043）
2		夕阳产业地域的形成、演变与持续发展研究——以东北为例	国家自然科学基金项目（40071042）
3		信息化对中国区域经济差异的影响研究	国家自然科学基金项目（40171026）
4	2002	城市化，数字经济与环境可持续性	国家自然科学基金国际（地区）合作与交流项目（40210304027）
5	2003	全球化、信息化和可持续发展条件下的城市与区域发展	国家自然科学基金国际（地区）合作与交流项目（40310304038）
6		2008 年奥运会的城市增长效应与控制：一个集合性时空动态建模方法	国家自然科学基金青年科学基金项目（60304008）
7		城市演化集成模型及模拟系统研究	国家自然科学基金青年科学基金项目（40301012）
8	2004	城市土地储备、整理、开发与土地利用结构优化研究	国家自然科学基金项目（40471051）
9		我国区域城镇化管理的系统研究	国家自然科学基金重点项目（70433002）
10	2005	城市群高速发展条件下城市空间成长管理研究——以环渤海和长江三角洲地区为例	国家自然科学基金青年科学基金项目（70503002）
11	2006	我国大都市圈空间结构演化过程、机理及模拟研究	国家自然科学基金项目（40671046）
12	2007	住房公积金投资管理与担保制度研究	国家自然科学基金管理学部应急项目（70741021）

续表

序号	立项年份	项目名称	委托单位/项目类别
13	2009	大都市区内土地城镇化的时空差异及其动力机制研究——以北京为例	国家自然科学基金项目（40971093）
14	2010	城市成长管理政策对住房价格的影响机制与政策绩效评价研究	国家自然科学基金项目（71073005）
15		中国特大城市人口-就业空间演化与互动机制研究	国家自然科学基金青年科学基金项目（41001069）
16		中国经济密度空间格局与演化机制研究	国家自然科学基金项目（41071076）
17		我国区域城镇化过程、机理与模式的非均衡动态研究	国家自然科学基金项目（41071077）
18	2011	我国区域空间结构演化机理、影响因素及其优化研究	国家自然科学基金项目（41171099）
19	2013	大都市区土地城镇化的空间绩效研究：以北京为例	国家自然科学基金项目（41371534）
20		中国特大城市多中心空间发展的模式、效应及动力机制——多城市比较和实证	国家自然科学基金项目（41371005）
21		中国可再生能源补贴机制的有效性及体系创新构建——基于含生命周期与空间布局的经济-能源-环境-社会系统视角	国家自然科学基金项目（71373014）
22	2014	京津冀一体化发展战略研究	国家自然科学基金管理学部应急项目（71441006 含 10 个子课题）
23		京津冀科技创新一体化发展政策研究	国家自然科学基金管理学部应急项目（71441004）
24		京津冀生态环境建设一体化思路与配套政策研究	国家自然科学基金管理学部应急项目（71441007）
25		京津冀城市成长管理与城镇布局优化政策研究	国家自然科学基金管理学部应急项目（71441002）
26		基于双边匹配理论的企业区位配置模型与区位市场设计	国家自然科学基金项目（71473008）
27	2017	我国产业集聚演进与新动能培育发展研究	国家自然科学基金重点项目（71733001）
28		中国超大城市规模与空间结构的综合效应研究	国家自然科学基金项目（41671120）
29	2018	城市住房租赁市场供求模式与运行机制研究	国家自然科学基金项目（41771176）

2. 国家社会科学基金项目列表

序号	立项年份	项目名称	委托单位/项目类别
1	2003	基于2008年奥运会的中国国家营销战略研究	国家社会科学基金项目（03BTY001）
2	2007	京津冀区域协调发展研究	国家社会科学基金项目（07BJY070）
3		反垄断中相关市场界定的理论与国际实践比较研究	国家社会科学基金项目（07BJL021）
4		中国大都市区域城镇化中的财税竞争问题及其治理	国家社会科学基金青年项目（07CJY024）
5	2008	新区域协调发展理论与政策研究	国家社会科学基金重大项目(07&ZD010）
6	2009	企业并购反垄断审查中相关市场界定的理论及应用	国家社会科学基金项目（09BJL027）
7	2010	产业转移与我国区域空间结构优化研究	国家社会科学基金重大项目(10&ZD022）
8	2011	中国城市公共产品空间失配的纾解策略研究	国家社会科学基金项目（11BJY055）
9		我国都市圈空间组织的经济绩效与空间结构优化研究	国家社会科学基金青年项目（11CJY036）
10		高铁时代区域经济协调发展重点与支撑政策研究	国家社会科学基金重点项目(11AZD093）
11	2015	国际能源新形势对中国发展与战略环境影响研究	国家社会科学基金重大项目(15ZDA059）
12	2017	中国产业集群地图系统（CCM）建设与应用研究	国家社会科学基金重大项目(17ZDA055）
13	2018	区域-要素统筹：新时代国土空间开发保护制度研究	研究阐释党的十九大精神国家社会科学基金专项（18VSJ041）

3. 国家科技重大专项项目列表

序号	立项年份	项目名称	委托单位/项目类别
1	2002	小城镇建设中的经济与产业结构分析	“十五”国家科技攻关计划项目
2	2003	城市水体水质改善和生态恢复相适配的景观工程建设	科技部863计划项目
3	2004	国家科技示范小城镇综合评价指标体系研究	“十五”国家重大科技攻关计划项目
4		中国小城镇土地市场研究	“十五”国家重大科技攻关计划项目

续表

序号	立项年份	项目名称	委托单位/项目类别
5	2005	节约与集约利用土地研究	国土资源部全国土地利用总体规划修编委员会重点研究专项
6		“十一五”京津冀区域科技发展规划研究与制定	国家中长期科学和技术发展规划项目
7	2006	村镇空间规划与土地利用关键技术研究	“十一五”国家科技支撑计划重大项目（2006BAJ05A00）
8	2008	滇池流域水污染治理与富营养化综合控制技术及示范项目“流域社会经济结构调整及水污染综合防治中长期规划研究”	水体污染控制与治理科技重大专项项目（2008ZX07102-001）
9		国家评估法立法：中外评估法律制度比较研究	全国人民代表大会财经委专项研究
10	2010	城市水污染治理监管体系及支撑技术研究与示范	水体污染控制与治理科技重大专项子课题
11	2011	中部地区城市带发展土地保障与监管技术系统开发与示范	国土资源部公益性行业科研专项
12		不同土地产权制度及实现方式比较研究	国土资源部重大专项研究
13	2012	全球变化下国际产业分工趋势和新经济地理格局分析的基本理论与趋势预测（012CB955802-7）	国家重点基础研究发展计划（973 计划）专题任务
14		村镇区域空间规划与集约发展关键技术研究	“十二五”国家科技支撑计划重点项目（2012BAJ22B00）
15		村镇区域土地利用规划智能化系统开发	“十二五”国家科技支撑计划重点项目（2012BAJ22B04）
16		流域水生态保护目标制定技术研究	水体污染控制与治理科技重大专项项目
17		适用“两型”社会建设的土地规划技术	国土资源部公益性行业科研专项
18	2015	土地生态功能分区及空间管控红线划定关键技术	国土资源部公益性行业科研专项
19		京津冀土地优化利用管控技术方法研究	国土资源部公益性行业科研专项

（二）首都及京津冀主要研究咨询项目

序号	立项年份	项目名称	委托单位/项目类别
1		中关村科技园区布局研究	北京市科学技术委员会
2		北京高校科技产业发展规划研究	北京市科学技术委员会（954901027）
3	1999	中关村科技园区信息化前景研究	北京市信息化工作办公室
4		数字北京发展战略研究	北京市信息化工作办公室
5		数字北京工程发展规划研究	北京市信息化工作办公室
6		首都空间发展新战略——关于营建首都圈的理论与规划实践研究	国家软科学研究计划项目（Z00029）
7		首都空间发展战略——关于营建首都圈的战略规划研究	北京市科委软科学研究项目（RK00-56）
8	2000	北京高科技产业价值链分工研究	北京市科委软科学研究项目（RK00-57）
9		北京高科技产业政策实施体系研究	北京市科委软科学研究项目（9552200300）
10		平谷县“绿都”建设战略规划研究	北京市科委软科学研究项目（RK00-24）
11		科技奥运研究	北京市科学技术委员会
12		北京数字经济研究	北京市科委软科学研究项目
13		北京高新技术产业发展年度报告	北京市科委软科学研究项目（H011110030113）
14	2001	北京市第二次产业结构与空间结构重组研究	北京市科委软科学研究项目（RK01-17H010610100112）
15		北京若干高新技术重点领域产业链研究（总体组）	北京市科委软科学研究项目（RK01-65，H013510060112）
16		北京高科技产业竞争优势形成与区域创新环境建设研究	北京市科技计划项目（H021120050220）
17	2002	北京市高新技术产业的奥运战略	北京市人民政府研究室
18		奥运经济系统与投融资战略研究	北京市人民政府研究室
19		奥运机遇、先进服务业与北京全球城市发展研究	北京市哲学社会科学规划办公室
20	2003	首都经济圈发展战略规划前期研究	北京市经济技术合作办公室
21		北京市延庆县经济发展战略规划研究	北京市延庆县人民政府
22	2004	北京市延庆县建设旅游休闲商务区发展规划	北京市延庆县人民政府
23		北京市出租车定位研究	北京市交通委员会
24		北京市突发事件应急管理体制研究	北京市社会科学界联合会

续表

序号	立项年份	项目名称	委托单位/项目类别
25	2005	北京市产业用地调查、评价及整合研究	北京市国土资源局
26		北京市土地利用总体规划修编	北京市国土资源局
27		崇文区“十一五”规划框架思路研究	北京市崇文区发展和改革委员会
28		顺义区“十一五”规划框架思路研究	北京市顺义区发展和改革委员会
29		北京市“十一五”时期开展区域经济合作发展规划	北京市“十一五”市级一般专项规划项目
30		京津冀科技发展现状与问题分析研究	北京市科技计划项目
31		京津冀区域科技发展战略研究	北京市科技计划项目
32		京津冀区域发展与北京创新型城市建设研究	北京市科技计划项目
33		北京市资源禀赋与区县发展研究	北京市政府专家顾问团调研项目
34		北京科技与经济发展重点问题研究	北京市科学技术委员会
35		北京市推进科技创新的咨询建议	北京市发展和改革委员会
36		海淀区“十一五”期间国民经济和社会发展总体规划和未来 15 年展望前期研究	北京市海淀区人民政府
37		北京通州新城规划产业研究专题	北京市规划委员会通州分局
38		京津冀都市圈区域规划北京市规划研究	北京市发展和改革委员会
39		京津冀都市圈区域规划区域创新体系研究	国家发展和改革委员会
40		京津冀资源环境科技发展研究	北京市科委软科学研究项目
41		北京市“十一五”期间区域经济与重点功能区发展规划	北京市发展和改革委员会
42	2006	加强北京与天津滨海新区合作研究	北京市科技计划项目
43		我国大都市圈空间结构优化与管理研究	教育部“新世纪优秀人才支持计划”项目
44		京津冀城市群发展与调控研究	北京市哲学社会科学规划办公室“十一五”规划项目
45		环渤海地区可持续经济发展研究	中国科学技术协会信息中心
46		环渤海地区 2006—2015 年经济社会发展环境承载力研究	中国科学技术协会

续表

序号	立项年份	项目名称	委托单位/项目类别
47	2006	环渤海地区 2006—2015 年经济社会发展环境承载力研究	中国科学技术协会
48		北京文化创意产业政策研究	北京市人民政府
49		文化创意产业理论与实践	中国共产党北京市委员会宣传部
50		北京市应急管理信息发布机制研究	北京市人民政府应急办公室
51	2007	落实区县功能定位调研	北京市发展和改革委员会
52		社会建设和管理的理论与对策研究	北京市哲学社会科学规划办公室
53		社会建设和管理的理论与实践研究	北京市哲学社会科学规划办公室“十一五”重点课题
54	2008	北京市“十一五”社会经济发展规划纲要中期评估研究	北京市发展和改革委员会
55		首都人才总体发展战略研究	中国共产党北京市委员会组织部
56		北京城市中心区文化创意产业发展研究	北京市规划委员会
57		北京市城市管理综合配套改革试验区申报文案框架性研究	北京市发展和改革委员会
58	2009	北京市城市管理综合配套改革试验区总体方案研究	北京市发展和改革委员会
59		北京市城市管理综合配套改革前期研究:城市管理公共服务供给与市场机制作用发挥	北京市发展和改革委员会
60		北京市城市管理综合配套改革前期研究：城市管理的公共参与机制	北京市发展和改革委员会
61		北京市城市管理综合配套改革前期研究：城市人口、资源、环境的可持续发展	北京市发展和改革委员会
62		北京市城市管理综合配套改革前期研究：城市社区管理体制创新	北京市发展和改革委员会
63		深化城市管理体制改革研究	北京市发展和改革委员会
64		北京市市级开发区土地集约利用评价	北京市国土资源局
65		北京 2030：首都发展趋势分析与展望	北京城市系统工程研究中心
66		北京市怀柔区“十二五”规划纲要编制	北京市怀柔区发展和改革委员会
67		京津产业合作发展研究	北京市发展和改革委员会

续表

序号	立项年份	项目名称	委托单位/项目类别
68	2009	海淀区产业发展与空间布局研究	北京市海淀区发展和改革委员会
69		北京经济空间布局研究	北京市第二次全国经济普查领导小组办公室
70		海淀区“十二五”经济社会发展规划框架思路研究	北京市海淀区发展和改革委员会
71		首都社会建设与社会管理体制改革研究	北京市发展和改革委员会
72	2010	北京世界城市发展进程评估系统建设	北京城市系统工程研究中心
73		北京市“十二五”住房规划专题研究——北京市房地产业结构调整研究	北京市住房和城乡建设委员会
74		北京市“十二五”住房规划专题研究——首都房屋市场管理趋势研究	北京市住房和城乡建设委员会
75		北京建设世界城市中长期战略研究	北京市发展和改革委员会
76		顺义区“十二五”规划纲要研究编制	北京市顺义区发展和改革委员会
77		首都圈及其功能定位研究	北京市发展和改革委员会
78		北京建设世界城市区域问题研究	北京市发展和改革委员会
79		北京建设世界城市的指标体系和努力方向研究	北京市社会科学界联合会
80		世界城市治理国际比较研究	北京市规划委员会
81		朝阳区“十二五”社会建设重点课题	北京市朝阳区发展和改革委员会
82		海淀区中关村科学城核心功能区综合发展规划	北京市海淀区发展和改革委员会
83		丰台区三四环产业带总体战略定位研究	北京市丰台区发展和改革委员会
84		昌平区经济和社会发展“十二五”规划纲要框架思路研究	北京市昌平区发展和改革委员会
85		宣武区促进公共服务均等化和加强社会建设的思路与措施研究	北京市发展和改革委员会
86		北京市“十二五”文化创意产业发展思路研究	北京市发展和改革委员会
87		北京世界城市区域多中心就业空间结构研究	北京市优秀人才培养资助项目（PYZZ100415001033）

续表

序号	立项年份	项目名称	委托单位/项目类别
88	2011	区域功能定位对人口总量及分布的影响	北京市第六次全国人口普查领导小组办公室
89		世界城市文化建设国际比较研究	北京市规划委员会
90		北京世界城市建设方略及空间对策研究	北京市优秀人才培养资助项目
91		世界城市发展评价指标体系与评估方法研究	北京城市系统工程研究中心
92		北京市开发区土地集约利用评价数据分析及延展	北京市国土资源局
93		中关村科技园区电子城科技园土地集约利用评价成果更新	北京市国土资源局
94	2012	深度开展区域合作加快首都经济圈发展建设研究	北京市科技计划项目
95		京津冀区域发展报告	教育部哲学社会科学发展报告项目（11JBGP001）
96		首都经济圈产业合作发展研究（北京与周边地区产业合作发展研究）	北京市对口支援和经济合作工作领导小组办公室
97		首都经济圈协同应对重点生态问题及对策研究	北京市科技计划项目
98		面向2030年的首都水战略研究	北京市科学技术委员会
99		世界城市发展动态系列研究	北京市规划委员会
100		北京城市管理若干重大战略问题研究	北京市发展和改革委员会
101		2012年度北京市开发区土地集约利用评价更新	北京市国土资源局
102		海淀区应急体制研究	北京市海淀区发展和改革委员会
103		央地人才一体化发展问题研究	中国共产党北京市委员会组织部
104		北京市可持续发展指标体系研究与应用	北京市21世纪议程工作办公室
105	2013	北京市人口均衡化发展问题研究	北京市人口和计划生育委员会
106		北京市产业发展与资源投入及人口增长的分析	北京市科学技术委员会
107		首都阶段性特征及动力机制研究	北京市发展和改革委员会
108		北京部分产业向周边地区合理转移研究	北京市对口支援和经济合作工作领导小组办公室

续表

序号	立项年份	项目名称	委托单位/项目类别
109	2013	北京与周边一体化发展研究	北京市对口支援和经济合作工作领导小组办公室
110		北京城市副中心（通州）功能定位、发展思路及对策研究	北京市通州区发展和改革委员会
111		怀柔经济转型升级发展战略研究	北京市怀柔区发展和改革委员会
112		首都区域协同创新机制研究	北京市科学技术委员会
113		北京生态文明报告——首都生态圈理论与实践	北京市 21 世纪议程工作办公室
114	2014	京津冀协同发展的现状、挑战与对策研究	北京市社会科学界联合会
115		京津冀城市群、城市布局和空间结构研究	北京市社会科学界联合会
116		京津冀科技创新协同发展战略研究	中华人民共和国科学技术部发展计划司
117		北京建设科技创新中心政策研究	北京市科学技术委员会
118		调整疏解非首都核心功能与京津冀协同发展研究	北京市社会科学界联合会
119		北京建设科技创新中心政策研究	北京市调查研究重点课题项目
120		2014 年度北京市组织机构代码数据分析报告——京津冀协调发展视角下北京市经济社会发展综合分析	北京市组织机构代码管理中心
121		首都发展规律及趋势分析研究	北京市社会科学基金重点项目
122		基于首都功能定位的北京产业空间布局研究	北京市第三次全国经济普查重点研究项目
123		“十三五”时期首都社会治理创新研究	北京市发展和改革委员会
124		顺义区“十三五”时期经济社会发展《纲要》编制	北京市顺义区发展和改革委员会
125		怀柔区“十三五”时期经济社会发展《纲要》编制	北京市怀柔区发展和改革委员会
126		基于城乡统筹的北京市农村集体建设用地规划实施研究	北京城市规划设计研究院
127		北京市完善服务中央单位和驻京部队工作机制研究	北京市人民政府对外联络服务办公室
128	2015	京津冀地区人口功能分区与布局调整研究	北京市发展和改革委员会

续表

序号	立项年份	项目名称	委托单位/项目类别
129	2015	海淀区"十三五"时期产业发展及空间布局的思路与措施研究	北京市海淀区发展和改革委员会
130		延庆县非首都功能疏解与延庆产业优化研究	北京市延庆县发展和改革委员会
131		京津冀地区人口功能分区与布局调整研究	北京市社会科学界联合会
132		科技创新支撑首都"高精尖"经济结构的框架和发展方向研究	北京市科技计划项目
133		西城区产业功能和人口疏解研究	北京市西城区统计局
134		京津冀突发事件协同应对体制机制创新研究	北京市京津冀协同发展领导小组办公室
135		曹妃甸协同发展示范区治理架构研究	北京市发展和改革委员会
136		基于京津冀协同发展的全面创新改革实验区建设研究	北京市科技计划项目
137		京津冀协同发展体制创新研究总报告	北京市京津冀协同发展领导小组办公室
138		京津冀协同发展背景下北京城市发展与治理对策研究	中国共产党北京市委员会办公厅信息综合室
139		河北省承接北京功能转移对策研究	河北省推进京津冀协同发展工作领导小组办公室
140		京津冀空间规划研究	国家发展和改革委员会
141		河北省构建现代城镇体系战略对策研究	河北省推进京津冀协同发展工作领导小组办公室
142		京津冀区域旅游协同发展规划纲要	国家旅游局
143		北京市产业结构升级与经济空间格局演化及优化对策研究	北京市支持中央高校共建项目（青年英才计划）
144		延庆县非首都功能疏解与延庆产业优化研究	北京市延庆县发展和改革委员会
145	2016	北京市密云区国民经济和社会发展第十三个五年规划纲要支撑研究	北京市密云区发展和改革委员会
146		创新驱动北京产业升级与空间格局优化研究	北京市社会科学基金重点项目
147		京津冀协同发展背景下《北京市主体功能区规划》调整修改研究	北京市社会科学界联合会

续表

序号	立项年份	项目名称	委托单位/项目类别
148	2016	京津冀三省市交界地区（通州-武清-廊坊）管控及发展规划研究	北京市发展和改革委员会
149		首都功能核心区产业优化研究——以西城区为例	北京市西城区统计局
150		《京津冀协同发展报告（2016）》编撰	国家发展和改革委员会
151		京津冀协同创新指数研究	北京市科技计划项目
152		怀柔科学城发展定位及其支撑体系建设研究	北京市科技计划项目
153		“运河文化带”传承发展重点工程规划研究	北京市发展和改革委员会
154		各区功能定位总体思路研究	北京市发展和改革委员会
155		北京市重点发展的一类文化创意产业用地技术标准研究	北京市国土资源局
156		首都智库开放实验室建设方案研究	北京市社会科学界联合会
157		城市存量建设用地更新改造实施策略	北京市规划和国土资源管理委员会
158	2017	京张冬奥产业带专项规划研究	北京市发展和改革委员会
159		2050年城市发展目标研究	北京市发展和改革委员会
160		建设京津冀世界级城市群视野下的雄安新区发展研究	国家发展和改革委员会地区经济司
161		着眼第二个一百年目标的首都发展展望研究	北京市社会科学界联合会（2017SKLJZ003）
162		加快城市副中心文化创意产业对策研究	北京市文化创意产业促进中心
163		超大特大城市精细化管理与治理体制研究	住房和城乡建设部城市管理监督局
164		城市副中心文化发展战略布局研究	北京市发展和改革委员会
165		北京城市环境与运行精细化管理研究	北京市城市管理委员会
166		朝阳区贯彻落实党的十九大精神与北京城市总体规划的思考和建议	北京市朝阳区人民政府办公室
167	2018	中国超特大城市治理体制研究	住房和城乡建设部城市管理监督局
168		北京市密云区“十三五”规划纲要执行情况中期评估	北京市密云区发展和改革委员会

续表

序号	立项年份	项目名称	委托单位/项目类别
169	2018	打造京津冀“一体两翼”协同创新发展模式研究	北京市科技计划项目
170		基于区域比较优势的空间布局优化研究	国家发展和改革委员会发展规划司
171		新时代首都城市管理专业化智能化精细化研究	北京市城市管理委员会
172		北京市中轴线申遗有关的非物质文化遗产资源调查工作	北京市文化和旅游局
173		把城市副中心打造成为北京重要一翼	中国共产党北京市委员会研究室
174		北京市街巷治理理论及实践研究	中国共产党北京市委员会研究室
175		首都发展核心要义	2018 年度首都高端智库决策咨询项目
176		大国首都比较研究	2018 年度首都高端智库决策咨询项目
177		首都功能核心区与雄安新区、北京城市副中心功能协调发展研究	2018 年度首都高端智库决策咨询项目
178		北京城乡存量土地优化利用策略研究	2018 年度首都高端智库决策咨询项目
179		北京市集体建设用地减量策略研究	2018 年度首都高端智库决策咨询项目
180		京津冀跨域协同治理体制机制研究	2018 年度首都高端智库决策咨询项目

整理人：刘　翊　赵美怡

北京大学首都发展研究院核心团队主要出版著作一览表

序号	出版年份	著作名称	作者	出版社
1	2000	《持续首都——北京新世纪发展战略》	杨开忠、李国平等著	广东教育出版社
2	2001	《中国西部大开发战略》	杨开忠等著	广东教育出版社
3	2003	《国外公共卫生突发事件管理要览》	杨开忠、陆军等编著	中国城市出版社
4	2004	《首都圈：结构、分工与营建战略》	李国平等著	中国城市出版社
5	2006	《体育与城市营销》	沈体雁、杨开忠、高莹莹译	东方出版社
6	2007	《创新公共服务的组织与管理》	卢映川、万鹏飞等著	人民出版社
7	2008	《出租汽车业规制国际经验与北京改革》	杨开忠、陈良文等著	中国城市出版社
8		《京津冀区域科技发展战略研究》	李国平、李岱松、薛领、张京成、刘峰、戴学珍、赵弘编著	中国经济出版社
9		《产业与空间：北京市产业用地分析、评价与集约利用研究》	李国平、薛领等著	中国经济出版社
10	2009	《网络化大都市——杭州市域空间发展新战略》	李国平、杨军等著	中国建筑工业出版社
11		《中国城乡建设用地增长研究》	林坚著	商务印书馆
12	2010	《改革开放以来中国区域发展的理论与实践》	杨开忠主编	科学出版社
13		《土地利用总体规划的思考与探索》	董黎明、林坚编著	中国建筑工业出版社
14	2011	《世界城市·研究：兼与北京比较》	陆军等著	中国社会科学出版社
15	2012	《协调发展与区域治理：京津冀地区的实践》	李国平、陈红霞等著	北京大学出版社
16		《面向世界城市的北京发展趋势研究》	李国平、王立、孙铁山、刘霄泉、曹红阳等著	科学出版社
17	2013	《京津冀区域发展报告（2012）》	李国平主编	中国人民大学出版社
18	2014	《中国建设用地变化驱动力研究》	陈春、冯长春著	北京大学出版社
19		《京津冀区域发展报告 2014》	李国平主编	科学出版社

续表

序号	出版年份	著作名称	作者	出版社
20	2015	《首都发展报告 2015》	北京大学首都发展研究院编著	科学出版社
21	2016	《产业转移与中国区域空间结构优化》	李国平等著	科学出版社
22		《全球气候变化下的国际经济格局与碳排放政策研究》	原嫄、李国平、孙铁山著	科学出版社
23		《京津冀区域发展报告 2016》	李国平主编	科学出版社
24		《中国资源型城市转型指数：各地级市转型评价 2016》	李虹等著	商务印书馆
25	2017	《首都发展报告 2017——创新驱动产业转型升级与布局优化》	李国平、席强敏、王婧媛等著	科学出版社
26		《“一带一路”国家投资潜力指数：各沿线国家投资潜力评价 2016》	李虹等著	商务印书馆
27		《中国资源型城市转型预警指数：基于转型能力、压力的各地级市转型预警评价 2017》	李虹等著	商务印书馆
28		《中国资源型城市创新指数：各地级市创新能力评价 2017》	李虹等著	商务印书馆
29		《城市排水行业政府绩效管理研究》	沈体雁、黄宁、郭洁著	世界图书出版公司
30		《中国村庄规划理论与实践》	沈体雁主编	社会科学文献出版社
31	2018	《资源型城市转型新动能：基于内生增长理论的经济发展模式与政策》	李虹等著	商务印书馆
32	2019	《2019 首都发展报告：社会治理研究》	万鹏飞等著	科学出版社
33		《2019 京津冀协同发展报告》	李国平主编	科学出版社

整理人：赵美怡

北京大学首都发展研究院核心团队相关人员荣获省部级主要奖项情况一览表

序号	获奖年份	获奖人	获奖成果	奖项
1	2001	杨开忠、李国平	持续首都——新世纪首都发展战略研究	北京市科学技术进步奖二等奖（2001 软-2-004-02）
2	2002	李国平	平谷县“绿都”建设战略规划研究	北京市科学技术奖三等奖
3		杨开忠	科技奥运研究	北京市科学技术进步奖三等奖
4	2005	李国平、孙铁山	《首都圈：结构、分工与营建战略》	北京市科学技术进步奖二等奖
5	2006	冯长春	北京市城市建设用地供需研究	国土资源科学技术奖二等奖
6		冯长春	小城镇及相关区域规划设计导则与标准研究	辽宁省科学技术进步奖三等奖
7	2007	冯长春	率先发展地区土地调查与评价关键技术研究	国土资源科学技术奖一等奖
8		冯长春	小城镇及相关区域规划设计标准研究	华夏建设科学技术奖二等奖
9		冯长春	小城镇土地制度与政策研究	国土资源科学技术奖二等奖
10		冯长春	受污染水体生态修复关键技术研究与应用	湖北省科学技术进步奖一等奖
11		林坚	基于空间分异理论的城镇土地质量评价、收益分析及应用——新增建设用地土地有偿使用费和土地出让平均纯收益征收标准体系研究	国土资源科学技术奖一等奖
12	2009	李国平、薛领	京津冀区域科技发展战略研究	北京市科学技术奖三等奖（2008 软-3-001-01）
13		李国平、薛领	“十一五”京津冀区域科技发展规划研究与确定”	第五届高等学校科学研究优秀成果奖（人文社会科学）（研究报告类/管理学二等奖）
14	2009	冯长春	受污染水体生态修复关键技术研究与应用	国家科学技术进步奖二等奖
15	2010	刘翊	国家城市管理综合配套改革相关对策措施研究	国家发展和改革委员会优秀研究成果奖三等奖

续表

序号	获奖年份	获奖人	获奖成果	奖项
16	2011	冯长春	“十一五”村镇建设科技支撑计划关键技术研发	“十一五”国家科技计划执行突出贡献奖
17	2012	杨开忠、李国平	环渤海地区2006—2015年经济社会发展环境承载力研究	第六届高等学校科学研究优秀成果奖（人文社会科学）（研究报告类/管理学三等奖）
18		陆军	《世界城市研究：兼与北京比较》	北京市第十二届哲学社会科学优秀成果奖二等奖
19	2013	林坚	多层次建设用地节约集约利用评价技术体系创建与应用	国土资源科学技术奖一等奖
20	2014	李国平、蔡满堂、刘翊	面向2030年的首都水战略研究	北京市第十一届优秀调查研究成果奖一等奖
21		李国平、孙铁山	《面向世界城市的北京发展趋势研究》	北京市第十三届哲学社会科学成果奖一等奖
22	2015	李国平、孙铁山、薛领	《协调发展与区域治理：京津冀地区的实践》	第七届高等学校科学研究优秀成果奖（人文社会科学）管理学著作奖二等奖
23		林坚	《城市用地分类与规划建设用地标准》（GB50137-2011）	华夏建设科学技术奖二等奖
24	2016	李国平、孙铁山	《京津冀区域发展报告2014》	北京市第十四届哲学社会科学成果奖一等奖
25		冯长春	山地城镇土地集约利用关键技术与应用示范	国土资源科学技术奖二等奖
26	2018	林坚	面向国土空间治理的土地利用统筹协调关键技术研究与示范应用	国土资源科学技术奖二等奖
27		冯长春	村镇土地资源优化利用评价与空间规划关键技术研究	国土资源科学技术奖二等奖

整理人：李　雯

北京大学首都高端智库组织架构

（一）北京大学首都高端智库理事会名单

姓名	理事会职务	工作单位与职务
龚六堂	理事长	北京大学社会科学部部长、教授
李国平	副理事长	北京大学首都发展研究院院长、教授
王颖捷	副理事长	北京市发展和改革委员会副巡视员
王文水	副理事长	北京市委研究室副主任、巡视员
叶茂林	副理事长	北京市教育委员会副主任
伍海诚	理事	北京市人民政府研究室经济发展处处长
刘贤姝	理事	北京市生态环境局生态环境管理处处长
朱燕南	理事	北京市统计局综合处处长
倪娜	理事	北京市住房和城乡建设委员会房屋市场管理处处长
赵天旸	理事	首钢集团总经理助理、首钢基金总经理
蒋朗朗	理事	北京大学党委常委、宣传部部长
龚文东	理事	北京大学党委办公室校长办公室主任
张新祥	理事	北京大学财务部部长
陈永利	理事	北京大学国内合作委员会办公室主任

（二）首席顾问：陆大道院士

（三）首席专家：李国平教授

（四）北京大学首都高端智库学术委员会名单

姓名	学术委员会职务	工作单位与职务
杨开忠	主任	京津冀协同发展联合创新中心主任、中国区域科学协会会长、首都经济易贸大学副校长、教授
冯长春	副主任	北京大学城市与环境学院教授、北京大学首都发展研究院副院长
樊杰	副主任	中国科学院科技战略咨询研究院副院长、二级研究员
王凯	副主任	中国城市规划设计研究院副院长、教授级高工
施祖麟	委员	国务院参事、清华大学教授
唐晓峰	委员	北京大学城市与环境学院教授、北京市人民政府参事
刘秉镰	委员	南开大学经济与社会发展研究院院长、京津冀协同发展专家咨询委员会成员、教授
余钟夫	委员	中共北京市委研究室原副巡视员、研究员
李国平	委员	北京大学首都发展研究院院长、北京大学首都高端智库首席专家、教授
武义青	委员	河北经贸大学副校长、教授
施卫良	委员	北京市城市规划设计研究院院长、北京市规划和自然资源委员会总规划师
姚洋	委员	北京大学国家发展研究院院长、教授
林坚	委员	北京大学城市与环境学院教授、北京大学首都发展研究院副院长
陆军	委员	北京大学政府管理学院副院长、教授
沈体雁	委员	北京大学政府管理学院教授、北京大学首都发展研究院副院长